Sleep & Duwbot

W. van Heck - A.M. vai

CW01677100

Foto's omslag voorzijde:
Linksboven: Prachtige sleepboot; hopenlijk krijgt ze te zijner tijd nog een stoommachine: de ANNA SOPHIA (022.01100). Foto P. Klein.
Rechtsboven: Geen wonder dat ze werd gekozen als "Boot van het jaar 2011", de Elisabeth (023.00493). Foto C. v.d. Veer.
Onder: Het blijft toch altijd imposant; de 6-bakker VEERHAVEN X - ORKA (023.29273) in korte/brede formatie afvarend op de Beneden Merwede bij Papendrecht. Foto A.M. van Zanten.

Foto's omslag achterzijde:
Boven: De laatste aanwinst van Multratug werd gebouwd in Vietnam; de MULTRATUG 3 (imo 9537408). Foto J.W.F. Smallegange.
Midden: Zo zien we ze graag, goed in de verf en origineel; de VICTOR (023.06518), hier in de Wolwevershaven in Dordrecht. Foto C. de Bijl.
Onder: De INTERLUDE (020.06057) met een waslijst aan scheepsnamen en eigenaren, zelfs nog een keer gezonken op Sinterklaasdag in 1963. Foto R. Mulder.

ISBN 978 90 6013 372 9

E-mail: info@alk.nl - Website: www.alk.nl

INHOUD

Inleiding . . . 4
Bedrijfsnieuws . . . 5
Nieuwbouw . . . 7
Vlootmodernisering . . . 12
Motoren . . . 13
Scheepsongevallen . . . 14
Nieuw in de vaart gebrachte sleep- en duwboten . . . 15
Afgevoerde sleep- en duwboten . . . 17
Gesloopte sleep- en duwboten . . . 18
Mutaties sleep- en duwboten . . . 19

Nederlandse Sleepbootrederijen . . . 20
Scheepsbevrachters . . . 39
Werven, machinefabrieken en reparatiebedrijven . . . 41
Toeleveringsbedrijven . . . 44
Makelaars en scheepshandelaren . . . 47
Verenigingen . . . 48
Opleidingen . . . 48
Uitzendbureaus . . . 49
Branche organisaties . . . 50

Vlootlijst Nederlandse sleep- en duwboten . . . 51
- Verklaring bij de vlootlijst . . . 51
- Sleep- en duwboten op alfabet . . . 52
- Sleep- en duwboten op registratienummer . . . 298

Vereniging de motorsleepboot (VDMS) . . . 317
Lekko, vereniging van belangstellenden voor de sleepvaart . . . 317
Stichting BASM . . . 317
Tijdschrift Sleep & Duwvaart . . . 318
Verantwoording . . . 318
Geraadpleegde literatuur . . . 318
Adverteerders . . . 318
Mutatiekaart . . . 319

Inleiding

In deze twaalfde editie van SLEEP & DUWBOTEN vindt u een (nagenoeg) compleet overzicht van de Nederlandse sleep- en duwvaartvloot per 1 september 2011.

Bij het tot stand komen van deze editie zijn wij naast een uitgebreid aantal bedrijven veel dank verschuldigd aan een aantal personen die ons regelmatig voorzagen van informatie. Dit zijn de, in de binnenvaart geïnteresseerde kenners ieder met hun eigen specialisme op het gebied van de sleep- en duwvaartwereld. Van deze mensen ontvingen wij meerdere malen per jaar zeer uitgebreide lijsten met wijzigingen.

Hierdoor werden ten opzichte van de vorige uitgave ongeveer 1500 wijzigingen, zoals afmetingen, autotelefoon, eigenaar, adres, verwerkt.

Het totaal aantal opgenomen boten is 2813 (+64) waaronder 22 stoomsleepboten en 131 (+1) opduwers. Het overgrote deel van de opgenomen boten betreft 1534 (+13) motorsleepboten, 375 (+7) vletten en 607 (+20) duw(sleep)boten. Daarnaast zijn nog een aantal werkvaartuigen (Multicats), bevoorradingsschepen en patrouillevaartuigen met sleepcapaciteit opgenomen.

In totaal werden 76 sleep - en duwboten nieuw ingevoerd. Van naam veranderden 57 boten.

Dit jaar werd slechts 6 sleepboten gesloopt. Afgevoerd, veelal verkocht naar het buitenland, werden 36 sleep - en duwboten.

Zoals u mag verwachten, hebben wij getracht de gegevens van de schepen zo zorgvuldig mogelijk te verwerken. Het is echter bijna onmogelijk onvolkomenheden te voorkomen. Indien u onjuiste gegevens constateert en/of over aanvullende informatie beschikt, meldt u dat dan aan de samenstellers. U kunt daarvoor de, achter in het boekje opgenomen mutatiekaart gebruiken. Gelieve deze kaart gefrankeerd aan de samenstellers te zenden. U kunt er ook voor kiezen de gegevens te zenden aan Uitgeverij De Alk (fax 072 - 5129989) of per e-mail aan Redactie Jaarboek Sleep en Duwboten, ten name van de heer W. van Heck (binnenvaart@hetnet.nl).

Bedrijfsnieuws

Hebo Maritiem Service BV in Zwartsluis, heeft in 2010 een contract afgesloten met het Havenbedrijf Rotterdam voor de oliebestrijding in het Rotterdamse havengebied. Hebo is actief met de vaartuigen HEBO CAT 2, 3, 4 ,5 en 6.

Damen bouwt een nieuwe scheepswerf in Vietnam. Damen Shipyards heeft een overeenkomst gesloten met de Vietnam Shipbuilding Industry Group (Vinashin) in Hanoi, een van de grotere Vietnamese staatsbedrijven, voor de gezamenlijke bouw en exploitatie van een werf in Haiphong. De werf krijgt de naam Damen Vinashin Shipyard Vinashin en heeft de Song Cam Shipyard aangewezen als locale partner bij de bouw en exploitatie van de nieuwe scheepswerf. Het eerste deel van het project moet in februari 2012 klaar zijn In de eerste fase zal de scheepswerf zich concentreren op het overdekt afbouwen van casco's die bij de Song Cam Shipyard zijn gebouwd. De werf zal rond 12 schepen per jaar afleveren. Alle tot nu toe geplaatste bestellingen zijn voor de export. De werf krijgt een scheepslift van Syncrolift, met een capaciteit van 2500 ton, een afbouwhal van 80 bij 40 meter en diverse werkplaatsen en kantoren. In de tweede fase van het vijf jarenplan wordt de capaciteit uitgebreid tot maximaal 30 werkboten, slepers en snelle vaartuigen per jaar in een afbouwhal van 160 bij 150 meter. Op de 42 hectare metende werflocatie is ook voldoende ruimte voor onderaannemers en toeleveranciers.

De familie Van Oord heeft haar belang in het gelijknamige baggerbedrijf vergroot. Merweoord, de investeringsmaatschappij van de familie, maakte bekend 27,5 procent van de aandelen in Van Oord over te nemen van NPM Capital. Het belang van Merweoord stijgt daarmee naar 78,5 procent. Bouwonderneming BAM heeft de resterende 21,5 procent van de aandelen in handen. BAM en Merweoord gaan samen op zoek naar een derde partij om dit belang over te nemen. Er werden van Damen Marine Service in Hardinxveld een aantal sleepboten gekocht

Op 23 november 2010 is GPS Marine Service BV failliet verklaard. Het Rotterdamse bedrijf voerde berging-, en takelwerkzaamheden uit in de Nederlandse binnenwateren. De bokken GPS APOLLO en GPS ATLAS zijn ondergebracht naar GPS Marine Contractors U.K. Per 1 januari 2010 is het Nederlandse deel van GPS, overgenomen door Blokland Maritiem Contractor BV (B.M.C.), de bok AJAX is weer in bedrijf gesteld, de sleepboot ZEEPIA was reeds naar Engeland afgevoerd. In februari maakte het bedrijf bekend overgenomen te zijn door Mammoet.

Mammoet Maritime heeft in januari 2011 het bergingsbedrijf Bartels in Mülheim a/Ruhr overgenomen. De bokken GRIZZLY en ATLAS, alsmede de duwboot BUFFEL werden ingebracht bij Mammoet Maritime GmbH. De eerste klus was de berging van de tanker WALDHOF bij St Goar.

Kotug, het moederbedrijf van Adriaan Kooren, startte in 2006 met de sleepdiensten in Le Havre, maar deze werden constant tegengewerkt door de concurrent én vakbonden. Het dochterbedrijf Societé Nouvelle de Remorquage du Havre (SNRH) werd voortdurend geconfronteerd met rechtszaken. Uiteindelijk heeft SNRH besloten de sleepdienst in Le Havre af te stoten. De 73, overwegend Franse werknemers werd ontslag aangezegd. De sleepboten RT CLAIRE en RT STEPHANIE zijn teruggekeerd naar Rotterdam, en de SD LOIRE, SD SEINE en SD GIRONDE zijn naar Spanje verkocht en naar Falmouth overgebracht.

Sleepdienst Muller in Dordrecht heeft twee sleepboten NORTH en COMPASS van Avra Towage in Rotterdam in beheer genomen. Muller houdt zich door heel Europa bezig met sleep- en duwwerk en is gespecialiseerd in zwaar transport. Hieraan zijn nu de zeeslepers van Avra Towage toegevoegd. De NORTH heeft een vermogen van 2.000 pk en een trekkracht van 28 ton. De COMPASS is 3.600 pk sterk en kan 50 ton trekken. Beide sleepboten hebben Willemstad (NA) als thuishaven.

Het Gemeentelijk Havenbedrijf van Dordrecht is op 1 juli 2011 een samenwerkingsverband aangegaan met het Rotterdamse Havenbedrijf. Dit betekent dat het patrouillevaartuig HD verkocht wordt en een Rotterdamse RPA boot de patrouilleactiviteiten in het Dordtse gaat uitvoeren.

Koninklijke Boskalis Westminster wil het aannemers bedrijf MNO Vervat overnemen. Vervat is een familiebedrijf, opgericht in 1917, dat zich vooral bezig houdt met wegenbouw. Sinds een paar jaar was ze ook actief op het water en heeft nu een groot project in Suriname.

Boskalis heeft toch twee onderdelen van het Smit concern verkocht. De terminaldivisie en de bevoorraders zijn verkocht aan Lamnalco in de Verenigde Arabische Emiraten. Boskalis en het Saoedi Arabische Rezayat hebben elk een belang van 50% in Lamnalco. De Lamnalco terminalsleepdienst heeft nu 150 sleepboten en is actief in dertig landen.
Per 1 juli 2011 is het hoofdkantoor van de Smit groep verplaats van Rotterdam naar Antwerpen. De Smit Harbour Towage North West Europe, voert havenactiviteiten uit in Rotterdam, Antwerpen, Gent, Terneuzen, Vlissingen, Oostende en Zeebrugge. De financiële, commerciële en onderhoudsactiviteiten zijn vanaf nu in het URS pand van de Smit dochter actief. Of de thuishavens van de sleepboten worden aangepast is nog niet bekend.

Nieuwbouw

Smit

Smit in Gladstone in het Westen van Australië is met zes nieuwe havenslepers begonnen met het verlenen van havensleepdiensten. Het Rotterdamse sleep- en bergingsbedrijf heeft hiervoor een contract voor vijf jaar afgesloten, met een optie om dit met nog eens drie jaar te verlengen. Direct besloot Smit om twee sterke havenslepers te kopen, die al bij de Uzmar Gemi Insa San werf in het Turkse Izmir op stapel stonden. Tevens werden bij deze werf nog drie zusterschepen besteld. Het zijn allen ASD-slepers van het type RAmpart 30/70^{E} . De SMIT KONGOO (bn 34), SMIT YALLARM (bn 35), SMIT AWOONGA (bn 55), SMIT TONDOON 56) en SMIT KALLAROO (bn 57) meten 30,25 x 11,75 x 3,70 meter en zijn voorzien van tweemaal 2000 kW 2717 pk Caterpillar, die 70 ton trekkracht leveren. Na oplevering aan Smit Shipping Singapore Private Ltd, Bahamas zijn ze onder beheer bij Smit Marine Australia Pye Ltd in Gladstone.
De SMIT KOONGO (imo 9557587) is in mei 2010 te water gelaten. Op 29 juli 2010 werd de proefvaart gehouden bij de werf en op 11 augustus werd ze opgeleverd, waarna ze op 30 oktober arriveerde in Gladstone.
De SMIT YALLARM (imo 9557599) werd op 14 september 2010 opgeleverd.
De SMIT AWOONGA (imo 9578490) is op 21 augustus 2010 te water gelaten en op 12 oktober 2010 opgeleverd
De Smit TONDOON (imo 9578505) werd op 21 september 2010 te water gelaten. Op 26 oktober volgde de oplevering.

De SMIT LEOPARD (imo 9488724) is een sleepboot van het type Damen ASD 3211. Op 22 april 2010 werd ze gedoopt door mevr. Yinwei en te water gelaten bij Damen Penlai Shipyard in Penlai (bn 511216). Zij meet 32,22 x 11,24 x 5,00 meter, is voorzien van tweemaal 2000 kW 2717 pk Caterpillar (type 3516), de trekkracht is 70 ton. In oktober 2010 is ze opgeleverd aan Smit Shipping Singapore Pte. Ltd., Bahamas en onder , in beheer gebracht bij Smit Vessel Management Services BV in Rotterdam. Ze werd door Redwise Global Ship Delivery and Crewing naar Gladstone gebracht.
De SMIT LYNX (imo 9488712) is zusterschip van de SMIT LEOPARD. Beide slepers varen onder de vlag van de Bahamas.

De SMIT SIYANDA (imo 9479709) is op 30 juni 2010 te water gelaten bij Keppel Nantong Shipyard in China (bn H027). Op 7 september 2010 werd ze opgeleverd aan Smit Shipping Singapore Pte Ltd en in beheer bij Smit Amandla Marine Pty. Ltd., Kaapstad. Op 1 november 2010 kwam ze aan in Durban, waarna ze op 4 november 2010 werd gedoopt door Ingrid Oosthuizen
Het zusterschip SMIT ANGOLA (imo 9479694) werd gebouwd onder

bouwnummer H026. De afmetingen zijn 49,50 x 15,85 x 6,70 meter, ze is voorzien van tweemaal 2770 kW 3767 pk Wartsila, de trekkracht is 97 ton. Beide boten varen onder de vlag van Bahamas.

De SMIT EBRO (9476408) een Damen ASD Tug 2810 werd op 20 maart 2010 gedoopt door mevr. Oana Carmen Popa (echtgenote van Damen's Ships Coördinator Tug & Workboat Mr. Stefan Popa) en te water gelaten bij Damen Galati Shipyard te Galati onder bouwnummer 511546. Op 10 augustus 2010 opgeleverd aan Smit Harbour Towage Rotterdam BV (vlag Bahamas). Op 28 augustus vertrokken van Galati naar Rotterdam waar ze 29 september, samen met de SMIT SEINE en SMIT CHEETAH werd gedoopt door Lee Sook Fung van kantoor Smit Singapore.

Kotug
De RT CHAMPION (imo 9489950) van Kotug International BV in Rotterdam werd op 30 september 2010 opgeleverd door Niigata Shipyard & Repair Inc in Niigata (bn 38). Zij meet 31,63 x 12 x 4 meter en is voorzien van drie Niigata motoren elk 1654 kW 2239 pk, de trekkracht is 80 ton. Ze werd op 14 januari 2011 opgeleverd en door Kotug ingebracht bij Elizabeth Ltd in Valletta. Ze arriveerde op 14 april in Rotterdam.
Het zusterschip RT LEADER (imo 9489962), werd op 18 augustus 2010 te water gelaten en opgeleverd aan Elisabeth Ltd in Valletta (Malta). Op 14 januari 2011 werd ze opgeleverd. De doopplechtigheid werd op 6 juni 2011 samen met de RT CHAMPION gehouden aan de Wilhelminakade in Rotterdam. Beide boten staan onder beheer bij Kotug International BV in Rotterdam.

Een serie van 4 zusterschepen werd gebouwd bij ASL Shipyard Pte Ltd in Singapore. Het zijn boten van het type Rotor 41 met afmetingen van 31,63 x 12 x 5,40 meter en ze zijn voorzien van drie Niigata motoren van 1654 kW 2239 pk. Deze leveren 80 ton trekkracht. Alle boten hebben Valletta als thuishaven en varen dus onder Maltezer vlag. Ze staan onder beheer bij Kotug International BV in Rotterdam.
De RT TOUGH (imo 9556870) werd 28 april 2010, onder bouwnummer 889, te water gelaten en in december opgeleverd aan RT Tough Ltd in Rotterdam.
De RT FORCE (imo 9556882) werd gebouwd onder bouwnummer 890 en op 5 november 2010 opgeleverd aan RT Force Ltd.
De RT DARWIN (imo 9556894) heeft bouwnummer 891 en werd op 16 augustus 2010 te water gelaten als ROTOR 43. De oplevering aan Elisabeth Ltd was in februari 2011.
De RT TASMAN (imo 9556909) werd gebouwd als ROTOR 44 (bn 892). Ze werd op 28 juli 2010 te water gelaten, de proefvaart was 11 januari 2011, waarna ze op 24 januari werd opgeleverd aan Elisabeth Ltd.

Nog twee nieuwbouw zusters, de RT SAMBA en RT TANGO, werden voor Kotug gebouwd bij ASL Shipyard Pte Ltd in Singapore. Ze zijn voorzien van twee ABC motoren van elk 1582 kW 2150 pk. Beide werden op

30 juni 2011 opgeleverd aan Kooren Shipbuilding & Trading BV in Rotterdam en onder Maltezer vlag in bedrijf genomen.
De RT SAMBA (imo 9454321) is gebouwd als EXACT (bn 895) en ging 26 april 2011 te water. De RT TANGO (imo 9483748) werd aanvankelijk op stapel gezet als MIDLUM II (bn 896). De afmetingen zijn nog niet bekend.

Opleveringen 2010

De sleepboot NORTHWIND van Avra Towage BV werd in augustus 2010 in de vaart gebracht. Zij werd gebouwd bij Vitawani Shipbuilding in Miri Sarawak (Maleisië) als bouwnummer VT 7. Zij meet 31,09 x 9,48 x 3,60 meter, is voorzien van twee Cummins motoren van 1177 kW 1600 pk (trekkracht 43 ton). Door de werf werd ze op 29 juli opgeleverd. Het zusterschip SOUTHWIND (imo 9577484) volgde op 11 maart 2011.

In Foxhol werden voor Chemgas twee duwboten gebouwd. De eerste is de THERA. Zij werd gebouwd bij Shipyard Construction Hoogezand BV in Foxhol (bn 835). Ze meet 28,57 x 11,20 x 1,70 meter, is voorzien van tweemaal 634 kW 862 pk Mitsubishi motoren en een Kalkman boegschroef (Gamma) met 294 kW 400 pk Doosan. De THERA is op 18 augustus 2010 te water gezet door de bok TRITON en werd op 23 oktober gepresenteerd met de nieuwe tankduwbak CHEMGAS 23 (023.32832). Deze werd gebouwd bij De Kaap in Meppel en meet 110 x 11,40 x 2,44 meter, 1829 ton.
De zusterboot TOBA (023.33754) is iets langer 29,60 meter en werd op 10 maart 2011 gedoopt en opgeleverd.

De MULTRATUG 3 (9537408) van Multraship BV is van het type Damen ASD Tug 3213. Ze werd gebouwd bij Song Cam Damen Ltd in Haiphong (Vietnam) en op 9 juni 2010 te water gelaten onder bouwnummer Damen Gorinchem 513015. Op 28 september werd ze opgeleverd aan Multraship Towage & Salvage BV in Terneuzen en onder de vlag van St. Vincent and Grenadines gebracht. De afmetingen zijn 32,14 x 13,29 meter, is voorzien van twee Caterpillar motoren van 2674 kW 3634 pk (trekkracht 95 ton). Na de oplevering vertrok ze naar Nederland waar ze op 28 november aankwam bij Scheepswerf Brink in Rotterdam.

De COASTAL BOXER (027.22713) van Acta Marine BV is een Eurocarrier type 2209 (bn NP 382). Ze meet 21,60 x 9 x 2,80 meter en is voorzien van twee Cummins motoren van 393 kW 534 pk (trekkracht 18,5 ton). Op 20 november 2010 werd ze opgeleverd door Neptune Shipyards BV in Aalst. Het casco werd gebouwd bij Dodewaard Shipyard in Dodewaard.

Het casco van de HENDRIKA JACOBA (023.34004) van ESB Holding werd gebouwd bij Mansvelder Metaaltechniek in Brakel en afgebouwd door ESB Shipbuilding BV in Elburg. Zij meet 16,50 x 5 x 1,35 meter

Het verhuur- en grondverzetbedrijf G.M. Damsteegt bracht haar eerste duwboot, de GRACE (023.34157) in de vaart. Ze werd in eigen beheer gebouwd in Oud Alblas gebouwd (bn 01), meet 6,20 x 2,40 x 0,70 meter en is voorzien van 62 kW 85 pk John Deere. Na proefwerkzaamheden is besloten om haar 1 meter te verlengen. De maat 6,20 was gekozen i.v.m. de lengte van de container waarin zij vervoerd kon worden. De tweede boot is de MAXIN en is zusterschip van de GRACE, behalve dat zij een meter langer is.

De M.P.R. 2 (imo 9593256) van Marine Projects Rotterdam BV, is een Euro Carrier type 2611. Ze meet 25,90 x 11,00 x 2,65 meter, is voorzien van twee Caterpillar motoren van 970 kW 1319 pk en een Van Ballegooy boegschroefinstallatie aangedreven door 292 kW 380 pk Caterpillar. Het casco is gebouwd door M.A.C. Scheepsbouw & Reparatie BV in Rotterdam (Heijplaat) en werd op 15 november 2010 te water gelaten bij Neptune Marine Service BV in Aalst. De proefvaart was op 3 december 2010.

Opleveringen 2011

Begin maart 2010 is het contract getekend met Damen Shipyards en Acta Marine voor de bouw van een Shoalbuster 3209 (bn 571644). De COASTAL VANGUARD (imo 9591569) is de grootste Multicat in haar soort. Het casco werd gebouwd op de Damen werf in Kozle en kwam op 25 mei 2010 achter de Poolse sleepboot ZEUS in Nederland aan. Zij meet 32,27 x 9 x 3,70 meter en werd voorzien van twee Caterpillars van 1230 kW 1650 pk (trekkracht 45 ton). De boot is geschikt voor sleep, duw, bevoorrading, ankerbehandeling en andere ondersteunende taken. Op 15 oktober 2010 was de tewaterlating, de proefvaart werd op 24 november gehouden, waarna ze op 6 januari 2011 in Rotterdam werd gedoopt.

De M.P.R. 3 (imo 9611539) van Marine Projects Rotterdam BV is van het type Euro Carrier 3111, meet 31,90 x 11,00 x 2,39 meter. In november 2010 werd ze te water gezet door de bok MATADOR op de Heijplaat in Rotterdam en naar Aalst gebracht voor afbouw bij Neptune Marine Service BV. Ze werd opgeleverd met twee Caterpillar motoren van 970 kW 1319 pk en een Van Ballegooy stuurrooster (BSI 1000) met 280 kW 380 pk Caterpillar.

De DMS HERON (imo 9407299) van Damen Marine Service is opgeleverd op 31 januari 2011 door Damen Shipyards in Hardinxveld Giessendam en gedoopt. Het casco werd in Polen gebouwd en werd in mei 2010 te water gelaten. Zij is van het type Multicat 3200, meet 26 x 11,50 x 2,35 meter, is voorzien van drie Caterpillar motoren van 515 kW 700 pk en een Van Tiem stuurrooster (850 MKIH) met 200 kW 272 pk. De trekkracht is 33,4 ton. De proefvaarten werden op 18 januari 2011 gehouden. Na de oplevering werd ze onder beheer van Plantain Marine Group Ltd uit Falmouth gebracht en omgedoopt in MTS VALOUR.

De Multicat (type 2409) CLAIRE H (imo 9562984) van DMS werd in maart 2011 opgeleverd. Het in Polen gebouwde casco is bij Damen Shipyards in Hardinxveld afgebouwd (bn 571596). Ze meet 23,33 x 9 x 3,00 meter en is voorzien van twee Caterpillar motoren van 634 kW 862 pk.

De NORNE (9612806) van Koerts International Towing Service (KITS) is gebouwd bij scheepswerf Kooiman in Zwijndrecht (bn 191). Zij meet 34,30 x 11,27 x 4,25 meter, is voorzien van twee Mitsubishi motoren van 2244 kW 3050 pk en een Verhaar boegschroefinstallatie (VB 1000) met 552 kW 750 pk (trekkracht 83,1 ton). Ze werd te water gezet door het kraanschip MISSINK LINK op 12 maart 2011, opgeleverd en door mevrouw Cora Kooiman gedoopt op 2 april 2011 in Delfzijl.

De M.P.R. 4 (imo 9616577) een werk,-sleep,- duwboot van het Eurocarrier type 2209 werd opgeleverd in mei 2011. Het casco werd bij Mac in Rotterdam gebouwd en afgebouwd bij Neptune Shipyards BV in Aalst. Zij meet 21,60 x 9,04 x 2.04 meter, is voorzien van tweemaal 970 kW 1319 pk Caterpillar en een Van Ballegooy stuurrooster (BSI 1000) met 280 kW 380 pk Caterpillar. De proefvaart was op 27 mei.

De Shoalbuster 2709, DMS SISKIN (imo 9563201), gebouwd bij Damen in Polen en in Hardinxveld, onder bouwnummer 571624, afgebouwd. Zij werd op 27 augustus 2009 te water gelaten en pas in 2011 afgebouwd. Zij meet 27,19 x 9,10 x 2,90 meter, is voorzien van twee Caterpillar motoren van 1119 kW 1521 pk en een Kalkman boegschroefinstallatie (Beta 200H) met 147 kW 200 pk. De proefvaart en trekproeven werden op 25 mei 2011 gehouden in de Europoort, waarna ze in juni werd opgeleverd.

De DMS ALBATROSS (imo 9605437) van DMS is een Shoalbuster 3209. Het casco werd gebouwd in Polen, werd op 7 september 2010 te water gelaten en is naar Gorinchem gesleept waar zij op 11 oktober 2010 aan kwam. In 2011 werd ze afgebouwd bij Damen in Hardinxveld-Giessendam (bn 571650). Zij meet 32,08 x 9,10 x 3,20 meter, is voorzien van twee Caterpillar motoren van 1249 kW 1698 pk (trekkracht 46,6 ton) en een Kalkman boegschroefinstallatie (Beta 350 H) met 257 kW 350 pk. Op 18 mei 2011 is ze gedoopt door mevrouw Sanne Bubeck.

NEPTUN 11 (imo 9571208) van Dutch International Towage Company is gebouwd bij Panyu Shipyard in Panyu en afgebouwd bij Neptun Marine in Aalst (bn 349). Ze meet 36,00 x 10,40 x 4,00 meter en wordt uitgerust met 2 x 1194 kW 1622 pk Caterpillar.

Het casco van de YN 571651 kwam op 31 januari 2011 vanuit Polen aan op de Nieuwe Waterweg achter sleepboot ZEUS. De afbouw werd verzorgd door Damen Shipyards in Hardinxveld-Giessendam voor Damen Marine Service. Als BN 571651 (imo 9605449) werd de proefvaart in de Europoort gehouden op 3 augustus 2011.

Voorziene opleveringen in 2011 en 2012
Scheepswerf Kooiman in Zwijndrecht (bn 192) bouwt de ZWERVER III voor HvS Dredging Support BV. Het in Polen gebouwde casco kwam op 17 juni 2011 met de sleepboot TAUCHER O WULF 3 in Zwijndrecht aan. De ZWERVER III, een nieuw type, Multi Purpose DP1 Support, is speciaal ontworpen voor de assistentie bij de bouw van Windenergieparken op zee en baggerprojecten. Zij meet 35 x 12 x 2,70 meter. De trekkracht wordt circa 50 ton. Aan dek zijn twee grote sleeplieren voor ankerbehandeling en twee hydraulische dekkranen geplaatst. Ze wordt in november opgeleverd.

Van Oord ACZ heeft ook twee nieuwe Multicats besteld bij Damen Shipyards. De afmetingen zijn 32 x 13 meter. De oplevering van de OCEANUS (bn 571654) wordt verwacht in november 2011, de CRONUS (bn 571659) in mei 2012.

De 6de ELIZABETH van Visser Towage wordt gebouwd op de Damenwerf in Dubai. De oplevering staat gepland voor december 2011.

De NEPTUN 12 van Dutch International Towage Company wordt 44 meter lang en 13,80 meter breed. Ze krijgt twee Caterpillars. Waar ze wordt gebouwd is nog niet bekend, maar men streeft naar een Nederlandse scheepswerf. De oplevering is naar verwacht in april 2012.

Vlootmodernisering

De JAN VAN GENT (imo 8410093) werd in 1986 opgeleverd door SV Scap in Oostende (bn 8409) als Z.96 JAN VAN GENT aan Rederij Jacomina BvbA uit Zeebrugge. De kotter was voorzien van 883 kW 1200 pk MAK. In 2010 werd ze, na faillissement van de eigenaar, opgelegd in Oostende. Van Laar Maritime BV uit IJmuiden kocht haar in 2010 en liet haar door de sleepboot MTS VENGEANCE naar IJmuiden brengen. Ze werd verbouwd tot sleepboot voor de offshore en overgebracht naar Polen en daar ingezet in de offshore.

Motoren

Caterpillar
Geleverd of ingebouwd door Pon
Type C 32 van 970 kW 1319 pk, tweemaal in de M.P.R. 2 en M.P.R. 3
Type 3412 Dita van 515 kW 700 pk, werd drie maal ingebouwd in de DMS HERON van DMS
Type C 280 8L van 2674 kW 3634 pk, tweemaal in de MULTRATUG 3 van Multraship

Ingebouwd door Dolderman
Type C 32 van 946 kW 1150 pk werd ingebouwd in de VEERHAVEN VI – BISON van Thyssen Krupp Veerhaven BV.
Type 3512 C van 1350 kW 1836 pk werd tweemaal ingebouwd bij de HERKULES XII van Imperial Reederei, DMS SISKIN en DMS ALBATROSS VAN Damen Marine Service.

Cummins
Type KTA 50 M werd tweemaal ingebouwd in de NORTHWIND van Avra
QSK 19 M van 393 kW 534 pk kwam tweemaal in de COASTEL BOXER van Acta Marine

Doosan
In de Chemgas duwboten THERA en TOBA werden bij de boegschroef een 294 kW 400 pk ingebouwd

John Deere
De duwbootjes GRACE en MAXIN van Damsteegt zijn elk voorzien van 62 kW 85 pk.

Mitsubishi
Type S 12 A2 MPTK van 634 kW 862 pk werd tweemaal geplaatst in de THERA en eveneens in zuster TOBA van Chemgas.
Type S 12 4 MPTK 2244 kW 3050 pk; twee van deze motoren werden ingebouwd in de NORNE van Koerts

Scheepsongevallen

De FAIRPLAY 22 (imo 9148764) in betere tijden. In november 2010 is ze, bij het assisteren van de Stena Brittannica, gekapseisd, waarbij helaas twee slachtoffers vielen. Foto T. v.d. Zee.

De duwboot JAN DE HAAN (020.06985) welke door M.N.O.Vervat naar Suriname was gebracht. Eind 2010 is ze vier mijl uit de kust van Nieuw Nickeri gezonken. Verdere informatie ontbreekt.

De sleepboot VENTO VIVERE (imo 8137299) van Hunen is op 17 december 2010 in de haven van Dinteloord gezonken. Op 21 december 2010 ging de bergingsopdracht naar Pro Diving Co uit Mijdrecht, waarna ze werd gelicht.

De sleepboot EN AVANT 5 (imo 9192313) van Rederij Muller is op 3 juni 2011 op de Oude Maas ter hoogte van de Hooikade in Dordrecht gekapseisd. De boot assisteerde als achterboot de EN AVANT 7 met twee pontons bij passage van de Dordtse bruggen. De veerboot Drechtsteden I redde de vier bemanningsleden. Mammoet borg de sleepboot een dag later met de bok AMSTERDAM.

Nieuw in de vaart gebrachte sleep- en duwboten van 1 september 2010 tot 1 september 2011

Van een aantal boten is ons het registratienummer (nog) niet bekend, hierbij staat een door ons toegekend fictief nummer.

naam	*ENI*	*ex naam*	*jaar*	*bijzonderheden*
B.V.D.1	023.34151		2011/	nieuwbouw
Bizon	023.34320		2011/	ingevoerd
Branta	023.34262	Nieuwe Maas 733-71	2011/	ingevoerd
Bulgia	027.23041		2011/	ingevoerd
Castor	00128	Havendienst 5-Castor	2011/01	ingevoerd
Christiaan 2	065.03070	Christaan 2	2010/	uit België
Christian	065.03576	Christian	2010/	uit België
Claire H 27.23009	imo 95632984		2011/03	nieuwbouw
Coastal Boxer	027.22713		2010/	nieuwbouw
Conrad	imo 8865652	Conrad	2011/04	onder NL vlag gebracht
Cronus	00468		2012/	nieuwbouw
Dancing Water 27.33987	imo 9065807	Marineco India	2010/05	uit Schotland
De Elf	023.33892	Westergat	2009/09	ingevoerd
De Tien	023.30443		2009/	nieuwbouw
De Tien	023.30443		2009/	nieuwbouw
Delta	023.33372		2010/11	ingevoerd
Dieuwertje	023.33916		2011/01	ingevoerd
Dintelmond	023.12206	Dintelmond	2011/02	uit België
DMS Albatross 27.2318	imo 9605347		2011/03	nieuwbouw
DMS Heron	imo 9569346		2011/	nieuwbouw
DMS Siskin 27.23017	imo 9563201		2011/03	nieuwbouw
Dokus	00336		2011/07	ingevoerd
Duvenee	023.34007	Duvenee	2011/03	ingevoerd
Elbo	023.09920	Dreadnought V	2010/12	ingevoerd
Elizabeth (6)	00474		2011/	nieuwbouw
Ertskade	020.02687		2011/	ingevoerd
Falcon	020.08363		2010/12	ingevoerd
Fix 20	023.34209		2011/03	uit Duitsland
Geertje	023.33915		2011/01	ingevoerd
Geja	033.20084		2010/11	ingevoerd
Gerome	020.07427	Dibo	2011/02	uit België
Grace	023.34157		2011/	nieuwbouw
H.D.6 Pollux	00430	Havendienst 6 Pollux	2011/06	ingevoerd

naam	*ENI*	*ex naam*	*jaar*	*bijzonderheden*
Hendrik	023.32538	Jules	2010/	uit België
Hendrika Jacoba	023.34004		2010/	nieuwbouw
Holland Diving 3	023.34122		2011/	uit Duitsland
Huibertus	023.09218	Gert Jan	2010/12	ingevoerd
Inge J 27.22099	imo 9564217	Neptun 8 27.22099	2010/	nieuwbouw
Ivero	imo 8108377	Vivero	2011/07	uit Polen
Jan van Gent	imo 8410093	Z 96 Jan van Gent	2010/11	ingevoerd
Jerom	023.25583	Jerommeke	2011/02	ingevoerd
Joco V	027.21871	Fjordstone 166	2011/01	uit Noorwegen
Junior	027.22783	Steenvliet	2010/12	ingevoerd
Kasuris	00321	Kasuris	2011/	uit Polen
Kolyma	060.02395	Kolyma	2011/04	uit België
Koppelgast	00072		2010/12	ingevoerd
Krayenhoff	023.32223	Krayenhoff	2010/12	ingevoerd
Lambert	070.01720	Lambert	2010/11	uit Zwitserland
Maassluis	060.03459	D 16	2011/02	uit België
Mandy	023.33239		2011/01	ingevoerd
Martine H	imo 8988777	Antarctica	2010/10	ingevoerd
Maxin	00432		2011/	nieuwbouw
Multratug 3	imo 9537408		2010/	nieuwbouw
NB 571651	imo 9605449		2011/	nieuwbouw
Neptun 11	00432		2011/	nieuwbouw
Neptun 12	00434		2012/	nieuwbouw
Noordhoek Constructor 27.22628	imo 9524932		2010/01	nieuwbouw
Norne 27.22912	imo 9612806		2011/	nieuwbouw
North	imo 9380647	Danga North 9	2008/03	uit Maleisië
Northwind	imo 9577472		2010/	nieuwbouw
Oceanus	00463		2011/	nieuwbouw
Onbekend	023.33920		2010/	nieuwbouw
Orion II	056.09480	Orion II	2011/01	uit Duitsland
Pampus	00129		2011/01	ingevoerd
Rens	023.33241		2009/	nieuwbouw
Saba 23.34286	065.03955	Duck	2011/04	uit België
Sea Foxtrot	imo 9605449		2011/08	nieuwbouw
Sondernheim	046.0770	Sondernheim	2011/08	uit Duitsland
South	imo 9434864	Danga South 9	2008/03	uit Maleisië
Southwind	imo 9577484		2010/	nieuwbouw
Statum	060.02231	Godelieve	2011/02	uit België
Toba	023.33754		2010/	nieuwbouw
Torian	023.33732		2010/10	ingevoerd
Zeehond (284-76)	023.34313	Zeehond (284-76)	2010/	ingevoerd
Zeelandia	023.33164		2010/11	ingevoerd
Zwerver III	00065		2011/	nieuwbouw

Afgevoerde sleep- en duwboten van 1 september 2010 tot 1 september 2011

naam	*ENI*	*nieuwe naam*	*jaar*	*bijzonderheden*
Angelia II	020.05365		2011/01	verkocht naar Engeland
Anne S	imo 9587520	Westsea Annemarie	2010/12	verkocht naar Australië
Banckert 27.18782	imo 7230135	Christos XXII	2010/11	verkocht naar Griekenland
Bo Petra	023.27701	Bo Petra	2010/12	verkocht naar Zwitserland
Coastal Defender	027.18733	Alma Defender	2010/11	verkocht naar Monaco
Danimarca 27.19249	imo 8521139	Toulonnais XVII	2010/12	verkocht naar Frankrijk
DMS Sparrow 27.20606	imo 9136084	Stantug	2010/08	verkocht naar Rusland
DMS Pelican 27.22708	imo 9569322	ORCADIA	2010/08	Verkocht naar Schotland
Europart I	023.21555	Europart I	2005/	verkocht naar België
Europart II	023.21556	Europart II	2005/	verkocht naar België
Evodia	023.07020	Karl Heinz	2011/05	verkocht naar Duitsland
Fire Fight Tug	023.33306		2011/02	verkocht naar Canada
Helena B	023.21524		2004/	omgebouwd woonboot
Hemiksem 27.21227	imo 8409290		2011/04	verkocht naar Engeland
Jan de Haan	020.06985		2010/12	gezonken bij Nickeri
Junior	027.22783	Catherine	2011/03	verkocht naar Frankrijk
Marikken	023.33089	Marikken	2010/11	verkocht naar Frankrijk
Mitchell F	021.04744	Mitchell F	2011/04	verkocht naar België
Multratug 7 27.18959	imo 7610012	MTS Viscount	2011/01	verkocht naar Engeland
Nieuwe Vaart	023.29287	Nieuwe Vaart	2011/	omb veerpont
Noordhoek Singapore	027.19615	Noordhoek Singapore	2010/10	overgebracht naar St.Vincent
Rompe Stomper	025.09705	Albrecht	2008/	verkocht naar België
RT Antonie	imo 9333876	VB Muscle	2011/03	verkocht naar Malta
Sea Charlie	imo 9475923		2011/02	verkocht naar Kazakhstan
Singapore Explorer	imo 7606308	Singapore Explorer	2010/11	verkocht naar Nigeria
Smit Ierland 23.26842	imo 7800502		2010/10	verkocht naar Monrovia
Smit Ile Ife	imo 9179000	Smit Manzanillo	2010/11	verkocht naar Nigeria
Smit Kamara	imo 9322607	Smit Kamara	2010/12	verkocht naar Domenica
Smit Leopard	imo 9488724	Smit Leopard	2010/11	overgebracht naar Bahamas

naam	*ENI*	*nieuwe naam*	*jaar*	*bijzonderheden*
Smit Liverpool	imo 8320602	Liverpool	2010/11	verkocht naar Nigeria
Smit Lynx	imo 9488712	Smit Lynx	2011/01	overgebracht naar Singapore
South	imo 9434864	Cayc	2008/03	in charter naar Rusland
Succes	021.02282	Succes	2008/	omb passagiersschip
Tarka 27.20319	imo 9295622	Tarka	2011/04	verkocht naar Australië
Vos Prince	imo 7703106	VN Partisan	2011/01	verkocht naar Engeland
VS Hamburg	imo 8116714	Altagna	2010/11	verkocht naar Frankrijk

Gesloopte sleep- en duwboten van 1 september 2010 tot 1 september 2011

naam	*ENI*	*jaar*	*bijzonderheden*
Corton	023.16344	2008/	gesloopt Treffers
Fryslan	023.20510	1994/	gesloopt Treffers
Leendert Muller	023.17602	2011/06	gesloopt Heyghen Gent
Lutin	021.04293	2008/	gesloopt Treffers
Multratug 3	020.06032	2010/	gesloopt Treffers
SCH 2345	023.21811	2005/	gesloopt Treffers

Mutaties sleep- en duwboten
van 1 september 2010 tot 1 september 2011

Het afgelopen jaar veranderden nogal wat boten van eigenaar. Hierna volgt een opsomming van de boten die van eigenaar veranderden en waarvan ook de scheepsnaam is gewijzigd.

ex naam	*ENI*	*nieuwe naam*
Ada D 27.19366	imo 8412821	Marian V 27.19366
Alany	023.16425	Arend
Anaconda	021.02404	Bo Denmar
Anesca	033.30113	Deborah
Anna Bella	020.04835	Battle
Attack 42 (1)	023.23467	Drum
Bereboot	021.04251	Elma
Biesbosch	023.08818	Warber
Borrasca	023.09873	Aquila
Camperduin	imo 9295294	Sea Delta
Chico	022.03959	Challenger
Coastal Eagle	023.12697	Piet
Damien	023.29736	Mokum
De Jonge Gerbrand 4	023.06307	Albertus M
Diablo	023.28246	Catharina 5
DMS Blackbird 27.22083	imo 9524504	Blackbird
DMS Buzzard 27.22259	imo 9524528	Buzzard
DMS Harrier 27.22167	imo 9524516	Harrier
DMS Heron	imo 9569346	Atlas
DMS Kingfisher 27.22347	imo 9548885	Kingfisher
DMS World	imo 9342102	En Avant 1
Dordrecht De Hoop I	023.17643	De Hoop I
Eerland 3	023.13611	Thyra
Gatta	027.16627	Hektrek
Gead 33.20131	023.32865	Saenstroom Jr
Havendienst I	00262	HD

ex naam	*ENI*	*nieuwe naam*
Havendienst I	00262	HD
Henma	021.04744	Mitchell F
Herink	022.08053	Leander
Hoendiep	020.15130	Te Goude
Isodora	054.02370	Rysum
Jacoba	023.23035	Antje 11
Kiltroom	021.03282	Merwede 5
Lek	023.20161	Waterlelie
Lekstroom XV	023.08319	Aquamarijn
Lucretia	020.06116	Nellie
M 14	023.10474	Sebastiaan
Mantra	023.18448	Votrans
Noordhoek Constructor 27.22628	imo 9524932	Constructor 27.22628
Norwella	060.02235	Brendan
Oude Rijn	023.22101	Reinod 4
Phoenix	020.03667	Jacoba
Portus 2	023.09486	Anna 7
Regge	023.10492	De Regge
Saenstroom Jr	023.32865	Tommy
Seastar	025.09166	Vento Vivere
Strüzer	023.17309	Tismijn
Sylvia	021.04216	Utopia
Tasman	023.16578	Watergeus
Ventura	023.10288	Bobby
Ventura	00215	Emma
Willem Jr	023.17615	Gerizim
Woeste Willem	023.23467	Attack 42 (1)
Zeehond (284-76)	023.34313	Attack 42 (2)
Zeeleeuw	020.15717	Auke Jr
Zeetijger	020.02245	Zeehond
Zuidpool	023.09795	Hendrik Klaas

Nederlandse sleepbootrederijen

Aalst

Neptune Marine Service B.V.
Veerdam 1 (5308 JH)
Telefoon: 0418-673103
LYDIA D
MARISKA 2
NEPTUN 10
NP 351
NP 352
TESSA W

Ammerzoden

Vos Gebr.
Postbus 57 (5324 ZH)
Telefoon: 0418-552831 / 06-53407616
MAASSTROOM 7
MAASSTROOM 8
MAASSTROOM 9
MAASSTROOM 11

Amsterdam

Amstel & IJ
Dijkgracht 9 (1019 BT)
Telefoon: 020-4188013 / 06-55195020
AMSTELSTROOM
HEINZ
IJSTROOM
NOORD
SPES
WISSELSTROOM
YSKA

Blom BV Sleepdienst
Coenhavenweg 16 A (1013 BL)
Telefoon: 020-6866007
JOKE
KRACHTWIJK
SEAN

Bos D.J.
Ranonkelkade 54 I (1032 XV)
DIKKY
TINY

De Koperen Ploeg
Capriweg 8 (1045 AW)
Telefoon: 020-4487090
KP 2
KP 7
KP 12
ROVER KP 3

Gulien A.H.
Insulindeweg 639 (1095 CZ)
Telefoon: 020-6680701
DOLLARD
WILLEMSTAD 2

Havendienst Gemeente Amsterdam
De Ruyterkade 7 (1013 AA)
Telefoon: 020-5238600
PORT OF AMSTERDAM 4 - ATHENA
PORT OF AMSTERDAM 7 - POSEIDON
PORT OF AMSTERDAM 8

Houthaven Sleepdienst & Dekschuiten
Danzigerkade 2 (1013 AP)
Telefoon: 020-6828440
KEVIN
NORA
SANDRA

Schreuder B.V. Aannemersbedrijf
TT Vasumweg 99 (1033 SG)
Telefoon: 020-6333676
HOUTRIB
OPDUWER

Stads Beheer
Gen Vetterstraat 27 (1059 BT)
Telefoon: 020-5705680
SB 2
SB 3
SB 8
SB 13
SB 14
SB 15
SB 16
SB 17

Svitzer Amsterdam BV
Capriweg 28 (1044 AL)
Telefoon: 020-5060400
FRIESLAND
SIMSON
SVITZER MARKEN
SVITZER MARS
SVITZER MEDEMBLIK
SVITZER MUIDEN

Verduin J.
IJsbaanpad 84 E (1076 CW)
Telefoon: 020-6627895
FLEVO II
FLEVO III

Verduin H.B.
Danzigerkade 9 (1013 AP)
Telefoon: 020-6165815
DE RUYTERKADE
DE RUYTERKADE
DREADNOUGHT 7
HOUTMANKADE
HV 5
MEDUSA
NASSAUKADE
OOSTERDOK
PAES 5
PIET HEINKADE
SWIFT
VOLHARDING 11

Vliet J.van
Postbus 1041 (1000 BA)
Telefoon: 020-4223688
KROONWIJK
V V II

Waternet Sector Waterbeheer
Papaverweg 54 (1032 KJ)
SB 21
SB 24
STADSWATERKANTOOR

Arnhem

Niba Grind Mij BV
Nieuw Plein 5 (6811 KN)
Telefoon: 026-4423041
SCARLET
TRIO

Barendrecht

Kraaijeveld Beheer BV
Londen 9 (2993 LA)
Telefoon: 0180-613522
GRIENDUIL 7
GRIENDUIL 14
GRIENDUIL 23
GRIENDUIL 32

Beesd

Krul & Zn BV Aannemersbedr.
Postbus 91 (4153 ZH)
ARNHEM
BIANCA
RESI
SPRINGER

Beneden Leeuwen

Oort L.J. v.
Havenkade 2 (6658 LX)
Telefoon: 0487-593639
ANJO
ANJORO

Rijke R.de
Waalbandijk 64 (6658 KA)
TRANSPONTON I
ZEEHOND

Bilthoven

Moolenburg C.J.
Sweelinklaan 80 (3723 JH)
Telefoon: 030-2284947
ELISABETH
MIEP

Brielle

Thyssen Krupp Veerhaven BV
Nic.Pieckstraat 12 (3232 BP)
Telefoon: 0181-419911
VEERHAVEN II - NARWAL
VEERHAVEN IV - ALLIGATOR
VEERHAVEN V - ZEELEEUW
VEERHAVEN VI - BISON
VEERHAVEN VII - WALRUS
VEERHAVEN VIII - NIJLPAARD
VEERHAVEN IX - DOLFIJN
VEERHAVEN X - ORKA
VEERHAVEN XI - IJSBEER
VEERHAVEN 12
VEERHAVEN 13 - OTTER

Capelle a/d IJssel

Hollandse Aannemers Mij
Rivium Quadrant 2 (2909 LC)
Telefoon: 010-4478444
AVS 5
CATHY
EDWIN D
GANNET
HAM 457
HAM 459
HAM 460
HAM 814
HAM 1400
HAM 1406
HAM 1509
ICARUS

IGUAZU
LAURA
MARJAN
MICHEL
ROERDOMP
STERN

Oord Van
Rivium Quadrant 2 (2909 LC)
Telefoon: 010-4478444
SNIPE
ZEEAREND

Cuijk

Smals Bouwgrondstoffen BV
Havenlaan 31 (5433 NK)
Telefoon: 0475-316054
DE GEEST
DE KLEF
HULDER
MICHIEL
T'MAKKEN

Dalen

Stravers C.R.J.A.
Postbus 1 (7750 AA)
Telefoon: 06-54-605104
LAURA
MARYSIA

Delfzijl

Heuvelman Ibis BV
Postbus 139 (9930 AC)
Telefoon: 0596-619911
BIZON
REITDIEP

Wagenborg Kazachstan BV
Marktstraat 10 (9934 CK)
Telefoon: 0596-636911
ARMANBORG
KHAZARBORG

Wagenborg Sleepdienst BV
Marktstraat 10 (9934 CK)
Telefoon: 0596-636911
GYAS
WATERGEUS
WATERLELIE
WATERMAN
WATERPEIL
WATERPOORT
WATERSTAD
WATERSTRAAT
WATERSTROOM

Den Helder

Acta Marine BV
Het Nieuwe Diep 39 D (1781 AE)
Telefoon: 0233-615666
COASTAL BOXER
COASTAL HUNTER
COASTAL WARRIOR

Acta Marine Van Stee
Het Nieuwe Diep 39 D (1781 AE)
Telefoon: 0233-615666
SARA MAATJE I
SARA MAATJE III
SARA MAATJE V
SARA MAATJE VI
SARA MAATJE VIII
SARA MAATJE X

Coastal Shipping BV
Het Nieuwe Diep 39 D (1781 AE)
Telefoon: 0223-615666
COASTAL ASSISTENT
COASTAL TIGER
PANTER

Koninklijke Marine
Rijkszee Marinehaven 1 (1781 ZZ)
Telefoon: 0223-653000
A 874 LINGE
A 875 REGGE
A 876 HUNZE
A 877 ROTTE
A 878 GOUWE
Y 8018 BREEZAND
Y 8019 BALGZAND
Y 8055 SCHELDE
Y 8056 WIERBALG
Y 8057 MALZWIN
Y 8058 ZUIDWAL
Y 8059 WESTWAL

Vroon Offshore Service BV
Het Nieuwe Werk 88 (1781 AK)
Telefoon: 0233-673800
BASE EXPRESS
OIL EXPRESS
POOL EXPRESS
POWER EXPRESS
RIG EXPRESS
SUPPLY EXPRESS
VOS SATISFACTION
VOS SOUTHWIND
VOS SYMPATHY

Waterweg Acta Marine
Het Nieuwe Diep 39 D (1781 AE)
Telefoon: 0223-615666
BUFFEL
COASTAL ASSISTANT
COASTAL ASSISTANT
COASTAL CARMEN
COASTAL DIGGER
COASTAL DISCOVERY
COASTAL EXPLORER
COASTAL FIGHTER
COASTAL FORCE
COASTAL GUARDIAN
COASTAL MARINA
COASTAL MATE
COASTAL POWER
COASTAL SERVICE
COASTAL SUPPORT
COASTAL VANGUARD
JUTTER
MERIJN

Dinteloord

B.S.T. Dintelsas BV
Sasdijk 18 (4671 RN)
Telefoon: 0167-523288
04-17
AVONTUUR
ELISE 6
FURIE 3
NEPOMUK
PROTECTOR

B.S.T. Perfico BV
Sasdijk 18 (4671 RN)
Telefoon: 0167-523288
ELISE 2
ILMEN
JOSH

B.S.T. Dintelsas BV
Sasdijk 18 (4761 RN)
Telefoon: 0167-523288
HERCULES
KASURIS

Doetinchem

Geluk BV Aannemersbedrijf
Hanzestraat 10 (7006 RH)
Telefoon: 0314-325553
BERKEL
IJSSEL
RIJN
WAAL

Dordrecht

Buijtenhek J.A.
Krommedijk 121-119 (3312 LC)
Telefoon: 078-6131089
GIGANTIA
NOLDINA

Hoebee B.V. Scheepswerf
Merwedestraat 56 (3313 CS)
Telefoon: 078-6130088
HB 8
HB 9

Muller Beheer Mij BV
Merwekade 82-83 (3311 TH)
Telefoon: 078-6392000
EN AVANT 27
EN AVANT 32

Muller Rederij T.
Merwekade 82-83 (3311 TH)
Telefoon: 078-6392000
EN AVANT 5
EN AVANT 7
EN AVANT 12
EN AVANT 21
EN AVANT 28

Tebra Beheer BV
Merwekade 82-83 (3311 TH)
Telefoon: 078-6392000
EN AVANT 1
EN AVANT 4
ORION
SIRIUS

Wees Groep BV Van der
's Gravendeelsedijk 100 (3316 AZ)
Telefoon: 078-6482665
BROEDERTROUW 4
BROEDERTROUW II
BROEDERTROUW XIV
BROEDERTROUW XV
DUTCH PIONEER
GEERTRUIDA VAN DER WEES
JOHANNA VAN DER WEES
LOUISE VAN DER WEES

Druten

F.B.T.Sleep & Bergingsbedrijf
Waalbandijk 179 (6651 KD)
ALPHA
FLUMAR III

Gerlien v. Tiem B.V. Scheepsreparatiebedr.
Waalbandijk 129 (6651 KB)
Telefoon: 0487-515544
GERLIEN
GERLIEN I
GERLIEN II
ORION

Enkhuizen

Mos J.Th.
Dijk 60 (1601 GK)
Telefoon: 0228-313366
REGINA
ROEK

Enschede

Velde Marine BV W.v.d.
Binnenhaven 1 (7547 BG)
Telefoon: 053-4307251
BRUISER
ORION
STENTOR

Farmsum

Hunfeld Machinefabriek BV
Eemskanaal ZZ 26 (9936 AN)
Telefoon: 0596-613446
NEREUS
SPICA 1
VLUG

Sander Gebr.
Venjelaan 6 (9936 BR)
Telefoon: 0596-617979
BEREND N
JACOB S

Franeker

Koehoorn & Zn J.K.
Kiesterzijl 18 (8801 HN)
Telefoon: 0517-396884 / 06-53413663
ALCYON
BOBCAT
BONNY
BUIZERD
DIKKY
DOMMEL
KORNELIS JR
MARIAN
TARZAN
WILLY

Garsthuizen

Schut H.
Nieuwstad 18 (9923 PH)
Telefoon: 0595-464518
BARRACUDA
HUSKY

Geertruidenberg

Anker Maritiem Shipping
Rivierkade 5 (4931 AA)
Telefoon: 0162-514890
CURA NOSTRA
DROOGDOK 3
JEROM
ZEEHOND

Geldermalsen

Bergings- Sleep en Transportbedr Tiel BV
Burg v. Geusauweg 36 (4191 KW)
Telefoon: 0345-580501 / 06-54924649
GERARDA
JAN WILLEM
NOORDPOOL

Genemuiden

Beens & Zn BV
Puttenstraat 26 (8281 BP)
Telefoon: 038-3855585
CORNELIA
NR 21

Gorinchem

Oord Acz Overige Materieel BV
Jan Blankenweg 2 (4207 HN)
Telefoon: 0183-642200
AILSA PAT
COR
JAMUNA I
JOOP
LOEK
MACO I
MARCO I
MARTINUS JAN
PULAU BAAI

Groningen

Weerden G.J.v.
Oostendeweg 43 (9723 HJ)
DOES
HARM
KAATJE

's Gravenhage

Scheveninger Sleepdienst B.V.
Statenlaan 156 (2582 GX)
Telefoon: 070-3548854
OCEAAN
OCEAAN II

Vlootbeheer Rijkswaterstaat
RWS 70
RWS 74
RWS 77

Grou

Redzwa Holding BV
Postbus 64 (9000 AB)
Telefoon: 0566-621020 / 06-53857070
FRISO
STATUM

Haarlem

Treffers & Zn BV G.J
H.Figeeweg 35 (2031 BJ)
Telefoon: 023.5325211
ALICE
AQUA VITA
BEVER
CATHARINA
CHERIE
DORUS
FIAT
FRISO
GERDA
GERDA
HANNIBAL
HILDA
KOLYMA
PATRICIA
PAULA
PAULA
PIET
PORT OF BEYROUTH 2
SJAAK
TONNIE
WILLEM
WILLEM BARENDS

Hagestein

Lee Gebr. van der
Lekdijk 28 (4124 KC)
Telefoon: 0347-351824
ARGO II
MATHEA
TIMMY
ZEELANDIA

Hansweert

Brand D.J.G.& R.F.D.
Oude Kerkstraat 20 (4417 AV)
Telefoon: 0113-383944
REBEL
REBEL 05

Polderman I.
Tramperweg 4 (4417 CZ)
BRAVO
DELTA
ECHO
FOXTROT

Reimerswaal Vof
Oude Kerkstraat 20 (4417 AV)
Telefoon: 0113-383944 / 06-51808090
REBEL 06
REBEL 08
REBEL 10
REBEL 11

Straaten Beheer BV Van der
Werfdijk 6 (4417 AN)
Telefoon: 0113-382510
ADRIANUS
JAN
MARINUS
TUIMELAAR

Harderwijk

Huigen Transport H.
Gruttomeen 126 (3344 ZG)
Telefoon: 0341-420744
BERTUS
MARJAN

Hardinxveld-Giessendam

Breejen BV Jac.den
Havenstraat 7 (3372 BD)
Telefoon: 0184-618154/615577
BREEVAER 3
BREEVAER 18

Damen Marine Services BV
Rivierdijk 555 (3371 EC)
Telefoon: 0184-616000
BN 571651
CLAIRE H
DMS ALBATROSS
DMS BLUEBIRD
DMS CONDOR
DMS CROW
DMS DUNOCK
DMS EAGLE
DMS GLOBE
DMS HAWK
DMS MERLIN
DMS OSPREY
DMS RAVEN
DMS ROOK
DMS SISKIN
DMS STARLING
MARIJKE
MULTRASALVOR
NAVIN
POSEIDON
TOR

Zevenmorgen Bagger & Overslag BV
Rivierdijk 32 (3372 BE)
Telefoon: 0184-615820
DELTA
DOLFIJN
HERCULES
HERCULES

Harlingen

HvS Dredging Support BV
Noorderhaven 96 (8861 AR)
Telefoon: 0517-413588
ZWERVER I
ZWERVER II
ZWERVER III

Tuinman & Zn Sleepvaartbedrijf Vof A.
Nieuwe Vissershaven 11 (8861 NX)
Telefoon: 0517-412854
ANITA
JENNY
MARTJE I
THEO

Hedel

Boeren Beheer BV
Parallelweg 9 (5321 JA)
DELTA
GANZEBOOT
PACIFIC

Heemstede

I.T.C. BV
Postbus 19 (2100 AA)
Telefoon: 023-5485200
BLIZZARD
BLUSTER
BOULDER
ITC CHINOOK
ITC CYCLONE
ITC MELTEMI
ITC MISTRAL
TEMPEST
TYPHOON

H.I.Ambacht

Ad Stolk Schepen BV
Veersedijk 223 (3341 LL)
Telefoon: 078-6128000
GRETA
JAN
MONIKA
SUZANNE D

Stok Marine Service BV
v.Godewijckstraat 261 (3341 VL)
Telefoon: 078-6849434
CHALLIS
HSN 1

Hippolytushoef

Klein Wieringen BV
Kleitelweg 12 (1777 NM)
Telefoon: 0227-512042
SIMON
STERN

Hoofddorp

Svitzer Ocean Towage BV
LONDON
ROTTERDAM
SINGAPORE

Hooghalen

Bokschoten Sleepdienst P.
Laaghalerveen 30 (9414 VJ)
Telefoon: 0592-355568 / 06-22377704
ANNA 1
ANNA 2
ANNA 4
ANNA 6

IJmuiden

Heida J.
Duinstraat 17 (1973 CD)
Telefoon: 0255-516889
IDA 1
IDA 3

Iskes Towing & Salvage BV
Zandhaver 74 (1974 VH)
Telefoon: 0255-522860 / 06-53901609
BRENT
TRITON

Svitzer Harbour Towage BV
Sluisplein 34 (1975 AG)
Telefoon: 0255-562777
LIMBURG
ZEELAND

Svitzer Inland Towage BV
Sluisplein 34 (1975 AG)
Telefoon: 0255-562666
SVITZER BISON
SVITZER BUFFEL

IJzendoorn

Dekker BV Houdstermij
Waalbandijk 1 (4053 JB)
Telefoon: 0344-641900
AMER
ROTTERDAM 2
ROTTERDAM 59
ROTTERDAM 30

Jutrijp

Zijsling Schepen & Kranen BV
Riperwei 3 (8623 XR)
Telefoon: 0515-424603
ARGO
URSUS

Zijsling Schepen & Kranen BV
Riperwei 3 (8623 XR)
Telefoon: 0515-424603
BREKKENEXPRESS
CAESAR

Kampen

Kampen Maritiem Material BV
Montagestraat 7 (8263 BP)
ALEXANDER
FLORIS

Kromkamp R.H.G.
Reijersdijk 5 (8262 CM)
Telefoon: 038-3318183 / 06-53272725
GIJSBERTHUS
HENDRIKA

De Knipe

Krikke Vof Baggerbedrijf
Meyerweg 40 A (8456 GG)
Telefoon: 0513-622854 / 06-53333674
ORION
SANNY

Kootstertille

Santen F.v.
Molenstraat 56 (9288 AT)
Telefoon: 0512-332085 / 06-22996447
ANTJE
ANTJE 2
ANTJE 4
ANTJE 5
ANTJE 7
ANTJE 9
ANTJE 10
ANTJE 11

Santen Hon Scheepvaartbedr. A.
Molenstraat 56 (9288 AT)
Telefoon: 0512-332085 / 06-22996447
ANTJE 3
ANTJE 8
JIM

Krimpen a/d IJssel

Brusse & Zn A.
Heemraadhof 30 (2922 CK)
Telefoon: 0180-515737
ADRIANUS
RONALD
ROMIRA

Landsmeer

Weerd A. de
Snoekstraat 3 (1121 PS)
Telefoon: 020-4826473
AURORA
SIMSON

Leeuwarden

Provincie Friesland
Tweebaksmarkt 52 (8911 KZ)
Telefoon: 058-2925888
PW 2
PW 206
PW 305

Leiden

Heerema Shipping BV
Vondellaan 55 (2332 AA)
Telefoon: 071-5799000
HUSKY
RETRIEVER

Lachnit Duwbotenverhuur
Korte Gelgewater 56 (2313 BR)
DUO
QUATRO
SOLO
TRIO

Ulden F.W.L. van
Utrechtse Jaagpad 62 A (2313 LB)
Telefoon: 071-5122902
ADRIAAN
DOCKYARD I
IDEAAL

Leiderdorp

Alba Sleepdienst (A.W.v. Diedenhoven)
C.Gordijnsingel 161 (2353 GL)
Telefoon: 071-5895949 / 06-22-938750
ALBA
ARGUS

Lekkerkerk

Lekstroom Transport BV
Opperduit 73 A (2941 AS)
Telefoon: 0180-661305
LEKSTROOM I
LEKSTROOM IV

Lisserbroek

Cardol H.M.
Lisserdijk 306 (2165 AB)
Telefoon: 0252-414417
DOLFIJN
MARGA

Maasbracht

Fransbergen BV
Havenstraat 10 (6051 CR)
Telefoon: 0475-465090
COLIN F
DANIQUE F
DENNIS F
JILL F
ROELOF F
SANDRA F
WILLEM
WILLEM JR

Kleinstra & Zonen Vof
Veerweg 7 (6051 AH)
Telefoon: 0475-461648 / 06-53150675
LAURA
NINA

Voets Holding BV
Havenstraat 22 (6051 CS)
Telefoon: 0475-461100
ARUBA
BONAIRE
CHRISTIAN
CHRISTIAN 2
CURACAO
KEVIN
NJORD 2
SABA

Made

Meeuwissen Beheer Made BV
04-03
04-09
04-15

Makkum

Engelsman Towage & Salvage
Houtmolen 14 A (8754 GJ)
Telefoon: 0515-232596
STATUM
VIGILANT

Marknesse

Anker Maritiem Service BV Het
Expansie 54 (8316 GA)
Telefoon: 0527-203652
GERDA
KREKEL

Muiden

Spithorst N.
Muidertrekvaart 17 (1398 PP)
Telefoon: 0294-413362
ZEEHOND
ZEEHOND

Nederhorst d/Berg

Ridder C.H.de
Vreelandseweg 44 (1394 BN)
Telefoon: 0294-251432
INSULINDE
ORCA

Nieuw Vennep

M.N.O. Vervat BV
Pontweg 1 (2153 PK)
Telefoon: 0252-628628
DIRK PIETER
M.N.O. ANNA
M.N.O. EVA
TRITON

Nieuwegein

Basal Toeslagstoffen BV
Kelvinbaan 44 (3439 MT)
Telefoon: 030-6078330
LEO 3
NAOMI

Nieuwkoop

Bruin J.F. de
Zuideinde 128 (2421 AN)
Telefoon: 0172-571138
KLORUS
SIEN
SNIKKEL

Nijmegen

Swets Dols & Heuff BV
St Canisiussingel 18 (6511 TH)
Telefoon: 024-3228217
ARD
AXEL
FREDERIK
KEES

Valkenburg R.v.
Ark Iris (6522 KR)
PETRA
ROY

Noordwijk

Bergen Beheer BV P.van
Q.v.Uffordstraat 30 (2202 NH)
Telefoon: 071-3618816 / 06-53756553
ATTACK 5 (1)
ATTACK 5 (2)
ATTACK 12
ATTACK 32
ATTACK 33
ATTACK 42

Noordwijkerhout

Heemskerk B.V. J.J.M.
Gieterij 53 (2211 WC)
Telefoon: 0252-372212
KEVER III
WUST

Oldeboorn

Knol Materieel Verhuur BV Jac.
Prikwei 5 (8495 NG)
Telefoon: 0566-631432
HAIDOR 2
HEAIDOR

Oost Souburg

Vlissingen Bootliedenwacht BV
Dongestraat 50 (4388 VM)
VLB 6
VLB 2
VLB 7

Oosterhout

Martens & Van Oord Materieel BV
Rederijweg 6 (4906 CX)
Telefoon: 0162-474747
BRABANT
ZEELAND

Oudewater

Hotze J.
Kromme Haven 5 (3421 BK)
DOUWE
GORS
HENDRIKUS
KOMER

Overslag

Melvin Scheepvaart BV
Keizerputstraat 27 (4575 NL)
COLAS
TABARLY

Papendrecht

Boskalis Westminster N.V. Koninklijke
Rosmolenweg 20 (3356 LK)
Telefoon: 078-6969000
ACHILLES
ADE
AJAX
APOLLO
ARGUS
BK 17
BK 25
BK 26
BK 29
BK 51
BKM 100
BKM 101
BKM 285
BKM 286
BKM 290
BKM 292
BLACKY
BREEVAER 12
BULLDOG
COBY
DENISE
DOLLY BIRD
DRAKENSTEIJN
F 22
F 41
GERDY
GUAYAS
HASSAN
HENDRIKJE
JOHANNE
MARGERIE
MARGO
MARIEKE
MORIAMO
MULTICAT
NANCY
POPKE
PORT QASIM
ROOMKLOPPER
RUIGOORD
SANDY
SHAMROCK
W D HALIBUT
W D HERRING
W D PETREL
W D PLOVER
W D SKUWA
WILLY

Koning & Zn
Nanengat 1 (3356 AA)
Telefoon: 078-6442644
COGRI
MATTHIJS

Raalte

Weegh J.J.v.d
Oude Molenweg 72 (8101 EM)
Telefoon: 0572-363869
DANNY
DRUM
DRUM
FRANKENWARTE
WILJO

Ridderkerk

Graaf & Meeuwsen Scheepvaartservice BV
Boelewerf 52 (2987 VE)
Telefoon: 0180-410222
JAGER
MOVER 1
MOVER 2
MOVER 3
MOVER 4

Jiskoot W.
Tarwestraat 60 (2989 AW)
Telefoon: 078-6816110
CONCORDE
DOLLARD

Phoenix BV
Boelewerf 52 (2987 VE)
Telefoon: 0180-487130
ERTEPELLER
PHOENIX

Rijnsburg

Heemskerk A.
Dubbelebuurt 33 (2331 GK)
Telefoon: 071-4021829
DE ATLAS
MARINUS

Rijswijk

H.E.C.
Gen Spoorlaan 489 (2285 TA)
Telefoon: 070-3152393
FLEVOLAND
VLIELAND

Interbeton B.V.
Gen Spoorlaan 489 (2285 TA)
Telefoon: 070-3152393
EBUGHU
HUBERT
TERSCHELLING

Roden

Zweep H.
Leeksterweg 22 (9301 AN)
DRIEBOND II
DRIEBOND III
DRIEBOND IV

Roermond

Kauffeld BV
Mijnheerkensweg 27 (6041 TA)
Telefoon: 0475-317676
MARSDIEP
MERWEVOGEL

Rotterdam

Avra Towage BV
Scheepmakershaven 32 B (3011 VB)
Telefoon: 010-2810886
EAST
NORTHWIND
SOUTHWIND
WEST

Bonn & Mees BV
Sluisjesdijk 123 (3087 AE)
Telefoon: 010-4290544
GANTEL
JAN LEENHEER
PIETER L

Boskalis Oosterwijk BV
's Gravenweg 399 (3065 SB)
Telefoon: 010-2888777
ADRIANUS
ECHO
HSN 2
LEEUW

Chemgas Shipping BV
v. Vollenhovenstraat 3 (3016 BE)
Telefoon: 010-2412222
HEKLA
THERA
TOBA

Danubrenus BV NV Scheepvaart MIJ
DANUBRUNUS I
DANUBRUNUS II
DANUBRUNUS III
DANUBRUNUS IV
DANUBRUNUS V
DANUBRUNUS VI
DANUBRUNUS VII
DANUBRUNUS VIII
DANUBRUNUS IX

Dredging and Contracting Rotterdam B.V.
DN 56
DN 57

Fairmount Marine BV
Hofplein 20 (3032 AC)
Telefoon: 010-2402500
FAIRMOUNT ALPINE
FAIRMOUNT EXPEDITION
FAIRMOUNT GLACIER
FAIRMOUNT SHERPA
FAIRMOUNT SUMMIT

Fairplay Towage BV
Terwenakker 42-44 (3011 XS)
Telefoon: 010-4112999
FAIRPLAY III
FAIRPLAY 11
FAIRPLAY XII
FAIRPLAY XIV
FAIRPLAY 21
FAIRPLAY 24
FAIRPLAY 25
FAIRPLAY 29
FAIRPLAY 30

Jong BV Rederij De
Montrealweg 153 (3197 KH)
Telefoon: 010-2311555
AQUARIUS
ARIES
BONHEUR 2

GEMINI
LIBRA
MOOS
SCORPIO
TAURUS

Kooren International BV
Parklaan 2 (3016 BB)
Telefoon: 010-2170217
SD SEAHORSE
SD SEAL
SD SHARK
SD STINGRAY

Kotug BV
Parklaan 2 (3016 BB)
Telefoon: 010-2170217
RT EDUARD
RT INNOVATION
RT PETER
RT SPIRIT
RT ZOE
SD HARK
SD JACOBA
SD MARS
VS ROTTERDAM
ZP SVEZIA

Marine Projects Rotterdam BV
Sevillaweg 60 (3047 AL)
Telefoon: 010-7600270
M.P.R.1
M.P.R.2
M.P.R.3
M.P.R.4

Oord Acz Overige Materieel BV
Watermanweg 64 (3067 GG)
Telefoon: 010-4478444
ANDRIES
ARGUS
ATLAS
BLACKBIRD
BUZZARD
COASTAL ONE
CORMORANT
CRONUS
HARRIER
HUBRECHT
KINGFISHER
OCEANUS
VOLSON 2

Perfect Maintenance BV
Woudrichemstraat 20 (3087 BR)
Telefoon: 010-4952930 / 06-53370554
PERFECT III
PERFECT IV
PERFECT VI
PERFECT 7

Rotterdam Port Authorities
GHR Wilhelminakade 999 (3072 AP)
Telefoon: 010-2521010
RPA 1
RPA 2
RPA 10
RPA 11
RPA 12
RPA 13
RPA 14
RPA 15
RPA 16
RPA 20
RPA 22
RPA 23
RPA 24

Smit Harbour Towage Rotterdam BV
Waalhaven OZ 85 (3087 BM)
Telefoon: 010-4549911
DORDTSEBANK
SANDETTIEBANK
SMIT AFRICA
SMIT AHOADA
SMIT ARUBA
SMIT BARBADOS
SMIT CHEETAH
SMIT CLYDE
SMIT COLLINGWOOD
SMIT CURACAO
SMIT DONAU
SMIT EBRO
SMIT ELBE
SMIT EUROPE
SMIT HUDSON
SMIT JAGUAR
SMIT JAPAN
SMIT JOS
SMIT LOIRE
SMIT MADAGASKAR
SMIT RHONE
SMIT SEINE
SMIT TAHITI
SMIT TIGER
SMIT TRAFALGAR
SMIT WATERLOO
SMIT YENOGOA
TEXELBANK
THAMESBANK

Smit Subsea Europe BV
CONDOR
FALCON

Smit Transport Europe BV
Waalhaven OZ 85 (3087 BM)
Telefoon: 010-4549911
RIJN
SMIT BARRACUDA
SMIT BISON
SMIT BONAIRE
SMIT BRONCO
SMIT BUFFALO
SMIT BULLDOG
SMIT POLEN

Smit Vessel Management Service BV
Waalhaven OZ 85 (3087 BM)
Telefoon: 010-4549911
EERLAND 23
EERLAND 28
SMIT AL KOUT
SMIT BEVER
SMIT CAYMAN
SMIT FINLAND
SMIT MARTINIQUE
SMIT MONTSERRAT
SMIT RUSLAND
SMIT SCHELDE
SMIT ZWEDEN

Stemat Marine Service BV
Quarantaineweg 10 (3089 KP)
Telefoon: 010-2996555
ALBERT B
CLAUDIA B
GEERTRUIDA M
INGRID B
JASON T
JOERY H
MARTINE H
MIKE H
NAOMI E
NOVA K
REBECCA S
SIDI C
SUZANNE D

Stichting Buitenmuseum Leuvehaven
Leuvehaven 67 (3011 EA)
Telefoon: 010-4048072
DOCKYARD V
DOCKYARD IX
HAVENDIENST 20
MAASHAVEN
PIETER BOELE
VOLHARDING I

Van Gansewinkel Shipping
Oude Maasweg 5 (3197 KJ)
Telefoon: 010-4726200
994
DE ACHT
REINOD 1
REINOD 5
REINOD 6
REINOD 9
REINOD 10
REINOD 11
REINOD 14

Sas van Gent

Aerde Sleepdienst
Zandstraat 20 (4551 LH)
Telefoon: 0115-451877
HENDRIK 3
HENDRIK 7

Schagen

Vries & v.d.Wiel BV
Harmenkaag 9 (1741 LA)
Telefoon: 0224-211211
EUREKA
HENK
JAAP
JAN SR
PETER
SJOERD
WILLEM
ZEUS

Scharsterbrug

Zandstra BV
Trijegea 49 (8519 JA)
Telefoon: 0513-413558
ZEEMEEUW
ZEEMEEUW II

Scharwoude

Ooms Materiaal BV
Scharwoude 9 (1634 EA)
Telefoon: 0229-547700
ALKMARIA VICTRIX
MARY I
REKERE

Schiedam

Brink BV K.A. van
Postbus 22 (3100 AA)
TIMMERMAN 1
TIMMERMAN 3

Mammoet Maritime BV
Karel Doormanweg 47 (3115 JD)
Telefoon: 010-2042483
ALASKA
GROENLAND
IJSLAND
LINGE
SPITSBERGEN
TIJGERHAAI

Schore

Polderman E.& H.C.
Zandweg 1 (4423 AA)
CHARLIE
ROOMPOT
SCHELDE III

Sleeuwijk

Hoog M.d.
Larikslaan 9 (4254 BD)
ADRIE
CENTURION
NOORDERKLIP

Koek D.P.
Kerkeinde 30 (4254 LD)
Telefoon: 0183-301321
ELIZABETH
F 50
JAN
RUURTJE
STERN
STORMVOGEL

Koek J.H.
Kerkeinde 30 (4254 LD)
Telefoon: 0183-301321
MADI 2
MADI I
TREKVOGEL
WILLEM

Sliedrecht

Boer Baggeren BV De
Dr.Langeveldplein 11 (3361 HE)
Telefoon: 0184-411999
ALCYON
ALICE
ARCA
ELCO
ETNA
HUGO
JANNEKE
JOMAR
MAX

Herik Holding BV Van den
Industrieweg 24 (3361 HJ)
Telefoon: 0184-412881
HANNE
VITESSE

Kraayeveld BV
Postbus 180 (3360 AD)
Telefoon: 0184-412288
AARSTROOM
LE CRI
LEKSTROOM
LEKSTROOM

Ruiter K.G.de
Baanhoek 397 (3361 GG)
BOREAS
TYFOON

Volker Beton Beheer BV
Baanhoek 196 (3361 GN)
Telefoon: 0184-411259
NELLY
TINEKE

Waaltransport BV
Baanhoek 387 (3316 GG)
EN AVANT
EN AVANT III

Wijngaarden Marine Service BV
Merwestraat 2 (3361 HL)
Telefoon: 0184-490244
AMSTELSTROOM
EEMSTROOM
GIESSENSTROOM
GOUWESTROOM
KILSTROOM
LINGESTROOM
RIJNSTROOM
SCHELDESTROOM
VECHTSTROOM

Wijngaarden Materieel Exploitatie
Merwestraat 2 (3361 HL)
Telefoon: 0184-490244
MERWESTROOM
VLIESTROOM

St.Nicolaasga

Kamp T.M.v.d.
Westend 7 (8521 NN)
STELLA
JEAN

St.Pancras

Groen R.J.J.
Twuijverweg 23 (1834 AA)
Telefoon: 072-5641205
ANNE FEM
EMMELOORD

Stevensweert

Paes B.V. H.W.
Eiland 34 B (6107 CC)
PAES 3
PAES 4
STEVENSWEERT

Terhorne

Leemberg A.
Stripe 19 (8493 LB)
Telefoon: 0566-689203
HANS
OUDE DOK
NELLY

Terneuzen

Bruijn Scheepvaartbedr.L.W.de
Waterfront 234 A (4531 HZ)
Telefoon: 0115-620707
SAVANNA II
SAVANNA III
SAVANNA IV

Multraship Towage & Salvage
Scheldekade 48 (4531 EH)
Telefoon: 0115-645000
BARRACUDA
COBY M
GRAND SLAM
MULTRATUG 3
MULTRATUG 5
MULTRATUG 6
MULTRATUG 9
MULTRATUG 10
MULTRATUG 11
MULTRATUG 12
MULTRATUG 15
MULTRATUG 16
MULTRATUG 17
MULTRATUG 25

Nijhuis G.
Jeroen Boschstraat 40 (4532 HN)
Telefoon: 0115-694768
BERT
MON REVE

Tholen

Jansen Vof
Kruittoren 1 (4691 EP)
Telefoon: 0166-602800
ANNIE III
ANNIE IV

Tiel

Leeuwen W.L.van
Haven 24 (4001 LZ)
Telefoon: 0344-621025
JOCO III
JOCO IV
JOCO V
JOCO VI

Tollebeek

K & W Schepenverhuur BV
In 't Vizier 2 A (8309 AS)
DANCING WATER
DESTINY
DISCOVERY

Urk

Deliver BV
Voorpiek 2 (8322 AC)
DELIVERTJE
DEVOTION

Hakvoort K.A.
Pinksterbloemstraat 9 (8321 XD)
Telefoon: 0527-682216
GERMA
MATHEA
RINSKE
TRIJNTJE

Jannetje Vof
Almerelaan 20 (8321 JB)
JANNETJE
MISTRAL

Kapitein & Zn Duwsleepvaart A.
Wijk 1 nr 39 (8321 EL)
Telefoon: 0527-681864
AUKE
COBY
JELLE AUKE
ZEELEEUW

Midena Shipping BV
Foksdiep 6 (8321 MK)
Telefoon: 0527-688000
BIRGIT
HENDRIK KLAAS
JOHANNES J
WATER LADY
WATERMAN

Slooten Maritiem BV
Wijk 5 nr 90 (8321 GP)
Telefoon: 0527-688000
BERT JAN
CONSTANTIJN

Velp

Kaliwaal Bijland BV
Den Heuvel 7 (6881 VA)
Telefoon: 026-3618323
ESTHER
TRIO 2
TRIO 3

Velsen Noord

Hendriksma G.
3e Rijksbinnenhaven 1 (1951 JL)
Telefoon: 0251-224279
TITANIC
WALVIS

Velsen Zuid

Iskes Towing & Salvage BV
Min.v.Houtenlaan 108 (1981 EK)
Telefoon: 0255-522860 / 06-53901609
AARON
ARION
GINGER
HERCULES
POLLUX
SATURNUS
SIRIUS
TELSTAR

Vlieland

Ottesen P.
Lutinelaan 2 B (8899 BE)
Telefoon: 0562-451877
RYSUM
VLIELAND

Vlissingen

Seacontractors BV
Bellamypark 50-52 (4381 CK)
Telefoon: 0118-410206
SEA ALFA
SEA BRAVO
SEA DELTA
SEA ECHO
SEA FOXTROT
SEA GOLF

Vreeland

Blankevoort & Zn D.
Nigtevechtseweg 112 (3633 XW)
Telefoon: 0294-231635
ANTILOPE
BUFFEL

Warns

Vries Rederij R.J. de
't Noard 12 (8721 GC)
Telefoon: 0514-681998
GLOEIKOP
MORRA
RENO

Werkendam

Hakkers BV
Oudsas 11 (4251 AW)
Telefoon: 0183-501122
EUROPOORT
MAAS WAAL
STERN

Klerk BV
Sasdijk 10 (4251 AA)
Telefoon: 0183-508666
CORRIE
URK
WATERWEG

Veka Scheepvaart & Handelsonderneming BV
Biesboschhaven ZZ 10-11 (4251 NM)
Telefoon: 0183-505230
ALJO
JANNO
ORLIK
ORLIK

Vries Werkendam B.V. Aannemersbedrijf
Ir Blankenstraat 9 (4251 NR)
Telefoon: 0183-508888
ERICA 7
MAASWERKEN
RIJNWERKEN

Wessem

Merwede B.V. Ballast Mij
Waage Naak 15 (6019 AA)
Telefoon: 0475-562344
ADRIAAN S
LAURE
MAURICE
MERWEDE II
MERWEDE V
MERWEDE 6
MERWEDE 16
MERWEDE 26
MERWEDE 36
SPES

Nederlandse Steenslag Industrie BV
Op 't Hobus 1 (6019 RD)
Telefoon: 0475-561427
N S I 8
N S I 12
N S I 32

Woudsend

Nagelhout Vof Aann. Bedrijf
Vosselaan 39 (8551 PZ)
Telefoon: 0514-591255
ANNET
ELVO

Zaandam

Ballast Nedam Groep BV
Sluispolderweg 67 (1505 HJ)
Telefoon: 030-2853333
CONNY
FARU

Kramer Vof Fa Gebr.
Falster 8 (1506 BN)
Telefoon: 075-6310092
ARGO
JASON

Rodie Watertransport BV
Hanepad 88 (1501 WE)
Telefoon: 075-6166576
CHELSEA B
RODIE

Thaumas B.V.
Hanepad 59 (1501 WD)
Telefoon: 075-6310440
HOUTVAART 6
HOUTVAART 7
CASTOR

Wolschrijn W.
Gerrit Bolkade 7 (1507 BR)
Telefoon: 075-6171327
DESTA 3
DESTA 4
KWADIJK

Zalk

Woltheus L.
Zalkerdijk 2 A (8276 AC)
Telefoon: 038-3636292
NEELTJE W
STERRE DER ZEE

Zierikzee

Bouwman Towing & Shipping BV
Engelsekade 5 (4301 NA)
Telefoon: 0111-412966
BRANDARIS
JANNIE B

Zoutkamp

Oosterom H.J.van
Pansenweg 8 (9974 SL)
Telefoon: 0595-401409
SPARTA
SPICA

Zuidbroek

Bijma BV
W.A.Scholtenweg 84 (9636 BT)
Telefoon: 0598-451778
FONS
GRUNO
GRUNO II
GRUNO III
GRUNO IV
GRUNO V

Zuidoost Beemster

Hek BV Gebr. Van 't
Postbus 88 (1462 ZH)
Telefoon: 0299-423865
HEKGOLF
HEKHULP
HEKTREK
MAURITS

Zwartsluis

Hebo Maritiem Service BV
Stouweweg 19 (8064 PD)
Telefoon: 038-3868180
AVONTUUR 2
CATHARINA 3
CATHARINA 4
HEBO CAT I

Marinus W.
De Vleugel 2 (8064 GE)
Telefoon: 038-3866652
BONGEL
JANTJE
TJEDDE

Zwijndrecht

Bruinsma A.M.
Gildeweg 39 (3334 KC)
Telefoon: 078-6104192
EGALITÉ
LIBERTÉ
REALITÉ

Herman Sr BV
Anjerstraat 73 (3333 GC)
Telefoon: 078-6192507
BALOE
TARKA 3
YOGI

Mariventure BV
BITAM
KOUNGA
RABI

Sep W.J.
Burg.De Bruïnelaan 5 (3331 AB)
ISIS
SWIND

Swets ODV BV
Rotterdamseweg 52 (3332 AK)
Telefoon: 078-6191237
DE ACHT
DE EEN
DE NEGEN
DE TWEE
DE VIER
DE VIJF
DE ZES
DE ZEVEN
JACOBA 9

Verschoor Vof Sleepdienst S.
v.Diepenbroeklaan 11 (3335 AA)
Telefoon: 078-6103663 / 06-53624626
GEPKE
GEPKE III

Scheepsbevrachters

Amsterdam

Bevrachtings Combinatie B.V.
v/h H. Stoffers
T **020-6867021 / 020-6867041**
F **020-6867947**
Coenhavenweg 16 [1013 BL]
Postbus 20641 [1001 NP]
e-mail: info@stoffersbevrachtingen.nl
internet: www.stoffersbevrachtingen.nl

MCT Lucassen
T **020-6866710** - F **020-6880500**
Nieuwendammerdijk 530 K [1023 BX]
e-mail: info@mct-lucassen.nl
internet: www.mercurius-group.nl /
internet: www.mct-lucassen.nl

MegaBarging BV
T **020-4801400** - F **020-3347571**
Ruijgoordweg 100 [1047 HM]
e-mail: info@megabarging.nl
internet: www.megabarging.nl

K.N. Overmeer & Zn. BV (Member of the Overmeer Transport Group)
T **020-6063060** - F **020-6063080**
Nieuwendammerdijk 526-S1 [1023 BX]
e-mail: info@overmeer.com
internet: www.overmeer.com

Berkel en Rodenrijs

A.W. de Ruiter
T **010-5115669 / 06-53607728** - F **010-5115669**
Planetenweg 35 [2651 JB]

Delfzijl

Wagenborg Sleepdienst B.V.
T **0596-636911** - F **0596-636250**
Marktstraat 10 [9934 CK]
Postbus 14 [9930 AA]
e-mail: sleepdienst@wagenborg.com
internet: www.wagenborg.com

Den Helder

Peterson SBS Supply B.V.
T **0223-622900** - F **0223-620632**
Paleiskade 100 [1781 AR]
Postbus 742 [1780 AS]
e-mail: pss@petersonsbs.com
internet: www.pcugroup.com

Elst

MegaBarging BV
T **088-1011201** - F **088-1011208**
Industrieweg-Oost 16 [6662 NE]
Postbus 256 [6660 AG]
e-mail: info@megabarging.nl
internet: www.megabarging.nl

Franeker

Water-land bevrachtingen B.V.
T **0517-419777** - F **0517-418788**
Prins Hendrikkade 3 unit 1 [8801 JK]
Postbus 124 [8800 AC]
e-mail: info@water-land.nl
internet: www.water-land.nl

IJmuiden

Westcoasting Shipbrokers
T **0255-534066** - F **0255-517845**
Trawlerkade 34a [1976 CB]
Postbus 302 [1970 AH]
e-mail: info@westcoasting.com
internet: www.westcoasting.com

Landsmeer

Maritime Transport Services B.V.
T **020-6866631** - F **020-6840596**
Noordeinde 124 E [1121 AL]
Postbus 37196 [1030 AD] Amsterdam
e-mail: info@mtsgroup.nl
internet: www.mtsgroup.nl

Nijmegen

Daanen Shipping & Logistics B.V.
T **024-3775830** - F **024-3774332**
Oostkanaaldijk 308 [6541 CD]
Postbus 356 [6500 AJ]
e-mail: info@daanen-shipping.nl
internet: www.daanen-shipping.nl

Ridderkerk

Elbe Rijn Lloyd B.V.
T **0180-442255** - F **0180-442256**
Boelewerf 52 [2987 VE]
Postbus 4170 [2980 GD]
e-mail: info@elberijnlloyd.nl
internet: www.elberijnlloyd.nl

Novitrans Bevrachting BV
T **0180-487487** - F **0180-487342**
Boelewerf 44 [2987 VE]
Postbus 3040 [2980 DA]
e-mail: info@novitrans.nl
internet: www.novitrans.nl

Rotterdam

FTS Hofftrans B.V.
T **0181-291111** - F **0181-291122**
Torontostraat 20 - Havennr.4540 [3197 KN]
e-mail: fts@burando.eu
internet: www.burando.eu/fts

W.A.L. Hoenderop
T **010-4127915** - F **010-4110728**
Maaskade 119 [3071 NK]
e-mail: whoenderop@hetnet.nl

Jaegers Shipping BV
T **010-2412288** - F **010-2412295**
Van Vollenhovenstraat 3 [3016 BE]
Postbus 23075 [3001 KB]
e-mail: K.Grotenhuis@jaegersshipping.nl
internet: www.reederei-jaegers.de

Gerard Mauritz
T **010-2938610** - F **010-2938611**
Strevelsweg 700/615 [3083 AS]
Postbus 5204 [3008 AE]
e-mail: info@gerardmauritz.nl

Overmeer Rotterdam BV
(Member of the Overmeer Transport Group)
T **010-2042130** - F **010-2042170**
Brielselaan 85 [3081 AB]
e-mail: info@overmeer.com
internet: www.overmeer.com

Rheintrans B.V.
T **010-2823939** - F **010-2823930**
Maaskade 161 A [3071 NR]
e-mail: maarten@rhein.nl
internet: www.rheintrans.nl

Slavenburg & Huyser bv
T **010-4032800** - F **010-4137502**
Vasteland 38 J [3011 BM]
Postbus 543 [3000 AM]
e-mail: post@slavenburg-en-huyser.nl
internet: www.slavenburg-en-huyser.com

Zwijndrecht

Ara Bulk B.V.
T **078-8903045** - F **078-8903046**
Scheepmakerij 130 [3331 MA]
e-mail: info@arabulk.nl
internet: www.arabulk.nl

Interrijn RO-RO
T **078-6259195** - F **078-6121208**
Scheepmakerij 130 [3331 MA]
e-mail: E.Straver@interrijn.com
internet: www.interrijn.com

Rebes B.V.
T **078-6259355** - F **078-6259947**
Scheepmakerij 130 [3331 MA]
e-mail: rebes@rebes.com
internet: www.rebes.com

Rhine RoRo Service B.V.
T **078-6259405** - F **078-6121208**
Scheepmakerij 130 [3331 MA]
e-mail: V.vanLuijk@interrijn.com
internet: www.interrijn.com

Werven, machinefabrieken en reparatiebedrijven

Astro BV, Raamsdonksveer
T **0162-513650** - F **0162-522406**
Keizersveer 3c [4941 TA]
Postbus 3 [4940 AA]
e-mail: info@asto-bv.nl
internet: www.asto-bv.nl

Van Ballegooy Metaalbewerking B.V. (Machinefabriek), Moerdijk
T **0168-416310** - F **0168-412394**
Havenkant 8 [4781 AA]
e-mail: info@propellerservice.nl
internet: www.propellerservice.nl

Van Ballegooy Scheepsschroeven B.V., Moerdijk
T **0168-416310** - F **0168-412394**
Havenkant 8 [4781 AA]
e-mail: info@propellerservice.nl
internet: www.propellerservice.nl

Bijlsma Shipyard BV, Lemmer
T **0514-568550** - F **0514- 562165**
Sluisweg 13-16 [8531 DJ]
e-mail: info@bijlsma.com
internet: www.bijlsma.com / www.veka-group.nl

Scheepswerven Gebr. G. & H. Bodewes B.V., Hasselt
T **038-4771215** - F **038-4773492**
Van Nahuysweg 8 [8061 EZ]
Postbus 1 [8060 AA]
e-mail: info@scheepswerven-bodewes.nl
internet: www.scheepswerven-bodewes.nl

Scheepswerf L.J. Boer Sliedrecht BV, Sliedrecht
T **0184 412303** - F **0184 420165**
Industrieweg 18 [3361 HJ]
e-mail: info@scheepswerfboer.nl
internet: www.scheepswerfboer.nl

Machinefabriek Bos Steenwijk V.o.F., Steenwijk
T **0521-321700** - F **0521-321701**
Lange Baan 5A [8331 LW]
e-mail: bossteenwijk@xs4all.nl

Breko Nieuwbouw B.V., Papendrecht
T **078-6416868** - F **078-6416869**
Scheepvaartweg 3 b [3356 LL]
e-mail: info@breko.com
internet: www.breko.com

Van Brink Rotterdam, Rotterdam
T **010-2995300** - F **010-4295923**
Pastoriestraat 1 [3195 HT]
Postbus 5502 [3008 AM]
e-mail: vbr@vanbrink.nl
internet: www.vanbrink.nl

Wed. K. Brouwer Scheepswerf B.V., Zaandam
T **075-6163604 / 075-6354069** - F **075-6704441**
Zomerdijk 22 [1505 HW]
e-mail: info@scheepswerfbrouwer.nl
internet: www.scheepswerfbrouwer.nl

Cummins Holland B.V., Dordrecht
T **078-6181200** - F **078-6176579**
Olivijn 800 [3316 KH]
Postbus 520 [3300 AM]
e-mail: info.holland@cummins.com
internet: www.cummins.com / www.cummins.nl

Damen Shiprepair Rotterdam B.V., Schiedam
T **010-2041222** - F **010-4732577**
Adm. De Ruyterstraat 24 - Port no. 550 [3115 HB]
Postbus 22 [3100 AA]
e-mail: dsr@damenshiprepair.com
internet: www.damenshiprepair.com

Damen Shipyards Gorinchem, Gorinchem
T **0183-639911** - F **0183-632189**
Avelingen West 20 [4202 MS]
Postbus 1 [4200 AA]
e-mail: info@damen.nl
internet: www.damen.nl

E.B.R. B.V. Scheepsreparatie- en konstruktiebedrijf, Lage Zwaluwe
T **0168-484555** - F **0168-484224**
Biesboschweg 5 [4926 SJ]
e-mail: info@ebr-bv.nl
internet: www.ebr-bv.nl

De Groot scheepsbouw & Reparatie B.V., Moerdijk
T **0168-416630** - F **0168-416631**
Havenkant 8 [4781 AA]
e-mail: info@dgscheepsbouw.nl
internet: www.dgscheepsbouw.nl

De Groot Scheepstechniek, Dordrecht
T **078-6165599** - F **078-6166600**
Grevelingenweg 23 [3313 LB]
e-mail: info@dgstechniek.nl
internet: www.dgscheepstechniek.nl

Holland Diesel Maassluis B.V., Maassluis
T **010-5912611** - F **010-5929155**
Govert van Wijnkade 40 [3144 EG]
Postbus 280 [3140 AG]
e-mail: info@hollanddiesel.nl
internet: www.hollanddiesel.nl

Holland Shipyards B.V., Hardinxveld-Giessendam
T **0184 630516** - F **0184 621172**
Rivierdijk 436 [3372 BW]
e-mail: info@holland-shipyards.nl
internet: www.holland-shipyards.nl

Scheepswerf Hoogerwaard, Rotterdam
T **010-4290888** - F **010-4950727**
Ophemertstraat 43 [3089 JD]
e-mail: info@hoogerwaard.com
internet: www.hoogerwaard.com

IHC Beaver Dredgers B.V., Sliedrecht
T **0184-411555** - F **0184-411705**
Molendijk 94 [3361 EP]
Postbus 3 [3360 AA]
e-mail: info.bd@ihcmerwede.com
internet: www.ihcmerwede.com

Jooren Scheepsschroeven B.V., Dordrecht
T **078-6133831** - F **078-6311795**
Papendrechtsestraat 2 A [3313 CT]
e-mail: info@joorenpropellers.nl
internet: www.scheepsschroeven.nl

Scheepswerf De Kaap B.V., Meppel
T **0522-270013** - F **0522-262254**
Kaapweg 4 [7944 HV]
Postbus 100 [7940 AC]
e-mail: info@scheepswerfdekaap.nl
internet: www.scheepswerfdekaap.nl

Kemper & Van Twist Diesel B.V., Dordrecht
T **078-6326600** - F **078-6136746**
Keerweer 62 [3316 KA]
Postbus 156 [3300 AD]
e-mail: info@kvt.nl
internet: www.kvt.nl

Koedood Dieselservice b.v., Hendrik Ido Ambacht
T **078-6813127** - F **078-6812025**
Frankepad 1 [3341 LV]
e-mail: info@koedood.nl
internet: www.koedood.nl

Scheepswerf Gebr. Kooiman B.V., Zwijndrecht
T **078-6100477** - F **078-6100039**
Lindtsedijk 84 [3336 LE]
e-mail: werf@scheepswerfkooiman.nl
internet: www.dekooimangroep.nl

Scheepswerf en Machinefabriek Leenman B.V., Zwolle
T **038-4215254**
Industrieweg 31 [8031 EB]
e-mail: jan.leenman@hetnet.nl

Revisie- en Reparatiebedrijf van Leeuwen B.V., Sliedrecht
T **0184-614246 / 06-53356633** - F **0184-613794**
Kubus 6-8 [3364 DG]
e-mail: info@revrep.nl
internet: www.revrep.nl

Scheepswerf & Machinefabriek Maasbracht N.V., Maasbracht
T **0475-465555** - F **0475-465468**
Bunkerhaven 5 [6051 LR]
Postbus 7002 [6050 AA]
e-mail: info@scheepswerfmaasbracht.nl
internet: www.scheepswerfmaasbracht.nl

Mercurius Shipbuilding, Zwijndrecht
T **078-6195000** - F **078-6194866**
Ringdijk 466 C [3331 LK]
Postbus 147 [3330 AC]
e-mail: info@mercurius-group.nl
internet: www.mercurius-group.nl

Scheepssloperij Nederland B.V., 's-Gravendeel
T **078-6736055** - F **078-6736174**
Havenweg 1 [3295 XZ]
Postbus 5234 [3295 ZJ]
e-mail: info@sloperij-nederland.nl
internet: www.sloperij-nederland.nl

Neptune shipyards B.V., Aalst
T **0418-673103** - F **0418-673222**
Veerdam 1 [5308 JH]
e-mail: info@neptuneshipyards.com
internet: www.neptunemarineservice.nl

Koninklijke Niestern Sander B.V. 1, Delfzijl
T **0596-649400** - F **0596-649402**
Venjelaan 6 [9936 BR] Farmsum
Postbus 108 [9930 AC]
e-mail: info@knsbv.nl
internet: www.niesternsander.com

Oranjewerf Scheepsreparatie B.V., Amsterdam
T **020-6347511** - F **020-6347533**
Nieuwendammerdijk 542 [1023 BX]
Postbus 37050 [1030 AB]
e-mail: info@oranjewerf.nl
internet: www.oranjewerf.nl

Machinefabriek Padmos Bruinisse B.V., Bruinisse
T **0111-481551** - F **0111-481317**
Havenkade 12 [4311 BA]
e-mail: info@padmos.nl
internet: www.padmos.nl

Machinefabriek Padmos Stellendam B.V., Stellendam
T **0187-498020 (kantoor) / 498042 (magazijn)**
–
F **0187-498051 (kantoor) / 498055 (magazijn)**
Deltahaven 18 [3251 LC]
Postbus 23 [3250 AA]
e-mail: info@padmos.nl
internet: www.padmos.nl

Pon Power BV, Papendrecht
T **078-6420420** - F **078-6157122**
Ketelweg 20 [3356 LE]
Postbus 61 [3350 AB]
e-mail: power.nl@pon-cat.com
internet: www.pon-cat.com

Machinefabriek & Reparatiebedrijf W. Prins B.V., Volendam
T **0299-363409** - F **0299-369179**
Haven 47 [1131 EP]
e-mail: prinsvol@telfort.nl
internet: www.wprins.nl

Reikon B.V., Spijkenisse
T **0181-614466** - F **0181-625304**
Newtonweg 9 [3208 KD]
Postbus 242 [3200 AE]
e-mail: info@reikon.nl
internet: www.reikon.nl

Scheepswerf Reimerswaal B.V., Hansweert
T **0113-383021** - F **0113-383421**
Kaai 1 [4417 ES]
Postbus 15 [4417 ZG]
e-mail: info@swreimerswaal.com
internet: www.swreimerswaal.com

Scheepswerf De Schroef B.V., Sas van Gent
T **0115-471659** - F **0115-472619**
Wervenweg 1 (Haven nummer 5241) [4551 MC]
e-mail: mailbox@deschroef.com
internet: www.deschroef.com

Shipyard Trico BV, Rotterdam
T **010-2940800** - F **010-4280700**
Sluisjesdijk 145 [3087 AG]
e-mail: info@tricobv.nl
internet: www.tricobv.nl

Veka Shipbuilding B.V., Werkendam
T **0183-505230** - F **0183-505660**
Biesboschhaven Zuid 10-11 [4251 NM]
e-mail: info@veka-group.nl
internet: www.veka-group.nl

Veth Propulsion B.V., Papendrecht
T **078-6152266** - F **078-6411169**
Griendweg 1 [3356 LN]
Postbus 53 [3350 AB]
e-mail: info@veth.net
internet: www.veth.net

Scheepswerf Visser B.V., Den Helder
T **0223-616641** - F **0223-615391**
Ankerpark 2 [1781 AG]
Postbus 114 [1780 AC]
e-mail: info@visser-den-helder.nl
internet: www.visser-den-helder.nl

Van Voorden, Zaltbommel
T **0418-571200** - F **0418-515790**
Bossekamp 6 [5301 LZ]
Postbus 67 [5300 AB]
e-mail: info@vanvoorden.nl
internet: www.vanvoorden.nl

Scheepswerf De Werf Scheepsbouw & Constructie BV, Hardinxveld Giessendam
T **0184-616677** - F **0184-611752**
Rivierdijk 616 [3371 ED]
e-mail: dewerf.kantoor@dewerfscheepsbouw.nl
internet: www.dewerfscheepsbouw.nl

Toeleveringsbedrijven

ABB b.v., Turbocharging dept, Rotterdam
T **010-4078885** - F **010-4078444**
Albert Plesmanweg 53 A - Havenummer 2250 [3088 GB]
Postbus 5875 [3008 AW]
e-mail: info@nl.abb.com
internet: www.abb.nl

Admiraal BV Jacht & Scheepsbetimmeringen, Hasselt
T **038-4772187** - F **038-4772674**
Ambachtsweg 18 - 32 [8061 RN]
Postbus 54 [8060 AB]
e-mail: info@admiraalbv.com
internet: www.admiraalbv.com

Alfa Laval Benelux B.V., Breda
T **076-5791200** - F **076-5791211**
Baarschot 2 [4817 ZZ]
Postbus 9377 [4801 LJ]
e-mail: benelux.info@alfalaval.com
internet: www.alfalaval.com

Bakker Sliedrecht Electro Industrie B.V., Sliedrecht
T **0184-436666** - F **0184-436677**
Leeghwaterstraat 55-59 [3364 AE]
Postbus 25 [3360 AA]
e-mail: info@bakker-sl.nl
internet: www.bakkersliedrecht.com

Barth Aggregaten B.V., 's Gravendeel
T **078-6733799** - F **078-6732726**
Noord Voorstraat 43 [3295 BL]
Postbus 5121 [3295 ZG]
e-mail: info@barthaggregaten.nl
internet: www.barthaggregaten.nl

Machinefabriek Bolier BV (New Engine Sales), Dordrecht
T **078-6163301** - F **078-6210393**
Grevelingenweg 9-21 [3313 LB]
Postbus 215 [3300 AE]
e-mail: maksales@bolier.nl
internet: www.bolier.nl

Nederlandse Accumulatoren Produktie BV Centurion Akku, Roermond
T **0475-324147** - F **0475-322999**
Montageweg 1 [6045 JA]
Postbus 2427 [6040 EA]
e-mail: sales@centurion-akku.nl
internet: www.centurion-akku.nl

Damen Marine Components, Hardinxveld-Giessendam
T **0184-676262** - F **0184-676267**
Nijverheidsstraat 8 [3371 XE]
Postbus 96 [3370 AB]
e-mail: info@damenmc.nl
internet: www.damenmc.nl

Dejo Metaalindustrie B.V., Wolvega
T **0561-691691** - F **0561-691699**
Ambachtsstraat 3 [8471 AA]
Postbus 13 [8470 AA]
e-mail: info@dejo.nl
internet: www.dejo.nl

Dokkumer Vlaggen Centrale, Dokkum
T **0519-228228** - F **0519-228200**
Holwerderweg 25 [9101 PA]
e-mail: vbn@dvc.nl
internet: www.dvc.nl

Emha Technisch Bureau B.V., Ridderkerk
T **0180-484343** - F **0180-418581**
Ringdijk 520 A [2987 VZ]
Postbus 54 [2980 AB]
e-mail: info.emha@ham-groep.nl
internet: www.emhabv.com

Flying Focus Luchtfotografie, Bussum
T **035-6910829** - F **035-6920660**
Sint Janslaan 56 [1402 LV]
Postbus 111 [1400 AC]
e-mail: info@flyingfocus.nl
internet: www.flyingfocus.nl

Haagen Draaijer BV (technisch leder, pakkingen en slangen), Krimpen a/d IJssel
T **0180-512213 (J.W. de Jong)** -
F **0180-550425**
Griendstraat 11 [2921 LA]
e-mail: info@haagendraaijer.nl
internet: www.haagendraaijer.nl

Hatenboer-Water BV - (drink)waterbehandeling, Schiedam
T **010-4091200** - F **010-4091210**
Mercuriusweg 8 [3113 AR]
Postbus 6013 [3002 AA] Rotterdam
e-mail: info@hatenboer-water.com
internet: www.hatenboer-water.com

Hatz Nederland B.V., Culemborg
T **0345-470040** - F **0345-470044**
Anthonie van Diemenstraat 38 [4104 AE]
Postbus 55 [4100 AB]
e-mail: info@hatz.nl
internet: www.hatz-diesel.com

Rob Heijkoop Trading B.V., Dordrecht
T **078-6185522** - F **078-6182966**
Heliotroopring 300 [3316 KG]
Postbus 159 [3300 AD]
e-mail: info@robheijkooptrading.com
internet: www.robheijkooptrading.com

Holugt-Sauer, Tiel
T **0334-577511** - F **0334-630640**
Sir Rowland Hillstraat 2 [4004 JT]
Postbus 6129 [4000 HC]
e-mail: info@holugt-sauer.com
internet: www.holugt-sauer.com

IMOS, Rotterdam
T **010-2887612** - F **010-2887567**
Alkmaardermeer 9-11 [3068 KL]
e-mail: info@imos.be - internet: www.imos.be

Kampers Scheepskonstruktie B.V., Puttershoek
T **078-6763811** - F **078-6764853**
Oosthavenzijde 5 [3297 LD]
Postbus 5606 [3297 ZG]
e-mail: info@kampers.nl
internet: www.kampers.nl

Kampers Pompservice B.V., Puttershoek
T **078-6760610** - F **078-6761149**
Oosthavenzijde 5 [3297 LD]
Postbus 5401 [3297 ZG]
e-mail: pompservice@kampers.com
internet: www.kampers.com

Kooyman-Shipchandlers, Pernis
T **010-7536753** - F **010-4165662**
Butaanweg 5A [3196 KC]
e-mail: sales@kooyman.nl
internet: www.kooyman.nl

Lagaay International B.V., Rotterdam
T **010-4123871** - F **010-4331829**
Van Helmontstraat 99 [3029 AA]
e-mail: sales@lagaay.com
internet: www.lagaay.com

Licorne Petroleum Nederland B.V., Rotterdam
T **010-4115242** - F **010-4135041**
Mauritsweg 45b [3012 JV]
e-mail: info@licornepetroleum.nl
internet: www.licornepetroleum.nl

MME Group, Ridderkerk
T **0180-482828** - F **0180-462240**
Rietdekkerstraat 16 [2984 BM]
Postbus 4222 [2980 GE]
e-mail: info@mme-group.com
internet: www.mme-group.com

Alubouw de Mooy B.V., Hendrik Ido Ambacht
T **078-6821214** - F **078-6821217**
Nieuwe Bosweg 4 [3341 LH]
Postbus 311 [3340 AH]
e-mail: info@alubouwdemooy.nl
internet: www.alubouwdemooy.nl

Nijhuis Pompen BV, Winterswijk
T **0543-547474** - F **0543-547475**
Parallelweg 4 [7102 DE]
Postbus 102 [7100 AC]
e-mail: info@nijhuis.com
internet: www.nijhuis.com

NRF B.V. (Nederlandse Radiatoren Fabriek), Mill
T **0485-476476** - F **0485-476403**
Langenboomseweg 64 [5451 JM]
e-mail: info@nrf.eu - internet: www.nrf.eu

Oranje Scheepsverzekeringen, Zwijndrecht
T **078-6122500** - F **078-6122450**
Scheepmakerij 340 [3331 MC]
Postbus 85 [3330 AB]
e-mail: oranje@oranje-verzekeringen.nl
internet: www.oranje-verzekeringen.nl

Periskal CVBA, Wuustwezel (B)
T **+32-36695736** - F **+32-36695737**
Bredabaan 451 [B 2990]
e-mail: info@periskal.com
internet: www.periskal.com

Promac B.V., Zaltbommel
T **0418-683333** - F **0418-683355**
Van Voordenpark 14 [5301 KP]
Postbus 22 [5300 AA]
e-mail: info@promac.nl
internet: www.promac.nl

Q-H-MAX Pompen B.V., Hendrik Ido Ambacht
T **078-6847157** - F **078-6847162**
Noordeinde 122-A [3341 LW]
e-mail: info.rotterdam@qhmax.nl
internet: www.qhmax.nl

Radio Holland Netherlands B.V., Rotterdam
T **010-4283344** - F **010-4281498**
Eekhoutstraat 2, Havennummer 2121 [3087 AB]
Postbus 5068 [3008 AB]
e-mail: info@radioholland.nl
internet: www.radioholland.nl

SAM Electronics Nederland B.V., Rotterdam
T **010-4795444** - F **010-4795545**
IJzerwerkerkade 36 [3077 MC]
e-mail: info@sam-electronics.nl
internet: www.sam-electronics.nl

Sandfirden Technics B.V., Den Oever
T **0227-513613** - F **0227-513800**
Haventerrein 1 [1779 GS]
Postbus 9 [1777 ZG] Hippolytushoef
e-mail: info@sandfirden.nl
internet: www.sandfirden.nl

Schottel Nederland B.V., Zoetermeer
T **079-3611391** - F **079-3611417**
Chroomstraat 143 [2718 RJ]
Postbus 477 [2700 AL]
e-mail: info@schottel.nl
internet: www.schottel.com

SigmaKalon Marine & Protective Coatings B.V., Amsterdam
T **020-4075050** - F **020-4075059**
Kopraweg 35, Westpoort 7615 [1047 BP]
Postbus 58034 [1040 HA]
e-mail: csmarine@ppg.com
internet: www.ppgpmc.com

SKF Nederland, Nieuwegein
T **030-6075957** - F **030-6307397**
Kelvinbaan 16 [3439 MT]
Postbus 1275 [3430 BG]
e-mail: marketingnl@skf.com
internet: www.nederland.skf.com

Snijder Filtertechniek B.V., Hasselt (Ov)
T **038-4773800** - F **038-4773888**
Randweg 4 [8061 RW]
Postbus 69 [8060 AB]
e-mail: info@snijderfiltertechniek.nl
internet: www.snijderfiltertechniek.nl

SwetsODV, Zwijndrecht
T **088-6191234** - F **088-6191235**
Rotterdamseweg 52 [3332 AK]
Postbus 136 [3330 AC]
e-mail: info@swetsodv.com
internet: www.swetsodv.com

Vidol Marine, Sas van Gent
T **088-7435500** - F **088-7435501**
Mercuriusstraat 5 [4551 LB]
Postbus 4040 [5004 JA] Tilburg
e-mail: info@vidol.eu
internet: www.vidol.eu

Vissers & van Dijk Scheeps Elektro Techniek bv, Maasbracht
T **0475-464667 / 06-53832857** - F **0475- 597770**
Bunkerhaven 22 [6051 LR]
Postbus 7194 [6050 AD]
e-mail: info@vissersenvandijk.nl
internet: www.vissersenvandijk.nl

Makelaars en scheepshandelaren

Bais Maritiem B.V. [1], IJmuiden
T **0255-513839** - F **0255-512095**
Trawlerkade 106 [1976 CC]
e-mail: info@bais.nl
internet: www.bais.nl

Makelaarskantoor W.L.A. de Bot & Dtr. [1], Rotterdam
T **010-4667106** - F **010-4669664**
Bergsingel 131 [3037 GC]
e-mail: info@debotshipbrokers.nl
internet: www.debotshipbrokers.nl

DSM Shipbrokers, Meppel
T **06-46222111** - F **0522-270914**
Loberingemaat 5B [7942 JD]
e-mail: dsm@shiptrade.nl
internet: www.shiptrade.nl

Holwerda Shipbrokers B.V. [1], Heerenveen
T **0513-636305** - F **0513-632034**
Marktweg 77 [8444 AC]
Postbus 54 [8440 AB]
e-mail: info@holwerdaship.com
internet: www.holwerdaship.com

Huizinga & Snijder B.V., Ridderkerk
T **0180-487508** - F **0180-487504**
Boelewerf 44 [2987 VE]
Postbus 3040 [2980 DA]
e-mail: info@huizinga-snijder.nl
internet: www.huizinga-snijder.nl

Scheepsmakelaardij J. Hut B.V. / schipkopen BV 1, Zaltbommel
T **0418-510100 / 06-55333583 / 06-55333583** - F **0418-510112**
Dwarsweg 41 [5301 KB]
e-mail: info@schipkopen.nl
internet: www.schipkopen.nl

Scheepsmakelaardij J. Hut B.V. [1], Ridderkerk
T **0180-463606 / 06-55772238** - F **0180-463540**
Werfkade 33 [2987 RH]
e-mail: jangre@xs4all.nl / info@schipkopen.nl
internet: www.schipkopen.nl

Jiskoot & van Weel, Rotterdam
T **010-8407653 / 06-13324145 / 06-28338352** - F **010-2940825**
Sluisjesdijk 145 [3087 AG]
Postbus 204 [3330 AE] Zwijndrecht
e-mail: jiskoot@jiskootvanweel.nl / vanweel@jiskootvanweel.nl
internet: www.jiskootvanweel.nl

Oosse Maritiem B.V., Zwijndrecht
T **078-6191040 / 06-53104705** - F **078-6193508**
Maasboulevard 264 [3331 ML]
e-mail: info@oossemaritiem.nl

Rewazo Scheepvaart, Dordrecht
T **06-53655379**
Cornelis de Wittstraat 36-G [3311 GD]
e-mail: info@rewazo.nl
internet: www.rewazo.nl

Schepenkring, Steenwijk
T **0521-361445**
Veenderij 2A [8331 VH]
e-mail: info@schepenkring.nl
internet: www.schepenkring.nl

Swets Handel en Scheepvaart B.V., Zwijndrecht
T **088-6191234** - F **088-6191235**
Rotterdamseweg 52 [3332 AK]
Postbus 136 [3330 AC]
e-mail: info@swetsodv.com
internet: www.swetsodv.com

Waalboer Shipping & Trading BV, Dordrecht
T **06-53655379**
Cornelis de Wittstraat 36-G [3311 GD]
Postbus 407 [3300 AK]
e-mail: info@waalboertrading.nl
internet: www.waalboertrading.nl

[1] Deze makelaars zijn aangesloten bij:
De Nederlandse Bond van Makelaars in Schepen (N.B.M.S.)
Veenderij 2A
8331 VH Steenwijk
Tel: 0521-361216 - Fax: 0521-361919
Email: info@nbms.nl
Internet: www.nbms.nl

Verenigingen

Vakblad Sleep & Duwvaart, Wormerveer
T **06-22516238 na 18.00uur: 075 - 6420535** - F **075-6420536**
Postbus 190 [1520 AD]
e-mail: sleepduwvaart@xs4all.nl / basmbehoud@xs4all.nl
internet: www.sleepduwvaart.nl

Vereniging De Binnenvaart, Rotterdam
T **06-12380257**
Postbus 24066 [3007 DB]
e-mail: info@debinnenvaart.nl
internet: www.debinnenvaart.nl

Opleidingen

Hogeschool Zeeland, Maritiem Instituut 'De Ruyter', Vlissingen
T **0118-489400** - F **0118-489444**
Boulevard Bankert 156 [4382 AC]
Postbus 364 [4380 AJ]
e-mail: informatie@hz.nl
internet: www.hz.nl

Stichting voor Landelijk Onderwijs aan Varende Kinderen (LOVK), Rotterdam
T **010-4130034** - F **010-4841890**
Schulpweg 37 [3084 NG]
e-mail: landelijk.bureau@lovk.nl
internet: www.lovk.nl

Maritiem Instituut Willem Barentsz, Terschelling
T **0562-446600** - F **0562-446601**
Dellewal 8 [8881 EG] West Terschelling
Postbus 26 [8880 AA]
e-mail: miwb@mi.nhl.nl
internet: www.miwb.nl

Noorderpoort, Zeevaartschool 'Abel Tasman', Delfzijl
T **0596-610219** - F **0596-610213**
Zwet 1 [9932 AA]
Postbus 35 [9930 AA]
e-mail: zeevaart@noorderpoort.nl
internet: www.zeevaartschoolabeltasman.nl / www.noorderpoort.nl

Maritiem Instituut de Ruyter, Vlissingen
T **0118-489400** - F **0118-489444**
Boulevard Bankert 156 [4382 AC]
e-mail: informatie@deruyter-mi.nl
internet: www.deruyter-mi.nl

Scheepvaart en Transport College (STC) STC-Group: VMBO/MBO/HBO/Master/ Training en opleiding, Rotterdam
T **010-4486000** - F **010-4486148**
Lloydstraat 300 [3024 EA]
Postbus 63140 [3002 JC]
e-mail: reactie@stc-r.nl
internet: www.stc-group.nl

Uitzendbureaus

Adonai Business Services B.V., Rotterdam
T **010-4921333** - F **010-4921717**
Heemraadssingel 186 [3021 DM]
e-mail: info@adonaicrewing.com
internet: www.adonaicrewing.com

Atlas Services Group, Hoofddorp
T **023-5560423** - F **023-5560449**
Wijkermeerstraat 32 [2131 HA]
Postbus 444 [2130 AK]
e-mail: hoofddorp@atlasservicesgroup.com
internet: www.atlasservicesgroup.com

Atlas Services Group, Den Helder
T **0223-670370** - F **0223-633765**
Luchthavenweg 6b [1786 PP]
e-mail: denhelder@atlasservicesgroup.com
internet: www.atlasservicesgroup.com

Bestevaer Uitzendbureau B.V., Nijmegen
T **024-3241000** - F **024-3605431**
Bloemerstraat 62 [6511 EL]
e-mail: nijmegen@bestevaer.com
internet: www.bestevaer.com

Lowland Marine & Offshore, Nieuw Vennep
T **088-5570101** - F **088-5570150**
Lireweg 14 [2153 PH]
Postbus 3036 [2130 KA] Hoofddorp
e-mail: info@lowland.com
internet: www.lowland.com

Rivertech BV, Arnhem
T **026-3620340** - F **026-3628880**
Snelliusweg 40-24 [6827 DH]
e-mail: info@rivertech.nl
internet: www.rivertech.nl

TOS, Transport & Offshore Services B.V., Vlissingen
T **0118-440911** - F **0118-440912**
Boulevard Bankert 308 [4382 AC]
e-mail: info@tos.nl
internet: www.tos.nl

TOS, Transport & Offshore Services B.V., Rotterdam
T **010-4366293** - F **010-4366286**
Waalhaven O.Z. 77 [3087 BM]
Postbus 55064 [3008 EB]
e-mail: info@tos.nl
internet: www.tos.nl

Waterjobs, Rotterdam
T **010-4774119** - F **010-4777283**
Willem Buytewechstraat 40 [3024 BN]
e-mail: info@waterjobs.nl
internet: www.waterjobs.nl

Branche organisaties

Centraal Bureau voor de Rijn- en Binnenvaart (CBRB), Rotterdam
T **010-7989800** - F **010-4129091**
Vasteland 12 E [3011 BL]
Postbus 23133 [3001 KC]
e-mail: cbrb@binnenvaart.nl
internet: www.cbrb.nl

Christelijke Bond van Ondernemers in de Binnenvaart, Rotterdam
T **010-2060602** - F **010-2134171**
Vasteland 12 C [3011 BL]
e-mail: binnenvaart@cbob.nl
internet: www.cbob.nl

I.V.R., Rotterdam
T **010-4116070** - F **010-4129091**
Vasteland 12 E [3011 BL]
Postbus 23210 [3001 KE]
e-mail: info@ivr.nl
internet: www.ivr.nl

Kantoor Binnenvaart Service- en beleidscentrum voor de varende ondernemer, Rotterdam
T **010-2060600** - F **010-4147584**
Vasteland 12 C [3011 BL]
e-mail: info@kantoorbinnenvaart.org
internet: www.kantoorbinnenvaart.org

Landelijk Bureau KSCC - Katholiek Sociaal en Cultureel Centrum voor Rijn- en binnenvaart, Nijmegen
T **024-3777575 / B.E.M.v Welzenes dir:06-55356666** - F **024-3788201**
Waalhaven 1 K [6541 AG]
Postbus 390 [6500 AJ]
e-mail: info@kscc.nl
internet: www.kscc.nl

Koninklijke Vereniging van Nederlandse Reders (KVNR), Rotterdam
T **010-4146001** - F **010-2330081**
Wijnhaven 65 B [3011 WJ]
e-mail: kvnr@kvnr.nl
internet: www.kvnr.nl

Nautilus International, Rotterdam
T **010-4771188** - F **010-4773846**
Schorpioenstraat 266 [3067 KW]
Postbus 8575 [3009 AN]
e-mail: infonl@nautilusint.org
internet: www.nautilusint.org

Onafhankelijke Nederlandse Schippersvakbond, Rotterdam
T **010-2060601** - F **010-4147584**
Vasteland 12 c (2e verd.) [3011 BL]
e-mail: ons@kantoorbinnenvaart.org
internet: www.kantoorbinnenvaart.org

Stichting Nederland Maritiem Land, Rotterdam
T **010-2052720** - F **010-2055307**
Beursplein 37 [3011 AA]
Postbus 30145 [3001 DC]
e-mail: info@dutch-maritime-network.nl
internet: www.dutch-maritime-network.nl

Vereniging Europese Binnenvaartondernemers (VEB), Ridderkerk
T **0180-464964** - F **0180-464986**
Postbus 4204 [2980 GE]
e-mail: info@vebondernemers.nl
internet: www.vebondernemers.nl

Vlootlijst Nederlandse sleep- en duwboten per 1 september 2011

Verklaring bij de vlootlijst

De boten zijn op alfabetische volgorde per kolom van boven naar beneden gerangschikt. Bij boten van gelijke naam staan deze op volgorde van registratienummer.

reg.nr. = het officiële ENI of IMO nummer, onverbrekelijk verbonden met het schip, ongeacht of al dan niet van nationaliteit wordt veranderd. Als het ENI nummer ons (nog) onbekend is, wordt een door ons toebedeeld nummer gegeven.

type
- BS = bevoorradings schip
- BV = bergingsvaartuig
- DB = duwboot
- DS = duwsleepboot
- DV = duwvlet
- MC = multicat, boot die kan slepen, duwen, of als -werkvaartuig ingezet kan worden.
- MS = motorsleepboot
- MV = motorvlet
- OP = opduwer
- PS = patrouillevaartuig
- SS = stoomsleepboot
- WV = werkvaartuig

naam	=	huidige naam van de boot
ex namen	=	ex namen van de boot
eigenaar	=	naam en adres van de eigenaar
telefoon	=	nummer van de (auto-)telefoon
bouwjaar	=	jaar waarin de officiële proefvaart werd gehouden
bouwnummer	=	bouwnummer van de scheepswerf
bouwwerf	=	bouwwerf en plaats van vestiging
l x b x d	=	grootste lengte, breedte en diepgang van de boot
vermogen	=	merk en vermogen in kiloWatt en pk's van de motor
boegschroef	=	merk en vermogen in kiloWatt en pk's van de boegschroefmotor

reg.nr. / type :	023.25093 DB	00497 MS	00530 OP
naam :	**04-09**	**A 875 REGGE**	**AAGJE**
ex naam :	RV 04-09		
ex naam :			
ex naam :			
eigenaar :	Meeuwissen Beheer Made BV	Koninklijke Marine	Goossens R.
adres :		Rijkszee Marinehaven 1	
woonplaats :	Made	1781 ZZ Den Helder	Ottersum (L)
telefoon :		0223-653000	
bouwjaar / -nr. :	1992	1986 bn 813 / bn 639	1935
bouwwerf :	Damen Shipyards BV	Delta Shipyard /Bijlsma	
plaats :	Gorinchem	Sliedrecht/Wartena	
l x b x d :	7,03 x 3,02 x 0,91	27,45 x 8,30 x 2,50	5,62 x 1,48 x 0,60
vermogen :	210 kW 286 pk Deutz	2x589kW/800pk Stork Werkspr	3,6 kW 5 pk Triumpf
boegschroef :			

023.24959 DB	023.25098 DB	00498 MS	022.02330 MS
994	**04-15**	**A 876 HUNZE**	**AAGJE B**
	RV 04-15		MARIA / TO /
			GERWI
Van Gansewinkel Shipping	Meeuwissen Beheer Made BV	Koninklijke Marine	Roelofs R.P.R.
Oude Maasweg 5		Rijkszee Marinehaven 1	Schepperbuurt 20
3197 KJ Rotterdam	Made	1781 ZZ Den Helder	9948 PR Termunterzijl
010-4726200		0223-653000	0596-602079
1900	1992	1986 bn 818	1920
	Damen Shipyards BV	Jac.den Breejen/DeltaShipyard	Kroeze
	Gorinchem	Hardinxveld/Sliedrecht	Hoogezand
19,50 x 4,77 x -	7,03 x 3,02 x 0,91	27,45 x 8,30 x 2,50	14,08 x 3,50 x 1,45
100 kW 136 pk	210 kW 286 pk Deutz	2x589kW/800pk Stork Werkspr	36 kW 50 pk Brons

023.25085 DB	023.25100 DB	imo 8703995 MS	023.09715 DS
04-01	**04-17**	**A 877 ROTTE**	**AALTJE**
RV 04-01	RV 04-17		LEAN II / THEODORUS /
			JOHANNA / JAN VAN GENT /
			JOOP / ANACONDA
Kramer & Snoek Vof	B.S.T. Dintelsas BV	Koninklijke Marine	Bakker J.
	Sasdijk 18	Rijkszee Marinehaven 1	Grote Fok 27
Urk	4671 RN Dinteloord	1781 ZZ Den Helder	8321 VX Urk
	0167-523288	0223-653000	06-51400977
1992 bn 6002	1992	1986 bn 819	1956
Damen Shipyards BV	Damen Shipyards BV	Delta Shipyard/Breejen	Th.v.d.Beldt
Gorinchem	Gorinchem	Sliedrecht/Hardinxveld	West Graftdijk
7,03 x 3,02 x 0,91	7,03 x 3,02 x 0,91	27,45 x 8,30 x 2,50	20,27 x 5,26 x 2,11
210 kW 286 pk Deutz	210 kW 286 pk Deutz	2x589kW/800pk Stork Werkspr	334 kW 455 pk GM

023.25087 DB	00085 MS	imo 9152624 MS	023.18898 MS
04-03	**A 874 LINGE**	**A 878 GOUWE**	**AALTJE**
RV 04-03			
Meeuwissen Beheer Made BV	Koninklijke Marine	Koninklijke Marine	Wal & T.Vermaning T.v.d.
	Rijkszee Marinehaven 1	Rijkszee Marinehaven 1	Waltawei 29
Made	1781 ZZ Den Helder	1781 ZZ Den Helder	8635 MZ Bozum
	0223-653000	0223-653000	0515-521818
1992	1987 bn 812 / bn 638	1997 bn 963	1916
Damen Shipyards BV	Delta Shipyard / Bijlsma	Delta Shipyard	
Gorinchem	Sliedrecht/Wartena	Sliedrecht	Rotterdam
7,03 x 3,02 x 0,91	27,45 x 8,30 x 2,50	27,45 x 8,30 x 3,80	9,90 x 2,92 x 1,30
210 kW 286 pk Deutz	2x589kW/800pk Stork Werkspr	2 x 600 kW 816 pk Caterpillar	66 kW 90 pk BMC

027.17622 MS
AARON
VOLHARDING 4
Iskes Towing & Salvage BV
Min.v.Houtenlaan 108
1981 EK Velsen Zuid
0255-522860 / 06-53901609
1962 bn 41
A.v.Bennekom
Sliedrecht
19,90 x 5,35 x 2,54
684 kW 930 pk Deutz

020.02039 MS
ACTIEF
GERRIE
1938
Groningen
16,00 x 4,20 x 1,60
191 kW 260 pk

023.22593 DB
AD
RHEINSTADT 4 /
EMSTRA 10 /
MAINBUFFEL II / ALI
Duwplus BV
Den Brem 59
5052 RB Goirle
1972
Boot
Lemmer
15,00 x 9,30 x 1,50
399 kW 542 pk Caterpillar

030.50760 DS
ADEA
LEBA I / RP 85 / LEBA I /
WOUT / ELDORADO /
JEANNE
Harkema K. & F. Gruis
Koestraat 32
9936 CE Delfzijl
050-5256477
1943 bn 420
Bijlsma
Wartena
12,76 x 3,45 x 1,43
110 kW 150 pk Deutz

00341 MV
AARSTROOM
Kraayeveld BV
Postbus 180
3360 AD Sliedrecht
0184-412288
7,03 x 2,37 x 1,25
37 kW 50 pk Peugeot

00272 MS
ACTIEF
YOLE / GALEREZS
Faber A.
Zwartsluis
1911
Gebr.v.Damme
Baesrode
10,27 x 3,10 x 1,20
124 kW 168 pk DAF

030.50788 DS
ADA
SPERA / HOUTRIB /
GOUWZEE /
RP 11
Au am Rhein
Papendrecht
1934
Stadewerft
Hamburg
16,95 x 4,37 x 1,23
333 kW 453 pk Detroit Diesel

020.12519 DB
ADELAAR
SEINE / PHOENIX /
WHY NOT
Adelaar Duwvaart BV
Postbus 9319
3007 AH Rotterdam
1972
Delta Shipyard/Biesbosch
Sliedrecht/Dordrecht
16,70 x 7,90 x 1,50
2 x 382 kW/520 pk Caterpillar

023.21749 MS
ABELFORTE
Biemans W.
Marga Klompestraat 34
5142 MG Waalwijk
0416-342860
1994
Flevo jachtwerf
Nijkerk
18,15 x 4,85 x 1,55
110 kW 150 pk Industrie
18 kW 25 pk

00436 MS
ACTIEF
HERAN
Jong F. de
Zwartsluis
1926
t Hondsbosch
Alkmaar
14,00 x 3,50 x 1,40
66 kW 90 pk Modag

023.12017 MS
ADCOR 2
EMSLAND
Hogerhuis C.van
Rotterdam
1958
Diedrich,
Oldersum
23,75 x 5,27 x 1,75
368 kW 500 pk MAN

023.01428 SS
ADELAAR
BOTLEK / ADELAAR
Gulik B. van
Beverwijk
1925 bn 694
Hubertina v/h W.H. Jacobs
Haarlem
20,70 x 5,20 x 1,80
110 kW 150 ipk

021.04720 MV
ACHILLES
Boskalis Westminster Koninkl.
Rosmolenweg 20
3356 LK Papendrecht
078-6969000
1973
Damen Shipyards BV
Hardinxveld-Giessendam
10,32 x 4,98 x 1,50
136 kW 184 pk GM

022.05067 MV
ACTIEF
Kooiman C.
Harlingen
1943
7,09 x 2,56 x 0,90
44 kW 60 pk

027.16955 MV
ADE
Boskalis Westminster Koninkl.
Rosmolenweg 20
3356 LK Papendrecht
078-6969000
1981 bn 3420
Damen Shipyards BV
Gorinchem
15,70 x 4,90 x 2,40
2 x 268 kW/365 pk Caterpillar

023.06832 MS
ADMA
TERRA NOVA
Groendijk & K.J.v.Beek W.A.
Rotterdam
1946
Concordia S.Seymonsbergen
Amsterdam
12,53 x 3,19 x 1,65
106 kW 145 pk Caterpillar

reg.nr. / type :	023.09964 DS	020.15271 MS	023.12968 MV
naam :	**ADRIAAN**	**ADRIANA**	**ADRIANUS**
ex naam :			DIRK SR / ADRIANUS
ex naam :			
ex naam :			
eigenaar :	Kooren A. Sleepdienst	Dool A.W.v.d.	Boskalis Oosterwijk BV
adres :	Parklaan 2	Woubrugseweg 3 A	's Gravenweg 399
woonplaats :	3016 BB Rotterdam	2401 LT Alphen a/d Rijn	3065 SB Rotterdam
telefoon :	0181-419911		010-2888777
bouwjaar / -nr. :	1957	1950	1970
bouwwerf :	Wortelboer		A.J.Sepers & Zn
plaats :	Gouderak	Wurzburg	Heerewaarden
l x b x d :	19,50 x 5,30 x 2,30	14,30 x 3,50 x 1,25	14,05 x 4,18 x 1,32
vermogen :	294kW400 pk Stork werkspoor	110 kW 150 pk Deutz	176 kW 240 pk GM
boegschroef :			

00008 DS	023.21712 MV	023.01873 MS	023.23062 DB
ADMAR 2	**ADRIAAN**	**ADRIANA**	**ADRIANUS**
		De Zaan / Rica / Anna / Erna /	TR 406
		Maaike / Marie 9 / Eerland 9 /	
		Aldebaran / Equator / Adriana	
Mill Internationaal B.V. van	Ulden F.W.L. van	Nispen H.H.v.	Brusse & Zn A.
Avelingen Oost 14	Utrechtse Jaagpad 62 A	Amsteldijk 876	Heemraadhof 30
4202 MN Gorinchem	2313 LB Leiden	1079 LN Amsterdam	2922 CK Krimpen a/d IJssel
0183-693030	071-5122902		0180-515737
1992	1950	1911	1981
v.Mill		De Ridder	Ceske Lodenice
Hardinxveld-Giessendam	USA	Delfshaven	Melnik
23,00 x 9,00 x 2,50	8,32 x 2,50 x 0,75	17,77 x 4,00 x 1,61	11,95 x 8,60 x 1,74
2 x 353 kW/480 pk GM	2 x 67 pk/92 pk GM	88 kW 120 pk Industrie	2 x 145 kW/197 pk Skoda

021.03327 MS	023.11588 DB	00480 MS	023.12732 MV
ADONIS	**ADRIAAN S**	**ADRIANA**	**ADRIANUS**
RIO / HENDRIK /	MARIA VAN DER WEES /	C 1 / HC 2 / RISICO /	
TALISMAN	ADRIAAN S	ANNIE	
Monster A.M.	Merwede B.V. Ballast Mij	Toor J.G.H.v.	Straaten Beheer BV Van der
	Waage Naak 15		Werfdijk 6
Dordrecht	6019 AA Wessem	Oss	4417 AN Hansweert
	0475-562344		0113-382510
1958 bn 290	1963 bn 80	1943	1969
Gebr.v.Vliet	De Hoop	Cornilis	Damen Shipyards BV
Hendrik Ido Ambacht	Schiedam	Gent	Hardinxveld-Giessendam
	15,62 x 5,10 x 1,09	14,06 x 3,88 x 1,38	12,83 x 3,42 x 1,67
87 kW 118 pk DAF	2 x 169 kW/230 pk Scania	121 kW 165 pk GM	147 kW 200 pk MWM
	Vabis		

00248 MS	023.06999 MS	020.05136 MS	023.23401 DS
ADRI	**ADRIAANTJE**	**ADRIANA**	**ADRIE**
	ADRIAANTJE / MARRETJE /	TINE / CERES	Y 820 SYLT /
	ADRIAANTJE		WOTAN / ANGIE
Stockbroeks	Weenen K.v.	Vrieswijk D.	Hoog M.d.
			Larikslaan 9
Wessem	St.Annaland	Hoek	4254 BD Sleeuwijk
1914	1909	1928	1962
Kreber	Gebr.v.d.Windt	Nic.Witsen	Schichau
Vlaardingen	Vlaardingen	Alkmaar	Bremen
14,50 x 3,40 x 1,70	14,70 x 3,60 x 1,35	15,30 x 3,20 x 1,04	30,81 x 7,75 x 3,60
128 kW 175 pk	59 kW 80 pk Kromhout	73 kW 100 pk Ford	736 kW 1000 pk MAK

023.06783 DS
AEGIR
ANTONIE II / MABI XI /
PIE AD / HENCA /
ELJO
Bootsma Sleepbedrijf
De Munnikplaat 7
8754 HC Makkum
0515-231069 / 06-50666867
1946 bn 422
Bijlsma
Wartena
19,32 x 4,72 x 2,12
375 kW 510 pk Volvo

00531 MS
AGATHA M
ADRIAAN /
DE TOEKOMST /
AGATHA MARIA
Pielage H
Zaanstad
13,00 x 3,00 x 1,50
88 kW 120 pk Mercedes Benz

027.17324 MV
AILSA PAT
Oord Acz OverigeMaterieel BV
Jan Blankenweg 2
4207 HN Gorinchem
0183-642200
1971 bn 417
Damen Shipyards BV
Hardinxveld-Giessendam
11,10 x 3,32 x 1,60
176 kW 240 pk Caterpillar

021.04913 MV
AJAX
Boskalis Westminster Koninkl.
Rosmolenweg 20
3356 LK Papendrecht
078-6969000
1975
Damen Shipyards BV
Hardinxveld-Giessendam
10,52 x 4,95 x 1,80
133 kW 180 pk GM

020.01523 MS
AKRUESDA
BREJOMAJA / HAIKE /
MARIE CATHARINA / BRIZO/
PEKONA / CORNELIA /
Heijsman R
Postbus 3138
3502 CC Utrecht
1924
Pehling
Alkmaar
15,33 x 3,82 x 1,79
88 kW 120 pk Industrie

023.13823 DB
ALASKA
NEPTUNUS 9 /
MAAS / FIAT /
MONTANA
Mammoet Maritime BV
Karel Doormanweg 47
3115 JD Schiedam
010-2042483
1973 bn 161
H.d.Haas
Maassluis
16,77 x 7,05 x 1,84
2 x 403 kW/548 pk Caterpillar

023.17905 MS
ALBA
Risico / Jo / Adwil / Bernard /
Wilcor / Rex / Beliam /
Louise Marina / Siljan
Alba Sleepdienst(diedenhoven)
C.Gordijnsingel 161
2353 GL Leiderdorp
071-5895949 / 06-22938750
1911
Kooiman
Zwijndrecht
16,82 x 3,90 x 1,75
132 kW 185 pk GM

023.16862 DB
ALBATROS
NEDLLOYD 1 / NAUTICA 1
Albatros Duwvaart BV
Scheepmakerij 360
3331 MC Zwijndrecht
1982 bn 734
De Biesbosch
Dordrecht
19,00 x 8,04 x 2,16
2 x 456 kW/620 pk Caterpillar

00318 MS
ALBATROS
NIDECK A 795
Blauw H.
Terneuzen
1955
Oberwinter
Oberwinter
25,75 x 5,52 x 1,08
2 x 184 kW/250 pk Deutz

00532 OP
ALBATROS
Faber A
Zwolle
6,50 x 2,00 x 0,60
22 kW 30 pk Scania Vabis

00250 MS
ALBATROS
ARGO / WILJAN / ADRIAAN /
GERARDUS / JOHANNES /
MARS
Marquet J.
Maastricht
1900
18,23 x 4,23 x 1,95
176 kW 240 pk MAN

022.10991 DS
ALBATROS
Mendels W.N.
Kramerswei 6
8723 EW Koudum
1927
Ernst Menzer
Bergedorf
13,04 x 2,82 x 1,13
77 kW 105 pk Mercedes

032.30277 MS
ALBATROS
ADDIJ / INJO II /
DEBORA
Remery H.
Dotingestate 31
8926 ML Leeuwarden
058-2151814
1957 bn 240
Damen Shipyards BV
Hardinxveld-Giessendam
13,50 x 3,35 x 1,50
191 kW 260 pk GM

020.06184 MS
ALBATROS
AMSTELBROUWERIJ 24
Riezebos G.
Ens
1924
Th.Kempers & Zn
Alphen a/d Rijn
14,24 x 3,66 x 1,70
77 kW 105 pk Kromhout

020.15103 MS
ALBATROS II
MOWE 12 / ALBATROS II /
ALBATROS
Spithorst J.
Postbus 3
3755 ZG Eemnes
1967
Gustavsburg
Gustavsburg
17,20 x 4,00 x 0,94
110 kW 150 pk Mercedes

022.08091 MS
ALBERDINA
ALBERDINA / ANDREAS /
DE RUPEL II
Vloed N.R.v.d.
Amsterdam
1937 bn 369
Bijlsma
Wartena
16,60 x 4,25 x 1,90
110 kW 150 pk Bohn & Kahler

reg.nr. / type :	020.08442 MS	023.12647 MS	00533 OP
naam :	**ALBERT V**	**ALCYON**	**ALDMAN**
ex naam :	ORANJE / WSP 33 /	SIJA / MARVA / KM 5 /	ALDERFEKSKORRUNDS
ex naam :	GB I / RV 5 /	RS 10 / A 850 / Y 8032 /	
ex naam :	HERMES	TEXEL	
eigenaar :	Viswat J.	Boer Baggeren BV De	Jong A.de
adres :	H.Kerkstraat 39	Dr.Langeveldplein 11	
woonplaats :	9722 DA Groningen	3361 HE Sliedrecht	Irnsum
telefoon :	050-5423535	0184-411999	
bouwjaar / -nr. :	1938 bn 317	1939 bn 94	1940
bouwwerf :	Th.v.d.Beldt	Baars/ De Jong & Smit	
plaats :	West Graftdijk	Sliedrecht/IJsselmonde	Leeuwen
l x b x d :	19,00 x 4,80 x 2,14	18,22 x 4,70 x 1,85	6,00 x 2,00 x 0,95
vermogen :	316 kW 430 pk Cummins	268 kW 365 pk Caterpillar	22 kW 30 pk Hatz
boegschroef :			

023.23958 MS	00251 MS	023.19644 DS	021.03074 MV
ALBERT	**ALBERTA**	**ALCYON**	**ALEXANDER**
Jenny II / Nero / Orion / Cor /	ALBERTA	H 15 / KUBA / WILJACO F 5 /	MARIA / LENIE
Wytenkamp 10 / Efpe / Nes /		WILJACO F 3 / BOBCAT	
Multidive I / Triton / Doros			
Mol M.	Kooten F.J.K.v.	Koehoorn & Zn J.K.	Kampen Maritiem Material BV
Pr Hendrikkade 66 A		Kiesterzijl 18	Montagestraat 7
1501 AE Zaandam	Soest	8801 HN Franeker	8263 BP Kampen
075-6163087 / 06-22145666		0517-396884 / 06-53413663	
1939 bn 328	1922	1962	1955
Th.v.d.Beldt		Stocznia Gdansk	C.Buitendijk
West Graftdijk	Alkmaar	Gdansk	Hendrik Ido Ambacht
14,55 x 3,86 x 1,75	15,30 x 3,30 x 1,35	21,10 x 6,10 x 2,10	12,35 x 3,14 x 1,04
143 kW 194 pk Caterpillar	77 kW 105 pk Kromhout	920 kW 1250 pk Mitsubishi	169 kW 230 pk Scania Vabis

023.14955 DB	023.06307 MS	032.70181 MS	030.50959 MS
ALBERT B	**ALBERTUS M**	**ALCYON**	**ALFA**
VERONIQUE /	FIAT /		SALLAND III /
BALDER	DE JONGE GERBRAND 4		HAARLEMMERMEER 8 /
			SPERANZA
Stemat Marine Service BV	Tiem Van	Ulsen & B.Piket J.v.	Borger H.G.
Quarantaineweg 10			Soesterbergsestraat 168
3089 KP Rotterdam	Beneden Leeuwen	Heeswijk-Dinther	2768 MD Soest
010-2996555			035-6026529
1974 bn 952	1931 bn 69	1939 bn 15	1908 bn 334
Damen Shipyards BV	De Jong & Smit	Kooiman	v.d.Giessen
Hardinxveld-Giessendam	IJsselmonde	Zwijndrecht	Krimpen a/d IJssel
14,00 x 6,00 x 1,45	16,50 x 4,16 x 1,78	21,19 x 5,16 x 1,87	19,01 x 4,12 x 2,11
2 x 368 kW/500 pk Caterpillar	220 kW 300 pk Deutz		176 kW 240 pk Deutz

030.51726 DS	00529 MS	00142 OP	033.20049 MS
ALBERT R	**ALCO II**	**ALDERVERSKVORRENDST**	**ALFRA**
CORNELIA / E 281 /	PIETERKE / BRONS II /	BRUZER	ALFRA / BART / PETER /
ADEA	PIETERKE /		ALRIE / ADRIE / ALFRA /
	PIETJE BELL		GITANA / LAURA LIANNE
Albert R Sleep&Duwvaartbedr.	Vierhoven A.	Bosma P.	Hoekstra Y.
Waalbandijk 45		De Wearen 36	
6541 AJ Nijmegen	Dwingeloo	8614 AE Oudega	Appingedam
024-3731001 / 161-3230092		06-12134104	
1939	1933	1939	1906
Bodewes & Dutmer	Schut	H.Holtman	
Groningen	Hoogezand	Stadskanaal	
21,25 x 4,92 x 2,35	8,45 x 2,40 x 1,30	6,10 x 1,90 x 0,80	11,50 x 3,02 x 1,25
309 kW 420 pk Volvo Penta	29 kW 40 pk Brons	13 kW 18 pk Lister	121 kW 165 pk Scania

023.14507 DS
ALICE
HERMAN SR
Boer Baggeren BV De
Dr.Langeveldplein 11
3361 HE Sliedrecht
0184-411999
1976 bn 429
Jonkerpaans
Dordrecht
15,65 x 4,40 x 2,10
356 kW 485 pk Caterpillar

023.29363 OP
ALIE
Paas H.J.
Harkstede
2007 bn 1
Paas Zelfbouw
Harkstede
6,10 x 1,95 x 1,00
22 kW 30 pk Lister Blackstone

031.10448 DV
ALKMARIA VICTRIX
Ooms Materiaal BV
Scharwoude 9
1634 EA Scharwoude
1959
Visscher & Zn
Zwartsluis
13,80 x 3,75 x 1,60
124 kW 169 pk DAF

020.09707 MS
ALPHA
RISICO / VIERHAND / CLEVRA
Groot M. de
Woubrugge
1939
Bodewes & Dutmer
Groningen
10,45 x 3,14 x 1,50
121 kW 165 pk GM

00029 MS
ALICE
TAUCHER O WULF 7
Treffers & Zn G.J.
H.Figeeweg 35
2031 BJ Haarlem
023-5325211
1962 bn 165
Mützelfeldtwerft
Cuxhaven
20,90 x 6,00 x 2,15
590 kW 803 pk Cummins

020.09617 DB
ALINA
CORNELIS SR / ILANA
Tichelaar Scheepvaartbedr.
Lemmer
1987
Stapel/Koole
Spaarndam/Zaandam
26,00 x 9,00 x 2,60
494/500kw/650/680pkDeutz/cat

021.02268 DS
ALPHA
LIES / TITAN / IRA / DECOMEA
Berg J.v.d.
Roggebot 14
8321 RA Urk
0527-683217 / 06-53750653
1942
Boot
Leiden
19,44 x 5,10 x 2,12
565 kW 768 pk Deutz

020.04297 MV
ALPHA
Oudhaarlem C.H.
Danzigerkade 2
1014 AP Amsterdam
020-6828440
1953
Conrad
Haarlem
7,67 x 2,68 x 1,27
21 kW 28 pk Samofa

023.12255 MV
ALIDA B
Constant / Luctor Et Emergo / Jan / Lekstroom XIII / Jan / Elisa / Marion / Jan
Balk G.
Delfzijl
1936
Fulton
Willebroek
9,60 x 3,00 x 1,10
29 kW 40 pk Lister

023.17608 DS
ALJA
M 253 / DICK / ROTATOR / CONCORDIA / SATURNUS / ARIES / MARIUS
Post & De Boer Vof
Richel 11
8321 RZ Urk
1941
Wiemann
Brandenburg
23,48 x 5,84 x 1,89
2 x 268 kW/365 pk Caterpillar

021.01971 MS
ALPHA
BONA FIDE
Diderik J.J.M.
Haringvliet 68
3011 TG Rotterdam
1930
Matena
Papendrecht/Coevorden
18,32 x 4,73 x 2,09
132 kW 180 pk Wortington

022.12782 MS
ALPHECCA
MARIANNE / GEBR.COHRS II / JASON / JOHANN
Alphecca Stichting MS
Hellevoetsluis
0181-317810 / 06-53468220
1913 bn 554
G.& H.Bodewes
Hoogezand
23,02 x 5,82 x 1,70
368 kW 500 pk Deutz

032.50169 MS
ALIE
Marjul / Anna Maria / Leonora Maria / Vigilia / St Antony / Hardy III / Harlo/Anna Mathilde
Oostland H.
A.E.Gorterweg 48
9946 PD Woldendorp
0596-601751
1918
Wortelboer
Foxhol
15,20 x 5,20 x 2,25
121 pk 165 pk Brons/Industrie

00438 MV
ALJO
Veka Schpvrt&Handelsondern.
Biesboschhaven ZZ 10-11
4251 NM Werkendam
0183-505230

023.09191 MS
ALPHA
DUITSLAND / DOCAT 8
F.B.T.Sleep & Bergingsbedrijf
Waalbandijk 179
6651 KD Druten
1955 bn 487
Bodewes
Millingen
22,94 x 5,70 x 2,10
588 kW 800 pk Mitsubishi

020.03348 MS
ALTO
JAN / JOHANNA / DE JONGE GERBRAND
Bosch A. ten
Amsterdam
1938
Bodewes & Dutmer
Groningen
15,95 x 4,59 x 1,65
73 kW 100 pk Brons

reg.nr. / type :	023.18676 MS	023.26917 MS	020.04717 MS
naam :	**AMELAND**	**AMICITIA**	**AMSTELMEER**
ex naam :	Adelaine /Rosette /Sleeplust I /	HENJA	AMSTELMEER / GRETE /
ex naam :	Amstelbr XV/K.Doorman/Anje/		SIEBREGJE
ex naam :	Ameland / Stevensweert / Lisa		
eigenaar :	Hylkema K.T.	Stichting Beheer Amicitia	Voort H.v.d.
adres :		Tolstraat 1	M.Snelplantsoen 10
woonplaats :	Akkrum	4231 BB Meerkerk	1106 WP Amsterdam ZO
telefoon :		0183-352010	020-6974857
bouwjaar / -nr. :	1906	1941	1929
bouwwerf :	Friese Scheepsb Mij	Czaar Peter	Concordia S.Seymonsbergen
plaats :	IJlst	Zaandam	Amsterdam
l x b x d :	13,30 x 3,02 x 1,60	11,28 x 3,44 x 1,19	15,35 x 3,55 x 1,35
vermogen :	121 kW 165 pk GM	59 kW 80 pk Kromhout	103 kW 140 pk GM
boegschroef :			

031.71719 OP	023.10969 MS	023.15410 DS	030.51380 MS
AMANCIS	**AMER**	**AMIGO**	**AMSTELSTROOM**
BABALAN		M 218 / D 418 /	INA
		ARGO / PIERRE	
Pijper E.	Dekker BV Houdstermij	Donk R.T.M.v.d.	Amstel & IJ
	Waalbandijk 1	Kruisstraat 100	Dijkgracht 9
Oudewater	4053 JB IJzendoorn	5373 BS Herpen	1019 BT Amsterdam
	0344-641900	0486-425882 / 06-53186994	020-4188013 / 06-55195020
1930	1961	1938 bn 217	1931
Fikkers	G.J.v.Berk	Meidericher Schiffswerft	Friesland
Martenshoek	Beneden Leeuwen	Ruhort	
4,65 x 2,00 x 0,60	9,26 x 3,22 x 1,12	23,24 x 5,98 x 2,10	10,31 x 2,79 x 1,48
29kW40pk HanomagHenschell	66 kW 95 pk Deutz	675 kW 918 pk Caterpillar	88 kW 120 pk GM
			7,3 kW 10 pk Eller

023.22517 DB	023.30192 MS	023.20213 DS	027.20326 MS
AMAZONE	**AMER**	**AMOR**	**AMSTELSTROOM**
SANTA CRUZ /		EDDY / GEMA / MAR MAR /	
SAN PEDRO /		ASSISTENT /	
OSTFRIESLAND		ROMI / SAM K	
Duyzer M. Amazone duw vof	Westerneng E.	Speculatief Vof	Wijngaarden Marine Service
Sluisweg 11		Werfkade 64	Merwestraat 2
6097 PC Heel	Kortenhoef	2987 RH Ridderkerk	3361 HL Sliedrecht
047-5571361 / 06-53312888			0184-490244
1980	1966 bn 320	1945	2004 bn 1557
Jonkerpaans	Damen Shipyards BV	Hellemans	Magra/Damen
Dordrecht	Hardinxveld-Giessendam	Boom	Gdynia/Hardinxveld
16,24 x 8,04 x 1,92	12,50x 3,15 x 1,23	17,00 x 4,00 x 1,85	26,10 x 9,35 x 2,35
2 x 426 kW/580 pk Caterpillar	88 kW 100 pk DAF	312 kW 425 pk GM	2 x 819 kW/1114 pk Caterpillar
			110 kW 150 pk

023.25945 MS	00589 MS	023.30225 MS	023.09008 MS
AMAZONE	**AMICE**	**AMORE**	**ANCO**
ANNIE / CEASAR / BEA		PIRMA / HISKY	GEZIENA / LUCTOR /
			PAX / ANRO
Spaans B.	Jansen	Akker A.G.v.d.	Zoomeren H.v.
			Pr Bernhardstraat 45
Tolkamer	Waalwijk	Maasbracht	4132 XE Vianen
			0347-375712
1912	1924	1964	1911 bn 78
Huiskens & v.Dijk	t Hondsbosch	Magdeburg	Boon, Molema & de Cock
Dordrecht	Alkmaar	Berlijn	Hoogezand
19,00 x 4,88 x 1,62	15,00 x 3,52 x 1,75	14,20 x 3,50 x 0,90	15,43 x 3,85 x 1,55
169 kW 230 pk Deutz	154 kW 210 pk Volvo penta	74 kW 100 pk SKL	88 kW 120 pk Deutz

020.14449 MS
ANCOR

Duis H.

Zaandijk

1962
Bootsman
Zaandam
8,80 x 2,84 x 1,45
95 kW 130 pk Ford

021.03062 DS
ANDRIES
JOHANNA

Oord Acz OverigeMaterieel BV
Watermanweg 64
3067 GG Rotterdam
010-4478444
1955
Damen Shipyards BV
Hardinxveld-Giessendam
13,25 x 3,50 x 1,38
176 kW 240 pk Detroit Diesel

020.01857 DS
ANJABE
JO / CHRISTINA /
HENDRIK / AHOY

Dullaart J.J.M.
Opaalstraat 4
2403 XK Alphen a/d Rijn
0172-418790
1943 bn 343
Th.v.d.Beldt
West Graftdijk
13,39 x 3,61 x 1,60
84 kW 116 pk Deutz

031.40055 MS
ANJO
JENNIE

Oort L.J. v.
Havenkade 2
6658 LX Beneden Leeuwen
0487-593639
1930
J.Vos & Zn
Groningen
17,06 x 4,30 x 2,40
221 kW 300 pk Brons

023.21629 DS
ANDA II
RHEINKIES 1O /
ANNALIES / MEERVAL

Anda Vof
Gen S.H.Spoorstraat 70
3313 AJ Dordrecht
06-53427633
1930 bn 132
H.J.Koopman
Dordrecht
18,08 x 5,35 x 1,10
310 kW 421 pk Deutz

023.06496 MV
ANGELIQUE
TESSY / ALLEMA /
AMSTELSTROOM / WALVIS

Filmer M.

Den Helder

1940
v.Rossem
Dreumel
9,16 x 2,36 x 1,00
33 kW 45 pk MWM

00252 OP
ANJE GEZINA
BUFFEL

Doornbos J.P.R.

Koog a/d Zaan

1936
Bijlholt
Foxhol
5,40 x 1,80 x 0,70
8 kW 12 pk Lister

023.03986 MS
ANJORO
FORTUNA/VOLHARDING III /
MAASSTROOM /
RANSEL / MERWEDE IV
Oort L.J.v.
Havenkade 2
6658 LX Beneden Leeuwen
0487-593639
1909
Boot
Delft
18,19 x 4,46 x 1,53
235 kW 320 pk Modag

020.06270 MS
ANDERS J GOEDKOOP
ANDERS J GOEDKOOP /
VROUW GEURT

Zwagerman BV
Koekoekslaan 32
3121 XK Schiedam
010-4716352
1965 bn 432
A.S.M.
Arnhem
24,80 x 6,35 x 3,40
441 pk 600 pk Bolnes

030.51308 MS
ANIMO
TIMOR / HEMA / AMAZONE /
ONS GENOEGEN

Michielse H.

Standaardbuiten

1943
Fikkers
Foxhol
18,15 x 4,68 x 1,50
161 kW 220 pk Scania Vabis

023.06440 MS
ANJO
THOBRO

Dijk G. van

Beuningen

1941
Concordia S.Seymonsbergen
Amsterdam
13,63 x 3,97 x 1,78
104 kW 142 pk Caterpillar

00439 MS
ANKLAM

Schaarsberg

Amsterdam

1954
Rothensee Schiffswerft
Magdeburg
34,39 x 7,49 x 1,55
397 kW 540 pk SKL

imo 9451252 MS
ANDRE B

Bouwman Marine Service W.
Hanenweg 3
4317 NG Noordgouwe

2008 bn 178
Kooiman
Zwijndrecht
31,10 x 9,50 x 2,60
1250 kW/1700 pk Mitsubishi
300 kW 408 pk

023.09001 MS
ANITA
NEDERLAND / CHARLY /
NOORDSTER 7 /
DOCAT 7
Tuinman&Zn Slpvaartbedrijf A.
Nieuwe Vissershaven 11
8861 NX Harlingen
0517-412854 / 06-51083686
1954 bn 480
Bodewes
Millingen
22,94 x 5,70 x 1,90
588 kW 800 pk Mitsubishi

023.07949 MS
ANJO
SPARTAAN / TRANSPORT 9 /
NEPTUNUS /
NEPTUNUS IX
Groot J. de
Klaproos 19
2377 EC Oude Wetering
071-3316529
1927
Gebr.v.d.Windt
Vlaardingen
17,00 x 3,50 x 1,60
121 kW 165 pk Leyland

031.60121 MS
ANNA
ANNA / LELYSTAD II /
STELLA / JOHAN /
AMSTELSTAD / DELTA
Egas P.A.
Zuiderzeestraat 7
3363 CZ Sliedrecht
0184-413182
1931
Telgenhof
Coevorden
18,00 x 4,40 x 1,50
195 kW 265 pk Brons

reg.nr. / type :	00495 MS	00442 MV	00535 OP
naam :	**ANNA**	**ANNA 3**	**ANNA B**
ex naam :			
ex naam :			
ex naam :			
eigenaar :	Reppel E.	Moere Zandwinning vof	Berkel G.v.
adres :			Langereis 54
woonplaats :	Vianen	Grolloo	1733 ME Nieuwe Niedorp
telefoon :			0226-411646
bouwjaar / -nr. :	1900		1987
bouwwerf :	E.Herbosch		Bijdam
plaats :	Schoten		Wormer
l x b x d :	15,38 x 3,63 x 1,70	6,50 x 2,00 x 1,00	6,00 x 2,50 x 0,80
vermogen :	85 kW 116 pk Deutz	73 kW 100 pk DAF	39 kW 54 pk Golf
boegschroef :			

030.31370 MS	030.50697 MS	020.04089 DS	023.06014 MS
ANNA	**ANNA**	**ANNA 4**	**ANNA FRATER**
Nama / Harold II / Cora /	FIAT / MASCOTTE /	CSM XI / HIELKE /	ANNA FRATER /
Vooruit II / Elly / Co Hermke /	TRUKKER	DRIEBOND IV	NEELTJE / ZEMAR /
Volharding II / Reinier			ANMA
Ernst L.J.	Veenhuizen R.	Bokschoten Sleepdienst P.	Bootsma H.
Oude Kerkweg AB		Laaghalerveen 30	
2355 AV Hoogmade	Utrecht	9414 VJ Hooghalen	Sondel
		0592-355568 / 06-22377704	
1945	1927	1928 bn 823	1938
Duijvendijk		kromhout wed.ceuvel/schouten	Gebr.Boot
Ouderkerk a/d IJssel	Dedemsvaart	Amsterdam/Muiden	Alphen a/d Rijn
10,10 x 3,15 x 0,94	14,50 x 3,00 x 0,75	13,78 x 3,66 x 1,62	18,60 x 4,74 x 1,80
112 kW 153 pk Scania Vabis	110 kW 150 pk Bussink	142 kW 193 pk Deutz	110 kW 150 pk Industrie

00253 MS	030.21115 MV	030.51710 DS	023.18905 DS
ANNA	**ANNA 1**	**ANNA 6**	**ANNA MARIE**
VIOS / YAEL	MAJA	ALMAR / ADELAAR /	
		ANTILOPE	
Groeneveld M.W.	Bokschoten Sleepdienst P.	Bokschoten Sleepdienst P.	Anna Marie Duwvaart BV
	Laaghalerveen 30	Laaghalerveen 30	Postbus 9319
Nieuwendijk	9414 VJ Hooghalen	9414 VJ Hooghalen	3007 AH Rotterdam
	0592-355568 / 06-22377704	0592-355568 / 06-55823655	
1945	1954	1965	1989 bn 8673
Hoekman	J.Schlieker & Zn	Visscher & Zn	Damen Shipyards BV
Urk	Sliedrecht	Zwartsluis	Gorinchem
10,50 x 3,70 x 1,20	10,15 x 3,05 x 0,90	13,24 x 4,10 x 1,63	17,00 x 6,94 x 2,75
121 kW 165 pk GM	110 kW 150 pk Scania Vabis	198 kW 270 pk Mercedes	2 x 397 kW/540 pk Caterpillar

00428 MV	023.22714 DS	023.09486 DS	00254 MS
ANNA	**ANNA 2**	**ANNA 7**	**ANNA MARTHA 2**
	DERBEN / SARAJA	HOOP OP ZEGEN /	Henri X / Luctor 59 / Adrianus /
		DORINE / TRIOMF /	Frans / Express /
		PORTUS 2 *	Broedertrouw IX / Anna Martha
Rabbers E.	Bokschoten Sleepdienst P.	Bokschoten & A.L.Wolthuis P.	Gemeren R.v.
	Laaghalerveen 30	Laaghalerveen 30	
Aalsmeer	9414 VJ Hooghalen	9414 VJ Hooghalen	West Knollendam
	06-22377704 / 0592-355568	0592-355568 / 06-55823655	
	1964	1955	1915
	Tangenmunde Mukrena werft	J.d.Boer	Smit/Huiskens & v. Dijk
	Berlijn	Sliedrecht	Groningen/Dordrecht
9,00 x 2,85 x 0,80	13,08 x 3,22 x 0,92	16,26 x 4,74 x 1,86	17,62 x 4,21 x 1,76
29 kW 40 pk Perkins diesel	147 kW 200 pk SKL	273 kW 371 pk Caterpillar	110 kW 150 pk Wortington

022.01100 MS
ANNA SOPHIA
ANNA SOPHIA / HENRI XXIV/ LUCTOR 61 / GRUNO / TRITON / COR / GRUNO
Wolf J.
Weesperzijde 23 2 hoog
1091 EC Amsterdam
020-6933384 / 06-53997082
1907
Wilmink
Groningen
18,59 x 4,62 x 2,25
151 kW 205 pk Hercules

031.50558 MS
ANNA W
KIEBLITZ
Wittjes A.A.
Leliestraat 15
6915 SN Lobith
0316-543939 / 06-53433511
1964
VEB Yachtwerft
Berlijn
14,20 x 3,50 x 1,20
88 kW 120 pk SKL

00443 MV
ANNABEL
Filmer A.
Den Helder
1952
8,70 x 2,60 x 1,25
66 kW 90 pk Baudouin

00012 MS
ANNE
Smit Gabon
Waalhaven OZ 85
3087 BM Rotterdam
010-4549911
1978 bn 2302
Damen Shipyards BV
Gorinchem
13,25 x 4,08 x 2,19

00424 OP
ANNE BAUKE
STUFF
Haan A.d.
Marnixstraat 28
8913 GW Leeuwarden
058-2155808
1925
5,20 x 1,80 x 0,80
8,8 kW 12 pk MWM

020.14554 DS
ANNE FEM
Groen R.J.J.
Twuijverweg 23
1834 AA St.Pancras
072-5641205
1945
8,25 x 2,95 x 0,55
65 kW 88 pk Mitsubishi

020.01257 DS
ANNEMARIE
ANTONIE III / HENCOR / LAUWERZEE / ELAN
Jong J.A. de
Plukmadestraat 14
4921 AK Made
0162-683513
1930 bn 246
Th.v.d.Beldt
West Graftdijk
17,24 x 4,68 x 1,89
169 kW 230 pk Gardner

020.11909 MS
ANNEMARIE
MONOPOOL
Pauw H.J.J.
Mijndensedijk 23 A
3632 NT Loenen a/d Vecht
0294-231340
1935
Duisburg
20,20 x 5,06 x 1,80
93/88kw127/120pkScan/Bohn &Kahler

00245 MS
ANNEMARIE
JOOP / ENGELINA / PARTIZAAN
Rienstra S.
Sneek
1925
Schouten
Muiden
12,10 x 3,25 x 1,20
122 kW 166 pk Deutz

023.23873 MS
ANNET
Nagelhout Vof Aann. Bedrijf
Vosselaan 39
8551 PZ Woudsend
0514-591255
1940
Bos
Echtenerbrug
10,17 x 2,90 x 1,53
144 kW 196 pk DAF

032.40087 DS
ANNIE
Remerij B.
Oostersingel 26
8921 GA Leeuwarden
058-2151814
1957 bn 529
Bijlsma
Wartena
16,65 x 4,76 x 1,80
294 kW 400 pk GM

030.11805 DS
ANNIE
Reuser A.J.M.
Lisserdijk 419
2165 AE Lisserbroek
0252-411569
1964
J.Schlieker & Zn
Sliedrecht
12,00 x 3,40 x 1,55
147kW 200 pk Mercedes Benz

023.08246 MS
ANNIE
Vlies J.v.d.
Sliedrecht
1925
10,70 x 2,42 x 0,95
19 kW 26 pk

020.11587 DS
ANNIE III
SAALE / CLIMAX
Jansen Vof
Kruittoren 1
4691 EP Tholen
0166-602800 / 06-53431420
1956 bn 502-1
VEB volkswerft ErnstThalmann
Brandenburg
21,70 x 6,40 x 2,69
220 kW 300 pk SKL

023.23317 DS
ANNIE IV
TETJE / LION
Jansen Vof
Kruittoren 1
4691 EP Tholen
0166-602800 / 06-53473850
1966
Ernst Andre
Magdeburg
26,54 x 8,02 x 3,75
552 kW 750 pk SKL

020.05322 MS
ANNY
CONTROLEUR / ANNY / APHRODITE
Bos Sleepdienst Dick
Ranonkelkade 54 I
1031 XV Amsterdam
1957
Onderneming
Landsmeer
16,70 x 4,51 x 2,00
239 kW 325 pk Caterpillar

reg.nr. / type :	022.03339 MS	020.07408 MS	038.00005 MS
naam :	**ANTJE**	**ANTJE I**	**ANTJE 5**
ex naam :		KALIWAAL 7 / HEMI	
ex naam :			
ex naam :			
eigenaar :	Couperus A.	Burger P.A.	Santen F.v.
adres :		H Dijkstralaan 2	Molenstraat 56
woonplaats :	Hemelum	8525 GM Langweer	9288 AT Kootstertille
telefoon :		0513-499681	0512-332085 / 06-22996447
bouwjaar / -nr. :	1955	1925	
bouwwerf :	J.Vos & Zn		
plaats :	Groningen	Amsterdam	
l x b x d :	10,15 x 3,10 x 0,92	14,94 x 3,55 x 1,40	6,30 x 2,24 x 0,80
vermogen :	80 kW 110 pk Caterpillar	58 kW 80 pk Industrie	73 kW 100 pk DAF
boegschroef :			

023.06091 MS	023.06790 MS	022.05065 MS	038.00006 MV
ANOESKA	**ANTJE**	**ANTJE 2**	**ANTJE 6**
JOHAN / HERMA /	ALGRA / LIBERTY /	PAUL	
MARTIN B	BLANKO		
Brenk v.d.	Falkeisen H.D.	Santen F.v.	Arkenbouw BV.
		Molenstraat 56	Olgerweg 79
Wijk bij Duurstede	Diemen	9288 AT Kootstertille	9723 EC Groningen
		0512-332085 / 06-22996447	050-5418379
1908	1921	1964	
	Concordia S.Seymonsbergen	Schottelwerft	
Hamburg	Amsterdam	Keulen	
15,54 x 4,20 x 1,52	12,65 x 3,15 x 1,25	8,10 x 2,40 x 1,00	7,20 x 2,24 x 0,80
81 kW 110 pk DAF	88 kW 120 pk Scania Vabis	57 kW 78 pk Mercedes Benz	73 kW 100 pk DAF

00437 MS	023.06371 DS	445 MV	022.06584 DS
ANTILOPE	**ANTJE**	**ANTJE 3**	**ANTJE 7**
	BROEDERTROUW V /		NIKOLAUS
	MAR / PELIKAAN 2		
Blankevoort & Zn D.	Santen F.v.	Santen Hon Schpvaartbedr. A.	Santen F.v.
Nigtevechtseweg 112	Molenstraat 56	Molenstraat 56	Molenstraat 56
3633 XW Vreeland	9288 AT Kootstertille	9288 AT Kootstertille	9288 AT Kootstertille
0294-231635	0512-332085 / 06-22996447	0512-332085 / 06-22996447	0512-332085 / 06-22996447
1984 bn 630	1940	1969	1909
Delta Shipyard	t Hondsbosch/Kooiman	Schottelwerft	Kienh
Sliedrecht	Alkmaar/Zwijndrecht	Keulen	Hamburg
14,40 x 4,00 x 1,80	17,57 x 4,31 x 1,67	8,20 x 2,40 x 1,00	18,15 x 5,40 x 2,48
186 kW 254 pk Caterpillar	206 kW 280 pk Caterpillar	58 kW 80 pk Mercedes Benz	221 kW 301 pk Mercedes Benz

023.21773 MS	00536 OP	031.10421 DS	032.50198 MS
ANTIQUITEIT	**ANTJE**	**ANTJE 4**	**ANTJE 8**
JOHANNA / RICHARD D		PIETER PD 30 /	ANNA / WILJO /
		PIETER	JAN / MARTJE III
Leget E.R.	Zoetemeijer F.	Santen F.v.	Jong A.W.de
		Molenstraat 56	
Numansdorp	Brielle	9288 AT Kootstertille	Kampen
		0512-332085 / 06-22996447	
1930		1925	1932
Kooiman		Kremer, Elmshorn	Dalen & Vermeulen
Zwijndrecht		Clucstad	Papendrecht
22,52 x 5,06 x 2,25	5,55 x 1,73 x 0,75	15,15 x 3,87 x 1,77	12,08 x 3,71 x 1,40
209 kW 285 pk Kromhout	14,7 kW 20 pk Mitsubishi	147 kW 200 pk DAF	121 kW 165 pk GM

021.02955 MV **ANTJE 8** DREADNOUGHT II / METAALHANDEL I Santen A.v. Molenstraat 56 9288 AT Kootstertille 0512-332085 / 06-22996447 1910 A.J.v.Dam Overschie 12,70 x 3,10 x 1,20 88 kW 120 pk DAF	023.23035 MV **ANTJE 11** SCHELLEKE / LAQ / JACOBA * Santen F.v. Molenstraat 56 9288 AT Kootstertille 0512-332085 / 06-22996447 1964 J.Schlieker & Zn Sliedrecht 11,97 x 3,44 x 1,58 176 kW 240 pk GM	023.16231 MS **ANTONIE II** ANTONIE II / KARLA / HOEK/ RS 08 / A 848 / Y 8027 / DIERIK /CONNIE D /VAGANT Lemmens J. Bouvigne 27 5653 LE Eindhoven 06-51138655 1938 bn 391 Bijlsma Wartena 18,75 x 4,75 x 2,20 110 kW 150 pk Brons	023.20024 MC **APOLLO** Boskalis Westminster Koninkl. Rosmolenweg 20 3356 LK Papendrecht 078-6969000 1984 Damen Shipyards BV Gorinchem 14,31 x 6,05 x 1,80 2 x 103 kW/140 pk GM
020.15634 DS **ANTJE 8** MAIN / VEERMAN * Santen Hon Schpvaartbedr. A. Molenstraat 56 9288 AT Kootstertille 0512-332085 / 06-22996447 1952 Carl Siebert Berlijn 16,42 x 3,66 x 1,39 2 x 72 kW 98 pk MWM	027.17503 MV **ANTON P** Sprunder BV Ridderkerk 1986 Stapel Spaarndam 88 kW 120 pk GM	00256 MS **ANTONIUS** Jonkers A.M. Echteld 13,50 x 3,40 x 1,50 Kromhout	023.09252 MV **APOLLO** JOCO / RIECO / AFYAK Kroon H. Vinkeveen 1940 Hamburg 14,93 x 3,50 x 1,45 123 kW 168 pk DAF
038.00019 MV **ANTJE 9** Santen F.v. Molenstraat 56 9288 AT Kootstertille 0512-332085 / 06-22996447 7,20 x 2,24 x 0,90 73 kW 100 pk DAF	023.11747 MS **ANTONIA** DUC Grevenstein Holding B.V. Spinbollaan 18 3052 XP Rotterdam 1947 Hoog Rotterdam 18,27 x 4,37 x 1,45 121 kW 165 pk DAF	00493 MS **ANTOON** Kersten T. Amsterdam 8,10 x 2,00 x 0,80 15,4 kW 21 pk Lister	023.31318 MS **APOLLO** HAVENDIENST 11 / RPA 28 / NASSAUKADE (1) Scherpenhuyzen Diesel & Marine Service Hellevoetsluis 1960 bn 535 Hendriks Dodewaard 23,63 x 6,22 x 2,40 331 kW 450 pk Bolnes
038.00012 MS **ANTJE 10** Santen F.v. Molenstraat 56 9288 AT Kootstertille 0512-332085 / 06-22996447	030.51484 MS **ANTONIE** Hageman & Zn H. Zwolle 1933 9,50 x 3,07 x 1,52 55 kW 75 pk	00257 MS **ANTWERPEN 12** 12 Knook A. Sliedrecht 1899 Maisonbeer 16,75 x 4,84 x 2,72 110 kW 150 pk Bolnes	031.50426 DS **AQUA VITA** SALZGITTER I / PRONTO 6 / AURORA / JAVAZEE Treffers & Zn G.J. H.Figeeweg 35 2031 BJ Haarlem 023-5325211 1942 Schimag Mannheim 17,23 x 4,53 x 1,88 2 x 268 kW/365 pk Caterpillar

reg.nr. / type : **naam** : **ex naam** : **ex naam** : **ex naam** : **eigenaar** : **adres** : **woonplaats** : **telefoon** : **bouwjaar / -nr.** : **bouwwerf** : **plaats** : **l x b x d** : **vermogen** : **boegschroef** :	021.04793 DS **AQUARIUS** M 486 / ULF / JAN Jong BV Rederij De Montrealweg 153 3197 KH Rotterdam 010-2311555 / 06-53138457 1941 Gute Hoffnungs Hutte Walsum 23,06 x 5,77 x 2,11 2 x 441 kW/600 pk Cummins	00450 MS **ARCHIMEDES** SPERWER / FRED Goudappel H. Kampen 1960 bn 19911 VEB Yachtwerft Berlijn 14,20 x 3,47 x 1,27 88 kW 120 pk SKL	020.02981 MS **AREND** JO WIM / AREND / VROUWE GRETHA II Heide W.A. v/d Gouda 1922 Vooruit Enkhuizen 14,17 x 3,56 x 1,10 83 kW 113 pk Thornycroft
023.08319 DS **AQUAMARIJN** BELGIË / SPANJE / TOSCANIA / LEKSTROOM XV * Hoornstra T. Meppel 1916 bn 278 P.Smit Jr Rotterdam 22,57 x 5,24 x 2,30 265 kW 360 pk Detroit Diesel	023.09873 DB **AQUILA** AFRIKA / MAASSTROOM 10 / BORRASCA * Cornelis Gebr. Sas van Gent 1957 bn 512 Bodewes Millingen 25,60 x 6,30 x 2,94 537 kW 730 pk Caterpillar	023.07890 DS **ARCTURUS** DIKKI / INO Bakker K. Hooiland 60 8321 JX Urk 0527-685565 / 06-53210556 1951 bn 1217 Gebr.Boot Alphen a/d Rijn 22,23 x 6,32 x 2,70 500 kW 680 pk Caterpillar	00451 MS **AREND** JAN Kersen P.A. Hardinxveld-Giessendam 1927 Schoorldam 11,80 x 3,00 x 1,02 22 kW 30 pk Lister
020.12643 MS **AQUANAUT** Foekema H. Wijk 8 nr 45 8321 TJ Urk 0527-684429 / 06-30231259 1989 VEB Schiff & Reparaturwerft Genthin 21,70 x 5,11 x 1,65 463 kW 630 pk GM	023.05999 DS **ARA** ZEEPAARD / ORION H / ORION / ARA / ORION Zwarte Zwaan Beleggingen Zwettewei 98 8629 EE Scharnegoutum 1938 Bodewes & Dutmer Groningen 18,00 x 4,80 x 2,00 330 kW 450 pk Caterpillar	023.18383 MV **ARD** VENUS Swets Dols & Heuff BV St Canisiussingel 18 6511 TH Nijmegen 024-3228217 1976 Damen Shipyards BV Hardinxveld-Giessendam 12,88 x 3,42 x 1,75 176 kW 240 pk Detroit Diesel	023.16425 DB **AREND** PANTA RHEI / ELMA / SALVÉ / ALANY * V.K.V.BV Scheepmakerij 300 3331 MC Zwijndrecht 1980 bn 8614 H.A.v.Gelder Gorinchem 16,50 x 6,45 x 1,80 2 x 262 kW/354 pk Cummins
023.16873 MS **AQUARIUS** SPERWER I / WIJKERMEER / RHD 63 Aertssen & de Visser Lieve Vrouwestraat 13 4611 JH Bergen op Zoom 0164-250398 1933 Niesten/Rijkswerf Hellevoetsluis 18,60 x 4,20 x 1,80 74 kW 101 pk Bolnes 7,5 kW Lister electrische	023.09755 MS **ARCA** GECOMA Boer Baggeren BV De Dr.Langeveldplein 11 3361 HE Sliedrecht 0184-411999 / 06-40354046 1956 Visscher /Geertman Zwartsluis 12,00 x 3,23 x 1,45 161 kW 220 pk DAF	025.10022 MS **AREND** Heerde J.W.van Enkhuizen 1935 De Hoop Hardinxveld-Giessendam 16,02 x 3,70 x 1,60 73 kW 100 pk Bolnes	00258 MS **ARETHUSA** INA Arnhem Q.H.v. Nigtevecht 1927 N.Zuidam Haarlem 12,60 x 3,00 x 1,00 37 kW 50 pk Industrie

030.21138 MS
ARGO
MERWEDE
Berg R.P.M.v.
Uitgeest
1956
Mulder & Rijke
IJmuiden
12,20 x 3,65 x 1,77
85 kW 116 pk MWM

023.24174 MS
ARGO II
ARGO II
Lee Gebr. van der
Lekdijk 28
4124 KC Hagestein
0347-351824
1965
Jonkerpaans
Dordrecht
9,85 x 3,30 x 0,97
88 kW 120 pk Ford

023.06484 MS
ARGUS
ANJO / TJIKO / GERARDUS /
IDA II /
DE JONGE GERBRAND
Brouwer H.
Irnsum
1943
Gebr.Boot
Alphen a/d Rijn
15,11 x 4,25 x 1,60
176 kW 240 pk Volvo Penta

021.03127 MS
ARIE JAN
Velden A.v.d.
Rotterdam
1941
7,50 x 2,28 x 1,00
29 kW 40 pk

020.11010 DS
ARGO
M 4 / LISTOPAD / PR 4 /
BEVER /
ALCYON / MAIKEL
Kramer Vof Fa Gebr.
Falster 8
1506 BN Zaandam
075-6310092
1956 bn 916
VEB Yachtwerft Neptun
Rostock
19,88 x 6,14 x 2,66
473 kW 644 pk Caterpillar

00452 MV
ARGUS
RV 154
Alba Sleepdienst(diedenhoven)
C Gordijnsingel 161
2353 GL Leiderdorp
071-5895949 / 06-22938750
1951
v.Eijk & Zn
Sliedrecht
9,40 x 2,50 x 1,15
95 kW 130 pk DAF

020.15230 MS
ARGUS
ARGUS / ZA 453-ARGUS
Kuit J.
Romeinenstraat 23
2225 ZA Katwijk
071-4075723
1923
W.Mulder
Stadskanaal
16,25 x 3,85 x 1,30
121 kW 165 pk DAF

023.17569 MS
ARIE JUNIOR
ONRUST / ALBERT SR *
Slooten T.v.
Wijk 5 nr 90
8321 GP Urk
0527-688000
1965
Stapel
Zaandam
13,28 x 3,90 x 0,90
59 kW 80 pk GM

030.31474 DS
ARGO
ARDO
Vree P.W.
Schiplaan 288
1974 LC IJmuiden
0255-534735 / 06-53842571
1953
G.den Heeten & Co
Leidschendam
15,35 x 4,46 x 2,15
270 kW 367 pk Volvo Penta

023.22375 MS
ARGUS
ARGUS / ARGUS / ANTJE 6
Boer G.d.
Zwijndrecht
1955 bn 495
Bodewes
Millingen
24,60 x 6,60 x 2,90
441 kW 600 pk MAN

00014 MV
ARGUS
Oord Acz OverigeMaterieel BV
Watermanweg 64
3067 GG Rotterdam
010-4478444
1982 bn 113
v.Mill
Hardinxveld-Giessendam
14,15 x 3,80 x 1,35
538 kW 730 pk Caterpillar

023.18920 DB
ARIES
SHAMU / MAAS *
Jong BV Rederij De
Montrealweg 153
3197 KH Rotterdam
010-2311555
1989 bn 160
Visser/Swinschip
Irnsum/Ridderkerk
18,41 x 9,54 x 1,95
2 x 933 kW/1268 pk Cummins
294 kW 440 pk Cummins

023.09193 DS
ARGO
MARCO
Zijsling Schepen & Kranen BV
Riperwei 3
8623 XR Jutrijp
0515-424603
1954 bn 493
Bijlsma
Wartena
17,32 x 4,55 x 2,07
177 kW 240 pk Detroit Diesel

027.17283 MC
ARGUS
Boskalis Westminster Koninkl.
Rosmolenweg 20
3356 LK Papendrecht
078-6969000
1985
Delta Shipyard
Sliedrecht
18,42 x 8,02 x 2,65
2 x 191 kW/259 pk Caterpillar

00199 OP
ARIE
Beek J. van
Zeewolde
1935
Bijlholt
Foxhol
5,50 x 1,90 x 0,60
11,7 kW 16 pk Deutz

00539 OP
ARIKOK
Omme G.W.
Loenersloot
1929
Hoogezand
5,80 x 1,90 x 0,90
17,6 kW 24 pk Deutz

reg.nr. / type :	00453 MV	020.03538 MS	00482 MS
naam :	**ARNHEM**	**AS IX**	**ASSISTENT**
ex naam :			ASSISTENT / LEMA
ex naam :			
ex naam :			
eigenaar :	Krul & Zn BV Aannemersbedr.	Eccelston B.D.	Leegwater W.
adres :	Postbus 91		Middelmoot 4
woonplaats :	4153 ZH Beesd	Amsterdam	1721 CL Broek o/Langedijk
telefoon :			022-6317210
bouwjaar / -nr. :		1929	1921
bouwwerf :		Concordia S.Seymonsbergen	
plaats :		Amsterdam	Vlaardingen
l x b x d :	11,00 x 3,20 x -	12,97 x 3,42 x 1,45	10,23 x 2,50 x 1,25
vermogen :	92 kW 125 pk	29 kW 40 pk Kromhout	29 kW 40 pk Lister
boegschroef :			

025.10043 MS	023.32200 MS	033.30134 DS	020.13809 MS
ARION	**ARNOLD POPPEN**	**ASSISTENT**	**ASSISTENT**
KARL / FLYING KESTREL	C.F.PLUMP I	FRIESLAND / HORIZON /	
		KLAAS KRUIJFF	
Iskes Towing & Salvage BV	Prahm G.& L.	Brekemans T.	Lighert H.
Min.v.Houtenlaan 108			Postbus 16482
1981 EK Velsen Zuid	Heeg	Rossum	1001 RN Amsterdam
0255-522860 / 06-53901609			
1976 bn 194	1928	1936	1910
Mutzelfeldtwerft GmbH	Nobiskrug GmbH	Bos	
Cuxhaven	Rendsburg	Echtenerbrug	
28,75 x 9,10 x 3,30	17,79 x 4,88 x 1,40	17,92 x 4,05 x 1,86	8,78 x 2,54 x 1,00
2 x 971 kW/1320 pk ABC	110 kW 150 pk Iveco	206kW 280pk ListerBlackstone	

022.00133 MS	021.04011 DS	00542 OP	023.00069 MS
ARJAGE	**ARUBA**	**ASSISTENT**	**ASSISTENT**
	H 01 / D 212 / D 296 /		ASSISTENT / THEAN /
	WALBURG 4 / FRANKI /		BECO /
	JOSON		STERN
Vliet J.A.v.	Voets Holding BV	Dijk S. van	Scholten & Hendricks
	Havenstraat 22		
Leiden	6051 CS Maasbracht	Vinkeveen	Schoonhoven/Gouda
	0475-461100 / 06-53170141		
1925 bn 685	1938		1909
Bodewes	Teltowwerft		Vrijenban (Boot)
Millingen	Berlijn		Delft
16,36 x 4,34 x 1,34	23,00 x 5,85 x 1,91	5,40 x 1,80 x 0,70	16,10 x 4,10 x 2,00
126 kW 172 pk Caterpillar	485 kW 660 pk Stork	6,6 kW 9 pk Yanmar	95 kW 130 pk Stork

imo 8959879 BS	020.04797 MS	023.09000 MS	022.01347 MS
ARMANBORG	**AS II**	**ASSISTENT**	**ASSISTENT**
ARPPE	AS II / DRECHT /	KRAMMER / RHD 4 /	PIE Wi / HILLECHIENA
	REMC / ONRUST /	RWS XII	
	ONRUST *		
Wagenborg Kazachstan BV	Algera J.	Laarman M.	Vos A.J.W.
Marktstraat 10			
9934 CK Delfzijl	Leeuwarden	Leidschendam	Werkendam
0596-636911			
1989 bn 483	1923	1954 bn 483	1930
Wartsila Meriteollisuus	Concordia S.Seymonsbergen	Bodewes	Wolthuis
Helsinki	Amsterdam	Millingen	Sappemeer
42,56 x 12,50 x 2,80	10,30 x 3,04 x 1,38	16,30 x 4,32 x 1,95	13,00 x 3,85 x 1,40
2 x 1705 kW/2380 pk MTU	22 kW 30 pk Samofa	126 kW 172 pk Caterpillar	169 kW 230 pk DAF

020.00776 BV
ASSISTENT III

D.U.C.Diving B.V.
Marsdiep 23
8321 MC Urk
0527-684480
1928
Schouten
Muiden
19,93 x 4,40 x 0,80
147 kW 200 pk Rolls Royce

00565 MS
ATALANTA
FLORA *

Wink M.
Ravelijnspad 1
1398 VA Muiden
Hamburg
12,30 x 3,40 x 1,20
51 kW 70 pk Jastram

00507 MS
ATLANTIS

Rijf Gebr. I. & C.
Dellewal 12
8881 EG West Terschelling
0562-442296 / 06-53164381
1996
Engelaer Scheepsbouw BV
Beneden Leeuwen
20,95 x 6,30 x 0,95

00538 OP
ATLAS

Tigelaar M.
Purmerend
5,50 x 1,65 x 0,90
12 kW 15 pk Samofa

023.17182 DS
ASSISTENT IV

Ruig A.de
Hoekse Aardkade 7
4261 ET Ter Aar
1946
Boele
Bolnes
152 kW 207 pk Volvo Penta

020.01580 MS
ATB
HENDRIKUS /
NIEUWEZORG / FACO /
FORZA
Bosch Sr. A. ten
Amsterdam
1935
Mulder & Suurmeijer
Foxhol
14,05 x 3,75 x 1,60
147 kW 200 pk Caterpiller

023.20025 MC
ATLAS

Haan BV Aann. Bedrijf
Brinkstraat 6 A
9471 EX Zuid Laren
1977
Altena
Werkendam
18,42 x 8,02 x 2,10
169 kW 229 pk Scania Vabis

00261 MS
ATLAS

Wortel J.
Laren
1939
9,30 x 2,50 x 0,65
22 kW 30 pk Samofa

00260 OP
ASTERIX

Lentink G.
Kampen
193
Hylkema
Martenshoek
6,00 x 1,95 x 0,85
55 kW 76 pk Kromhout

022.02298 MS
ATINA III
NELLIE / CHRIS B /
VROUWEZAND /
CATHARINA S / SIRENE II
Hensen G.J.
Veere
1941
Gebr.Boot
Alphen a/d Rijn
18,43 x 4,80 x 1,80
110 kW 150 pk Industrie

023.03883 MS
ATLAS
FRITZ II

Hermes B.
Tilburg
1928
Borger & de Jong
Rotterdam
13,82 x 3,25 x 1,30
165 kW 210 pk Mercedes

022.05454 MS
ATLEET

Meijer S.
Oudebildtdijk 894
9079 NG St.Jacobiparochie
0518-492949
1984
J.Helfrich
Kiesterzijl
14,75 x 5,20 x 1,25
3x137kW/186 pk Scania Vabis

00540 OP
ASTRIX

Lentink G.
Kampen
Hylkema
Martenshoek
6,00 x 1,95 x 0,80
54 kW 74 pk Kromhout

020.07085 DB
ATLANTIS
L'AVENIR

Frans Karel BV
Papendrecht
1972 bn 811
v.Rossum
Dreumel
15,49 x 7,21 x 2,20
632 kW 860 pk Caterpillar

---

imo 9569346 MC
ATLAS
DMS HERON *

Oord Acz OverigeMaterieel BV
Watermanweg 64
3067 GG Rotterdam
010-4478444
2011
Damen Shipyards
Hardinxveld
26,00 x 11,50 x 2,35
3 x 515 kW 70 pk Caterpillar

020.02452 MS
ATTACK 5 (1)
OUDEWAAL 4 / KNEBBA 1

Bergen Beheer BV P.van
Q.v.Uffordstraat 30
2202 NH Noordwijk
071-3618816 / 06-53756553
1927
Nic.Witsen
Alkmaar
15,78 x 3,46 x 1,40
112 kW 153 pk Scania

reg.nr. / type :	023.29897 DS	00457 MV	00044 MV
naam :	**ATTACK 33**	**AUKE**	**AVANTI**
ex naam :	PETER	SIMON DIRK / ONTARIO	EBELTJE
ex naam :			
ex naam :			
eigenaar :	Bergen Beheer BV P.van	Stolk A.	Poog R.
adres :	Q.v.Uffordstraat 30	Aldtun 18	
woonplaats :	2202 NH Noordwijk	9137 RX Oosternijkerk	Den Oever
telefoon :	071-3618816 / 06-53756553	0519-242104	
bouwjaar / -nr. :	1978		1955
bouwwerf :	J.Schlieker & Zn		
plaats :	Sliedrecht		
l x b x d :	7,00 x 2,26 x 1,10	10,00 x 3,40 x 1,30	5,50 x 1,80 x 0,70
vermogen :	141 kW 192 pk Deutz	88 kW 120 pk Ford	7,3 kW 10 pk Yanmar
boegschroef :			

020.11091 OP	023.31313 MV	020.15717 DS	020.07795 MS
ATTACK 5 (2)	**ATTACK 42**	**AUKE JR**	**AVANTI D**
	BOMELA / LUTINA /	CAPO / BOEKANIER /	
	ZEEHOND *	EN AVANT 34 /	
		SELMA / ZEELEEUW *	
Bergen Beheer BV P.van	Bergen Beheer BV P.van	Slooten & J.M.A.Kuijt T.van	Dekker L.C.
Q.v.Uffordstraat 30	Q.v.Uffordstraat 30	Wijk 5 nr 90	Hogendijk 37
2202 NH Noordwijk	2202 NH Noordwijk	8321 GP Urk	1506 AC Zaandam
071-3618816 / 06-53756553	071-3618816 / 06-53756553	0527-688000	075-6163865 / 06-53331766
1950	1976	1955	1977
	Van Mill	Visscher & Zn	v.d.Molen
	Hardinxveld	Zwartsluis	Zaandam
4,50 x 1,80 x 0,60	11,35 x 3,10 x 1,05	12,60 x 3,52 x 1,50	13,34 x 4,18 x 1,80
59 kW 80 pk Mitsubishi	87 kW 118 pk J.Deere	202 kW 275 pk Caterpillar	214 kW 291 pk MTU

033.40136 DS	022.11384 MV	023.12334 DB	020.01128 DS
ATTACK 12	**AUDAX**	**AURORA**	**AVIOR**
FURIE		ETNA / AURIGA	CHRISTOPH / TIRISTO /
			ESPERANCE /
			VOLHARDING /ORANJE
Bergen Beheer BV P.van	Kuipers Waterbouw Dokkum	Danu Transport GmbH	Delhaas H.J.
Q.v.Uffordstraat 30	Hendoweg 11		De Strikel 25
2202 NH Noordwijk	91091 PC Dokkum	Rotterdam	8604 VT Sneek
071-3618816 / 06-53756553	0519-397734 / 06-53792820	010-4117444	0515-425379 / 06-22464635
1955	2004	1967	1929
Wortelboer	Koolmees	Lambrechts	Telgenhof
Gouderak	Ermelo	Boom	Coevorden
17,35 x 4,82 x 1,90		33,20 x 9,50 x 1,84	14,00 x 4,00 x 1,80
330 kW 450 pk Volvo	59 kW 80 pk DAF	2 x 511 kW/694 pk Stork	147 kW 200 pk Gardner

022.11215 MS	00492 MS	022.02261 MS	00369 MV
ATTACK 32	**AUKE**	**AURORA**	**AVONTUUR**
TREKVOGEL	Havendienst 1 – Vulcanus	ANDOE / STEVEN / ORION /	DE SNIPE
		THETIS / DIANA	
Bergen Beheer BV P.van	Kapitein & ZnDuwsleepvaart A	Weerd A. de	B.S.T. Dintelsas BV
Q.v.Uffordstraat 30	Wijk 1 nr 39	Snoekstraat 3	Sasdijk 18
2202 NH Noordwijk	8321 EL Urk	1121 PS Landsmeer	4671 RN Dinteloord
071-3618816 / 06-53756553	0527-681864	020-4826473	0167-523288
1999	1963 bn 240	1947	1964
Koolmees	Gebr.Paans	Hylkema	J.Schlieker & Zn
Ermelo	Roodevaart	Martenshoek	Sliedrecht
9,35 x 3,16 x 1,20	25,76 x 6,57 x 2,84	15,36 x 4,15 x 1,40	11,89 x 3,56 x 1,10
153 kW 209 pk Mitsubishi	2 x 485 kW/660 pk Deutz	173 kW 235 pk Stork Ricardo	147 kW 200 pk GM

022.08695 MS
AVONTUUR

Boerten Beheer BV
Parallelweg 9
5321 JA Hedel

ca60

8,30 x 2,64 x 1,20
147 kW 200 pk DAF

020.01856 MS
AVONTUUR
HAFENAMT KÖLN / GERMA IV / AVONTUUR / DINI
Bosma. J.

Alem

1920
Fritz Bausch
Keulen Muehlheim
12,00 x 3,00 x 1,00
44 kW 60 pk Petter

030.10642 MS
AVONTUUR
HENRI II / CORBULO

Felser H.J.
Volder 72
1625 DE Hoorn
0229-231469
1896
Duijvendijk/Huiskens & v Dijk
Papendrecht/Dordrecht
17,28 x 4,05 x 1,26
132 kW 180 pk Bolnes

00263 MS
AVONTUUR
CENTRUM

Net P.v.t.

1910

15,00 x 3,30 x 1,20
123 kW 168 pk Leyland

00459 MS
AVONTUUR
JAN

Poppema J.

Bedum

13,50 x 3,20 x 1,25
2 x 29 kW/40 pk Petter

022.09029 DV
AVONTUUR 2
HORN / ROERMOND / HORN / ENK

Hebo Maritiem Service BV
Stouweweg 19
8064 PD Zwartsluis
038-3868180 / 06-53484223
1978 bn 610
Damen Shipyards BV
Hardinxveld-Giessendam
10,90 x 3,69 x 1,05
253 kW 344 pk MTU

027.17179 MV
AVS 5

Hollandse Aannemers Mij
Rivium Quadrant 2
2909 LC Capelle a/d IJssel
010-4478444
1976 bn 2408
Damen Shipyards BV
Hardinxveld-Giessendam
12,65 x 3,43 x 1,68
176 kW 240 pk Caterpillar

00494 MS
AWET

Voedsel&Landbouworg.vanVN

1992 bn 685
Damen Shipyards BV
Hardinxveld-Giessendam
20,51 x 6,80 x 3,12
2 x pk Cummins

024.02010 DS
AXEL
ARGO II

Swets Dols & Heuff BV
St Canisiussingel 18
6511 TH Nijmegen
024-3228217
1971
Damen Shipyards BV
Hardinxveld-Giessendam
10,83 x 3,23 x 1,42
125 kW 170 pk DAF

00264 MS
AXEL

Verhagen H.C.H.

Geertruidenberg

1920

België
11,70 x 3,20 x 1,40
88 kW 120 pk Mercedes Benz

023.34151 MV
B.V.D.1

Bootlieden Vereniging Delfzijl

Delfzijl

2011 bn 35
Merwelands Jachtbouw R'dam
Rotterdam
10,50 x 3,24 x 1,45
103 kW 140 pk J.Deere

023.19665 MS
BAANBREKER
TRUJO / TYBER / RISICO

Niemeijer&hjNiemeijer-v.Olst B

Elburg

1936
G.den Heeten & Co
Leiden
19,24 x 4,22 x 1,28
88 kW 120 pk DAF

021.02913 MS
BALATON
MEEUW / JADI II / JONAL

Tuyl S.I. van

Roermond

1912 bn 571
Boele
Slikkerveer
17,28 x 4,44 x 2,10
110 kW 150 pk Brons

00591 OP
BALDER
DREUMES

Buitink S.

Amstelveen

6,15 x 1,80 x 0,85
7,3 kW 10 pk Kromhout

imo 9382463 MS
BALOE

Herman Sr BV
Anjerstraat 73
3333 GC Zwijndrecht
078-6192507
2006 bn 1570
Stocznia Kozle/Damen
Kozle/Hardinxveld
22,35 x 8,64 x 2,99
2 x 632 kW/860 pk Caterpillar
88 kW 120 pk Caterp.Kalkman

020.12893 MS
BAMBI
BAMBI Y 8016

Huijsers E.

Rotterdam

1952
Rijkswerf Willemsoord
Den Helder
16,58 x 4,63 x 1,80
176 kW 240 pk Bolnes

reg.nr. / type :	023.10306 PS	026.06181 MS	00582 MS
naam :	**BARCA I**	**BARRACUDA**	**BARST**
ex naam :	NORDISK / MARIANNE 2		
ex naam :			
ex naam :			
eigenaar :	Barca Service BV	Fogo Isle BV	Kikkert E. & M. Janssen
adres :	Frankepad 8	Delfweg 14 A	
woonplaats :	3341 LV H.I.Ambacht	2211 VM Noordwijkerhout	Muiden
telefoon :		0252-344470	
bouwjaar / -nr. :	1958 bn 384	1996 bn 3/9600	1930
bouwwerf :	Th.v.d.Beldt	BWM	
plaats :	West Graftdijk	Emsworth	
l x b x d :	17,28 x 3,88 x 1,51	8,41 x 2,20 x 0,85	7,80 x 2,00 x 1,00
vermogen :	74 kW 101 pk Deutz	2 x 198 kW/270 pk Mercruiser	66 kW 90 pk Gardner
boegschroef :			

033.50399 MS	023.08836 MS	imo 7052911 MS	imo 9378046 MS
BAMSER	**BARK II**	**BARRACUDA**	**BASE EXPRESS**
RENE / L'INCONNU /	SNEL / WATERGEUS / NELI /		
LEO / FLEVO	DON BOSCO / ALI /		
	GEJA / BARK		
Veldhuijzen M.	Zwaag J.v.d.	Multraship Towage & Salvage	Vroon Offshore Service BV
		Scheldekade 48	Het Nieuwe Werk 88
Muiden	Nieuwediep	4531 EH Terneuzen	1781 AK Den Helder
		0115-645000	0233-673800
1952	1925	1971 bn RT 13	2008 bn 335
	Boot	Ateliers Francais de l'Quest Co	Damen Galatz
Vreeswijk	Delft	St Nazaire	Galatz
10,07 x 2,80 x 0,65	14,70 x 3,11 x 1,20	37,17 x 9,43 x 4,20	66,10 x 16,00 x 7,50
88 kW 120 pk Leyland	84 kW 112 pk Volvo Penta	2208kW 3000pkCrepelle & Cie	2 x 1438 kW/1955 pk ABC
			2 x 650 kW 884 pk

033.50365 MS	023.27387 MS	022.09103 MS	023.05117 MS
BARCA	**BARKI**	**BARRACUDA**	**BASTOGNE**
STAD UTRECHT 2	ZOLLENSPIEKER	NOORDSTER	BASTOGNE / GERMA II /
			GERJO / NELLY / GERJO /
			SANDRA / OKAPI /GERJUMA
PT Waterbouw Vof	Veenma A.	Schut H.	Fischer H.
Nieuwerdammerkade 12		Nieuwstad 18	
1022 AB Amsterdam	Papendrecht	9923 PH Garsthuizen	Hengelo
	06-54305454	0595-464518 / 06-53791881	
1929 bn 241	1955	1960	1917
Th.v.d.Beldt	Carl Siebert	G.J.v.Berk	A.J.v.Dam
West Graftdijk	Berlijn	Beneden Leeuwen	Overschie
14,21 x 3,80 x 1,50	15,35 x 3,42 x 1,10	14,25 x 4,04 x 1,30	12,20 x 3,18 x 1,34
110 kW 150 pk Volvo Penta	113 kW 153 pk MWM	97 kW 132 pk GM	73 kW 100 pk Industrie

00461 MV	00001 MV	00462 MS	00280 MS
BARCA I	**BARKOS**	**BARRACUDA**	**BATAVIAHAVEN**
	HEMUS		KP
Barca Service BV	Jong J.G.de	Weidema J.T.	Havendienst Gemeentelijke
Donkerslootstraat 19 B		Nummer 33	
3074 WB Rotterdam	Aalsmeer	8644 VS Deersum	Lelystad
010-4199399		0515-521689 / 06-53151307	
1938 bn 852	1969 bn 363	1908	1967
Gebr.Boot	Damen Shipyards BV	t Kromhout Wed.J.L.Ceuvel	
Alphen a/d Rijn	Hardinxveld-Giessendam	Amsterdam	
13,20 x 3,25 x 1,20	8,45 x 2,50 x 0,90	17,98 x 3,60 x1,55	9,00 x 2,72 x 1,40
88 kW 120 pk DAF	26 kW 36 pk Mercedes Benz	88 kW 120 pk Kromhout	112 kW 152 pk Ford

020.04835 MS
BATTLE
BATTLE / VOORZAAN / ANNABELLA *

Bakker T.E.

Zaandam

1939
Concordia S.Seymonsbergen
Amsterdam
14,46 x 3,69 x 1,60
103 kW 140 pk Kromhout

00267 MS
BEER

Reijmers A.R.

Amsterdam

1932

Staverno
8,86 x 2,68 x 1,10
128 kW 175 pk Perkins

023.24121 MS
BELT

Gink Properties BV Van

Capelle a/d IJssel

1957 bn 502
VEB VolkswerftErnstThalmann
Brandenburg
22,00 x 6,50 x 2,80
220 kW 300 pk SKL

022.04079 MS
BEP S
M 029 / BENNI / ISTRIA

Laan de Vries H.J.A.v.d.
Moleneind 1
1241 NE Kortenhoef
035-6561871
1948
Weserwerft
Minden
22,30 x 5,96 x 1,85
2x136 kW/185 pk Rolls Royce

022.07554 MS
BAUKJE
SUDEROOG

Drachten Sleepdienst (J.Sterk)
Moleneind NZ 148
9203 ZT Drachten
0512-516620 / 06-53811682
1949
Joh.Oelkers
Hamburg
18,10 x 4,11 x 2,12
250kW 340 pk Mercedes Benz

023.30071 DV
BEKOR

Boer K.d.

Groningen

1948

8,50 x 2,40 x 0,80
70 kW 95 pk DAF

00171 OP
BENJAMIN

Faber F.A.

Zwolle

1930
Bijlholt
Foxhol
4,80 x 1,70 x 0,70
4 kW 6 pk Kromhout

023.23556 OP
BEPPIE
INVINCIBLE

Hoefnagel W.
Kleine Beer 361
3067 ZW Rotterdam
010-4569838
1960
Vermeulen
Woerden
5,20 x 1,56 x 0,60
7,3 kW 10 pk Ruggerini

020.08738 MS
BE AR

Druenen & E. Hardus M.v.

Hoorn

1957
Dollard
Landsmeer
13,30 x 3,68 x 1,38
110 kW 150 pk Scania Vabis

021.01579 MS
BELIER
HBM 10 / ANNIE

Weve L.
Noorderstraat 63
1486 MZ Westgraftdijk
075-6411622 / 06-40125511
1912 bn 484
Nic.Witsen
Alkmaar
15,25 x 3,85 x 1,55
44 kW 70 pk Kromhout

00269 MS
BENJAMIN

Vis G.M.

Kwintsheul

1957
Gebr.Boot
Alphen a/d Rijn
13,50 x 3,58 x 1,30
44 kW 60 pk Industrie

00326 OP
BEREBOOT

Wijngaarden P.

Sliedrecht

1950
Willems
Beneden Leeuwen
6,00 x 1,80 x 0,75
44 kW 60 pk Volvo Penta

032.80159 OP
BEATRIX
BEATRIX / HARPOEN / PLEURES / ANNEMARIE

Bent & Zonen. J.v.d.

Katwijk (ZH)

1938
Hollandia
Leiden
6,87 x 2,13 x 1,07
29 kW 40 pk Brons

023.12793 MS
BELLE ILE
RIJNVAART 3 / EWT 2

Hollander J. den

Badhoevendorp

1938
Haarlemse Scheepsbouw Mij
Haarlem
15,06 x 3,25 x 1,00
88 kW 120 pk DAF

021.04150 MS
BENNIE
RIO

Feijter Groep Verhuur BV
Oostzeedijk 4
4521 PW Biervliet

1958
Boer
Sliedrecht
9,49 x 2,81 x 1,41
88 kW 120 pk DAF

023.16323 DS
BEREND N
HANS / GEMINI

Sander Gebr.
Venjelaan 6
9936 BR Farmsum
0596-617979
1920
Boele
Bolnes
15,57 x 3,66 x 1,82
162 kW 220 pk Volvo Penta

reg.nr. / type :	025.09090 MS	023.08294 MS	023.22529 DS
naam :	**BERKEL**	**BERTHA**	**BERTUS JR**
ex naam :	BERKEL Y 8037		VOLKSWERFT 2 /
ex naam :			ENTERPRISE /
ex naam :			HERCULES / COMMANDO
eigenaar :	Koningsbruggen P.F.van	Dijkers BV	Nentjes & G.Verheij M.
adres :		Edison 28	Steenbank 2
woonplaats :	Den Helder	3241 LS Middelharnis	8309 RB Tollebeek
telefoon :			
bouwjaar / -nr. :	1956 bn 507	1932 bn 77	1956
bouwwerf :	Bodewes	De Jong & Smit	Volkswerft
plaats :	Millingen	IJsselmonde	Stralsund
l x b x d :	25,10 x 5,97 x 2,84	11,26 x 3,64 x 0,96	21,35 x 5,82 x 2,55
vermogen :	368 kW 500 pk Werkspoor	60 kW 81 pk MWM	471 kW 640 pk Mitsubishi
boegschroef :			

020.15393 MS	032.30350 MS	00294 OP	023.15205 DS
BEREZINA	**BERT**	**BERTUS**	**BERTUS SR**
JOHANN HEINRICH /	MERWEDE	ONRUST	TRIO III / RONALD S /
GERT GEORG I /			STERN / BORTUS SR
ZEEANJA / FRANSISCA			
Fair Nature Stichting	Nijhuis G.	Akerboom D.A.	Damen Shipyard
	Jeroen Boschstraat 40	Hoge Morsweg 115	Avelingen West 20
Haarlem	4532 HN Terneuzen	2332 HJ Leiden	4202 MS Gorinchem
	0115-694768	071-5769634 / 06-17020483	0183-639911
1908	1955	1950	1976
Smit	J.d.Boer		Holland
Hoogezand	Sliedrecht		Hardinxveld-Giessendam
20,00 x 4,60 x 1,20	13,02 x 4,12 x 1,44	5,10 x 1,70 x 0,90	14,20 x 4,20 x 1,70
103 kW 140 pk DAF	132 kW 180 pk	17,6 kW 24 pk MWM	273 kW 371 pk GM

022.12681 DS	025.09334 DS	00547 OP	020.05741 MS
BERGHOUT 2	**BERT JAN**	**BERTUS**	**BESTEVAER**
ARVIC / RSB 560 / E 237 /	SPAANDERBANK		HEEN EN WEER / ELJA /
JOSINA / DELOS/ST JOHN II /			BESTEVAER II
TOM / DESPERADO			
Berghout Vof	Slooten Maritiem BV	Elbertse H.E.S.	Alkema M.O.
Kramerswei 6	Wijk 5 nr 90		
8723 EW Koudum	8321 GP Urk	Nieuwegein	Sneek
0514-521722 / 06-16044214	0527-688000		
1928	1969	1930	1929
J.Sprik	Damen		Haak Scheepsbouw
Krimpen a/d Lek	Hardinxveld-Giessendam		Zaandam
20,50 x 4,97 x 2,00	14,36 x 4,28 x 1,05	4,61 x 1,53 x 0,65	13,70 x 3,80 x 1,20
255 kW 347 pk Deutz	186 kW 253 pk Caterpillar	9,5 kW 13 pk Volvo Penta	117 kW 160 pk DAF

023.12510 MV	020.08140 MS	020.06912 MV	020.05303 MS
BERKEL	**BERTHA**	**BERTUS**	**BESTEVAER**
ZANDCENTRALE	MONOPOL / WORMER 30 /	SUSANNE / WODAN 3	
	JOKE / ARGUS /		
	MEDEA		
Geluk BV Aannemersbedrijf	Dekker E.R.L.	Huigen Transport H.	Hubbers G. & M.A. Schriek
Hanzestraat 10	Neonweg 38	Gruttomeen 126	Veerdam 89
7006 RH Doetinchem	3812 RH Amersfoort	3344 ZG Harderwijk	3351 AJ Papendrecht
0314-325553		0341-420744	
1967	1929	1967	1957
Baan Hofman	Howaltswerke	Molenaar	Haak Scheepsbouw
Gorinchem	Kiel	Zaandam	Zaandam
10,02 x 3,17 x 1,44	22,10 x 5,48 x 2,00	9,01 x 2,95 x 0,84	14,95 x 4,06 x 1,90
63 kW 86 pk DAF	177 kW 241 pk MAN	88 kW 120 pk Ford	150 kW 205 pk Kromhout

020.06618 DS
BETSY G
ZEEMEEUW III /
CARRERA II

Doorn Sleepdienst BV G.v.
Lepelbladstraat 18
1531 SN Wormer
075-6421675
1968
v.Goor
Monnickendam
15,36 x 4,28 x 1,67
331 kW 450 pk Caterpillar

032.20188 MS
BEVER

Wijnen G.H.v

Groede

1958

10,20 x 3,88 x 1,59
55 kW 75 pk

023.23498 MV
BIANCA
W.S.B.13 / ORCA

Krul & Zn BV Aannemersbedr.
Postbus 91
4153 ZH Beesd

1976
Schlesswerft
Wesel
14,65 x 3,76 x 1,30
2 x 176 kW/239 pk MAN

065.03959 MS
BIRGIT
POSEIDON

Midena Shipping BV
Foksdiep 6
8321 MK Urk
0527-688000
1957 bn 100
H.d.Haas
Maassluis
20,93 x 5,64 x 2,00
228 kW 310 pk Deutz

023.17843 MV
BEUKER
SPUI *

Godefrooi J.

Amsterdam

1901

9,30 x 3,26 x 1,30
103 kW 140 pk DAF

030.11443 MS
BEVRIJDING

Dume B.V.
Vest 63
2801 VE Gouda
0182-514770
1946

9,22 x 2,70 x 1,32
33 kW 45 pk GM

023.29345 MS
BIG JOE
ARLENE

Roorda NV Sportvisserij

Den Oever

12,84 x 4,14 x 0,88
162 kW 220 pk DAF

023.20456 DB
BISON II
BIZON B 0

TechnicalDivingEquipPommee

Hoogerheide

1973
Stocznia Tczew
Tczewska
20,87 x 8,27 x 1,30
2 x 147 kW 200 pk Wola

030.51101 DS
BEVER
ANIMO / WILJOS

Treffers & Zn G.J.
H.Figeeweg 35
2031 BJ Haarlem
023-5325211
1940 bn 408
Bijlsma / Leenman
Wartena/Zwolle
17,94 x 4,47 x 1,92
298 kW 405 pk Yanmar

020.14489 MS
BIA
B.I.A.

Harmsen & Voogt

Lochem

1922
Schouten
Muiden
16,06 x 3,77 x 1,60
29 kW 40 pk Industrie

023.25265 MV
BIGGELAAR 16

Biggelaar AannemersbedrijfBV
Oude Weistraat 17
5334 LK Velddriel
0418-636000
2001 bn 502904
Damen Shipyards BV
Gorinchem
12,30 x 3,80 x 1,85
201 kW 273 pk caterpillar

023.20457 DB
BISON III
BIZON B 071

Ridder Tranowa B.V.
Keersluisweg 5
5433 NM Katwijk (NB)
0485-313985 / 06-53104647
1973
Stocznia Tczew
Tczewska
20,87 x 8,27 x 1,30
250/335kW340/456 pkdafDeutz

imo 9492256 MS
BEVER

Viegers& ZnScheepvaartbedr.
Schoutsland 23
1619 DM Andijk
0228-592303
2010 bn 571631
Safe Shipyard/Damen
Gdynia/Gorinchem
36,00 x 12,00 x -
2x1920 kW/2575 pk Caterpillar
294 kW 400 pk Kalkman

030.50592 MS
BIANCA
LEBA II

Hol E.M.
Dorpsdijk 4
6915 AD Lobith

1935
Th.Kempers & Zn
Alphen a/d Rijn
18,19 x 4,70 x 1,72
184 kW 250 pk MAN

023.18569 DB
BINGER
KIEWIET / JACOB SENIOR

Bouius H.L.
Woudweg 13
9257 RM Noordbergum
0512-471624
1965
Breejen Bout
Hardinxveld-Giessendam
15,30 x 4,20 x 1,50
294 kW 400 pk MWM

00018 MS
BITAM

Mariventure BV

Zwijndrecht

1986 bn 5901
Damen Shipyards BV
Gorinchem
15,70 x 4,90 x 1,40

reg.nr. / type :	00383 MC	00040 MC	027.19115 MC
naam :	**BK 26**	**BKM 101**	**BKM 292**
ex naam :			
ex naam :			
ex naam :			
eigenaar :	Boskalis Westminster Koninkl.	Boskalis Westminster Koninkl.	Boskalis Westminster Koninkl.
adres :	Rosmolenweg 20	Rosmolenweg 20	Rosmolenweg 20
woonplaats :	3356 LK Papendrecht	3356 LK Papendrecht	3356 LK Papendrecht
telefoon :	078-6969000	078-6969000	078-6969000
bouwjaar / -nr. :	1976	1990	1997 bn 5949
bouwwerf :	Damen Shipyards BV	Damen Shipyards BV	Damen Shipyards BV
plaats :	Hardinxveld-Giessendam	Gorinchem	Gorinchem
l x b x d :	14,52 x 6,02 x 1,78	25,00 x 10,00 x 1,20	16,89 x 5,29 x 2,10
vermogen :	2 x 92 kW/125 pk Caterpillar	2 x 638 kW/867 pk Caterpillar	2 x 349 kW/475 pk Caterpillar
boegschroef :			

023.34320 MS	00352 MC	00019 MC	imo 9524504 MS
BIZON	**BK 29**	**BKM 285**	**BLACKBIRD**
			DMS BLACKBIRD*
Heuvelman Ibis BV	Boskalis Westminster Koninkl.	Boskalis Westminster Koninkl.	Oord AczOverigeMaterieel van
Postbus 139	Rosmolenweg 20	Rosmolenweg 20	Watermanweg 64
9930 AC Delfzijl	3356 LK Papendrecht	3356 LK Papendrecht	3067 GG Rotterdam
0596-619911	078-6969000	078-6969000	010-4478444
2004	1978 bn 3009	1992 bn 5920	2008 bn 1599
Ten Woude	Damen Shipyards BV	Damen Shipyards BV	Damen Shipyards BV
IJlst	Hardinxveld-Giessendam	Gorinchem	Polen/Hardinxveld
9,50 x 3,50 x 1,30	18,53 x 8,06 x 1,89	16,89 x 5,20 x 2,51	35,25 x 11,60 x 3,75
150 kW 204 pk John Deere	2 x 176 kW/239 pk Caterpillar	2 x 300 kW/408 pk Caterpillar	2x1825 kW/2482 pk Caterpillar

021.04772 MC	00466 MC	00059 MC	00134 MC
BK 17	**BK 51**	**BKM 286**	**BLACKY**
	F 51		HH 877
Boskalis Westminster Koninkl.	Boskalis Westminster Koninkl.	Boskalis Westminster Koninkl.	Boskalis Westminster Koninkl.
Rosmolenweg 20	Rosmolenweg 20	Rosmolenweg 20	Rosmolenweg 20
3356 LK Papendrecht	3356 LK Papendrecht	3356 LK Papendrecht	3356 LK Papendrecht
078-6969000	078-6969000	078-6969000	078-6969000
1976 bn 1063	1977 bn 3001	1993	1980
Damen Shipyards BV	Damen Shipyards BV	Damen Shipyards BV	Damen Shipyards BV
Hardinxveld-Giessendam	Hardinxveld-Giessendam	Gorinchem	Hardinxveld-Giessendam
14,31 x 6,05 x 1,80	18,54 x 8,06 x 1,90	16,89 x 5,20 x 2,51	18,54 x 8,06 x 2,00
2 x 92 kW/125 pk Caterpillar	2 x 170 kW/231 pk GM	2 x Caterpillar	2 x 175 kW/238 pk GM

00070 MC	00104 MC	00088 MC	032.30281 MS
BK 25	**BKM 100**	**BKM 290**	**BLAUWE ZEE**
			JOHNNY
Boskalis Westminster Koninkl.	Boskalis Westminster Koninkl.	Boskalis Westminster Koninkl.	Toorn A.J. v/d.
Rosmolenweg 20	Rosmolenweg 20	Rosmolenweg 20	
3356 LK Papendrecht	3356 LK Papendrecht	3356 LK Papendrecht	Lisse
078-6969000	078-6969000	078-6969000	
1976	1990	1994 bn 5928	1929
Damen Shipyards BV	Damen Shipyards BV	Damen Shipyards BV	
Hardinxveld-Giessendam	Gorinchem	Gorinchem	
14,52 x 6,02 x 1,78	25,00 x 10,00 x 1,50	16,89 x 5,20 x 2,51	10,40 x 2,65 x 1,20
2 x 92 kW/125 pk Caterpillar	2 x 638 kW/867 pk Caterpillar	2 x 345 kW/470 pk Caterpillar	69 kW 95 pk Ford

imo 8516952 MS
BLIZZARD
MAERSK LEADER

I.T.C. BV
Postbus 19
2100 AA Heemstede
023-5485200
1987 bn 359
J.J.Pattje
Waterhuizen
69,90 x 15,91 x 6,30
2 x 3974 kW/5400 pk MAK

00548 OP
BLUFF

Doornbos W.

Santpoort

6,00 x 1,95 x 0,80
7,3 kW 10 pk Kromhout

---

imo 8516976 MS
BLUSTER
MAERSK LAUNCHER

I.T.C. BV
Postbus 19
2100 AA Heemstede
023-5485200
1988 bn 361
J.J.Pattje
Waterhuizen
69,90 x 15,91 x 6,30
2 x 4413 kW/6000 pk MAK

---

imo 9605449 MS
BN 571651

Damen Marine Services BV
Rivierdijk 555
3371 EC H'veld-Giessendam
0184-616000
2011
Polen/ Damen Shipyards
Polen/Gorinchem

023.25910 MS
BO
President Baron Houtart /
Carlo

Cavern Holding BV
Witte de Wthstraat 92
3012 BT Rotterdam

1934
Boele
Bolnes
19,12 x 4,61 x 1,5
228 kW 310 pk Deutz

023.27447 DB
BO
ELAN / RENNE / DIBO

Waalservice BV
Oude Heijningsedijk 207
4794 AK Heijningen

1966
Meidericher Schiffswerft
Duisburg
22,00 x 9,48 x 2,53
2 x 615 kW/836 pk Cummins

021.02404 DS
BO DENMAR
Duranee/Whitoker/Francoise /
Madoera II /Willem / Beaufort /
Maurice Ii / Verona / Anaconda
Waal Service BV
Oude Heijningsedijk 207
4794 AK Heijningen

1914
Verschure
Amsterdam
23,50 x 5,50 x 1,43
633 kW 862 pk Volvo Penta

00471 DS
BOAT BRIDGE ERECTION

Mey M. v/d

Leiden

1940
Aluminium Compagny
USA
8,00 x 2,40 x 1,00
2 x 73 kW/100 pk GM

00265 MV
BOATMAN I

Vletterlieden Coop.Ver.van

IJmuiden

2008
KRVE
Rotterdam
10,50 x 3,24 x 1,10
128 kW 175 pk John Deere

023.10288 DS
BOBBY
DREADNOUGHT IX / ATLAS /
DREADNOUGHT /
HERCULES / VENTURA *
R.A.B.Service BV & Gervo BV

Zwijndrecht/Rotterdam

1958
Niehuis & v/d Berg
Schiedam
22,70 x 5,27 x 2,50
441 kW 600 pk Stork Wartsila

023.17422 DS
BOBCAT
ANTWERPEN 28 /
JEICHIEN B / PORTUS 2 /
ABS 1 / MITA B
Koehoorn & Zn J.K.
Kiesterzijl 18
8801 HN Franeker
0517-396884 / 06-53413663
1964 bn 4029
Gebr.Smidts
Hemiksem
15,38 x 4,81 x 2,61
2 x 279 kW/380 pk Volvo

033.10401 MS
BOBO
NJORD *

Booy A.

Hoofdplaat

1956 bn 1739
Eltink
Beneden Leeuwen
16,42 x 4,85 x 1,79
360 kW 490 pk Volvo Penta

00545 OP
BOLLE

Berkelaar P.L.B.

Vinkeveen

1984
Berkelaar
Vinkeveen
5,17 x 2,13 x 0,90
16 kW 22 pk Lister Blackstone

023.06068 MS
BOLPLAAT

Wijlen H.van

Alblasserdam

1921 bn 613
Nic.Witsen
Alkmaar
16,00 x 3,25 x 1,50
29 kW 40 pk Kromhout

023.06304 MS
BON VIVANT
ST.ANONIUS I / EDDY

Oosten C.v.
Keulsekade 366
3531 JZ Utrecht
06-51840232
1930

11,61 x 3,25 x 1,30
59 kW 80 pk DAF

023.05425 MS
BONA SPES II
ALOYSIUS

Zoomeren A.J.P. van
Sinaasappelstraat 11
1326 GN Almere

1931
De Hoop Gebr. Thijssen
Leiden
17,02 x 4,25 x 1,85
169 kW 230 pk Deutz

reg.nr. / type :	022.02002 DS	023.26549 MV	imo 8516988 MS
naam :	**BONNY**	**BOREAS**	**BOULDER**
ex naam :	GEJO / THEODORUS /		MAERSK LIFTER
ex naam :	LENA / BONNY		
ex naam :			
eigenaar :	Koehoorn & Zn J.K.	Visser BV H.P.	I.T.C. BV
adres :	Kiesterzijl 18		Postbus 19
woonplaats :	8801 HN Franeker	Druten	2100 AA Heemstede
telefoon :	0517-396884 / 06-53413663		023-5485200
bouwjaar / -nr. :	1941	1980	1987 bn 362
bouwwerf :	Suurmeijer	Lubecker Bootwerft	J.J.Pattje
plaats :	Foxhol	Lubeck	Waterhuizen
l x b x d :	18,00 x 5,06 x 2,12	9,20 x 2,55 x 1,10	69,90 x 15,90 x 6,30
vermogen :	323 kW 440 pk Caterpillar	184 kW 250 pk Deutz	2 x 3974 kW/5400 pk MAK
boegschroef :			

023.12737 DB	020.15938 MV	023.24436 DB	022.04116 MV
BONAIRE	**BOOMERWAAL**	**BORIS**	**BOUNTY**
H 428 / D 440 / JACOBA		SCH 2202 /	REINA LOUISE /
		NENNHAUSEN / FRITZ	WHO / PETRA
Voets Holding BV	Smit P.H.	Suiker L.	Lammes W.M.
Havenstraat 22		Capelleweer 23	Versteegstraat 9
6051 CS Maasbracht	Oudkarspel	3371 RA H'veld-Giessendam	1141 TK Monnickendam
0475-461100 / 06-53123340		0184-615243	
1941 bn 440	2005	1964	1966 bn 71
Wiemann	Koolmees	Plaue	Akerboom
Brandenburg	Zeewolde	Zehndenick	Bergum
22,20 x 5,85 x 1,90	7,50 x 2,05 x -	10,98 x 4,32 x 1,41	16,00 x 4,30 x 1,60
264/298kW 360/406pk Caterp.	70 kW 96 pk Mitsubishi	85 kW116 pkSKL Schonebeck	2x165 kW/225 pk Volvo Penta

00091 OP	023.01979 DS	054.00560 MS	020.10779 MV
BONGEL	**BOREAS**	**BORKUM**	**BOVENMAAS**
	BARTA JOHANNA /	KOLIBRI	MAASBRACHT
	DEUX AMIS		
Marinus W.	Passman Gebr. J. & P.	Schumacher	Kramer S.
De Vleugel 2	Klarinetweg 97		
8064 GE Zwartsluis	2997 GG Barendrecht	Hoofddorp	Heeg
038-3866652 / 06-20489028			
1950	1916	1943 bn 341	1966 bn 312
	Marckmann & Faassen	Wiemann	Damen Shipyards BV
	Capelle a/d IJssel	Brandenburg	Hardinxveld-Giessendam
4,10 x 1,45 x 0,65	17,64 x 4,09 x 1,77	24,10 x 6,12 x 2,70	12,10 x 3,25 x 1,30
11 kW 15 pk Volvo	279 kW 380 pk Deutz	662 kW 900 pk MAK	88 kW 120 pk DAF

022.04188 DS	021.03791 MV	020.04560 MS	030.50684 MS
BONHEUR 2	**BOREAS**	**BORNEO**	**BOVENRIJN**
Monopool / BONHEUR	BROEDERTROUW XIII		BOVENRIJN / LECO /
			JOTHE / WILMART
Jong BV Rederij De	Ruiter K.G.de	Gruyter M. de	Klooster G.
Montrealweg 153	Baanhoek 397	Herengracht 263	
3197 KH Rotterdam	3361 GG Sliedrecht	1016 BJ Amsterdam	Spaarndam
010-2311555 / 06-53138457	06-53163943		
1939	1963 bn 38	1938	1914 bn 143
	Visscher & Zn	De Vries Lentsch	Botje Ensing & Co
	Zwartsluis	Nieuwendam	Groningen
23,20 x 6,05 x 2,20	13,22 x 3,95 x 1,56	16,50 x 4,10 x 1,35	17,15 x 3,50 x 1,90
478 kW 650 pk Detroit Diesel	163 kW 223 pk Caterpillar	44 kW 60 pk Kromhout	88 kW 120 pk Volvo Penta
	12,5 kW 17 pk Lombardini		

023.22866 MV
BRABANT
JOCO V

Martens & Van Oord Materieel
Rederijweg 6
4906 CX Oosterhout
0162-474747
1996
Made/De Waal
Made/Werkendam
14,05 x 4,41 x 2,23
331 kW 450 pk Scania Vabis

023.09048 MS
BRAVO
IERLAND / DOCAT 6

Polderman I.
Tramperweg 4
4417 CZ Hansweert
06-53194270
1954 bn 481
Bodewes
Millingen
22,90 x 5,70 x 2,10
588 kW 800 pk Mitsubishi

021.04910 MV
BREEVAER 12

Boskalis Westminster Koninkl.
Rosmolenweg 20
3356 LK Papendrecht
078-6969000
1975
Jac.den Breejen
Hardinxveld-Giessendam
13,95 x 4,15 x 1,73
176 kW 240 pk Detroit Diesel

imo 9507051 MS
BRENT

Iskes Towing & Salvage BV
Zandhaver 74
1974 VH IJmuiden
0255-522860 / 06-53901609
2009 bn 180
Eregli Shipyard/Gebr.Kooiman
Eregli/Zwijndrecht
33,10 x 13,60 x 5,40
2 x 2650 kW/3604 pk ABC
206 kW 280 pk

026.04824 MS
BRAKZAND
GRUNO II

Toxopeus J.A.

Zoutkamp

1977 bn 107
Ral
Irnsum
13,33 x 4,02 x 1,62
298 kW 405 pk Cummins

031.70338 MS
BRAVOURE
ST ANTONIUS /
JAMICO / HOUTRIB

Bennekom M. van
Valeriusstraat 219
1075 EZ Amsterdam
020-6620992 / 06-20031686
1929
Gebr.Paans
Roodevaart
16,99 x 4,42 x 1,73
139 kW 190 pk Kromhout

023.20127 MV
BREEVAER 18

Breejen BV Jac.den
Havenstraat 7
3372 BD H'veld-Giessendam
0184-618154/615577
1991
Jac.den Breejen
Hardinxveld-Giessendam
13,89 x 4,10 x 1,84
176 kW 240 pk Detroit Diesel

00082 MV
BRIEFJE

Zeeverkenners

Muiden

9,20 x 2,10 x 0,80
35 kW 48 pk Peugeot

027.19091 DS
BRANDARIS
DIRK SR

Bouwman Towing & Shipping
Engelsekade 5
4301 NA Zierikzee
0111-412966 / 06-54614636
1980 bn 1440
Jac.den Breejen
Hardinxveld-Giessendam
14,48 x 4,63 x 2,10
404 kW 550 pk Caterpillar

00408 MV
BREEHORN
RP 7 / MARGOT

Dushis & Company St. De
Monteverdistraat 74
2901 KE Capelle a/d IJssel

1940
v.Eijk & Zn
Sliedrecht
17,00 x 4,00 x 1,60
154 kW 210 pk Fiat

020.06427 MC
BREKKENEXPRESS

Zijsling Schepen BV
Riperwei 3
8623 XR Jutrijp
0515-424603
1966
J.Maessen
Maasbracht
18,96 x 6,02 x 1,70
191 kW 259 pk Steyer

00274 MS
BRIES
HAR III / BETA /
ADRIANA / WILLY

Remmelzwaal D.

Katwijk aan Zee

1920
v.d.Stoel
Alkmaar
13,30 x 3,10 x 1,20
88 kW 120 pk DAF

023.34262 MV
BRANTA
NIEUWE MAAS

V.H.L.Beheersmij BV

Brakel

1971 bn 380
Damen Shipyards
Gorinchem
12,65 x 3,42 x 1,20
71 kW 96 pk DAF

021.04247 MV
BREEVAER 3

Breejen BV Jac.den
Havenstraat 7
3372 BD H'veld-Giessendam
0184-618154/615577
1968
Jac.den Breejen
Hardinxveld-Giessendam
13,70 x 3,70 x 1,60
147 kW 200 pk GM

060.02235 DB
BRENDAN
DE GRUYTER & CO 10 –
ERNST DEUBERT /
BUFFEL / NORWELLA
Crea Scheepvaart BV

Goes

1956
Meidericher Schiffswerft
Ruhrort
33,58 x 8,10 x 2,00
2 x 441 kW/750 pk Detroit

00476 MS
BRIKET
ISABELLE / ADVA /
GABY / DANIEL

Mulder S.

Amsterdam

1918

14,69 x 3,82 x 1,75
136 kW 185 pk DAF

reg.nr. / type : **naam :** **ex naam :** **ex naam :** **ex naam :** **eigenaar :** **adres :** **woonplaats :** **telefoon :** **bouwjaar / -nr. :** **bouwwerf :** **plaats :** **l x b x d :** **vermogen :** **boegschroef :**	020.04321 MS **BRITTANNIA** Zee S.v.d. Dronten 1954 bn 277 Cammenga Zaandam 16,52 x 4,03 x 1,20 114 kW 155 pk Deutz	023.09738 DS **BROEDERTROUW XIV** MABI 15 Wees Groep BV Van der 's Gravendeelsedijk 100 3316 AZ Dordrecht 078-6482665 1956 bn 98 H.d.Haas Maassluis 21,00 x 5,46 x 2,50 478 kW 650 pk Caterpillar	023.16905 DS **BRUINVIS** Peters & Van Lopik BV A R Holstlaan 13 4942 ED Raamsdonksveer 0162-519657 / 06-53485399 1950 14,00 x 3,50 x 1,00 85 kW 116 pk Volvo Penta
020.04241 MS **BRISANT** BERNARD / BRISANT / STERN / STERN * Meer J. & C.v.d. Dorpsstraat 48 B 3274 BD Heinenoord 06-51345767 1954 G.J.v.Berk Beneden Leeuwen 10,30 x 3,20 x 1,20 68 kW 93 pk MWM	021.01994 MS **BROEDERTROUW II** Heuvelman H.P. s Gravendeel 1923 Hamburg 16,35 x 4,13 x 1,71 126 kW 172 pk Caterpillar	023.09671 DS **BROEDERTROUW XV** MABI 14 Wees Groep BV Van der 's Gravendeelsedijk 100 3316 AZ Dordrecht 078-6482665 1956 bn 97 H.d.Haas Maassluis 21,00 x 5,46 x 2,50 537 kW 730 pk Caterpillar	022.05992 MV **BRUISER** Velde Marine BV W.v.d. Binnenhaven 1 7547 BG Enschede 053-4307251 1982 Rorink & v.d.Broek/v.d.Velde Enschede 11,00 x 3,50 x 1,30 88 kW 120 pk DAF
030.50668 MS **BRITTANNIA** HOOP / SR 39 / MADI Lans A.J. v/d. Naaldwijk 1921 Zwartsluis 16,90 x 3,70 x 1,45 73 kW 100 pk MWM	023.17287 DB **BROEDERTROUW II** STERNA Wees Groep BV Van der 's Gravendeelsedijk 100 3316 AZ Dordrecht 078-6482665 / 06-53262169 1967 bn 783/2 Verolme Heusden 19,40 x 10,26 x 1,60 2 x 500 kW/680 pk Caterpillar	022.10276 DS **BRONCO** WILLI KOSTER Strik C.L. & W.v. Leeuwen Hoofdweg15 7707 RB Balkbrug 0523-649416 1913 Janssen & Schmilinsky Hamburg 17,36 x 5,30 x 2,43 276 kW 375 pk Deutz	020.04921 MS **BRUTUS** RAPIDE / MARIA / MARTINE Brutus Stichting. Bosveld 11 6099 AN Beegden 1956 N.A.Bernhard Jr Nieuwendam 16,43 x 4,30 x 1,80 132 kW 180 pk Industrie
020.04787 MS **BRITTANNIA** BRITTANNIA / GEESJE / AQUARIUS / TWEE GEBROEDERS Valk G. Dordrecht 1912 bn 650 t Kromhout Wed.J.L.Ceuvel Amsterdam 15,48 x 3,39 x 1,14 35 kW 48 pk Industrie	032.30273 DS **BROEDERTROUW 4** SLIPWAY / BROEDERTROUW IV Wees Groep BV Van der 's Gravendeelsedijk 100 3316 AZ Dordrecht 078-6482665 1957 bn 19 A.v.Bennekom Sliedrecht 19,72 x 5,40 x 2,63 537 kW 730 pk Caterpillar	023.34127 MS **BRUGGE** LE BOULONNAIS / LANGERBRUGGE / BRUGGE / HENK / BRUG Prinsenland BV Sasdijk 2 D 4671 RN Dinteloord 1930 Gute Hoffnungs Hutte Walsum 20,90 x 6,05 x 2,70 2 x 154 kW/210 pk MAN	022.11523 MS **BRUTUS** Kotter BV Amsterdam 2002 Friesland BV Harlingen 14,99 x 4,62 x 1,00 2 x 85 kW 115 pk Iveco

021.02525 MS
BRUTUS
RINY / POWER / DINY /
JAN / BIG RIVER /
DE KEMPENAAR
Man E. de

Amstelveen

1950
Oude Maas
Zwijndrecht
15,70 x 4,13 x 1,67
130 kW 177 pk Deutz

023.28156 MS
BRUTUS

Smit G.

Havelte

1915
De Ridder
Delfshaven
13,65 x 3,65 x 1,60
63 kW 65 pk Stork Ricardo

00544 OP
BUFFEL
REIN

Lussenberg R.H.

Leiden

1925

7,00 x 1,80 x 0,90
29 kW 40 pk Kromhout

023.16529 DS
BUIZERD

Jong C.de
Zanddijk 3
3181 HV Rozenburg

1960
Th.A.d.Groot
Landsmeer
23,69 x 5,54 x 2,00
829 kW 1125 pk Deutz

00335 MS
BRUTUS
NEELTJE JACOBA

Muis R.
Veldoven 47
3961 ET Wijk bij Duurstede

1912

9,50 x 2,65 x 0,95
62 kW 85 pk Kromhout

020.01659 MS
BRUTUS 2
Antoinette W Goedkoop /
Hendrik Aaltje/Phoenix/Thakla/
Berkel/Betsy/Marga/Noordster
Goddijn M.H.L.
Groeneveld 16
2203 BP Noordwijk

1904 bn 420
t Kromhout Wed.J.L.Ceuvel
Amsterdam
19,32 x 4,27 x 1,82
220 kW 300 pk Bolnes

020.11273 DB
BUFFEL
SCH 2307 / DUWEXPRES I /
BUFFEL I /
DE VRIJBUITER
Snijders B.
Sasdijk 16
4671 RN Dinteloord
0167-524207
1965 bn 3002
VEB Rosslauer Schiffswerft
Rosslau
14,06 x 8,16 x 1,37
2 x 74 kW/100 pk SKL

022.05578 MS
BUIZERD
HOOGE

Koehoorn & Zn J.K.
Kiesterzijl 18
8801 HN Franeker
0517-396884 / 06-53413663
1950
Husumer schiffswerft
Husum
16,30 x 4,00 x 1,00
108 kW 147 pk MWM

020.13550 DS
BRUTUS
JACOBA / LOAD I / ADRI /
MEERVAL / BORIS / JAM

Romijn J.A.
v.Wijnbergenstraat 37
6721 TH Bennekom
06-19216690
1933
Peters
Dedemsvaart
19,66 x 4,26 x 1,70
294 kW 400 pk Mitsubishi

00546 OP
BUDDY

Hanne J.B. d'

Vijfhuizen

1950
Barkmeijer
Stroobos
6,13 x 1,83 x 0,90
73 kW 100 pk DAF

030.11747 MV
BUFFEL
PETRA / OUDE IJSSEL

Waterweg Acta Marine
Het Nieuwe Diep 39 D
1781 AE Den Helder
0223-615666
1961 bn 167
G.J.v.Berk
Beneden Leeuwen
13,20 x 3,97 x 1,82
121 kW 165 pk Deutz

00278 MV
BUIZERD

Provinciale Waterstaat Zeeland

1993
Koolmees
Nieuw Beijerland
9,00 x 3,10 x 0,80
70 kW 96 pk Ford

023.00185 DS
BRUTUS
Schiermonnokoog/EnAvant VI/
Willem M/Eerland 18/Verago 2/
Onidin / Wilyy / Hendrika
Smit & C.L.Schrik J.

Siddeburen

1926
Roorda
Sliedrecht
18,73 x 4,45 x 2,15
239 kW 325 pk Brons

00023 WV
BUFFEL

Blankevoort & Zn D.
Nigtevechtseweg 112
3633 XW Vreeland
0294-231635
1984 bn 702
Delta Shipyard
Sliedrecht
18,44 x 8,00 x 2,40,
2 x 331 kW/450 pk Caterpillar

00486 MS
BUGSIER V
GERMANIA / WILHELM /
AUGUST / TUMMLER

Rijn C.R.van

De Lier

1887
Brandenburg
Hamburg
16,14 x 5,04 x 1,70
184 kW 250 pk Deutz

023.07244 MS
BUIZERD
CORRY / LIS

Vries G. de

Rottum

1938 bn 3..
Th.v.d.Beldt
West Graftdijk
10,32 x 3,20 x 1,30
88 kW 120 pk DAF

reg.nr. / type :	023.07173 MS	imo 9524528 MS	022.08647 MS
naam :	**BURLY**	**BUZZARD**	**CAESAR**
ex naam :	BATO / NELLY /	DMS BUZZARD *	RV 150 / ANNA
ex naam :	WENNY / ELRI /		
ex naam :	IRMA		
eigenaar :	Groenen R.F.	Oord AczOverigeMaterieel van	Zijsling Schepen BV
adres :	Rijnkade 268	Watermanweg 64	Riperwei 3
woonplaats :	2331 AN Leiden	3067 GG Rotterdam	8623 XR Jutrijp
telefoon :	071-5123140 / 06-53294887	010-4478444	0515-484999
bouwjaar / -nr. :	1921	2009 bn 571601	1952
bouwwerf :	t Hondsbosch	Polen/Damen	v.Eijk & Zn
plaats :	Alkmaar	Polen/Gorinchem	Sliedrecht
l x b x d :	15,28 x 3,79 x 1,60	35,25 x 11,60 x 5,25	9,40 x 2,62 x 1,50
vermogen :	132 kW 180 pk Kaeble	2x1825 kW/2482 pk Caterpillar	92 kW 125 pk DAF
boegschroef :			

020.13288 MV	00143 MS	023.24125 MV	020.03449 MS
BULA	**BURRO**	**BUZZARD**	**CALYPSO**
GERJO		TNST 3 / BUZZARD	ADRIANA / VIOS / ERICK
Bosch C. & A.C.A, Steltenpool	Schoonwater D.J.	Renate BV	Veltman J.
		Heijplaatstraat 21 bus 26	Westenholterweg 74
Enkhuizen	Leiden	3089 JB Rotterdam	8042 AK Zwolle
1990	1930	1952	1924
G.J.v.Wezel	Bijlholt	Nordsee Werke Emden	Th.Kempers & Zn
Heijen	Foxhol	Emden	Alphen a/d Rijn
11,50 x 3,75 x 1,40	15,00 x 3,20 x 1,00	17,15 x 4,02 x 1,42	13,07 x 3,55 x 1,04
147 kW 200 pk MWM	22 kW 30 pk Kromhout	136 kW 185 pk GM	88 kW 120 pk DAF

00170 MV	020.01934 MS	00574 MS	023.06931 MS
BULLDOG	**BUSCO**	**CABADELLO**	**CARBON**
	TONNY II		CARBON / JAPICO I /
			WENNY /
			JAPICO II
Boskalis Westminster Koninkl.	Dankbaar F.J.	Teelker N.	Tilleman Th.C.J.
Rosmolenweg 20			
3356 LK Papendrecht	Ede	Amsterdam	Huissen
078-6969000			
1976	1944	1911	1914
v.d.Giessen	Concordia S.Seymonsbergen		A.v.d.Eijk & Zn
Alblasserdam	Amsterdam		Overschie
9,00 x 2,85 x 0,90	12,80 x 3,50 x 2,03	17,00 x - x -	16,00 x 3,24 x 1,20
53 kW 72 pk DAF	110 kW 150 pk Kromhout	DAF	121 kW 165 pk GM

023.25096 DB	00279 MV	00585 MS	00301 MS
BUNNIK II	**BUT**	**CADANS**	**CARDINAL D**
RV 04-13 / 04-13 /			D 10 / NORDWEST /
REBEL 09			EISBÄR
Bunnik BV A.		Bij T.v.d.	Meyer
		Poppenhuizen 5-7	
Nieuwerbrug		8495 ND Oldeboorn	Westerbroek
		0566-631311	
1992		1921	1899
Damen Shipyards BV			
Gorinchem			
7,03 x 3,02 x 0,91	15,00 x 4,00 x -	11,00 x 3,00 x 1,20	
210 kW 286 pk Deutz	Mercedes	62 kW 85 pk DAF	220 kW 300 pk

020.04988 DS
CARITAS
DAWI / BRISAN /
COMMANDO *

Speksnijder H.

Krimpen a/d IJssel

1956
Huisman
Rohel
17,26 x 4,50 x 1,63
500 kW 680 pk Caterpillar

023.06447 MS
CAROLUS
Knirps / Inspector 7 /
Elisabeth/Greta / Viosthy Grie /
Koerier / Machile / Patrick
Stiching Behoud slb Carolus

Drachten

1880
Farces et Cha d l Mediterrenee
Le Havre
16,55 x 3,56 x -
88 kW 100 pk Volvo

023.09440 MS
CATHARINA
CULEMBORG /
EXCELSIOR / REINOD I /
ARIDA
Treffers & Zn G.J.
H.Figeeweg 35
2031 BJ Haarlem
023-5325211
1898
De Ridder
Delfshaven
19,34 x 4,14 x 1,66
121 kW 165 pk GM

027.16985 MS
CATHY

Hollandse Aannemers Mij
Rivium Quadrant 2
2909 LC Capelle a/d IJssel
010-4478444
1977
Damen Shipyards BV
Gorinchem
14,00 x 6,00 x 1,90
2 x 88 kW/120 pk GM

023.05333 MS
CARMEN
DEUTZ / MEEUW / CITO /
JO / JACOB /
STORMVOGEL / SORAYA
Meulenberg A.

Maurik

1914
Schimag
Mannheim
15,40 x 3,40 x 1,30
62 kW 85 pk AEC

023.25600 MV
CARPE DIEM
ZEEHOND / ELJA

Zevenbergen

1958

Beneden Leeuwen
13,30 x 3,80 x 1,45
85 kW 116 pk MWM

020.12209 DS
CATHARINA 3
WELS / PATRICK

Hebo Maritiem Service BV
Stouweweg 19
8064 PD Zwartsluis
038-3868180 / 06-53484223
1972 bn 1566
Joh.Oelkers
Hamburg
17,65 x 5,77 x 2,20
302 kW 411 pk MWM

020.03325 MS
CECILIA

Leissner H.

Huissen

1905

Duitsland
13,47 x 3,20 x 1,50
88 kW 120 pk Caterpillar

026.06163 MS
CAROLE
CHRISTINA / AUBERG /
ORION

Haas & M.C.v.d.Wal L.d.

Rotterdam

1955
Carl Siebelt
Berlijn
20,00 x 4,30 x 1,30
184 kW 250 pk MWM

00128 MS
CASTOR
HAVENDIENST 5 - CASTOR

Thaumas BV
Hanepad 59
1501 WD Zaandam
075-6310440
1976
Van Goor
Monnickendam
17,23 x 4,42 x 2,30
279kW 380pk StorkWerkspoor

023.22887 DS
CATHARINA 4
CLIMONT / VEKA 104 /
ZWABO 5 / MERCURIUS

Hebo Maritiem Service BV
Stouweweg 19
8064 PD Zwartsluis
038-3868180 / 06-10560789
1953 bn 113
Oberwinter
Oberwinter
23,40 x 5,68 x 1,35
2 x 463 kW/630 Caterpillar

021.01958 DS
CECILIA
EN AVANT III / RISICO /
MUTATIO II / MAJA /
LEVANT / ALABATROS
Passmann J.F.Th.A.
Westerhof 9
2987 XS Ridderkerk
0180-413384 / 06-53234056
1915
Kooiman
Zwijndrecht
20,05 x 4,64 x 1,78
334 kW 455 pk Detroit Diesel

023.26414 PS
CAROLIEN
RHD 8 / V 28 /
HAVENDIENST 8 /
RPA 21
Joosten Scheepvaartbedr.
Ohmweg 1
2952 BD Alblasserdam

1973
Schouten
Muiden
24,65 x 5,52 x 2,27
331 kW 450 pk Bolnes

020.13549 MV
CATHARINA
VOORTREKKER / RP 1 /
HERMINA / RP 1 /
VOORTREKKER
Nolst Trenite S.W.

Amsterdam

1920
De Vries Lentsch
Nieuwendam
16,75 x 3,65 x 1,35
44 kW 60 pk Kromhout

023.28246 DB
CATHARINA 5
ELLY / ILHA DO CORSICO /
BETSY G / BRITT /
HENDRIK 6 / DIABLO *
Hebo Marine Service BV
Stouweweg 19
8064 PD Zwartsluis
038-3868180
1989 bn 8672
Damen Shipyards BV
Gorinchem
16,50 x 6,54 x 2,00
2 x 397 kW/540 pk Caterpillar

023.23392 DS
CENTURION
PRESIDENT GERLING /
GERRIT

Hoog M.d.
Larikslaan 9
4254 BD Sleeuwijk

1948 bn 1092
Jos Boel & Zn
Temse
31,25 x 7,48 x 2,92
787 kW 1070 pk MAN

reg.nr. / type :	022.03959 DS	023.23237 DS	020.06647 SS
naam :	**CHALLENGER**	**CHEETA**	**CHRISTIAAN BRUNINGS**
ex naam :	FALKE / ALBATROS /	MOTOR IV /	
ex naam :	NEMO /	PUMA CHEETA	
ex naam :	CHICO *		
eigenaar :	Freedom Holding BV	Arens van den Ouden Vof	Ned. Scheepvaartmuseum
adres :	Geul 16	Azaleastraat 21	Kattenburgerplein 1
woonplaats :	8321 LC Urk	4537 RA Terneuzen	1018 KK Amsterdam
telefoon :	06-10767262	0115-619882 / 06-53684117	
bouwjaar / -nr. :	1925 bn 1145	1958	1900
bouwwerf :	Schichau	D.I.W	Meursing
plaats :	Bremen	Berlijn	Amsterdam
l x b x d :	21,80 x 5,00 x 2,00	23,80 x 5,22 x 1,65	31,25 x 6,60 x 1,89
vermogen :	552 kW 750 pk Deutz	268 kW 364 pk Caterpillar	375 ipk Meursing
boegschroef :			

020.08756 SS	00009 MV	020.16073 DS	065.03576 DB
CERBERUS	**CHALLIS**	**CHELSEA B**	**CHRISTIAN**
HAVENPOLITIE I /			NIMMERRUST III / HENRI IV /
HAVENDIENST I			LUCTOR IV / EN AVANT 7 /
			E 282 / INGONA / TARZAN
Kapitein Kok	Stok Marine Service BV	Rodie Watertransport BV	Voets Holding BV
Weesperstraat 118 J	v.Godewijckstraat 261	Hanepad 88	Havenstraat 22
1112 AP Diemen	3341 VL H.I.Ambacht	1501 WE Zaandam	6051 CS Maasbracht
	078-6849434	075-6166576 / 06-53412365	0475-461100
1930		2005 bn 10957	1912
Hubertina v/h W.H. Jacobs		IHC Holland Delta	
Haarlem	Engeland	Sliedrecht	Duisburg
20,85 x 4,66 x 2,30	7,50 x 2,50 x 0,80	19,50 x 6,20 x 2,10	18,60 x 4,40 x 1,82
185 ipk Hubertina	88 kW 120 pk DAF	2 x 375 kW/485 pk Caterpillar	176 kW 240 pk MAK

022.02712 MS	020.13571 MS	023.17526 DS	065.03070 DS
CETUS	**CHARLES**	**CHERIE**	**CHRISTIAN 2**
JUSTITIA / HERCULES /		VOLGA	Arina Elzabeth / Cofra /Martin/
TRIJNCOR / PEJA /			Nanny /Bonheur 4 / Ria /
DORIEN			Dukra / Maverick / Avontuur
Brugman B.L.	Ypma J.	Treffers & Zn G.J.	Voets Holding BV
	Zuidvliet 530	H.Figeeweg 35	Havenstraat 22
Rotterdam	8921 ET Leeuwarden	2031 BJ Haarlem	6051 CS Maasbracht
		023-5325211	0475-461100
1930	1928	1929	1928
Wolthuis	Chantier de la Haute Seine	De Hoop	Barkmeijer
Sappemeer	Villeneuve Le Roi	Hardinxveld-Giessendam	Stroobos
15,15 x 3,82 x 1,24	16,56 x 4,41 x 1,85	15,00 x 4,00 x 2,00	20,46 x 4,95 x 2,30
132 kW 180 pk MWM	265 kW 360 pk GM	272 kW 370 pk Detroit Diesel	412 kW 560 pk Detroit

020.07432 MS	023.21208 MV	00146 MS	020.06669 MS
CEUVEL	**CHARLIE**	**CHIOS**	**CHRISTINA**
AMSTERDAM / CEUVEL /	W.D.DORI	WIETA / EDAM	CRESENDO / Y 8009 /
MARIA /			MVD 7 / KM 7 / RS 11 /
HUMUS I			A 815 / JENJA
Knip M.	Polderman E.& H.C.	Horst E.v/d	Gijzen H.M.
Turfmarkt 40	Zandweg 1		
8021 AB Zwolle	4423 AA Schore	Nijkerk	Vinkeveen
	06-53194270		
1921	1974 bn 717	1920	1939
t Kromhout Wed.J.L.Ceuvel	Damen Shipyards BV	N.A.Bernhard Jr	Bodewes & Dutmer
Amsterdam	Hardinxveld-Giessendam	Nieuwendam	Groningen
11,82 x 2,60 x 1,07	14,36 x 4,33 x 2,40	13,70 x 3,14 x 1,30	15,95 x 4,19 x 1,50
22 kW 30 pk Samofa	268 kW 365 pk Caterpillar	77 kW 105 pk Kromhout	136 kW 185 pk Deutz

023.18397 DB
CHRISTINE
CITERNA 83

Liemberg E.H.
Hekelstraat 132
3295 TG 's Gravendeel
078-6733123
1963
Chantier Navel la Haute
Villeneuve le Roi
23,00 x 7,20 x 1,80
2 x 441 kW/600 pk Caterpillar

027.18535 WV
CLAUDIA B

Stemat Marine Service BV
Quarantaineweg 10
3089 KP Rotterdam
010-2996555
1995 bn 9401
Volker Stevin
Dordrecht
22,65 x 9,55 x 2,00
2x441kW/600 pk Detroit Diesel

00308 MC
COASTAL ASSISTENT

Coastal Shipping BV
Het Nieuwe Diep 39 D
1781 AE Den Helder
0223-615666
1995

8,40 x 3,50 x 1,66
2 x 125 kW/170 pk Detroit

imo 9563861 MC
COASTAL DISCOVERY

Waterweg Acta Marine BV
Het Nieuwe Diep 39 D
1781 AE Den Helder
0223-615666
2009 bn 775
Staalbouw Groningen/Bijlsma
Groningen/Foxhol
35,00 x 11,80 x 1,30
3 x 447 kW/608 pk Caterpillar
447 kW 608 pk Caterp. v.Tiem

033.50197 MS
CINCHONA

Alblas R.A.
Rijksstraatweg 68
4197 RM Buurmalsen
0345-571496
1926
Nic.Witsen
Alkmaar
15,76 x 3,46 x 1,50
77 kW 105 pk Kromhout

023.08536 MS
COAL VII
COAL VII / JURGEN S /
CAOL VII / AMALIE

Poelakker H.

Schalkhaar

1937
Gebr.Pot
Bolnes
13,09 x 3,49 x 0,89
Ford

027.22713 MC
COASTAL BOXER

Acta Marine BV
Het Nieuwe Diep 39 D
1781 AE Den Helder
0233-615666
2010 bn NP 382
Neptune Shipyard
Aalst
21,60 x 9,00 x 2,80
2 x 393 kW/534 pk Cummins

026.05989 BV
COASTAL EXPLORER
WARLOCK

Waterweg Acta Marine
Het Nieuwe Diep 39 D
1781 AE Den Helder
0223-615666
1994 bn 75
Greuns
Leeuwarden
25,20 x 6,95 x 2,00
2x176kW/240pk Detroit Diesel

00291 MS
CLAES COMPAEN
LESUM / JOTTUM

Sam-Sam Scheepvaartond.
Statenplein 15
3311 NH Dordrecht

1953
Busumer Schiffswerft
Busum
15,20 x 3,75 x 1,20
110 kW 150 pk Deutz

026.06093 MS
COASTAL ASSISTANT
JETSTREAM / TAKITIMA /
SEERIJP III

Waterweg Acta Marine
Het Nieuwe Diep 39 D
1781 AE Den Helder
0223-615666 / 06-53164218

Koning/Metz
Zwartsluis/Urk
20,36 x 6,00 x 1,20
2 x 261 kW/355 pk Cummins

00259 MC
COASTAL CARMEN

Waterweg Acta Marine
Het Nieuwe Diep 39 D
1781 AE Den Helder
0223-615666
2005
Damen Shipyards BV
Hardinxveld-Giessendam
20,00 x 8,00 x 1,00

imo 9579418 MC
COASTAL FIGHTER

Waterweg Acta Marine
Het Nieuwe Diep 39 D
1781 AE Den Helder
0223-615666
2010 bn 368
Neptune Marine
Aalst
21,60 x 9,00 x 1,84
2x 1118 kW/1520 pk Cummins

imo 9562984 MC
CLAIRE H

Damen Marine Services BV
Rivierdijk 555
3371 EC H'veld-Giessendam
0184-616000
2011 bn 571596
Damen Shipyards
Hardinxveld
23,33 x 9,00 x 3,20
2 x 634 kW/862 pk Caterpillar

027.20716 MS
COASTAL ASSISTANT

Waterweg Acta Marine
Het Nieuwe Diep 39 D
1781 AE Den Helder
0223-615666
2006
Kotlas/Neptune Marine
Limeda/Aalst
48,80 x 8,00 x 2,30
2 x 471 kW/640 pk Cummins

00317 MS
COASTAL DIGGER
NOORDEWIND

Waterweg Acta Marine
Het Nieuwe Diep 39 D
1781 AE Den Helder
0223-615666
1995
Damen Shipyards BV
Hardinxveld-Giessendam
21,83 x 6,00 x 0,85
2 x 125 kW/170 pk DAF

027.19013 MS
COASTAL FORCE

Waterweg Acta Marine
Het Nieuwe Diep 39 D
1781 AE Den Helder
0223-615666
1997 bn 6119
Damen Shipyards BV
Hardinxveld-Giessendam
19,50 x 6,20 x 2,50
2x537kW/730 pk Detroit Diesel

reg.nr. / type : **naam :** **ex naam :** **ex naam :** **ex naam :** **eigenaar :** **adres :** **woonplaats :** **telefoon :** **bouwjaar / -nr. :** **bouwwerf :** **plaats :** **l x b x d :** **vermogen :** **boegschroef :**	00103 MV **COASTAL MATE** DRACO Waterweg Acta Marine Het Nieuwe Diep 39 D 1781 AE Den Helder 0223-615666 2010 bn346 N.Dijkstra Harlingen 8,87 x 3,56 x 0,95 131 kW 178 pk Mitsubishi	027.18845 MC **COASTAL SUPPORT** NEPTUN 3 Waterweg Acta Marine Het Nieuwe Diep 39 D 1781 AE Den Helder 0223-615666 1997 Neptune Marine Aalst 18,50 x 8,00 x 1,80 2 x 220 kW/300 pk Cummins	00026 MC **COBY** Boskalis Westminster Koninkl. Rosmolenweg 20 3356 LK Papendrecht 078-6969000 1983 bn 4001 Giessen de Noord/Damen Alblasserdam/Gorinchem 25,00 x 10,00 x 2,23 3 x 161 kW/220 pk GM
imo 9447093 MC **COASTAL GUARDIAN** Waterweg Acta Marine Het Nieuwe Diep 39 D 1781 AE Den Helder 0223-615666 / 06-53164218 2007 Neptune Marine Aalst 21,60 x 9,04 x 2,00 2 x 447 kW/608 pk Caterpillar	027.18866 MS **COASTAL ONE** Oord Acz OverigeMaterieel BV Watermanweg 64 3067 GG Rotterdam 010-4478444 1996 Damen Shipyards BV Hardinxveld-Giessendam 16,89 x 5,29 x 2,10 2 x 475 kW/475 pk Caterpillar	023.14747 MS **COASTAL TIGER** TIGER Coastal Shipping BV Het Nieuwe Diep 39 D 1781 AE Den Helder 0223-615666 1977 bn 276 H.A.v.Gelder Gorinchem 17,10 x 5,22 x 2,00 552 kW 750 pk GM	023.11279 MS **COBY** MARIUS Kapitein& Zn Duwsleepvaart A Wijk 1 nr 39 8321 EL Urk 0527-681864 1962 bn 237 Gebr.Paans Roodevaart 21,30 x 5,85 x 2,50 632 kW 860 pk Stork
imo 9494993 MC **COASTAL HUNTER** Acta Marine BV Het Nieuwe Diep 39 D 1781 AE Den Helder 0223-615666 2007 bn 305 nanjingShuitian/NeptuneMarine Nanjing/Aalst 21,60 x 9,04 x 2,02 2 x 447 kW/608 pk Caterpillar	027.18596 MS **COASTAL POWER** Waterweg Acta Marine Het Nieuwe Diep 39 D 1781 AE Den Helder 0223-615666 / 06-51572709 1995 bn 5935 Damen Shipyards BV Hardinxveld-Giessendam 16,89 x 5,29 x 1,90 2 x 345 kW/470 pk Caterpillar	imo 9591569 MS **COASTAL VANGUARD** Waterweg Acta Marine BV Het Nieuwe Diep 29 D 1781 AE Den Helder 0223-615666 2010 bn 571644 Damen Shipyards BV Hardinxveld-Giessendam 32,27 x 9,00 x 3,70 2x1230 kW/1650 pk Caterpillar	021.04930 MS **COBY M** Multraship Towage & Salvage Scheldekade 48 4531 EH Terneuzen 0115-645000 1966 J.Schlieker & Zn/Damen Sliedrecht/Gorinchem 12,65 x 3,43 x 1,10 158 kW 215 pk GM
00211 MC **COASTAL MARINA** Waterweg Acta Marine Het Nieuwe Diep 39 D 1781 AE Den Helder 0223-615666 2005 Damen Shipyards BV Hardinxveld-Giessendam 20,00 x 8,00 x 1,00	027.16321 MV **COASTAL SERVICE** COASTAL SERVICE / MULTRATUG III Waterweg Acta Marine Het Nieuwe Diep 39 D 1781 AE Den Helder 0223-615666 1970 bn 143 H.d.Haas Maassluis 16,24 x 4,55 x 1,60 294 kW 400 pk GM	imo 9520338 MC **COASTAL WARRIOR** Acta Marine BV Het Nieuwe Diep 39 D 1781 AE Den Helder 0223-615666 2008 bn 306 Neptune Marine Aalst 21,60 x 9,04 x 1,80 2x1000 kW/1359 pk Caterpillar	023.23195 MV **COGRI** EN AVANT XX / ANTJE II / PETER / THOR / FEMKE Koning & Zn Nanengat 1 3356 AA Papendrecht 078-6442644 1952 J.Schlieker & Zn Sliedrecht 9,80 x 3,60 x 1,40 85 kW 116 pk Deutz

023.23805 DB
COLAS
SAONE

Melvin Scheepvaart BV
Keizerputstraat 27
4575 NL Overslag

1960
SCAR
Strasbourg
15,10 x 4,99 x 1,65
2 x 221 kW/300 pk Deutz

023.00433 DS
COLIN F
GONDA / HARRY /
HUBERT / MIRONI

Fransbergen BV
Havenstraat 10
6051 CR Maasbracht
0475-465090 / 06-53400208
1926 bn 49
Marckmann & Faassen
Capelle a/d IJssel
20,92 x 4,96 x 1,91
331 kW 450 pk Caterpillar

060.04114 DS
COMMANDO
INDEPENDENT IV / DIENI /
MAAIKE / LIEKE /
MON DESIR / ANJA
Sharondi BV
Postbus 294
3330 AG Zwijndrecht

1955 bn 275
Jonker & Stans
H.I.Ambacht
20,40 x 5,31 x 2,20
441 kW 600 pk GM

023.09852 MS
COMMERIJN
EH 23 / VOLHARDING /
NANNY /
MADI H
Twist J. van
Smidsweg 25 A
3295 BT 's Gravendeel

1928
Ruijtenberg
Raamsdonksveer
18,25 x 4,70 x 1,60
139 kW 190 pk MAN

022.12303 MS
COMPAEN

veldmanSleep-&bergingsbedrijf
Fabriekspad 10
9164 KR Buren
0519-542455 / 06-12905187
1980

Oost-Duitsland
10,95 x 3,20 x 0,55
2 x 155 kW/211 pk Ford

---

imo 9534078 MS
COMPASS
PACIFIC FALCON

Compass CV
Merwekade 82-83
3311 TH Dordrecht
078-6392000
2008 bn 25112
Yong Choo Kui Shipyard
Sibu
33,70 x 10,60 x 4,96
2 x 1324 kW/1800 pk Niigata

00148 MS
CONAN
IJSSEL

Lispet J.

Breda

18,00 x 4,20 x 1,80
280 kW 280 pk Superior

022.02579 MS
CONCORDE
GRETE / LIBERTE /
TRIJNTJE V / JACO /
CONCORDE
Jiskoot W.
Tarwestraat 60
2989 AW Ridderkerk
078-6816110
1939

Duitsland
18,67 x 4,32 x 2,40
206 kW 280 pk Stork

030.00018 DV
CONDOR

023.17087 MS
CONDOR

Bos G.J.
Zuid Willemsvaart WS
Maastricht

1938

Bremen
22,52 x 3,67 x 1,62
315 kW 429 pk Kromhout

023.15230 DS
CONDOR
ANTWERPEN / MUSTANG /
CONDOR /
MUSTANG
Krikke E.J.A.
Buiksloterdijk 437
1034 ZA Amsterdam
020-6314735
1949
De Wachter
Hemiksem
19,98 x 5,00 x 1,76
736 kW 1000 pk Cummins

020.08899 MS
CONDOR

Loog C,Th.J.

Rotterdam

1950

17,45 x 4,48 x 2,00
165 kW 225 pk

030.21206 MW
CONDOR

Smit Subsea Europe BV

Rotterdam

1958
C.d.Ruiter
Halfweg

2 x 75 pk/102 pk Detroit

00595 OP
CONJO
ZWERVER

Gravesteijn B. & R.

IJsselstein

ca25

6,00 x 1,85 x 1,00
22 kW 30 pk Samofa

025.07482 MV
CONNY

Ballast Nedam Groep BV
Sluispolderweg 67
1505 HJ Zaandam
030-2853333

264 kW 360 pk GM

023.16516 DS
CONQUEST
EH 38 / SPERWER / COBY *

Snoek R.

Kamerik

1947
E.Herbosch
Schoten
17,50 x 4,20 x 1,84
265 kW 360 pk GM

reg.nr. / type :	imo 9524932 BS	027.16424 MC	020.05378 MS
naam :	**CONSTRUCTOR**	**COR**	**CORMORAN**
ex naam :	Noordhoek Constructor		KADENDIENST / BERNETTA/
ex naam :			GRAVENHEKJE III /MARIA B/
ex naam :			HELENE 7/MERWESTROOM
eigenaar :	hanzevastDivingSupportVessel	Oord Acz OverigeMaterieel BV	Zee D.v.d.
adres :		Jan Blankenweg 2	
woonplaats :	Groningen	4207 HN Gorinchem	Amsterdam
telefoon :		0183-642200	
bouwjaar / -nr. :	2010 bn P-20715		1917
bouwwerf :	Niigata Shipbuilding & Repair		Jonker & v Otegam
plaats :	Niigata		Amsterdam
l x b x d :	76,85 x 18,00 x 5,00	18,60 x 8,06 x 2,75	13,17 x 3,14 x 0,89
vermogen :	4 x 879 kW/1196 pk Caterpillar		58 kW 80 pk Gardner
boegschroef :			

imo 8862652 MS	023.28726 DB	020.14586 MS	027.16822 MS
CONRAD	**CONTENDER**	**COR BAS**	**CORMORANT**
A 873 WIELINGEN / PIETER			
Cocrete von Essen & Co KG	Estate Shipping BV	Stoutjesdijk T.M.	Oord Acz OverigeMaterieel BV
Am Waldrand 9 C	Horst 3		Watermanweg 64
D 26180 Rastede	3344 GG H.I.Ambacht	Limmen	3067 GG Rotterdam
	06-55195136		010-4478444
1967 bn 84	2007		1981 bn 1744
Rijkswerf Willemsoord	Arkel Shipyard/Boer		Damen Shipyards BV
Den Helder	Arkul/Sliedrecht		Gorinchem
27,60 x 6,90 x 2,30	19,75 x 11,00 x 2,00	14,80 x 3,50 x 1,20	14,15 x 4,28 x 1,85
552 kW 750 pk Bolnes	2 x 954 kW/1298 pk Caterpillar	169 kW 230 pk Fiat	267 kW 364 pk Caterpillar

023.26824 DS	023.08537 MS	023.02584 DS	022.05241 MV
CONSTANT	**COR**	**COR JOS**	**CORNEEL**
CONSTANT B	COAL 6 / NBH 6	Passe Partout II / IJm 361 /	IDEAAL / ZEEHOND II
		Antoon Cornelis /Adriana /	
		Bernanda II /Fredecor/Cor Jos	
Boldert BV De	Koster L.P.	Teirlinck B.V.	Vries C.T.de
Hermerkade 26	Ophemertstraat 50	Opperduit 1 A	
8861 JP Harlingen	3089 JD Rotterdam	2941 AL Lekkerkerk	St.Maartensdijk
06-20390618	010-4290952	0180-664245 / 06-53207918	
1952	1937	1914	1981
	Gebr.Pot	Boele	Van de Werf
Beez	Bolnes	Bolnes	Doesburg
12,50 x 3,25 x 1,40	13,09 x 3,49 x 0,97	16,19 x 4,36 x 2,00	10,00 x 3,15 x 1,22
220 kW 300 pk DAF	91 kW 123 pk Ford	268 kW 365 pk Caterpillar	73 kW 100 pk DAF

023.24904 DS	023.20660 DS	020.14106 MV	020.11183 OP
CONSTANTIJN	**COR**	**CORAX**	**CORNELIA**
PANTER / PANTHER	GEMA	NSI 7 / BEVER	VOLHARDING 2 /
			CORNELIA
Slooten Maritiem BV	Nobel B.L.P.	Wajer ece & Barendrecht wde	Beek A.J. van
Wijk 5 nr 90	Voordoel 23		
8321 GP Urk	3264 AT Nieuw Beijerland	Amsterdam	Amsterdam
0527-688000	0186-691364		
1957	1948	1954	1928
Visscher & Zn		G.J.v.Berk/Schlieker	
Zwartsluis	Baasrode	Beneden Leeuwen/Sliedrech	
12,95 x 3,75 x 1,60	23,00 x 4,42 x 2,39	11,04 x 3,33 x 1,57	6,00 x 2,05 x 1,10
257 kW 350 pk MWM	295 kW 401 pk Baudouin	88 kW 120 pk Mercedes	77 kW 105 pk DAF

030.50560 MS **CORNELIA** Beens & Zn BV Puttenstraat 26 8281 BP Genemuiden 038-3855585 1917 N.A.Bernhard Jr Nieuwendam 13,05 x 3,00 x 1,60 88 kW 120 pk DAF	020.09029 MS **CORNELIA EMMA** CORNELIA EMMA / TIME IS MONEU / BART / PETRONELLA II Knaps J.H.J. Venlo 1920 Gebr.Boot Alphen a/d Rijn 13,47 x 3,20 x 1,40 80 kW 109 pk Kromhout	021.02890 MV **CORRIE** I.H.C. BV Molendijk 84 3361 EP Sliedrecht 0184-411555 1952 Rees Sliedrecht 12,91 x 3,50 x 1,61 44 kW 60 pk Skoda	023.21933 MS **CORRIE S** STRALAU Cornelissen P.J.C. Nijmeegsebaan 12 6561 KG Groesbeek 1965 VEB Yachtwerft Berlijn 12,00 x 3,30 x 0,80 121 kW 165 pk DAF
032.50260 MS **CORNELIA** VAMO / SAN ANTONIO / WUTA Jong & mjm.v.Ginkel mjm. de V.C.J. Smitsstraat 1 5165 EV Waspik 0416-313536 1935 Tjallinga Vroomshoop 15,31 x 3,83 x 1,60 59 kW 80 pk Brons	00286 MS **CORNELIS** Geerlings J.J.C. Noordwijkerhout 0215-411934 1923 16,20 x 5,00 x 1,55 117 kW 160 pk Deutz	030.50783 DS **CORRIE** ST ANTONY / WILJO Klerk BV Sasdijk 10 4251 AA Werkendam 0183-508666 1938 Bijlholt Foxhol 12,00 x 3,46 x 1,50 169 kW 230 pk Deutz	00288 MS **CORRY** CORNELIA Blomberg Maastricht 19 Kramer Zaandam 17,50 x 5,10 x 1,90 338 kW 460 pk Deutz
020.16092 MS **CORNELIA** WINTERKONING / BANJER / BERTUS JR Pulleman M.J. Haarlem 1966 Th.Kempers & Zn Alphen a/d Rijn 14,30 x 4,00 x 1,60 2 x 177 kW/240 pk Ford	00315 MS **CORNELIS** Willemsen C.M. Onze Lievevrouwenstr 116 4735 AG Zegge 0165-535168 15,80 x 3,20 x 2,10	020.04970 MS **CORRIE** Spaargaren S. Aalsmeer 1948 14,65 x 3,28 x 1,39 44 kW 60 pk	030.20256 MS **CORRY** ALPHA / ANNIE Leeuwen H.L.M.v. Alphen a/d Rijn 1919 Stadskanaal 14,12 x 3,43 x 1,20 67 kW 92 pk Volvo
00249 MS **CORNELIA CATHARINA** ESCAPADE / AGNES Marwitz R. & C. Timmermans Waddinxveen 1930 9,40 x 2,60 x 1,00 58 kW 80 pk Ford	023.05804 MS **CORRIE** ADJA Heijsman S. Staveren 1924 Pauw Boskoop 13,65 x 3,65 x 1,70 132 kW 180 pk Scania Vabis	00490 MS **CORRIE II** DOU / CONFIDENTIA / MARIA PRUDENCE / DANIEL / MIRMIKE / KALI Valstar H.V. Rijswijk 1889 J.& K.Smit Kinderdijk 15,83 x 3,63 x 1,60 136 kW 185 pk AEC	00150 MS **CORSAN** Sluyk C.J.A. Weesp 1995 Flevo jachtwerf Nijkerk 10,00 x 3,40 x 1,10 66 kW 90 pk Sole

reg.nr. / type :	00151 MS	060.04113 DS	023.05085 DS
naam :	**CREDO**	**CURACAO**	**DAGERAAD**
ex naam :	GRIEROEPIE / LIEJO /	Greta / Risico II /	IDEAAL / ANNY B /
ex naam :	PEETHAVEN	Fiat Voluntas XVIII / Montini /	ANGELIKI 2
ex naam :		Leja / Elly / Maurice / Barzabel	
eigenaar :	Millenburg J.H.M.	Voets Holding BV	Romkes H.H.
adres :	Prinssenweg 62	Havenstraat 22	Schelpenhoek 13
woonplaats :	3433 AC Nieuwegein	6051 CS Maasbracht	8321 BJ Urk
telefoon :	030-6062654	0475-461100	06-20007817
bouwjaar / -nr. :	1926	1931 bn 57	1931
bouwwerf :	Mittendorf	Marckmann & Faassen	J.Vos & Zn
plaats :	Dedemsvaart	Capelle a/d IJssel	Groningen
l x b x d :	13,10 x - x -	22,80 x 4,97 x 1,93	20,44 x 5,15 x 2,26
vermogen :		535 kW 727 pk Caterpillar	559 kW 730 pk Caterpillar
boegschroef :			

020.07749 MS	00468 MC	023.16297 MV	00071 MS
CORSY	**CRONUS**	**CYCLOOP**	**DAJA**
VOOR DE WIND /		CORNELIS / SCIPIO	RIBELO / PAROMA
CORSY / KNEBRA I			
Meeuwisse J.F.	Oord ACZOverigeMaterieel BV	Meijne C.W.	Fase J.
	Watermanweg 64	Broekerhavenweg 265	
Wateringen	3067 GG Rotterdam	1611 CE Bovenkarspel	Nieuwegein
	010-4478444	0228-520750	
1924 bn 84	2012 bn 571659	1952 bn 200	1940
Bijlsma	Damen	Damen Shipyards BV	
Wartena	Hardinxveld-Giessendam	Hardinxveld-Giessendam	
15,08 x 3,80 x 1,09	32,00 x 13,00 x -	12,15 x 3,22 x 1,14	11,70 x 2,65 x 1,20
128 kW 175 pk Modag		92 kW 125 pk DAF	71 kW 98 pk GM

020.03984 MS	023.09926 MS	020.06965 MS	00031 MS
CORTEZ	**CROOSBOOT**	**DAAN**	**DALMAR ENERGY**
JUPITER / IJSSELMEER /	JACOB II	DE ZAAN	F 31 / SIJPSTREIJN /
ONDERNEMING V /			SEALIFT 23
DENNIS LANGEBERG			
Veen C.H.F. v.d.	Croosboot Stichting De	Daanen Shipping & Logestics	Dalmeijers Metalen BV
	Nieuwe Crooswijksestraat 126	Oostkanaaldijk 308	
Uithoorn	3034 AD Rotterdam	6541 CD Nijmegen	Rotterdam
		024-3775830	
1920 bn 592	1948	1970 bn 437	1976
t Hondsbosch	Cockerill Yards	Th.v.d.Beldt	Imai Saisakusho
Alkmaar	Hoboken	West Graftdijk	Iwagi (Ja)
15,40 x 3,28 x 1,50	12,94 x 3,20 x 1,16	16,45 x 4,26 x 2,13	34,02 x 9,21 x 4,25
220 kW 300 pk MercedesBenz	88 kW 120 pk Mercedes Benz	239 kW 325 pk Caterpillar	2 x kW pk Niigati
		66 kW 90 pk	

080.23064 DB	021.01992 DS	031.70502 MV	2010-01 MS
CREDO	**CURA NOSTRA**	**DAFNIA**	**DAMEN STANTUG 804**
	GRAFF / DEUX AMIS II /	LUCIA / NEDAM 6	
	MARIA / FRANS /		
	VALK / LUTETIA		
Lutana Watertransport BV	Anker Maritiem Shipping	Hees&ZnAannemersbedr.Bvan	Damen Shipyards BV
W.Alexanderplantsoen 94	Rivierkade 5	Heijcopstraat 4	
2991 NC Barendrecht	4931 AA Geertruidenberg	3521 EN Utrecht	Gorinchem
	0162-514890	030-2937946	
1912	1926	1952	2010
Huiskens & v.Dijk	De Hoop	Eltink	Maritiem BV
Dordrecht	Hardinxveld-Giessendam	Beneden Leeuwen	Werkendam
30,67 x 6,10 x 2,36	17,50 x 4,50 x 1,71	9,10 x 3,10 x 0,97	8,44 x 3,52 x 1,30
969 kW 1318 pk Cummins	309 kW 420 pk Caterpillar	88 kW 120 pk DAF	89 kW 121 pk Volvo

020.10564 MV
DAMPERTJE
ODER / ELBE

Hoek A.L.
De Erven 5
1151 AR Broek in Waterland

1911

Hamburg
17,85 x 4,10 x 1,10
73 kW 100 pk Volvo

---

imo 9065807 MS
DANCING WATER
OIL RANDAN /
MARINECO INDIA

K & W Schepenverhuur BV
In 't Vizier 2 A
8309 AS Tollebeek

1993 bn 111
McTay Marine
Bromborough
19,50 x 6,00 x 2,00
2 x 287 kW/398 pk Caterpillar

00552 MS
DANIEL
SUBITO / MIDDELPLAAT /
JEAN MARIE

Vuijk C.

Laren

1916
t Hondsbosch
Alkmaar
14,58 x 3,06 x 1,30
103 kW 140 pk Scania Vabis

065.03864 DS
DANIQUE F
D 413 /D 213 /Ijsselmeer /
Kim / Maroma /
Nooit Volmaakt/Matria B
Fransbergen BV
Havenstraat 10
6051 CR Maasbracht
0475-465090 / 06-5340028
1936
Meidericher Schiffswerft
Ruhrort
24,13 x 6,22 x 2,37
883 kW 1200 pk MTU

00550 OP
DANNY

Weegh J.J.v.d
Oude Molenweg 72
8101 EM Raalte
0572-363869
1930
Suuroverste
Hasselt
5,50 x 1,85 x 0,90
7,3 kW 10 pk Scania Vabis

023.11774 MS
DASA
BLATON / EMULE /
MARLENE /
SCHELDE
Niet Th. C.

Leiden

1910
De Ridder
Delfshaven
17,50 x 4,25 x 1,60
126 kW 172 pk Caterpillar

020.02241 MS
DAVID
ONDERNEMING III

Krielaart A.B.
Kerkstraat 3
5308 KH Aalst

1947
Bijlholt
Foxhol
18,53 x 4,88 x 1,88
264 kW 360 pk GM

023.10883 MS
DB 64
SWIFT / FIX VII /
AQUAMARIJN

Kraan Transp.&Overslagbedrijf

Jaarsveld

1945
Lanser
Sliedrecht
14,92 x 3,25 x 1,25
112 kW 153 pk Scania

023.26443 MS
DE 3e STORM
CITO / LUNA / HENCOR J

Kroef J.A.v.d.

Breukelen

1941
J.Smit
Alblasserdam
14,67 x 3,92 x 2,24
85 kW 116 pk Deutz

023.20975 MV
DE ACHT
SWIFT *

Swets ODV BV
Rotterdamseweg 52
3332 AK Zwijndrecht
078-6191237
1980
H.A.v.Gelder
Gorinchem
17,00 x 4,50 x 1,80
2x 235 kW/320 pk Merc. Benz

023.23716 DS
DE ACHT
REINOD 8

Van Gansewinkel Shipping
Oude Maasweg 5
3197 KJ Rotterdam
010-4726200
1969 bn 115
De Hoop
Schiedam
5,57 x 3,27 x 0,81
62 kW 85 pk DAF

020.06762 MV
DE ATLAS

Heemskerk A.
Dubbelebuurt 33
2331 GK Rijnsburg
071-4021829
1939

9,30 x 2,66 x 1,04
22 kW 30 pk Samofa

023.08836 MS
DE BARK 2
SNEL/SPIDO / WATERGEUS/
NELI / DON BOSCO / ALI /
GEJA / De BARK II
Bos R.

Groningen
0227-543080
1925
Vrijenban (Boot)
Delft
14,70 x 3,12 x 1,35
122 kW 166 pk Volvo Penta

023.24556 MS
DE BARRI
JADE/ONEDRZEEDIENST IV/
R.S. 17 / A 857 /
Y 8014 / JADE
Vriend J.J.

Wevershoof

1943 bn 1173
Gebr.Boot
Alphen a/d Rijn
20,00 x 5,25 x 1,80
147 kW 200 pk Industrie

033.20080 OP
DE BEER
CORDI / TIENEKE /
DIEZE

Stralen K.J. van
Rengersstraat 19
8521 LD St.Nicolaasga
0513-431827
1932
Gebr.Boot
Alphen a/d Rijn
6,95 x 2,58 x 0,91
17,6 kW 24 pk Industrie

022.01309 MS
DE BREKEL
Dina/Onderneming/Geertruida/
Joma / Hamm IV / Sanato /
Tonnie / Combinatie / Aagje
Heck T.J.

Heerhugowaard

1909
P.Smit Jr
Rotterdam
14,34 x 3,38 x 1,78
58 kW 80 pk DAF

reg.nr. / type :	023.08544 MS	020.03139 MS	030.51266 DS
naam :	**DE GEUS**	**DE HOOP**	**DE JONGE GERBRAND**
ex naam :	ADRIANA / CARLA	DE HOOP /	GER / BROEDERTROUW 9
ex naam :		NETZTENDER /	
ex naam :		DE HOOP / WIM	
eigenaar :	Stichting De Geus	Vegt S.v/d	Vlig & Zn BV K.C.
adres :		Hegedijk 3 A	Wjitteringswei 23
woonplaats :	Arnhem	9024 EB Weidum	9011 WJ Irnsum
telefoon :		058-2519247	0566-688508
bouwjaar / -nr. :	1937	1906	1954
bouwwerf :	Weerter scheepsbouw	Gebr.v.d.Windt	v.d.Velde
plaats :	Weert	Vlaardingen	Zwolle
l x b x d :		16,08 x 3,37 x 1,45	16,18 x 4,65 x 1,79
vermogen :	88 kW 120 pk DAF	74 kW 101 pk Brons	162 kW 220 pk Caterpillar
boegschroef :			

reg.nr. / type	023.20977 MV	020.11544 MS	023.17643 DB	021.04737 MS
naam	**DE EEN**	**DE GOOGH**	**DE HOOP 1**	**DE KLEF**
ex naam	ADELAAR *	UKKE / SR 6 / CAPO D*	Mura / Franz Ohlrogge / Ohio /	
ex naam			Thuredrecht / Noordereiland /	
ex naam			Dordrecht De Hoop I *	
eigenaar	Swets ODV BV	Googh Matreiaal BV De	Jongen BV Oliehandel	Smals Bouwgrondstoffen BV
adres	Rotterdamseweg 52		's Gravendeelsedijk 104	Havenlaan 31
woonplaats	3332 AK Zwijndrecht	Zaandam	3316 AZ Dordrecht	5433 NK Cuijk
telefoon	078-6191237		078-6352934	0475-316054
bouwjaar / -nr.	1981	1932	1979	1973
bouwwerf	H.A.v.Gelder	t Kromhout Wed.J.L.Ceuvel	Jonkerpaans	J.Schlieker & Zn
plaats	Gorinchem	Amsterdam	Dordrecht	Sliedrecht
l x b x d	17,00 x 4,50 x 1,80	14,23 x 3,66 x 1,70	15,26 x 8,07 x 2,08	9,22 x 2,82 x 1,53
vermogen	2 x 235 kW/320 pk Mercedes	100 kW 136 pk DAF	2 x 331 kW/450 pk Caterpillar	73 kW 100 pk DAF
boegschroef				

reg.nr. / type	023.33892 MS	022.12189 MS	022.06410 MV	023.05056 MS
naam	**DE ELF**	**DE GROTE WALVISCH**	**DE HORDE**	**DE LIEFDE**
ex naam	WESTERGAT			DINA/BROEDERTROUW VIII/
ex naam				THE AD / HARALD /
ex naam				BISON II / JOHANNA *
eigenaar	Bijleveld Maritiem	Ris A.	Stienstra & v. Wal vof	Mannee W.G.H.
adres			Rogmolewei 6	
woonplaats	Zeist	Sneek	8651 EP IJlst	Putten
telefoon			0515-533243	
bouwjaar / -nr.	1979 bn 963	2005 bn 23	1955	1914
bouwwerf	Damen Shipyards	Talma Heeg BV		A.Vuijk & Zn
plaats	Gorinchem	Heeg		Capelle a/d IJssel
l x b x d	14,75 x 4,50 x 0,98	9,90 x 3,40 x 0,90	11,12 x 3,12 x 1,10	13,75 x 3,38 x 1,66
vermogen	129 kW 175 pk Mitsubishi		71 kW 96 pk DAF	73 kW 100 pk Deutz
boegschroef				

reg.nr. / type	023.08636 MS	00152 MS	023.00122 MS	025.09825 MS
naam	**DE GEEST**	**DE HOOP**	**DE JANUS**	**DE MAURICE**
ex naam	No 4 / ANDRE /		Anna Lena/Alpha/Iris/Marie 5 /	
ex naam	ASSISTENT		Eerland 5/Mississippi 3/Wuta /	
ex naam			Everdina / De Branding	
eigenaar	Smals Bouwgrondstoffen BV	Ploeg H.v.d.	Akker J.v.d.	Dijk Handel&Management Van
adres	Havenlaan 31		Marconistraat 7	Venedijk Z 3
woonplaats	5433 NK Cuijk	Nieuwersluis	2181 AK Hillegom	8278 AD Kamperveen
telefoon	0475-316054 / 06-53473753		0252-517500	038-3636534
bouwjaar / -nr.	1953	1912	1923	2000 bn 18/17298
bouwwerf	J.H.Ooms		Skandinavie werf (de Jong)	Roskam Jachtbouw
plaats	Groot Ammers		Groningen	Noord Scharwoude
l x b x d	9,53 x 3,39 x 0,77	16,90 x 4,26 x 1,90	18,25 x 4,44 x 1,80	25,00 x 5,00 x 2,00
vermogen	55 kW 74 pk Gardner	128 kW 175 pk MAN	132 kW 180 pk Bolnes	279 kW/380 pk Scania
boegschroef				Ford

023.12383 MS
DE NEGEN
TARZAN *
Swets ODV BV
Rotterdamseweg 52
3332 AK Zwijndrecht
078-6191237
1967
De Ruiter & de Jong
Hardinxveld-Giessendam
14,85 x 4,15 x 1,78
235kW 320 pk Mercedes Benz

030.51561 MS
DE OTTER
JOMAR
Wal A.L.v.d.
Amsterdam
1900
12,53 x 2,90 x 1,50
88 kW 120 pk Deutz

020.02026 MS
DE OUDE ANNA
ANNA
Cocon Vastgoed Man
Amsterdam
1915
t Kromhout Wed.J.L.Ceuvel
Amsterdam
14,30 x 3,24 x 1,02
61 kW 84 pk Kromhout

00202 MS
DE OUDE CORNELIS
MEEUW I / MEEUW /
TROUBLE SHOOTER /
HERA / MEEUW I
Slijkerman C.
Echternerbrug
14,36 x 3,25 x 1,30
36 kW 50 pk Deutz

023.10492 DS
DE REGGE
JUMBO / JOMA /
GERIZIM II
Heteren S.
Nijverheidsstraat 10
7641 AB Wierden
0546-572849
1954
Damen Shipyards BV
Hardinxveld-Giessendam
12,20 x 3,22 x 1,74
179 kW 244 pk MAN

023.20948 MS
DE RIKUS
ELSA / CATHARINA S /
ADRIANUS / RV 6 /
SNOOPY
Scholten F.
Enkhuizen
1928
t huys d.Merwede h.te veldhuis
Papendrecht
20,40 x 5,00 x 2,40
88 kW 120 pk Industrie

022.08967 MS
DE ROEK
TARUS /
JAN
Langius B.P.
Heerenveen
1924
Heiligenhafen
Hamburg
16,20 x 4,24 x 1,80
132 kW 180 pk Deutz

030.21323 DB
DE RUYTER
DE RUYTER /
RUYTERVEER II
Boekhorst Th.H.H.M.
Arnhem
1950
Haak Scheepsbouw
Zaandam
12,00 x 4,02 x 1,50
88 kW 120 pk DAF

023.07671 DS
DE RUYTERKADE
START / WALCHEREN IX /
THOLEN /
CARLA / EN AVANT 31
Verduin H.B.
Danzigerkade 9
1013 AP Amsterdam
020-6165815
1939 bn 342
Atlas Werke
Bremen
25,00 x 6,30 x 2,60
1126 kW 1530 pk Caterpillar

023.17286 DS
DE RUYTERKADE
HONDSBOSCH / RINI /
ABRAHAM VAN DER WEES
Verduin H.B.
Danzigerkade 9
1013 AP Amsterdam
020-6165815
1944
Gebr.Boot
Alphen a/d Rijn
20,00 x 5,10 x 2,20
415 kW 565 pk Caterpillar

023.06102 MS
DE SCHELDE
Blokland H.
Rivierdijk 168
3372 BL H'veld-Giessendam
0184-612546
1939
De Jong & Smit
IJsselmonde
12,75 x 3,55 x 1,65
66 kW 90 pk Caterpillar

021.04708 MS
DE SCHELDE
WIM /
BROEDERTROUW XII
Blokland K
Sliedrecht
bn 93
De Jong & Smit
IJsselmonde
12,90 x 3,55 x 1,65
120 pk DAF

022.12203 MS
DE STOUTE SCHOEN
No Limit Ships BV
Groningen
2004
No Limit Ships BV
Groningen
8,80 x 2,80 x 0,65
29 kW 40 pk Lombardini

00275 OP
DE STROPER
ca20
Stroobos
6,00 x 2,00 x 0,90
17 kW 24 pk MWM

023.30443 MC
DE TIEN
E.S.B.Holding BV
Elburg
2009
L.J.Boer/Hardinxveld BV
Sliedrecht/Hardinxveld
14,98 x 4,99 x 0,50
165 kW 125 pk J.Deere

023.30443 MC
DE TIEN
ESB Holding BV
Elburg
2009 bn 7
Boer/Hardinxveld BV
Sliedrecht/Hardinxveld
14,98 x 4,99 x 0,50
165 kW 225 pk J.Deere

reg.nr. / type :	020.02459 MV	020.07883 MS	020.06913 MV
naam :	**DE VERENIGING**	**DE VLIET**	**DE ZEVEN**
ex naam :	INSULINDE	RIBBEMOOS II / HENNY /	JACOBA 7 *
ex naam :		GERIHAL / ARJEN /	
ex naam :		BREEHORN / GABRIELLE	
eigenaar :	Schreuder A.C.R.	Ruiter B.J.A.M. de	Swets ODV BV
adres :			Rotterdamseweg 52
woonplaats :	Terneuzen	Rhenen	3332 AK Zwijndrecht
telefoon :		026-4954201	078-6191237
bouwjaar / -nr. :	1928	1928	1970
bouwwerf :	Concordia S.Seymonsbergen	Brandt	Visscher & Zn
plaats :	Amsterdam	Oldenburg	Zwartsluis
l x b x d :	13,38 x 3,30 x 1,18	13,15 x 4,42 x 1,35	16,43 x 4,60 x 2,13
vermogen :	147 kW 200 pk Stork	97 kW 132 pk DAF	272kW 370 pk Mercedes Benz
boegschroef :			

030.21481 MS	00554 MS	020.01331 MS	00015 OP
DE TROUW	**DE VERENIGING**	**DE VRIENDSCHAP**	**DE ZON**
		JANNY	
Baars Azn BV Holding	Schreuders C.	Feber F. le	Zee R.J.B.v.d.
Rivierdijk 330			Koningsweg 27
3361 AW Sliedrecht	De Meern	Lisserbroek	8861 KN Harlingen
0184-411227			06-51786339
1952	1928	1930	ca25
Concordia S.Seymonsbergen	Concordia S.Seymonsbergen	Velthuizen	
Amsterdam	Amsterdam	Zaandam	
10,73 x 3,29 x 1,45	13,38 x 3,30 x 1,20	14,67 x 3,46 x 1,43	6,00 x 1,90 x 1,10
81 kW 110 pk DAF	73 kW 100 pk Industrie	117 kW 160 pk GM	14 kW 20 pk Kromhout

00270 OP	020.06955 MV	00508 MS	00581 OP
DE TWAALF TERMIJNEN	**DE VIER**	**DE WILHELMINA RP 17**	**DEBBY**
	JACOBA 4 *	RP 17 / RP 27 /	
		DE WILHELMINA	
Novarraz R.J.	Swets ODV BV	Westrate C.J.	Brandt R.J.B.
	Rotterdamseweg 52		
Amsterdam	3332 AK Zwijndrecht	Roelofarendsveen	Amsterdam
	078-6191237		
1925	1966	1924	1924
	Visscher & Zn	De Vries Lentsch	
	Zwartsluis	Nieuwendam	
5,00 x 1,80 x 1,00	13,43 x 4,60 x 2,13	15,40 x 3,45 x 1,50	6,00 x 2,00 x 0,60
Hercules	221 kW 300 pk MTU	78 kW 105 pk DAF	66 kW 90 pk Mercedes

023.14276 MV	022.04254 MV	020.06727 MV	00292 MS
DE TWEE	**DE VIJF**	**DE ZES**	**DEBORA**
ALBATROS *	JACOBA 5 *	JACOBA 6 *	SPERBER
Swets ODV BV	Swets ODV BV	Swets ODV BV	Lam H.
Rotterdamseweg 52	Rotterdamseweg 52	Rotterdamseweg 52	
3332 AK Zwijndrecht	3332 AK Zwijndrecht	3332 AK Zwijndrecht	Amsterdam
078-6191237	078-6191237	078-6191237	
1975	1968	1969	1965
H.A.v.Gelder	Visscher & Zn	Visscher & Zn	VEB Yachtwerft
Gorinchem	Zwartsluis	Zwartsluis	Berlijn
15,85 x 3,90 x 0,80	13,75 x 4,42 x 1,20	13,83 x 4,42 x 1,20	14,20 x 3,50 x 1,04
2 x 114 kW/155 pk DAF	221 kW 300 pk Mercedes Benz	235kW 320 pk Mercedes Benz	99 kW 135 pk SKL

023.13266 MS
DEBORA
GE XII /
ELSE
Voorbij G.F.
Amsterdam
1929
De Hoop
Hardinxveld-Giessendam
21,13 x 5,09 x 1,66
128 kW 175 pk MAN

00433 DV
DELIVERTJE
Deliver BV
Voorpiek 2
8322 AC Urk
7,00 x 3,10 x 0,80
210 kW 286 pk Deutz

023.27036 MV
DELTA
GIESSENSTROOM / HAAI
Polderman I.
Tramperweg 4
4417 CZ Hansweert
1971
De Ruiter & de Jong
Hardinxveld-Giessendam
17,20 x 5,00 x 2,20
331 kW 450 pk Caterpillar

00174 MS
DENISE
Boskalis Westminster Koninkl.
Rosmolenweg 20
3356 LK Papendrecht
078-6969000
1979 bn 182
Delta Shipyard
Sliedrecht
15,28 x 4,36 x 2,02
2 x 93 kW/126 pk Caterpillar

033.30113 MS
DEBORAH
STAD IJLST / ANNY /
BOREAS /
ANESCA *
Feenstra R.
Parrega
1922
v.d.Werf/Leenman
Stavoren/Zwolle
14,90 x 3,65 x 1,10
110 kW 150 pk Gardner

023.09829 DS
DELTA
JOHANNA S /
BROEDERTROUW 12
Boeren Beheer BV
Parallelweg 9
5321 JA Hedel
1956
Beneden Leeuwen
17,78 x 5,17 x 2,30
331 kW 450 pk Caterpillar

030.51360 MS
DELTA
DELTA / GREIF
Vullings P.
Gennep
1956 bn 378
Th.v.d.Beldt
West Graftdijk
16,50 x 4,50 x 1,70
132 kW 180 pk Brons

022.05299 DS
DENNIS F
WALTER / JELLE /
LUMMIE
Fransbergen BV
Havenstraat 10
6051 CR Maasbracht
0475-465090
1922 bn 563
Stulcken & Söhne
Hamburg
18,60 x 5,40 x 2,80
441 kW 600 pk Cummins

023.11028 MV
DEEN
TINY
Vink & Zonen vof
Sliedrecht
1961 bn 267
Damen Shipyards BV
Hardinxveld-Giessendam
14,15 x 3,54 x 1,77
200 kW 272 pk DAF

023.06810 MS
DELTA
PETRONELLA / GERCOR /
ELDORADO / LOUISE /
CHAWI / DINY / KAREL
Deyk E.R. van
Noordvliet 35
3142 CJ Maassluis
010-5918579
1946
Concordia S.Seymonsbergen
Amsterdam
16,20 x 4,14 x 1,70
110 kW 150 pk Industrie

023.33372 DB
DELTA
zevenmorgen bagger&overslag
Rivierdijk 32
3372 BE H'veld-Giessendam
0184-615820
1990
Deltawerf
Schiedam
8,35 x 3,30 x 1,10
77 kW 105 pk Mitsubishi

023.12445 MS
DENZO
RITA / TAHAN / SONJA /
ELDORADO / ARAGO
Baarsen Volendam BV
Volendam
1939
C.Buitendijk
Hendrik Ido Ambacht
14,98 x 4,06 x 1,76
279 kW 380 pk Thomassen

021.04671 MS
DEKAA I
SPIDA I / EWT 10 /
BARCA II
Koning E. de
Mathanesserweg 28 C
3026 HB Rotterdam
010-4370294
1965
Eltink
Beneden Leeuwen
14,14 x 4,05 x 1,81
129 kW 176 pk MWM

020.12530 MS
DELTA
TWEE GEBROEDERS
Hofer H.A.
Groningen
1930
Kerboom
Vestgeest
10,06 x 3,20 x 1,10

021.01755 MS
DENICK
HERTA / ELS / NOBEL /
DIANA S
Verhoef E.
Terneuzen
1930
t huys d.merwede h.te veldhuis
Papendrecht
33,00 x 6,25 x 1,90
176 kW 240 pk MWM

023.10612 MS
DERKSEN 2
1915
12,05 x 3,33 x 1,78
29 kW 40 pk

reg.nr. / type :	020.07357 MS	023.29493 DS	020.04700 MS
naam :	**DESTA 3**	**DEVOTION**	**DICKENS**
ex naam :		ELCH / AJAX	
ex naam :			
ex naam :			
eigenaar :	Wolschrijn W.	Deliver BV	Borst Th.
adres :	Gerrit Bolkade 7	Voorpiek 2	
woonplaats :	1507 BR Zaandam	8322 AC Urk	Weesp
telefoon :	075-6171327 / 06-22489483		
bouwjaar / -nr. :	1969 bn 80	1975	1922
bouwwerf :	Eltink	Veb Yachtwerft	Akerboom
plaats :	Mook	Berlijn	Boskoop
l x b x d :	12,60 x 3,84 x 1,20	10,78 x 5,08 x 0,90	15,15 x 3,76 x 1,50
vermogen :	128 kW 175 pk Gardner	103 kW 140 pk SKL	169 kW 230 pk Deutz
boegschroef :			

020.15725 MV	00293 DS	00036 MV	020.05067 MS
DESIREE	**DESTA 4**	**DIANE DV 1730**	**DICKENS**
ZWERVER III			DICKENS / DELTA /
			ROELOF II
Vliet BV J.van	Wolschrijn W.	Dirk Verstoep	Eijmers & E. Doornbosch F.
Toetsenbordweg 3	Gerrit Bolkade 7		
1033 MZ Amsterdam	1507 BR Zaandam		Arnhem
	075-6171327 / 06-22489483		
1950	1992		1912
	W.Mulder		t Kromhout Wed.J.L.Ceuvel
	Zaandam		Amsterdam
9,83 x 3,04 x 0,86	7,00 x 2,50 x 0,80		14,25 x 3,32 x 1,12
63 kW 86 pk DAF	45 kW 62 pk Peugeot		88 kW 120 pk DAF

022.11330 MV	023.27404 DB	022.03256 DS	065.03505 DS
DESPERADO	**DESTINY**	**DIANNE**	**DIDI**
KAREKIET	SCH 2366 / AMANDA	TRIO / ZEEHOND / NELLIE S/	
		MIRIAM / ZEEHOND /	
		ANNIE	
Schut H.	K & W Schepenverhuur BV	Blom Th.F.J.	Hurk A.v.d.
Bornhomstraat 6 A	In 't Vizier 2 A		Wilhelminakade 90
9723 AX Groningen	8309 AS Tollebeek	Bergen op Zoom	6211 AG Maastricht
050-3132546 / 06-53688494			06-53794078
1977 bn 1720	1971	1927	1956
Damen Shipyards BV	VEB Rosslauer Schiffswerft	A.Apol	
Hardinxveld-Giessendam	Rosslau	Wirdum	
14,45 x 4,28 x 1,15	14,99 x 8,20 x 1,30	15,35 x 3,90 x 1,90	19,63 x 5,09 x 2,25
268 kW 365 pk Caterpillar	2 x 177 kW/240 pk Deutz	235 kW 325 pk DAF	165 kW 225 pk

030.30817 MS	020.02145 MS	023.27232 MV	023.25883 DB
DESPERADO	**DEUN**	**DIANNE**	**DIENI**
ADELINE /	MAASSTAD II / ANITA /		MON DESIR
SWANKEBAST	ELLEN		
Spijkstra J.Tj.	Akerboom J.G.M.	Ekelschot J.	Mammoet
Huzebosk 2	Hoge Morsweg 115		
9001 AN Grou	2332 JJ Leiden	Harmelen	
	071-5769634 / 06-21565012		
1929	1932	2005	2002
De Hoop Gebr.Thijssen	Laan	Gebr.De Jong	Stig Jiansu/Vink
Leiden	Woubrugge	Alphen a/d Rijn	Jiangsu/Sliedrecht
17,01 x 4,21 x 1,95	15,51 x 4,13 x 1,70	9,54 x 2,78 x 0,90	18,90 x 11,15 x 1,85
85 kW 116 pk Deutz	88 kW 120 pk Kromhout	77 kW 105 pk Deutz	2 x 1300 pk Cummins

030.31797 MS
DIEU DONNE
DIEU DONNE / VENUS /
JESSICA / VENUS /
ALJANE / PIRNA / CHRIS M
Bakker B.
Assendelft
1946
G.den Heeten & Co
Leidschendam
15,64 x 4,76 x 1,90
110 kW 150 pk Industrie

023.21558 MV
DIKKY
Heumen / Kandia /
Diezeland / Kraanerweerd /
Schollevaar
Bos D.J.
Ranonkelkade 54 I
1032 XV Amsterdam
1957
De Lek
Krimpen a/d Lek
10,68 x 3,15 x 1,02
191 kW 260 pk DAF

027.16666 MS
DINTEL
DINTELSTROOM
Jong & Zn BV De
Beesd
1982 bn 119
v.Mill
Hardinxveld-Giessendam
17,65 x 6,00 x 2,35
2 x 382 kW/520 pk GM

020.11586 MS
DIRK PIETER
HAVEL / J.W.R.MARTEN
M.N.O. Vervat BV
Pontweg 1
2153 PK Nieuw Vennep
0252-628628
1957 bn 502-5
VEB Volkswerft Ernst Thalmann
Brandenburg
21,20 x 5,60 x 2,45
588 kW 800 pk GM

023.33916 DB
DIEUWERTJE
Zevenmorgen Beheer BV
Rivierdijk 32
3372 BE H'veld-Giessendam
0184-615820
1985 bn 6729
Damen
Hardinxveld
7,70 x 3,65 x 0,70
80 kW 109 pk DAF

023.19645 DS
DIKKY
H 13 / ANK / WILJACO F 6 /
FRANKI
Koehoorn & Zn J.K.
Kiesterzijl 18
8801 HN Franeker
0517-396884 / 06-53413663
1962
Stocznia Gdansk
Gdansk
21,20 x 6,30 x 2,45
356 kW 485 pk Detroit Diesel

023.12206 DS
DINTELMOND
Treferance9 / Volharding 4 /
Smyrne2 / Freddy / Anka /
Anne Mieke V / Anne Mieke
Kraayeveld BV N.
Postbus 180
3360 AD Sliedrecht
0184-412288
1913
Van Capellen
Bolnes
15,89 x 4,23 x 2,27
390 kW 550 pk Scania Vabis

033.20120 MS
DIRKJE I
Rijn En Schelde / Sybille /
Leven Is Strijd / Riri / Marmar /
St.Antonius/Rosalie /Samoerai
Brands H.
Urk
1907
De Ridder
Delfshaven
20,38 x 4,42 x 2,45
172 kW 235 pk Stork

00555 OP
DIEUWERTJE S
Huis & D.E.v.Kuijk F.
Amsterdam
1930
4,50 x 1,60 x 1,00
12 kW 15 pk Deutz

023.05095 MS
DILLES
RIKA / ROB / JOHANNA /
DILLIS
Verhulst G.F.C.
Vonderen 13
6067 GR Linne
0475-461099
1931 bn 215
Goor & Spiekman
Zwartsluis
15,97 x 4,15 x 1,50
88 kW 120 pk Deutz

imo 9556612 MS
DINTELSTROOM
Wijngaarden Marine Service
Merwestraat 2
3361 HL H'veld-Giessendam
0184-490244
2009 bn 571609
Damen Shipyards BV
Gorinchem
30,08 x 9,35 x 3,20
2x1230 kW/1672 pk Caterpillar
184 kW 250 pk

023.22165 DB
DISCOVERY
SCH 2304 / SKOWER
K & W Schepenverhuur BV
In 't Vizier 2 A
8309 AS Tollebeek
1965
VEB Rosslauer Schiffswerft
Rosslau
14,12 x 8,16 x 1,20
2 x 117 kW/160 pk DAF

020.14956 MV
DIEZE
LION / JAKRI / DISPONIBEL
Woud Wormer BV
Veerdijk 76
1531 MA Wormer
075-6285853 / 06-51709564
1956
v.Goor
Monnickendam
12,16 x 3,58 x 1,15
138 kW 188 pk DAF

023.17844 MS
DINKEL
VESTA / TONNY /
GERMA III / INGRID /
MADERI / REVENIR
Hulscher P.E.
Amsterdam
1928
t Hondsbosch
Alkmaar
15,25 x 3,50 x 1,35
44 kW 60 pk Kromhout

025.09729 MS
DIRK
JANNA / CASTOR / LEGIO /
HENDI / BLAUVOET /
TOMBELLE
Bos W.
J. Honigstraat 33
1035 XV Amsterdam
020-6315481
1910
Gebr.v.d.Windt
Vlaardingen
15,80 x 3,96 x 2,10
132 kW 180 pk Cummins

00157 MS
DJATI
DJATI / EXCELSIOR /
HEIMERSWIJK /
BONTE PIET
Molen M.M.J.v.d.
Wolsum
1905 bn 437
t Kromhout Wed.J.L.Ceuvel
Amsterdam
15,00 x 3,97 x 1,30
59 kW 80 pk Kromhout

reg.nr. / type :
naam :
ex naam :
ex naam :
ex naam :
eigenaar :
adres :
woonplaats :
telefoon :
bouwjaar / -nr. :
bouwwerf :
plaats :
l x b x d :
vermogen :
boegschroef :

027.21476 MS
DMS BLUEBIRD
Damen Marine Services BV
Rivierdijk 555
3371 EC H'veld-Giessendam
0184-616000
2007
Damen Shipyards BV
Tczew/Hardinxveld
26,16 x 7,94 x 3,50
2x1324 kW/1800 pk Caterpillar

---

imo 9372664 MS
DMS EAGLE
Damen Marine Services BV
Rivierdijk 555
3371 EC H"veld-Giessendam
0184-616000
2006 bn 1566
Damen Shipyards BV
Hardinxveld-Giessendam
26,00 x 9,10 x 2,65
2 x 821 kW/1117 pk Caterpillar

---

imo 9548897 DS
DMS OSPREY
Damen Marine Services BV
Rivierdijk 555
3371 EC H'veld-Giessendam
0184-616000
2009 bn 571614
Gdynia Shipyard
Kozle/Hardinxveld
35,25 x 11,60 x 5,00
2x1825 kW/2412 pk Caterpillar

020.04528 MS
D'JOY
BARRIJ / SPIEGELPOLDER / KRAAK
Knist & E.v.Linden P.
Wijk bij Duurstede
1930
9,00 x 2,90 x 0,86
88 kW 120 pk Ford

027.19856 DS
DMS CONDOR
CAMPERDUIN
Damen Marine Services BV
Rivierdijk 555
3371 EC H'veld-Giessendam
0184-616000
2001 bn 1540
Stocznia Kozle/Damen
Kozle/Hardinxveld
25,80 x 9,00 x 2,20
2 x 716 kW/974 pk Caterpillar
88 kW 120 pk

027.20383 MS
DMS GLOBE
Damen Marine Services BV
Rivierdijk 555
3371 EC H'veld-Giessendam
0184-616000
2004 bn 1559
Stocznia Kozle/Damen
Kozle/Hardinxveld
26,08 x 9,32 x 2,60
2 x 783 kW/1065 pk Caterpillar

027.20176 MS
DMS RAVEN
Damen Marine Services BV
Rivierdijk 555
3371 EC H'veld-Giessendam
0184-616000
2003 bn 1549
Damen Shipyards BV
Hardinxveld-Giessendam
22,35 x 8,64 x 2,00
2 x 537 kW/730 pk Caterpillar

00039 MV
DMS 1467
Algemene Laese Mij
Amsterdam
1977 bn 1467
Damen Shipyards BV
Gorinchem
15,70 x 4,90 x 2,30
2 x 184 kW/250 pk GM

027.22352 MS
DMS CROW
Damen Marine Services BV
Rivierdijk 555
3371 EC H'veld-Giessendam
0184-616000
2009
DamenChangde/DamenShipy.
Changde/Hardinxveld
16,56 x 5,54 x 2,54
2 x 447 kW/608 pk Caterpillar

---

imo 94.14204MS
DMS HAWK
Damen Marine Services BV
Rivierdijk 555
3371 EC H'veld-Giessendam
0184-616000
2006 bn 509811
Damen Shipyards BV
Hardinxveld-Giessendam
26,09 x 7,94 x 3,80
2 x 1305 kW/1750 pk Caterpillar

023.27353 DS
DMS ROOK
Damen Marine Services BV
Rivierdijk 555
3371 EC H'veld-Giessendam
0184-616000
2009
DamenChangde/DamenShipy.
Changde/Hardinxveld
16,56 x 5,54 x 2,54
2 x 447 kW/608 pk Caterpillar

---

imo 9605347 MS
DMS ALBATROSS
Damen Marine Services BV
Rivierdijk 555
3371 EC H'veld-Giessendam
0184-616000
2011 bn 571650
Damen Shipyards
Hardinxveld
32,27 x 9,10 x 3,30
2x1248 kW/1697 pk Caterpillar
257 kW 350 pk Kalkman

---

imo 9450258 MS
DMS DUNOCK
Damen Marine Services BV
Rivierdijk 555
3371 EC H'veld-Giessendam
0184-616000
2007 bn 1579
Damen Shipyards BV
Hardinxveld-Giessendam
30,08 x 9,35 x 3,30
2x1230 kW 1670 pk Caterpillar

027.20478 MS
DMS MERLIN
Damen Marine Services BV
Rivierdijk 555
3371 EC H'veld-Giessendam
0184-616000
2004 bn 1558
Stocznia Kozle/Damen
Kozle/Hardinxveld
22,35 x 8,00 x 2,99
2 x 537 kW/730 pk Caterpillar

---

imo 9563201 MS
DMS SISKIN
Damen Marine Services BV
Rivierdijk 555
3371 EC H'veld-Giessendam
0184-616000
2011 bn 571624
Damen Shipyards
Hardinxveld
27,02 x 9,10 x 3,60
2x1119 kW/1521 pk Caterpillar
147 kW 200 pk Kalkman

De Marinesleepboot A 878 GOUWE (imo 9152624) tijdens de Marinedagen in Den Helder. Foto R. Mulder.

De ADRIAAN (023.09964) werd na ruim 50 dienstjaren door Kooren in beheer gegeven bij de Museum Sleepboothaven in Maassluis. Foto D. Henken.

Wat zouden de letters HC 2 op de boeg betekenen bij de ADRIANA (00480). Foto R. Mulder.

De AKRUESDA (020.01523) uit 1924. Foto Jan Weij.

De ALANY (023.16425) werd verkocht en omgedoopt in AREND. Foto C. de Bijl.

De duwboot ALASKA (023.13823) werd gebouwd als NEPTUNUS 9. Foto K. Hegemans.

Exact 100 jaar, de ALBA (023.17905). Foto Jan Weij.

Ook zij heeft de pensioengerechtige leeftijd al lang bereikt, maar gaat nog steeds door, de ALPHA (021.02268) op de Westerschelde. Foto J.W.F. Smallegange.

De ANDA II (023.21629) werd in 1930 voor Duitse rekening als stoomboot gebouwd; ze was toen wel 6 meter langer. Foto Jan Weij.

De ANJO (023.06440) op de Oude Maas in Dordrecht. Foto Jan Weij.

De ANNA 7 (023.09486) voer verleden jaar nog als PORTUS 2. Foto A. Träger.

Sinds 1938 is er heel weinig veranderd aan de ANNA FRATER (023.09486). Foto D. Henken.

Zowel boot als eigenaar zijn Amsterdammers, de ANNY (020.05322). Foto Jan Weij.

De ANTJE 11 (023.23035), ex JACOBA, is de nieuwste aanwinst van een bekende slepersfamilie uit Kootstertille. Foto P. Klein.

De 150 pk Brons van de ANTONIE II (023.16231) doet al 73 jaar dienst. Foto D. Henken.

Ze zijn druk aan het verven op de ARA (023.05999), nu alleen nog de boeing. Foto P. Klein.

De ARGUS (023.22375) is nog steeds een werkpaard. Foto A. Poots.

De duwboot MAAS van Smit vaart nu als ARIES (023.18920). Foto D. Henken.

De ARUBA (021.04011) op de Oude Maas bij Hoogvliet. Foto K. Hegemans.

Mooie sleepboot en nauwelijks verbouwd sinds ze door Boot in 1941 werd opgeleverd; de ATINA III (022.02298). Foto C. de Bijl.

Multifunctioneel, dit type nieuwe sleepboten, de BALOE (imo 9382463). Foto A. Poots.

Nog steeds een 'stoere' boot, de BIANCA (030.50592). Foto Jan Weij.

De BLAUWE ZEE (032.30281) uit 1929. Van de jaren vóór 1957 weten we nog steeds niets. Foto Jan Weij.

De BO (023.27447) werd in 1966 in Duitsland gebouwd voor de Seine. Foto C. de Bijl.

BOREAS (023.01979) heeft een vaste relatie met SUZANNA (021.00730). Foto B. Beltman.

De BREDAN (060.02235) is de vroeger sleepboot DE GRUYTER & CO 10 - ERNST DEUBERT. Bij de ombouw tot duwboot is ze bijna 12 meter ingekort. Foto L. Schuitemaker.

De BRITTANNIA (020.04787), een mooie boot. De 48 pk Industrie, ingebouwd in 2003, is afkomstig van de LINGE (32.30201). Foto P. Klein.

De BROEDERTOUW XIV (023.09738) in thuishaven Zwijndrecht voor de wal. Foto D. Henken.

De BRUTUS 2 (020.01659) uit 1904 in de Museumhaven van Den Helder. Foto P. Inpijn.

De CAROLIEN (023.26414) werd gebouwd als patrouilleboot RHD VIII voor de Rijkshavendienst Rotterdam. Foto D. Henken.

De CATHARINA 3 (020.12209) in drijfijs. Foto Jan Weij.

Gezien het recreatiemateriaal op haar achterschip is de CHARLES (020.13571) niet meer echt actief in de sleepvaart. Foto R. Mulder.

De CHRISTIAN (065.03576) werd in de oorlog in beslag genomen en voer in Duitsland als E 282 voor het Monopolkantoor in Emden. Foto K. Hegemans.

De CHRISTIAN 2 (065.03070) had in 83 jaar maar liefst 12 verschillende namen en 15 eigenaren. Foto L. Schuitemaker.

Ze ziet er perfect uit, de CHRISTINA (020.06669). Foto P. Klein.

Mooi zijn ze niet, de nieuwe generatie scleepboten, maar er moet dan ook mee gewerkt worden, de COASTAL VANGUARD (imo 9591569). Foto A. Poots.

De COMPASS (imo 9534078) werd vanuit de Antillen onder Nederlandse vlag gebracht. Foto J.W.F. Smallegange.

Er is heel weinig recht schip te vinden aan de ploegboot CONQUEST (023.15616). Foto T. v.d. Zee.

In 1928 gebouwd als stoomboot en een hele rij eigenaren later nog steeds actief als CURA NOSTRA (021.01992). Foto R.J.M. Weteling.

Alweer een voormalige stoomboot, deze keer van de beroemde werf Marckmann & Faasse, de CURAÇAO (060.04113). Foto D. Henken.

Nadat de 'oude' DANCING WATER naar Bulgarije was verkocht, werd in Schotland de nieuwe DANCING WATER (imo 9065807) gekocht en overgebracht naar Nederland. Foto Jan Weij.

De DELTA (023.09829) en de GANZEBOOT (023.23295) rusten uit van het renovatiewerk aan de sluis van Vianen. Foto P. Inpijn.

De opbouw van de DENNIS F (022.05299) werd enige tijd geleden geheel vernieuwd. Foto A. Lentjes.

De DMS WORLD (imo 9342102) werd verkocht aan Muller en omgedoopt in EN AVANT 1. Foto T. v.d. Zee.

Op de EEMSHORN B (023.04703) zijn ze druk bezig de verfschade van afgelopen winter weg te werken. Foto Jan Weij.

De EERLAND 23 (023.08960) werd gebouwd als KATENDRECHT. Foto A. Poots.

De ELISE (023.06510) heeft een groot aantal jaren voor Rijkswaterstaat gevaren. Foto D. Henken.

De kleuren zijn al aan gepast, de Muller vlag in top, nu nog de nieuwe naam EN AVANT 1 (imo 9192313) op de boeiing. Foto A. Poots.

Helaas gaat het niet altijd goed. De EN AVANT 5 (imo 9192313) is weer boven water; gelukkig geen slachtoffers. Foto A. Poots.

Er is nogal wat bijgebouwd sinds ze in 1968 als URIA van stapel liep; nu de EUREKA (021.04178). Foto Jan Weij.

De F 50 (imo 9444675) was jarenlang werkzaam in de Perzische Golf. Foto A. Poots.

Een bekend gezicht in de Europoort, de FAIRPLAY XIV (imo 9541708), overigens de vijfde boot met die naam. Foto J.W.F. Smallegange.

In 1929 gebouwd als stoomsleepboot, nu de cementpompboot FATIMA (023.18025). Foto C. de Bijl.

Ook al een ex-Monopolboot. Na meerdere verbouwingen nu als FLEVO TRANS (040.23150), hier op het Amsterdam-Rijnkanaal. Foto L. Schuitemaker.

De motorvlet FLORIS (023.10211). Foto B. Beltman.

De vroegere sleepboot ARIE van Van de Graaf uit Rotterdam, hier als FLUMAR III (023.13322). Foto C. de Bijl.

De FOX (020.01960) versleepte jaren lang Amsterdams huisvuil. Foto D. Henken.

Het onderwaterschip van de GEPKE III (023.26726). Foto J. Meppelink.

De GOLLWITZ (027.20510) werd in 1968 gebouwd in de DDR voor de Seehydrogafischer Dienst in Stralsund. Foto D. Henken.

De GRIENDUIL 7 (023.23516) op de Oude Maas bij Zwijndrecht. Foto A. Poots.

Al 53 jaar met dezelfde naam, wel elf verschillende eigenaren; de GROENLAND (023.10124). Foto K. Hegemans.

De GYAS (027.14857) in de kleuren van haar nieuwe eigenaar. Foto A. Träger.

De HAI (023.26061), duidelijk geen Nederlands product. Foto A. Poots.

De HE AN (023.02875) sjouwde jarenlang met bokken in het Rotterdamse. Foto G. Schuth.

reg.nr. / type :	023.09762 SS	023.31721 MS	022.08575 MV
naam :	**DOCKYARD V**	**DOES**	**DOLFIJN**
ex naam :			IN JO
ex naam :			
ex naam :			
eigenaar :	St.Buitenmuseum Leuvehaven	Weerden G.J.v.	Verheij B.J.
adres :	Leuvehaven 67	Oostendeweg 43	
woonplaats :	3011 EA Rotterdam	9723 HJ Groningen	Dordrecht
telefoon :	010-4048072		
bouwjaar / -nr. :	1942 bn 227	2008	1975
bouwwerf :	R.D.M.		Domp De (Abma)
plaats :	Rotterdam	Groningen	Sneek
l x b x d :	25,06 x 6,31 x 2,90	9,30 x 3,32 x 1,50	8,72 x 2,94 x 1,20
vermogen :	500 ipk RDM	88 kW 120 pk DAF	58 kW 80 pk Mercedes Benz
boegschroef :			

00517 MS	023.23677 DS	00336 DV	023.23704 DS
DMS STARLING	**DOCKYARD I**	**DOKUS**	**DOLFIJN**
	DOCYARD I. / RINI		REINOD 7 *
Damen Marine Services BV	Ulden F.W.L. van	Woude F.v.d.	zevenmorgen bagger&overslag
Rivierdijk 555	Utrechtse Jaagpad 62 A	De Wieken 22	Rivierdijk 32
3371 EC H'veld-Giessendam	2313 LB Leiden	88901 RA Franeker	3372 BE H'veld-Giessendam
0184-616000	071-5122902	0518-402076 / 06-53459135	0184-615820
2010	1962		1964
Safe Co Ltd	Schottelwerft		De Hoop
Gdynia	Oberspay		Hardinxveld-Giessendam
	14,76 x 3,64 x 1,72	8,61 x 2,63 x -	8,35 x 3,65 x 1,25
	132 kW 180 pk GM		150 kW 204 pk Scania Vabis

00042 MS	020.07952 MS	023.12261 DS	021.03885 MS
DN 56	**DOCKYARD IV**	**DOLFIJN**	**DOLLARD**
	DOCKYARD IV /	SERAING / VOLHARDING I	DOLLARD / EINIGKEIT II
	ZEEDUIVEL / THENA *		
dredging andContractingR'dam	Ruyg P.C.	Cardol H.M.	Gulien A.H.
	Dwangmolen 213	Lisserdijk 306	Insulindeweg 639
Rotterdam	1333 GZ Almere	2165 AB Lisserbroek	1095 CZ Amsterdam
	036-5490194	0252-414417 / 06-53413884	020-6680701
1986 bn 631	1928	1950	1928
Delta Shipyard	R.D.M.	Kruibeke	Gebr.Sachsenberg
Sliedrecht	Rotterdam	Burcht	Rosslau
14,49 x 4,00 x 2,00	16,20 x 3,60 x 1,05	21,34 x 5,28 x 2,26	21,50 x 5,50 x 1,60
2 x 268 kW/365 pk GM	103 kW 140 pk Kromhout	443 kW 602 pk Deutz	147 kW 200 pk Deutz

00043 MV	023.09768 SS	00556 MS	021.02165 MS
DN 57	**DOCKYARD IX**	**DOLFIJN**	**DOLLARD**
		KLODEN	
dredging andContractingR'dam	St.Buitenmuseum Leuvehaven	Schoo A.& C.	Jiskoot W.
	Leuvehaven 67		Tarwestraat 60
Rotterdam	3011 EA Rotterdam	Akersloot	2989 AW Ridderkerk
	010-4048072		078-6815110
1986 bn 658	1940 bn 226	1936	1939
Delta Shipyard	R.D.M.	Wiemann	Gebr.Paans
Sliedrecht	Rotterdam	Brandenburg	Roodevaart
16,21 x 4,85 x 2,37	25,06 x 6,31 x 2,90	13,18 x 3,04 x 1,20	17,98 x 4,72 x 1,96
2 x 599 kW/815 pk Caterpillar	500 ipk RDM	73 kW 100 pk SKL	221 kW 300 pk Deutz

reg.nr. / type :	032.80078 MS	025.07682 MS	00244 MS
naam :	**DONAU**	**DORDTSEBANK**	**DORUS RIJKERS**
ex naam :	DONAU / HEN MAR / LYDIA		DORUS RIJKERS /
ex naam :			DON JUAN
ex naam :			
eigenaar :	Heden S.v.d.	Smit Harbour Towage R'dam	Carpay M.
adres :		Waalhaven OZ 85	
woonplaats :	Oude Wetering	3087 BM Rotterdam	Lent
telefoon :		010-4549911	
bouwjaar / -nr. :	1932	1977 bn 736	1928
bouwwerf :	Boot	Bodewes	t Kromhout Wed.J.L.Ceuvel
plaats :	Leiden	Millingen	Amsterdam
l x b x d :	10,08 x 2,81 x 1,40	34,15 x 9,57 x 3,80	17,75 x 3,76 x 1,76
vermogen :	121 kW 165 pk GM	2x1104kW/1500 pk Werkspoor	206 kW 280 pk ABC
boegschroef :			

reg.nr. / type	023.20527 MV	00158 MS	00330 MS	023.29113 MV
naam	**DOLLY BIRD**	**DOORDOUWER**	**DORUS**	**DOUWE**
ex naam				
ex naam				
ex naam				
eigenaar	Boskalis Westminster Koninkl.	Langeveld M.	Dorus Rijkers Zeeverkenners	Hotze J.
adres	Rosmolenweg 20		Karalensteeg 5	Kromme Haven 5
woonplaats	3356 LK Papendrecht	Oude Wetering	2011 AC Haarlem	3421 BK Oudewater
telefoon	078-6969000			
bouwjaar / -nr.	1972	1951	1978	
bouwwerf	Damen Shipyards BV	v.Eijk & Zn	Jansen	
plaats	Hardinxveld-Giessendam	Sliedrecht	Rhenen	
l x b x d	12,89 x 3,40 x 1,75	15,00 x 3,97 x 1,10	9,00 x 3,25 x 1,50	8,00 x 2,30 x 0,60
vermogen	172 kW 235 pk Caterpillar	73 kW 100 pk Volvo Penta	64 kW 88 pk Lister	136 kW 185 pk
boegschroef				

reg.nr. / type	027.17629 MS	023.04382 DS	020.12902 DS	023.09528 MS
naam	**DOMMEL**	**DOORTJE**	**DORUS**	**DOUWE**
ex naam	DOMMEL Y 8039	LIS / DOORTJE / SAWAI V	BARSCH / ZEEHOND /	LICO
ex naam			SARAJA II / SENSATION	
ex naam				
eigenaar	Koehoorn & Zn J.K.	Sawai Shipping Vof	Treffers & Zn G.J.	Stam C.
adres	Kiesterzijl 18	Oostdam 45	H.Figeeweg 35	
woonplaats	8801 HN Franeker	4551 CH Sas van Gent	2031 BJ Haarlem	Krommenie
telefoon	0517-396884 / 06-53413663	0115-425068	023-5325211 / 06-53187317	
bouwjaar / -nr.	1957 bn 509	1922	1941 bn 332	1927
bouwwerf	Bodewes	Timmer	A.Bonne	
plaats	Millingen	Schiedam	Wilhelmsburg-Hamburg	Echtenerbrug
l x b x d	25,10 x 6,30 x 2,88	22,75 x 5,22 x 1,90	21,50 x 5,80 x 2,70	14,90 x 3,50 x 1,50
vermogen	368 kW 500 pk Werkspoor	477 kW 641 pk Caterpillar	294 kW 400 pk Deutz	117 kW 160 pk Volvo Penta
boegschroef				

reg.nr. / type	022.08077 MV	022.03091 MS	00584 OP	00551 OP
naam	**DOMMERHOLT**	**DORA**	**DORUS**	**D'OUWE**
ex naam		SPES / JOHNNY	'T POOLTJE	
ex naam				
ex naam				
eigenaar	Velde Sleep & PeilwerkBV S.v.	Kasbergen A.	Woltheus S.	Hoorn W.
adres	Lochemseweg 10	Z. Lindschoterzandweg 64A		
woonplaats	7575 PB Markelo	3425 EN Snelrewaard	Heerhugowaard	Balkbrug
telefoon		0348-561856		
bouwjaar / -nr.	1997	1937	1930	1930
bouwwerf	Kuipers Woudsend B.V.	Bijlsma		De Noord
plaats	Woudsend	Wartena		Friesland
l x b x d	17,00 x 5,00 x 1,15	14,00 x 3,33 x 1,43	6,60 x 1,80 x 0,80	6,15 x 2,10 x 0,85
vermogen	220 kW 300 pk Volvo Penta	113 kW 153 pk Scania Vabis	44 kW 60 pk Fiat	15 kW 21 pk Lister Blackstone
boegschroef				

00233 MS
D'OUWE
TROS / ILSE / ANJA /
ST.ANTONIUS * /
FOKKELINA *
Kropman R.
Giesbeek
1912
Schouten
Muiden
13,50 x 3,04 x 1,50
66 kW 90 pk Kromhout

00557 OP
DREUMES
Dreumel C.Th.van
Cuijk
1990
Dreumel
Cuyk
4,00 x 1,60 x 0,40
2,9 kW 4 pk Kister Blackstone

032.30225 DS
DRIEBOND II
CARLA / VITESSE / HETTY
Zweep H.
Leeksterweg 22
9301 AN Roden
1954
G.J.v.Berk
Beneden Leeuwen
11,58 x 3,54 x 1,18
113 kW 153 pk Scania Vabis

023.23107 MS
DROMMEL
Talle F.
Schiedam
1951
Klahn werft
Berlijn
17,00 x 4,00 x 1,40
110 kW 150 pk MAN

022.08766 MS
D'OUWE MANUS
Adjudant / Groningen /
Oostplaat / Dea / Veerplaat /
Tevreden / Ida / Tine*
Meijer H.J.
Den Oever
1900 bn 158
P.Smit
Rotterdam
14,48 x 3,72 x 1,55
88 kW 120 pk Kromhout

00219 MS
DREUMES
PANAJOTTA
Versloot M.
Hardinxveld-Giessendam
1995
7,50 x 2,55 x 1,00
11 kW 16 pk Lister

023.09581 MV
DRIEBOND III
JOHAN / BONA SPES /
HENDRIK JR /
ALBATROS
Zweep H.
Leeksterweg 22
9301 AN Roden
1956
Visscher & Zn
Zwartsluis
12,70 x 3,80 x 1,20
264 kW 360 pk Caterpillar

023.23168 MS
DROOGDOK 3
DROOGDOK 3 / ONRUST /
DROOGDOK
Anker Maritiem Shipping
Rivierkade 5
4931 AA Geertruidenberg
0162-514890
1947
A.D.M.
Amsterdam
12,23 x 3,35 x 1,50
53 kW 72 pk Kromhout
Gardner

00049 MS
DRAKENSTEIJN
Boskalis Westminster Koninkl.
Rosmolenweg 20
3356 LK Papendrecht
078-6969000
1978 bn 91
v.Mill
Hardinxveld-Giessendam
14,15 x 3,81 x 1,65
2 x 257 kW/350 pk GM

031.70722 MS
DREUMES SR
OVERTOCHT /
JOHANNA WILLEM
Dreumel C.Th.van
Cuijk
1936
Boot
Leiden
11,05 x 3,44 x 1,10
29 kW 40 pk Kromhout

022.04413 DS
DRIEBOND IV
PIJO / AGATHA / LIS II /
LOUISE /
ZEEHOND
Zweep H.
Leeksterweg 22
9301 AN Roden
1938 bn 380
Bijlsma
Wartena
18,34 x 4,56 x 2,24
268 kW 360 pk Caterpillar

022.04730 MS
DROOGDOK IX
T Koggeschip / Holland/Droog-
dok IX / Welgelegen / Marco /
Jolande / The Wall / Margo
Aalst J. van
Breda
1908
Holland
Amsterdam
14,19 x 3,15 x 1,60
36 kW 50 pk Kromhout

023.09922 MS
DREADNOUGHT 7
Verduin H.B.
Danzigerkade 9
1013 AP Amsterdam
020-6165815
1937
tHondsbosch/Niehuis&vd Berg
Alkmaar/Pernis
16,15 x 3,82 x 1,44
117 kW 160 pk Detroit Diesel

022.07495 MV
DRIEBOND I
JOCO III / GEULSTROOM /
ANNA 2
Hunze Transport
Leeksterweg 22
9301 AN Roden
1947
9,30 x 2,85 x 1,20
73 kW 100 pk DAF

00560 OP
DRIEKUS
Ham N.& A.v.d.
De Strodekker 15
5283 NN Boxtel
0411-673999 / 06-49680255
1997
Krielaart
Aalst
8,00 x 2,30 x 1,25
92 kW 125 pk DAF

023.23467 DS
DRUM
MARIE JOSE BOEL /
WOESTE WILLEM * /
ATTACK 42 *
Weegh J.J.v.d
Oude Molenweg 72
8101 EM Raalte
0572-363869
1958
G.J.v.Berk
Beneden Leeuwen
20,50 x 5,50 x 2,50
264 kW 360 pk MWM

reg.nr. / type :	021.04092 MV	imo 9547881 MS	00559 OP
naam :	**DUNDALK**	**DUTCH PEARL**	**DUWEZEL**
ex naam :			
ex naam :			
ex naam :			
eigenaar :	Holland B.V.	Hubregtse - Van den Berg	Mes P.J.
adres :		Caristraat 1	
woonplaats :	Hardinxveld-Giessendam	4322 BA Scharendijke	Muiden
telefoon :			
bouwjaar / -nr. :	1967	2010 bn 190	
bouwwerf :	Jac.den Breejen	Kooiman	
plaats :	Hardinxveld-Giessendam	Zwindrecht	
l x b x d :	14,56 x 4,56 x 1,84	31,10 x 9,50 x 2,60	5,05 x 1,75 x 0,80
vermogen :	176 kW 240 pk GM	2x1250 kW/1700 pk Mitsubishi	7,3 kW 10 pk Deutz
boegschroef :			

030.10288 MS	00300 DB	027.19596 MS	023.05065 MS
DRUM	**DUO**	**DUTCH PIONEER**	**DYNAMIEK**
HAM 405			CHARLES / SPIDO / IPISO /
			BLINQUARS / RIA / HARDY /
			de NIJVERHEID/NIJVERHEID
Weegh J.J.v.d	Lachnit Duwbotenverhuur	Wees Groep BV Van der	Zandstra Holding BV H.
Oude Molenweg 72	Korte Gelgewater 56	's-Gravendeelsedijk 100	Trijegea 49
8101 EM Raalte	2313 BR Leiden	3316 AZ Dordrecht	8517 JA Scharsterbrug
0572-363869		078-6482665	0513-413558
1927	2007	2001 bn 2001	1931 bn 153
Klop	ACT De Helling	De Plaete	J.J.Pattje
Sliedrecht	Enschede	Ooltgensplaat	Waterhuizen
23,30 x 5,60 x 1,80	6,75 x 2,60 x 1,00	25,80 x 7,60 x 2,55	11,05 x 3,15 x 1,10
353 kW/480 pk Enterprice	95 kW 130 pk John Deere	2 x 655 kW/890 pk Deutz	92 kW 125 pk DAF

023.06389 DS	022.04027 DS	imo 9547879 MS	023.19277 MS
DUCO I	**DUO B**	**DUTCH POWER**	**DYNAMIS**
ALBLASSERDAM / DIKKI /	HANNOVER 20 / D 320 /		SAHMEL / MELLUM /
ALBLASSERDAM	H 122		DE GOOTE II /
			FERNA
Arnolida B.V.	Buurma D.	Hubregtse	Koppelaar J.
	Skagerrak 14	Caristraat 1	
Harfsen	9933 SN Delfzijl	4322 BA Scharendijke	
	0596-613015		
1939 bn 776	1925 bn 644	2009 bn 189	1957 bn 311
J.& K.Smit	Janssen & Schmilinsky	Kooiman	Elsflether werft
Kinderdijk	Hamburg	Zwijndrecht	Elsfleth
24,70 x 6,40 x 2,90	20,35 x 5,45 x 1,49	31,10 x 9,50 x 2,60	25,40 x 6,80 x 3,45
441 kW 600 pk MAN	177 kW 241 pk Deutz	2x1170 kW/1591 pk Mitsubishi	739 kW 1000 pk Deutz
		395 kW 537 pk Mitsub.Verhaar	

030.51713 MV	021.04301 MV	23.34007 MV	imo 9513244 MS
DUIKER	**DURME**	**DUVENEE**	**EAST**
WERA II / BESTEVAER /			MASTINE 9
JAN			
Blomk I.A.	Blokland M.	FN Holding BV	Avra Towage BV
Pluto 22			Scheepmakershaven 32 B
1785 AP Den Helder	Sliedrecht	Utrecht	3011 VB Rotterdam
			010-2810886
1964	1954	1979 bn 549	2009 bn 106
Visscher & Zn		Damen Shipyards	Kian Juan Dockyard
Zwartsluis		Gorinchem	Miri (Maleisië)
13,06 x 4,00 x 1,27	7,84 x 2,64 x 1,12	12,84 x 3,44 x 1,40	30,00 x 8,60 x 3,50
88 kW 120 pk DAF	55 kW 75 pk Bolinder	101 kW 138 pk DAF	2x 1119 kw/1521 pk Caterpillar

00255 MS
EBELTJE II
COLUMBUS /
OLD FELLOW
Klesser N.M.
Grave
1930
8,30 x 2,30 x 0,50
27 kW 37 pk Volvo Penta

030.31144 MS
EBEN HAEZER
JOMA
Jetses P.
Enkhuizen
1939
G.den Heeten & Co
Leidschendam
10,50 x 3,20 x 1,50
73 kW 100 pk Volvo Penta

00051 MS
EBUGHU
Interbeton B.V.
Gen Spoorlaan 489
2285 TA Rijswijk
070-3152393
1981 bn 1747
Damen Shipyards BV
Gorinchem
14,15 x 4,28 x 1,85

023.15819 MV
ECHO
Boskalis Oosterwijk BV
's Gravenweg 399
3065 SB Rotterdam
010-2888777
1979 bn 1390
Damen Shipyards BV
Gorinchem
14,65 x 4,28 x 1,85
165 kW 225 pk DAF

023.08702 DS
ECHO
ENGELAND / BREEZAND
Polderman I.
Tramperweg 4
4417 CZ Hansweert
1953 bn 475
Bodewes
Millingen
25,65 x 6,30 x 2,66
661 kW 900 pk Wartsila

00299 MS
EDAM
Egdom J.
Baarn
1916
t Hondsbosch
Alkmaar
13,75 x 3,10 x 1,20
128 kW 175 pk

023.11209 MS
EDDY
FIJENOORD/ENGENEERING/
JATRIE / USMEM /
CEVRENE / ENERGIE *
Smit E.
Langedijk
1910
14,70 x 2,85 x 1,10
58 kW 80 pk DAF

030.10803 DS
EDITH
Tollerort X/Res Nova III/Katjan/
Tonny / Marlene III / Wenny /
Aurora / Flevum / Dieze
Edith Vof
Schelpenhoek 81
8321 BN Urk
0527-681624
1942
Fikkers
Foxhol
21,00 x 5,15 x 2,20
404 kW 550 pk Volvo Penta

021.02092 MS
EDWIL
Pannerden bv Bagger Grindmij
Groesbeekseweg 210
6523 PD Nijmegen
024-3231110
1916
Hamburg
13,82 x 3,77 x 1,44
161 kW 220 pk GM

027.14524 MS
EDWIN D
Hollandse Aannemers Mij
Rivium Quadrant 2
2909 LC Capelle a/d IJssel
010-4478444
1976 bn 1337
Damen Shipyards BV
Hardinxveld-Giessendam
12,65 x 3,43 x 1,68
177 kW 240 pk Caterpillar

025.09164 MS
EEMS
EEMS / KM 15 / RS 28 /
A 868 / MCTV 3 /
Y 8028 / GRANVILLE
Curiel E.R.
Braillestraat 3
1964 KE Heemskerk
1939 bn 56
J.Vos & Zn
Groningen
18,24 x 4,82 x 1,80
147 kW 200 pk Bolnes

022.06695 MS
EEMS
RENSIENA / JOMA
Posthumus J.B.
Reahel 15
9284 XG Augustinusga
06-51119164
1923
E.J.Smit
Westerbroek
20,06 x 4,96 x 2,30
147 kW 200 pk Brons

023.07601 MS
EEMSHORN
KATHE /
UNTERWESER 14 /
EEMSHORN
Bouterse R.
Nieuw Vennep
1900
Seebeck
Geestmunde
16,48 x 4,02 x 1,90
143 kW 195 pk MAN

023.04703 MS
EEMSHORN B
JAN BUZINK / GB VIII /
CORNELIA II /
JAN BUZINK / GERJA
Krul J.
Klieverweg 9
1774 NC Slootdorp
1929
De Hoop
Hardinxveld-Giessendam
17,97 x 4,90 x 2,09
168 kW 365 pk Caterpillar

023.20610 DS
EEMSTROOM
ANNA MARIA
Wijngaarden Marine Service
Merwestraat 2
3361 HL Sliedrecht
0184-490244
1972
Damen Shipyards BV
Gorinchem
12,42 x 3,42 x 1,07
177 kW 241 pk Detroit Diesel

021.04586 MS
EENSGEZINDHEID II
Coop Zand Grint Bedrijf
Merloseweg 145
5801 CC Venray
1971
Noordenne
Hardinxveld-Giessendam
12,14 x 3,50 x 0,81
128 kW 174 pk GM

reg.nr. / type :	080.00090 DS	023.18142 DS	023.05093 DS
naam :	**EGALITÉ**	**ELBE**	**ELCO**
ex naam :	TROMP / DRACO	DIESEL /	LINQUENDA / ANICO /
ex naam :		ERNST WERNER /	COBI / MON DESIR
ex naam :		ELBE	
eigenaar :	Bruinsma A.M.	Kamphuis L.H.	Boer Baggeren BV De
adres :	Gildeweg 39	Hulstweg 1	Dr.Langeveldplein 11
woonplaats :	3334 KC Zwijndrecht	3849 NS Hierden	3361 HE Sliedrecht
telefoon :	078-6104192	0341-451928	0184-411999
bouwjaar / -nr. :	1981 bn 173	1888	1931
bouwwerf :	H.d.Haas	Brandenburg	A.Bakker
plaats :	Maassluis	Warnsburg	Rotterdam
l x b x d :	18,78 x 8,02 x 1,96	15,80 x 3,78 x 1,41	18,00 x 4,85 x 2,12
vermogen :	2 x 540 kW/735 pk GM	177 kW 240 pk MAN	404 kW 550 pk Caterpillar
boegschroef :			
00392 OP	021.04476 DB	020.12514 MS	020.14046 MS
EERLAND 1/2	**ELAN**	**ELBE**	**ELEVATOR**
	ARBECO		ELEVATOR / HILLY /
			MERWEDE
Buitenhuis D.	Olde & Van Dijk	Sijmons R.	Degenaar B.
's-Landswerf 245	Venkel 19		
3063 GG Rotterdam	8252 CH Dronten	Lelystad	Amsterdam
	0321-317853 / 06-53273632		
1998	1971	1957	1915
	Damen Shipyards BV	VEB VolkswerftErnstThalmann	t Hondsbosch
	Hardinxveld-Giessendam	Brandenburg	Alkmaar
6,25 x 2,15 x 0,90	15,67 x 7,05 x 1,52	21,20 x 6,15 x 2,15	14,41 x 3,32 x 1,40
18 kW 25 pk	268 kW 365 pk Caterpillar	220 kW 300 pk Buckau Wolf	72 kW 98 pk DAF
023.08960 DS	023.09632 DS	imo 5100427 MS	023.19518 DS
EERLAND 23	**ELAN**	**ELBE**	**ELISA**
KATENDRECHT	ANTONIE IV / MABI 12 /	ELBE / MARYLAND /	SIEGFRIED /
	BECO II	GONDWANA /	IJDUW
		GREENPEACE	
Smit Vessel Managem.Service	Pijl H.J.G.A.	St.MaritiemeCollectieRijnmond	Langius P.
Waalhaven OZ 85		Postbus 211911	
3087 BM Rotterdam	Oostvoorne	3000 AD Rotterdam	Amsterdam
010-4549911			
1954 bn 478	1946 bn 423	1959 bn 867	1905
Bodewes	Bijlsma	J.& K.Smit	Wiemann
Millingen	Wartena	Kinderdijk	Brandenburg
23,24 x 6,25 x 2,70	19,49 x 4,75 x 2,13	55,14 x 10,88 x 3,90	29,80 x 5,42 x 1,45
736 kW 1000 pk Mitsubishi	419 kW 570 pk Caterpillar	2 x 736 kW 1000 pk MAN	368 kW 500 pk Deutz
		Verhaar	
023.26363 DS	020.15507 MS	023.09920 MS	023.00493 MS
EERLAND 28	**ELAO II**	**ELBO**	**ELISABETH**
TONIJN / DEURLOO		DREADNOUGHT V	ELISABETH / MARIA /
			DINAR / CHARON /
			STELLA MARIS II
Smit Vessel Managem.Service	Halewijn G.L.	Vis A.	Bezuijen M.van
Waalhaven OZ 85			
3087 BM Rotterdam	Amsterdam	Rotterdam	Amsterdam
010-4549911			
1958 bn 105	2003	1929	1925
H.d.Haas	Jurgens & Havenman		Gebr.Paans
Maassluis	Vroomshoop		Roodevaart
21,75 x 5,52 x 2,13	8,50 x 3,05 x 0,90	15,07 x 3,88 x 1,44	15,08 x 3,85 x 1,50
257 kW 350 pk Industrie	26 kW 53 pk Mitsubishi	188 kW 256 pk Scania	121 kW 165 pk GM

020.14652 MS
ELISABETH

Moolenburg C.J.
Sweelinklaan 80
3723 JH Bilthoven
030-2284947
1998 bn 1011
Damen Changde Yard
Changde
6,30 x 2,20 x 0,60
16 kW 22 pk Nan Chang

023.21623 MS
ELISE I
SNIP

Hazekamp jc sleepdienst Elise
Dijkgracht 7
1019 BT Amsterdam
020-4181788 / 06-54727312
1920
Nic.Witsen
Alkmaar
15,85 x 3,40 x 1,38
121 kW 165 pk Leyland

00309 MS
ELIZA

Boer S.J.de

Urk

14,45 x 3,93 x 1,50
88 kW 120 pk DAF

023.07288 DS
ELIZABETH
CORRIE / ZWALUW

Waardt P. de
Burg Neetstraat 41
2935 BA Ouderkerk a/d IJssel

1948
H.d.Jong & Zn
Papendrecht
16,98 x 4,25 x 1,90
200 kW 272 pk DAF

00161 MS
ELISABETH
DE BEER

Stelwagen W.

Bergum

8,50 x 2,05 x -
36 kW 50 pk Bolinder

020.12241 MS
ELISE 2
DUWER A

B.S.T. Perfico BV
Sasdijk 18
4671 RN Dinteloord
0167-523288
1940

10,25 x 3,05 x 1,45
88 kW 120 pk GM

023.20886 DS
ELIZABETH

Koek D.P.
Kerkeinde 30
4254 LD Sleeuwijk
0183-301321
1965
J.Schlieker & Zn
Sliedrecht
12,00 x 3,65 x 1,20
85 kW 116 pk Deutz

023.24643 MS
ELKO
ELKO / WILMAR /
GUNTHER / CATHY /
JANINE
Wijngaard L.v.d.

Dordrecht

1927 bn 45
De Biesbosch
Dordrecht
20,18 x 4,88 x 1,80
207 kW 282 pk Stork

00579 OP
ELISABETH M

Baks L.

Gorinchem

1998
Baks
Gorinchem
7,80 x 2,30 x 0,80
7,3 kW 10 pk Samofa

00273 MV
ELISE 6
KP 2

B.S.T. Dintelsas BV
Sasdijk 18
4671 RN Dinteloord
0167-523288
ca60
J.Schlieker & Zn
Sliedrecht
9,43 x 2,92 x 1,25
58 kW 80 pk Ford

imo 9267584 MS
ELIZABETH
SHOALSPIRIT

Visser & Zn L.H.
Nieuwe Schild 13
1794 GG Oosterend
0222-318207
2002 bn 519401
Damen Jichang Yard
Jichang
25,00 x 9,00 x 2,00
2 x 736 kW/1000 pk Caterpillar
73 kW 95 pk

022.04585 MV
ELLY
HARRY / INJO / ELLY

Aannemersbedrijf

1930
Damen Shipyards BV
Hardinxveld-Giessendam
9,50 x 2,75 x 1,50
58 kW 80 pk Deutz

023.06510 MS
ELISE
ELISE / MAURICE

Burggraaf G.A.
Looweg 10
3853 JV Ermelo
0341-552626
1940 bn 402
Bijlsma
Wartena
17,20 x 4,54 x 1,67
261 kW 355 pk Mitsubishi

023.04327 DS
ELISE 10
MEREL / JUDITH / MARIA /
VRIENDSCHAP / SAM

Wesseling S.E.
Koppelingpad
1933 NM Amsterdam

1929
Hubertina v/h W.H. Jacobs
Haarlem
16,64 x 4,07 x 1,66
177 kW 240 pk DAF

00474 MS
ELIZABETH

Visser Towage BV
Nieuwe Schild 13
1794 GG Oostereind
0222-318207
2011 bn 571656
Damen Dubai
Dubai

021.04251 DB
ELMA
MARIAM / D 268 /
WILJACO F /
BEREBOOT *
Hakvoort J.
Pinksterbloemstraat 9
8321 XD Urk
0527-682216
1940
Gute Hoffnungs Hutte
Walsum
22,40 x 5,53 x 1,85
2 x 169 kW/230 pk Deutz

reg.nr. / type	:	023.29004 OP	00162 MS	027.17035 MS
naam	:	**EMMA**	**EN AVANT**	**EN AVANT I**
ex naam	:		TRIAR / MAASSTAD /	BREVO I / EN AVANT I /
ex naam	:		ALPHA	EMANUEL 4 /
ex naam	:			LE LAVANDOU II
eigenaar	:	Weijers G.F.	Brouwer J.A.	Berghout
adres	:		De Ward 21	
woonplaats	:	Utrecht	8701 MB Bolsward	Rotterdam
telefoon	:			
bouwjaar / -nr.	:	1930	1929	1927
bouwwerf	:		Velthuizen	
plaats	:		Zaandam	Overschie
l x b x d	:	5,50 x 1,60 x 0,60	14,03 x 3,81 x 1,00	16,07 x 3,24 x 2,25
vermogen	:	14,7 kW 20 pk Deutz	44 kW 60 pk Kromhout	110 kW 150 pk Kaeble
boegschroef	:			

	023.25521 DB	022.06730 DS	023.01429 MS	imo 9342102 MS
	ELSA	**EMMANUEL II**	**EN AVANT**	**EN AVANT 1**
	SPIDO 2 / GEOPOTES	Nelly / Riad / Seolto / Juliana /	STER / STER RO 59 /	DMS WORLD *
		Vrijbuiter/Laura/Sidis/ Aart B /	HENRI 28 / LUCTOR 67 /	
		Veka 77/Morgenster/Hendrik II	EN AVANT IX	
	Pluijm T.L.v.d.	Emmanuel Vof	Bruyndoncx R.F.M.	Tebra Beheer BV
	Utrechtse Jaagpad 122 A	Keyenburg 245	Middenstraat 22	Merwekade 82-83
	2314 AT Leiden	3085 KA Rotterdam	4531 AD Terneuzen	3311 TH Dordrecht
			0115-471841	078-6392000
	1958	1935	1914	2005 bn 509808
	Schottelwerft	Mulder & Broerken	Schipper & v.Dongen	Damen Shipyards BV
	Oberspay	Foxhol	Geertruidenberg	Hardinxveld-Giessendam
	12,10 x 3,70 x 1,20	14,65 x 3,98 x 1,57	19,95 x 4,73 x 1,60	26,09 x 7,94 x 3,90
	110 kW 150 pk Mecedes	241 kW 328 pk Scania Vabis	265 kW 360 pk Bolnes	2x1305 kW/1774 pk Caterpillar

	023.23875 MS	030.51085 DS	033.50430 MV	023.11682 DS
	ELVO	**EMMELOORD**	**EN AVANT**	**EN AVANT III**
		HAARLEMMERMEER I /	DINI / EN AVANT 30 /	INDEPENDENT VI
		EMMELOORD /	NOORDSTER / AWIA	
		EENHOORN		
	Nagelhout Vof Aann. Bedrijf	Groen R.J.J.	Rooijen M.W.v.	Waaltransport BV
	Vosselaan 39	Twuijverweg 23		Baanhoek 387
	8551 PZ Woudsend	1834 AA St.Pancras	Loenen a/d Vecht	3361 GG Sliedrecht
	0514-591255	072-5641205 / 06-53833576		
	1965 bn 2450	1901 bn 198	1957	1963 bn 298
	De Vries Lentsch	Pannevis	G.J.v.Berk	Jonker & Stans
	Amsterdam	Krimpen a/d IJssel	Beneden Leeuwen	Hendrik Ido Ambacht
	9,52 x 3,00 x 1,41	18,95 x 4,26 x 2,07	11,34 x 3,50 x 1,40	22,80 x 5,75 x 1,90
	74 kW 101 pk Fiat	176 kW 240 pk Mercedes Benz	110 kW 150 pk MWM	265 kW 360 pk Bolnes

	00215 MS	031.50236 MS	030.50595 MS	023.11302 DS
	EMMA	**EN AVANT**	**EN AVANT**	**EN AVANT 4**
	PWS GRONINGEN /		HENMA	COMPANY / SMIT AFRIKA /
	OLLE TEUS /			AFRIKA TUG /
	VENTITA / VENTURA *			SOPHIA
	Noordelijk Schpvaart Museum	Blom A.	Waaltransport BV	Tebra Beheer BV
			Baanhoek 387	Merwekade 82-83
	Groningen	Rotterdam	3316 GG Sliedrecht	3311 TH Dordrecht
	050-3122202			078-6392000
	1922		1916 bn 363	1962 bn 771
	Gideon		Muiden/Bijlsma	Wilton Fijenoord
	Groningen		Muiden/Wartena	Schiedam
	15,80 x 3,30 x 1,10	15,19 x 3,36 x 1,50	15,20 x 3,57 x 1,33	25,55 x 6,58 x 3,20
	52 kW 71 pk Gardner	58 kW 80 pk Kromhout	177 kW.240 pk Deutz	552 kW 750 pk MAN

imo 9192313 DS
EN AVANT 5
QS MERCURY

Muller Rederij T.
Merwekade 82-83
3311 TH Dordrecht
078-6392000
1998
PacificOceanEng&Trading
Singapore
21,00 x 7,00 x 2,40
2 x 395 kW/537 pk Cummins

021.04053 DS
EN AVANT 21
ANGLEUR

Muller Rederij T.
Merwekade 82-83
3311 TH Dordrecht
078-6392000
1950
Burcht
Antwerpen
20,93 x 5,28 x 2,00
441 kW 600 pk Caterpillar

023.14324 DB
EN GO III
BAUKE

Eijer G.
Postbus 1062
1500 AB Zaandam
075-6355093 / 06-53458770
1926
Siems
Lubeck
23,57 x 9,40 x 2,34
787 kW 1070 pk Caterpillar

020.00164 MS
EOS
NOORDWIJKERHOUT I / SPES / ELISABETH / VIOS / SPES II / SPES
Albrechts R.M.
Postbus 95233
1090 HE Amsterdam

1914
Marckmann & Faassen
Capelle a/d IJssel
14,93 x 3,88 x 1,92
88 kW 120 pk Blackstone

027.20007 MS
EN AVANT 7
LAMNALCO PETREL / LAMNALCO 24 / BKS 286
Muller Rederij T.
Merwekade 82-83
3311 TH Dordrecht
078-6392000
1981 bn 2703
Staalin BV/Damen Shipyard
s Gravenhage/Gorinchem
22,15 x 6,89 x 2,63
2 x 588 kW 800 pk MAN

023.28389 DS
EN AVANT 27
Capitaine Albert Ruault / La Provoyant

Muller Beheer Mij BV
Merwekade 82-83
3311 TH Dordrecht
078-6392000
1960 bn 451
Bodewes
Martenshoek
25,00 x 6,40 x 2,62
829 kW 1127 pk Caterpillar

022.04223 DS
ENERGIE
Navic/RV 16/SHO 24 / Droog-dok 8/Heuko X/Klockner Stp10/ Gepke 2/De Jonge Gerbrand 5
Jongema R.
Kommisjewei 16
9217 RN Nijega
0512-372148
1940 bn 410
Bijlsma
Wartena
17,32 x 4,56 x 2,25
268 kW 365 pk Caterpillar

030.51720 MS
EOS

Baltned Towage
Veerplein 57
3331 LD Zwijndrecht

1967 bn 113
hakvoort gebr/egmond &vdstee
Urk/IJmuiden
24,45 x 8,60 x 2,05
883 kW 1200 pk MAK

023.15710 DS
EN AVANT 12

Muller Rederij T.
Merwekade 82-83
3311 TH Dordrecht
078-6392000
1979 bn 1391
Damen Shipyards BV
Gorinchem
14,45 x 4,28 x 1,60
283 kW 385 pk Caterpillar

021.02370 DS
EN AVANT 28
HOLLANDIA / TITAN

Muller Rederij T.
Merwekade 82-83
3311 TH Dordrecht
078-6392000
1941 bn 99
De Jong & Smit
IJsselmonde
20,33 x 5,00 x 2,00
441 kW 600 pk Caterpillar

020.06095 MS
ENERGIE

Jongema, Kust &Oeverwerken

0527-681859

10,00 x 3,00 x -

023.05088 DS
EOS
MARJOCHRI / NELLY / TRITON / HYDRA
Eos vof
Miltonstraat 42
3076 TJ Rotterdam
010-4326085
1931 bn 127
Hendriks
Dodewaard
17,17 x 4,56 x 2,14
272 kW 370 pk Caterpillar

021.01577 MS
EN AVANT 13

Multi Go Vof
W.v.d.Veldenstraat 51
2451 BB Leimuiden
0172-500525
1929
Koning/Schram/Piet Hein
Papendrecht
20,50 x 4,88 x 1,80
294 kW pk 400 pk MWM

033.10511 DS
EN AVANT 32

Muller Beheer Mij BV
Merwekade 82-83
3311 TH Dordrecht
078-6392000
1965
G.J.v.Berk
Beneden Leeuwen
17,72 x 5,00 x 1,83
387 kW 527 pk Caterpillar

00116 MS
ENNO

Hoogerman E.R.
Galjoenweg 2
8862 XT Harlingen
0517-417400

12,50 x 3,05 x 1,10
103 kW 140 pk Deutz

00182 SS
EPEE

Hardy Ver.St.Museumschip

Dordrecht
078-6187298
1949
Arsenal Marine
Cherbourg
34,50 x 7,40 x 2,10
550 ipk

reg.nr. / type	020.10386 MS	080.60011 DB	023.07294 MS
naam	**ERIC**	**ERTEPELLER**	**ESEM**
ex naam		VIRO / BARZABEL	
ex naam			
ex naam			
eigenaar	Snel L.A.F.	Phoenix BV	Esem B.V.
adres	Fentener v.Vlissingenkade 119	Boelewerf 52	
woonplaats	3521 AA Utrecht	2987 VE Ridderkerk	Krimpen a/d Lek
telefoon	030-2910086		
bouwjaar / -nr.	1953	1990	1939
bouwwerf		Plocka Stocznia	Jonker & Stans
plaats	Sliedrecht	Plock	Hendrik Ido Ambacht
l x b x d	17,70 x 4,33 x 1,85	19,00 x 9,50 x 1,60	19,67 x 4,86 x 1,50
vermogen	110 kW 150 pk Kromhout	2 x 882 kW 1200 pk Caterpillar	220 kW 300 pk Brons
boegschroef			

020.04298 MS	030.31382 MS	022.08968 MS	031.40076 DS
EPSILON	**ERICA 7**	**ERTSKADE**	**ESPERANCE**
		Dirk / Truus / Reinod II / Leny /	
		Vrouwe Greta / Kontrol Besar /	
		Georgeus *	
Lent P.H.van	Vries Werkendam Aann.bedr.	Koning & C.A.v.Dijk L	Samantha Fox
	Ir Blankenstraat 9		
Indijk	4251 NR Werkendam	Kalenberg	Rotterdam
	0183-508888	056-1477233	
1920 bn 661	1930	1915	1934 bn 80
Gebr.Boot	Gebr.Paans		De Jong & Smit
Alphen a/d Rijn	Roodevaart	s Gravenhage	IJsselmonde
13,40 x 3,20 x 1,40	12,00 x 3,42 x 1,30	14,50 x 3,90 x 1,80	18,12 x 4,80 x 1,80
44 kW 60 pk Industrie	88 kW 120 pk Volvo Penta	73 kW 100 pk Kromhout	228 kW 310 pk Deutz

023.05957 MS	00564 MS	020.02687 MS	020.05866 DS
EQUINOX	**ERIN I**	**ERTSKADE**	**ESPERANCE**
CITO / MARJO / GUROE /	ERIN I / REIGER / EVERT	ERTSKADE / GOEREE /	PAUL LINKE / JOHANNES
ANNE MARIE / MAPELLE /		ESSAI	
CITO / HORSEY			
Dongen C.R.van	Kegel D. & T.	Koning L.	Valkenburg H.
Zwanestraat 3			Aetsveldsestraat 6
4451 DX Heinkenszand	Heiningen	Kalenberg	1393 NT Nigtevecht
0113-565833			0294-254173 / 06-5333302
1903 bn 6	1915	1915	1923
A.S.M.	Gebr.Boot		Heijden
Arnhem	Alphen a/d Rijn	Vlaardingen	Hamburg
16,18 x 4,15 x 1,90	12,64 x 3,11 x 1,30	14,18 x 3,66 x 1,49	18,32 x 5,20 x 2,20
88 kW 120 pk Deutz	39 kW 54 pk Industie	110 kW 150 pk Kromhout	463 kW 630 pk Modag

022.07175 MS	023.09454 MS	022.03408 MS	023.11007 MV
EQUINOX	**ERNST**	**ESCAPE II**	**ESTHER**
LORELEY	ERNST / BETSY		WALLY / WATERWEG I
Zonneveld M.J.C.	Grint Maatschappij BV	Schijndel A.F.	Ambacht scheepswerf 't
	Nieuw Plein 5		Nieuwe Bosweg 4
Nieuwe Niedorp	6811 KN Arnhem	Vinkel	3341 LH H.I.Ambacht
	026-4422341		078-6814177
1925	1954 bn 212	1930	1961 bn 39
Schimag	Damen Shipyards BV	Bodewes	A.v.Bennekom
Mannheim	Hardinxveld-Giessendam	Hoogezand	Sliedrecht
17,48 x 3,50 x 1,10	12,06 x 3,14 x 1,25	14,04 x 5,55 x 1,50	15,02 x 3,45 x 1,87
70 kW 96 pk Mercedes	92 kw 125 pk Deutz	114 kW 155 pk Deutz	142 kW 193 pk Caterpillar

023.06321 MS
ESTHER
EMMA / CHARITAS / JALI / ARIEN / ANTJE II / MARGJE
Bruinsma L.
Kanaalweg 30
8861 KE Harlingen

1939
Bodewes & Dutmer
Groningen
16,76 x 4,15 x 1,80
117 kW 160 pk Deutz

021.03236 DS
ETNA
MARIA

Boer Baggeren BV De
Dr.Langeveldplein 11
3361 HE Sliedrecht
0184-411999
1922
J.& K.Smit
Slikkerveer
19,06 x 4,85 x 2,30
294 kW 400 pk GM

023.10261 MV
EVA
BARRY / KIL / JAAP / E.S.T. 2

Riemersma L.C.

Nieuwebrug

1958
Damen Shipyards BV
Hardinxveld-Giessendam
12,70 x 3,55 x 1,70
132 kW 179 pk GM

030.51204 MS
EVERDINA
JANNIE / ANJA

Veen Jachtbemiddeling v/der

Terherne

1953
Eltink
Beneden Leeuwen
9,00 x 3,00 x 1,44
85 kW 116 pk Deutz

023.17396 MS
ESTHER
DV 1732 / ESTHER

Kaliwaal Bijland BV
Den Heuvel 7
6881 VA Velp
026-3618323
195
J.Schlieker & Zn
Sliedrecht
12,38 x 3,40 x 1,03
128 kW 175 pk Detroit Diesel

021.04178 DB
EUREKA
URIA

Vries & v.d.Wiel BV
Harmenkaag 9
1741 LA Schagen
0224-211211 / 06-53264843
1967 bn 783/4
Verolme
Heusden
19,40 x 10,27 x 2,07
2 x 353 kW/480 pk GM

023.07217 MS
EVELIEN
Janny / Linquenda / Bertha / Gerro / Speculant / Argonaut / Adrie/Risico/Golfbreker/Antje 5
Bijlsma W.M

Weidum

1906
Gebr.v.d.Windt
Vlaardingen
12,20 x 2,92 x 0,90
110 kW 150 pk DAF

00164 MS
EVERT

Aalderen H.

1909 bn 563
t Kromhout Wed.J.L.Ceuvel
Amsterdam
12,40 x 3,30 x 1,20
29 kW 40 pk Kromhout

00083 MS
ESTHER
WOLFGANG / JOB X / WOLFGANG / JACOBUS
Ruijsbroek G.M.

Schipluiden

1954
Hupp Schiffswerft
Eibelstadt
13,05 x 3,30 x 0,90
88 kW 120 pk Deutz

023.16181 MV
EUROPOORT
LINQUENDA

Hakkers BV
Oudsas 11
4251 AW Werkendam
0183-501122
1981
v.Santen/T. Brandt
Sliedrecht/Dordrecht
14,50 x 4,20 x 1,65
273 kW 371 pk Caterpillar

032.50259 MS
EVELINE

Bruin H.d.
v.Deelenstraat 39
5256 JA Heusden

1924
T.v.Maastricht
Hedel
15,40 x 3,64 x 1,60
44 kW 60 pk Kromhout

021.04619 MV
EWT 7
SPIDA 2

Projob Binnenschiffhart GmbH
Scheepmakerij 120
3331 MA Zwijndrecht
078-6259191
1966
Eltink
Beneden Leeuwen
14,23 x 4,05 x 1,60
128 kW 175 pk MWM

020.02149 MS
ESTHER JACOBA
ANNE MARIE / MARGARETHA / PIETER / THULIPE
Dekker J.

Noordscharwoude

1886
Snijder-Oosterdok
Amsterdam
13,88 x 3,34 x 1,62
88 kW 120 pk DAF

00306 MS
EVA
GIPSY

Geemen D.van

Monnickendam

1920

12,50 x 3,50 x 1,50
88 kW 120 pk Moes

022.00574 MS
EVENAAR

Verbeek E.J. & J. Zonneveld
Clavecimbellaan 49
2287 VW Rijswijk

1922
W.Mulder
Stadskanaal
16,30 x 3,10 x 1,10
110 kW 150 pk Kromhout

00165 MS
EXTASE
ANNIE / NELLIE / DE HORN / EXTASE

Oever R v.d.

1922
Dongen
Leidschendam
13,87 x 3,65 x 1,50
DAF

reg.nr. / type :
naam :
ex naam :
ex naam :
ex naam :
eigenaar :
adres :
woonplaats :
telefoon :
bouwjaar / -nr. :
bouwwerf :
plaats :
l x b x d :
vermogen :
boegschroef :

027.17119 MV
F 50
Koek D.P.
Kerkeinde 30
4254 LD Sleeuwijk
0183-301321
1977 bn 1727
Stapel/Damen
Spaarndam/Hardinxveld
15,00 x 4,50 x 1,50
2 x 139 kW/190 pk GM

imo 9315563 MS
FAIRMOUNT SHERPA
FAIRMOUNT RANGER
Fairmount Marine BV
Hofplein 20
3032 AC Rotterdam
010-2402500
2004
Niigata Shipbuilding & Repair
Niigata
66,60 x 18,00 x 6,60
4 x 2502 kW/3400 pk Wartsila

imo 9541708 MS
FAIRPLAY XIV
Fairplay Towage BV
Terwenakker 42-44
3011 XS Rotterdam
010-4112999
2009 bn 691
Astilleros Armon SA
Navia
25,00 x 11,20 x 3,80
2 x 1850 kW/2516 pk ABC

022.08525 MS
EZON
FRANS SMIT / FRANS JAN /
CORRIE /
FLUKS
Ezon stichting
Ezonbuorren 3
9133 DM Anjum
0519-518415 / 06-13447872
1926
Meerman
Yerseke
16,05 x 3,75 x 1,12
220 kW 300 pk MAN

imo 9344784 MS
FAIRMOUNT ALPINE
Fairmount Marine BV
Hofplein 20
3032 AC Rotterdam
010-2402500
2006
Niigata Shipbuilding & Repair
Niigata
66,60 x 18,00 x 6,60
4 x 2502 kW/3400 pk Wartsila

imo 9315575 MS
FAIRMOUNT SUMMIT
Fairmount Marine BV
Hofplein 20
3032 AC Rotterdam
010-2402500
2005
Niigata Shipbuilding & Repair
Niigata
66,60 x 18,00 x 6,60
4 x 2502 kW/3400 pk Wartsila

imo 8616245 MS
FAIRPLAY 11
LADY THERESA /
HILLSIDER
Fairplay Towage BV
Terwenakker 42-44
3011 XS Rotterdam
010-4112999
1988
Cochrane & Sons
Selby
24,31 x 7,73 x 3,18
2 x 853 kW/1160 pk Ruston

00101 MC
F 22
Boskalis Westminster Koninkl.
Rosmolenweg 20
3356 LK Papendrecht
078-6969000
1975 bn 1056
Damen Shipyards BV
Hardinxveld-Giessendam
16,56 x 8,04 x 1,85
2 x 177 kW/240 pk GM

imo 9358943 MS
FAIRMOUNT EXPEDITION
Fairmount Marine BV
Hofplein 20
3032 AC Rotterdam
010-2402500
2007
Niigata Shipbuilding & Repair
Niigata
66,60 x 18,00 x 6,60
4 x 2502 kW/3400 pk Wartsila

imo 9365116 MS
FAIRPLAY III
Fairplay Towage BV
Terwenakker 42-44
3011 XS Rotterdam
010-4112999
2007 bn 649
Astilleros Armon SA
Navia
28,67 x 11,20 x 4,00
2 x 1850 kW/2515 pk ABC

imo 9148752 MS
FAIRPLAY 21
Fairplay Towage BV
Terwenakker 42-44
3011 XS Rotterdam
010-4112999
1998 bn 612
Con Navales Santo Domingo
Vigo
34,75 x 10,90 x 4,60
2 x 1646 kW/2238 pk Deutz

00135 MC
F 41
Boskalis Westminster Koninkl.
Rosmolenweg 20
3356 LK Papendrecht
078-6969000
1976 bn 1049
Damen Shipyards BV
Hardinxveld-Giessendam
16,56 x 8,04 x 1,81
2 x 177 kW/240 pk GM

imo 9344769 MS
FAIRMOUNT GLACIER
Fairmount Marine BV
Hofplein 20
3032 AC Rotterdam
010-2402500
2009
Niigata Shipbuilding & Repair
Niigata
66,60 x 18,00 x 6,60
4 x 2502 kW/3400 pk Niigata

imo 9107409 MS
FAIRPLAY XII
MICHAEL
Fairplay Towage BV
Terwenakker 42-44
3011 XS Rotterdam
010-4112999
1994
J.G.Hitzler
Lauenburg
29,86 x 9,50 x 3,50
2 x 1235 kW/1685 pk Deutz

imo 9153616 MS
FAIRPLAY 24
Fairplay Towage BV
Terwenakker 42-44
3011 XS Rotterdam
010-4112999
1998
Con Navales Santo Domingo
Vigo
34,75 x 10,90 x 4,60
2 x 1656 kW/2250 pk Deutz

imo 9210995 MS
FAIRPLAY 25

Fairplay Towage BV
Terwenakker 42-44
3011 XS Rotterdam
010-4112999
2001 bn 482
Astilleros Zamakona SA
Bilbao
34,75 x 10,90 x 5,20
2 x 2024 kW/2750 pk Deutz

imo 8111594 BV
FAR VISCOUNT
SEAFORTH VISCOUNT / FAR VISCOUNT

Telco Marine B.V.
Het Nieuwe Werk 88
1781 AK Den Helder
0223-660626
1982 bn 987
Hall, Russell & Co ltd
Aberdeen
62,54 x 13,67 x 5,01
2x1251kW/1700pkRuston Dsel

023.18025 MS
FATIMA
PETRONELLA

E.N.B.O. BV
Hondsdijk 3
2396 HG Koudekerk a/d Rijn

1929
De Hoop
Hardinxveld
32,84 x 6,22 x 2,56
2 x 122 kW/165 pk Cummins

023.02904 MS
FE-RIE
ADRIAANTJE

Bracke J.A.M.

Sas van Gent

1908
v.Vlaardingen
Gouda
17,14 x 4,20 x 1,84
176 kW 240 pk MAN

imo 9438951 MS
FAIRPLAY 29
SPICA

Fairplay Towage BV
Terwenakker 42-44
3011 XS Rotterdam
010-4112999
2008 bn 641
Astilleros Armon SA
Navia
35,00 x 11,20 x 4,50
2x2000 kW/2717 pk Caterpillar

00307 MS
FARGO
HENDRIKA / ADMA / FLOTY / DANIEL 2 / TOON
Meer J.H. v.d.

Vlissingen

1910

België
12,53 x 3,03 x 1,59
58 kW 80 pk MWM

022.08052 MS
FEINT
NEELTJE JACOBA / CASA NOVA

Beetsma J.
Sanpaed 32
9024 ED Weidum
058-2519400
1950
Goor & Spiekman
Zwartsluis
11,85 x 3,25 x 1,30
26 kW 35 pk Industrie

021.00481 DS
FIAT
JOHANNA I / VALK / WALVIS / MON DESIR / BARCA 2
Treffers & Zn G.J.
H.Figeeweg 35
2031 BJ Haarlem
023-5325211
1906
Huiskens & v.Dijk
Dordrecht
18,60 x 4,40 x 2,10
176 kW 240 pk Bolnes

imo 9416563 MS
FAIRPLAY 30

Fairplay Towage BV
Terwenakker 42-44
3011 XS Rotterdam
010-4112999
2008 bn 668
Astilleros Armon SA
Navia
38,72 x 12,76 x 4,20
2 x 2652 kW/3606 ABC

031.70133 DS
FARLEY
Rival / Sabina Dora / Noldina II /Willem Allegonda / Rinkje R
Marino Vof
Tennisstraat 30
3078 ZK Rotterdam

1923
Boot
Leiderdorp
19,10 x 4,55 x 1,78
207 kW 282 pk Stork

023.04958 MS
FEJA
ARNOLD

Ruyter G.

Doornspijk

1930
Th.v.d.Beldt
West Graftdijk
17,04 x 4,32 x 1,80
99 kW 135 pk Brons

00057 MV
FIAT II

Musing Transport BV
Mr Moddermanstraat 3
9671 AG Winschoten
0597-471220
1978 bn 1737
Damen Shipyards BV
Gorinchem
13,70 x 4,24 x 1,89
253 kW 345 pk Caterpillar

020.08363 MC
FALCON

Smit Subsea Europe BV

Rotterdam

1981
De Biesbosch
Dordrecht
20,45 x 6,04 x 1,82
2 x 175 kW/238 pk Caterpillar

020.06828 MS
FARU

Ballast Nedam Groep BV
Sluispolderweg 67
1505 HJ Zaandam
030-2853333
1970
Damen Shipyards BV
Hardinxveld-Giessendam
12,96 x 3,41 x 1,09
176 kW 240 pk

023.07982 DS
FENNE
DINA CORNELIA / ELIZA / THYS

Engelen F.J.v.

Echt

1916
Marckmann & Faassen
Capelle a/d IJssel
13,49 x 3,35 x 1,05
132 kW 180 pk DAF

027.17792 BS
FIELD EXPRESS
NORMAND SKY

Field Express C.V. ms
Het Nieuwe Werk 88
1781 AK Den Helder
0223-660626
1984 bn 2152
Jiangnan Shipyard
Shanghai
58,60 x 13,02 x 6,20
2 x 2250 kW/3060 pk Bergens

reg.nr. / type :
naam :
ex naam :
ex naam :
ex naam :
eigenaar :
adres :
woonplaats :
telefoon :
bouwjaar / -nr. :
bouwwerf :
plaats :
l x b x d :
vermogen :
boegschroef :

020.02606 SS
FINLAND
FINLAND / ARABE /
HERCULES /
DELFSHAVEN
Stoomstichting Finland
Rotterdam
1921 bn 313 / bn 79
P.Smit Jr. De Groot & v.Vliet
Rotterdam/Slikkerveer
22,48 x 5,27 x 2,20
220 ipk P.Smit Jr.

023.22427 DS
FLEVO III
SCHLEPPKO 30 / TWIN
Verduin J.
IJsbaanpad 84 E
1076 CW Amsterdam
020-6627895
1957
Sietas Werft
Hamburg Neuenfelde
15,45 x 4,60 x 2,30
268 kW 365 pk MWM

00166 MS
FLINT
Giessen J. v/d.
Vlissingen
1928
Boom
16,25 x 4,30 x 1,60
103 kW 140 pk Dorman

021.02930 DS
FIFTY FIFTY
LINDERIEN / EL JO /ISALA 2/
AGEDI / JOHANNA /
ARSIE
Roggeveld A.
Selfhelpweg 1 A
8607 AB Sneek
0515-424189 / 06-53492820
1948
Gebr.Bezemer
Dordrecht
13,04 x 3,86 x 1,50
191 kW 260 pk GM

023.34209 MV
FIX 20
Fix Holding BV
Rotterdam
1965 bn 987
Bayerisch Schiffbouges
Mainz
16,85 x 3,85 x 0,95
110 kW 150 pk Mercedes

040.23150 DB
FLEVO TRANS
D 02 / D 297 / RUHR II
North TransScheepvaartbedrijf
Hoofdweg 130
9104 BJ Damwoude
06-51121368 / 12-344095
1939
Teltowwerft
Berlijn
22,40 x 5,96 x 1,90
757 kW 1030 pk

020.12299 DS
FLORIS
HERMANN HAGENDORF
Hooft L. van
Pyranideweg 32
8321 CM Urk
1959
VEB Rosslauer Schiffswerft
Rosslau
15,10 x 4,12 x 1,35
147 kW 200 pk SKL

023.26012 MS
FIGORE
FIGUES / MCTV 5 / FRA 13 /
HF 03 / KM 4 / RS 27 /
A 867 / Y 8022
Rensen R.M.
Veerstraat 1 A
2377 AK Oude Wetering
1939
Barkmeijer
Vierverlaten
18,55 x 4,30 x 1,60
88 kW 120 pk Industrie

023.22085 MV
FLEVO
RIETGRAAF /
DON QUICHOT *
Ghijssen & C.C.Verduin T.
Purmerend
1972 bn 387
Damen Shipyards BV
Hardinxveld-Giessendam
13,00 x 3,42 x 1,20
88 kW 120 pk DAF

027.18515 MS
FLEVOLAND
H.E.C.
Gen Spoorlaan 489
2285 TA Rijswijk
070-3152393
1994 bn 5212
Damen Shipyards BV
Gorinchem
14,40 x 4,73 x 2,05
2 x 183 kW/249 pk Caterpillar

00310 MS
FLORIS
Huisman P.
Leeuwarden
1930
11,90 x 2,90 x 1,00
44 kW 60 pk Modag

023.22825 DS
FILIA MARIS
KARL / MASIUS
Bonte D.J.
Het Weeme 3
7948 AZ Nijeveen
0522-491635
1906
G.H.Thyen
Brake
19,31 x 4,68 x 2,00
250 kW 340 pk Deutz

023.22166 DS
FLEVO II
UNO / VICTOR /
LAURA
Verduin J.
IJsbaanpad 84 E
1076 CW Amsterdam
020-6627895
1911
Meyer
Papenburg
21,60 x 4,87 x 1,80
456 kW 620 pk Deutz

023.25397 MV
FLIEREFLUITER
JOOST
Klein A.
Sliedrecht
1928
Beneden Leeuwen
12,50 x 4,10 x -
44 kW 60 pk Gardner

023.10211 MV
FLORIS
DESTA 8 / FLORIS
Kampen Maritiem Material BV
Montagestraat 7
8263 BP Kampen
1957 bn 1748
Eltink
Beneden Leeuwen
14,52 x 3,82 x 1,18
228 kW 310 pk GM

023.21998 DS
FLUMAR
BLIERSHEIM / STABIEL

Hebbes Holding BV

Druten

1955
Meidericher Schiffswerft
Ruhrort
23,37 x 6,00 x 1,80
500 kW 680 pk Deutz

023.13322 MS
FLUMAR III
ARIE / SANDER SR /
SIL JETSKE B

F.B.T.Sleep & Bergingsbedrijf
Waalbandijk 179
6651 KD Druten

1971 bn 128
v.d.Sande
Breskens
24,30 x 7,22 x 2,25
552 kW 750 pk Deutz

020.05955 MV
FLUMAR V
JACOBA 3 / CORA

Hebbes BV
Waalbandijk 173
6651 KD Druten

1963 bn 36
Visscher & Zn
Zwartsluis
12,26 x 3,77 x 1,45
176kW 240 pk Mercedes Benz

023.15165 DS
FLUPKE
ALPHOSINE / BOERBE /
FLUPKE

Moorlag BV
Rijnkade 88 A
6811 HD Arnhem
026-4424550

België
15,18 x 4,02 x 1,40
206 kW 280 pk DAF

023.09240 DS
FLYING DUTCHMAN
BECO / RI JA / LENA

Dijke Beheersmij J.C.van
Heistraat 175-177
5161 GD Sprangcapelle
0416-277388 / 06-53390009
1955
Gebr.v.Vliet
Hendrik Ido Ambacht
11,37 x 3,10 x 1,00
176 kW 240 pk Iveco

023.14926 DS
FONDA

Wilson D.
Scheldekade 56
4531 EJ Terneuzen
06-53281697
1981 bn 117
De Wiel
Asperen
23,60 x 6,10 x 2,10
2 x 466 kW/633 pk Caterpillar

022.03320 MV
FONS
SNEL

Bijma BV
W.A.Scholtenweg 84
9636 BT Zuidbroek
0598-451778
1934
Niestern
Appingendam
9,14 x 2,58 x 1,19
71 kW 104 pk BMC

023.02775 DS
FOR EVER II
Harmonie / Willem Marinus /
Elwi / Hannie /
Polaris / Rose / Nino
For Ever II Vof
Molendijk 11
2931 SB Krimpen a/d Lek
06-53929188
1925
Huiskens & v.Dijk
Dordrecht
29,80 x 5,58 x 2,60
596 kW 811 pk Cummins

020.01960 MS
FOX
NIEUWEZORG / ANJA /
BASTAARD II /
SERAH
Mudde A.

1933
Mulder & Suurmeijer
Foxhol
9,02 x 2,91 x 1,30
15 kW 21 pk Lister

020.11755 MS
FOXTROT
SR 10 / MIRIAM / FOXTROT

CopVerExpA'damseFoxtrot Mij
Haarlemmerhouttuinen 11
1013 GL Amsterdam
020-6226882
1932
Concordia S.Seymonsbergen
Amsterdam
14,05 x 3,66 x 1,75
77 kW 105 pk Kromhout

023.16109 MS
FOXTROT
SP 4 / SCHELDEPOORT 4

Polderman I.
Tramperweg 4
4417 CZ Hansweert

1980 bn 2307
Damen Shipyards BV
Gorinchem
12,85 x 4,05 x 1,86
337 kW 450 pk Caterpillar

022.12075 MS
FRANKENWARTE

Weegh J.J.v.d
Oude Molenweg 72
8101 EM Raalte
0572-363869
1939
Bayerische Schiffsbau
Erlenbach
23,87 x 6,33 x 1,60
368 kW 500 pk Mitsubishi

020.09731 DS
FREDERIK
HERRING B / CARLA

Swets Dols & Heuff BV
St Canisiussingel 18
6511 TH Nijmegen
024-3228217
1976
Damen Shipyards BV
Hardinxveld-Giessendam
12,90 x 3,42 x 1,90
180 kW 245 pk GM

00109 MV
FREONSKIP
ZOUTSLOOT /
RHD 81-ZOUTSLOOT /
WATERSNIP / ZEEPAARDJE
Visser J.A.

Amsterdam

1959
De Lek
Krimpen a/d Lek
9,50 x 2,85 x 0,80
45 kW 62 pk Perkins

023.11481 DS
FRIENDSHIP
KAPITAN ZS STEENBOCK /
RHEINHAUSEN II /
WILLEMSKADE
Berg Sleep & Duwvaart BV
Roggebot 14
8321 RA Urk

1942 bn 249
Jonker & Stans
Hendrik Ido Ambacht
25,26 x 7,15 x 2,26
662 kW 900 pk Cummins

026.05322 MS
FRIESLAND

Svitzer Amsterdam BV
Capriweg 28
1044 AL Amsterdam
020-5060400
1982 bn 231
Tille
Kootstertille
28,70 x 9,05 x 3,20
2 x 883 kW/1200 pk Bolnes

reg.nr. / type	023.07886 MS	023.13939 MS	00573 OP
naam	**FRISO**	**FURIE**	**FURIE**
ex naam	TIMMERMAN 5	CORRY	NJORD
ex naam			
ex naam			
eigenaar	Stolk W.	Deugd BV	Moerland C.
adres	Vollenhoveweg 38		
woonplaats	8316 PZ Marknesse	Rossum	Amsterdam
telefoon			
bouwjaar / -nr.	1952	1929	1951
bouwwerf	v.d.Brink	Nic.Witsen	
plaats	Rotterdam	Alkmaar	
l x b x d	16,50 x 3,77 x 1,80	16,25 x 4,15 x 1,92	5,90 x 1,90 x 1,00
vermogen	94 kW 128 pk MAK	221 kW 300 pk DAF	11,7 kW 16 pk Deutz
boegschroef			

reg.nr. / type	023.21476 MS	023.09783 MV	00302 MS	027.15590 SS
naam	**FRISIA**	**FRISO**	**FURIE**	**FURIE**
ex naam		JOZEF / THERA	ORCA / JAN MARINUS	BODEWES VI / HOLMEN III / HOLMVIK / JAN VAN GENT
eigenaar	Knobbe Folkertsma vof	Treffers & Zn G.J.	Elten H.P.E. van	Stichting Hollands Glorie
adres	Slotermeerstraat 24	H.Figeeweg 35		Lijsterlaan 150
woonplaats	8531 RJ Lemmer	2031 BJ Haarlem	Katwijk	3145 VN Maassluis
telefoon	0514-565612 / 06-53155839	023-5325211		010-5915774
bouwjaar / -nr.	1960	1956	1930	1916 bn 644
bouwwerf	C.Cassens	Damen Shipyards BV	Hendriks	Bodewes
plaats	Emden	Hardinxveld-Giessendam	Dodewaard	Millingen
l x b x d	13,00 x 3,40 x 1,60	13,20 x 3,50 x 1,45	13,50 x 3,20 x 1,10	30,28 x 6,10 x 3,10
vermogen	117 kW 160 pk MWM	169 kW 230 pk MWM	88 kW 120 pk DAF	450 ipk Fulton.
boegschroef				

reg.nr. / type	023.24764 MS	023.07553 MS	023.05468 DS	022.05991 MV
naam	**FRISO**	**FRIWI**	**FURIE**	**FURIE**
ex naam	B 15 / MEPPE / WILLEM SR / TITAN / FURIE II / AVANTI 2	KNEBRA 2 / RHIDOS / JOHANNA / MORGENSTER / WITTE RAAF	SONJA	
eigenaar	J.V.S. Shipping BV	Kroon W.	Langhout G.C.	Velde Sleep & Peilwerk BV
adres	Foksdiep 6 A		Hoorn 298	Binnenhaven 1
woonplaats	8321 MK Urk	Breukelen	2404 HL Alphen a/d Rijn	7547 BG Enschede
telefoon	0527-681859			053-4307251
bouwjaar / -nr.	1956	1930	1922	1976
bouwwerf	Teltowwerft	Zaanlandse Scheepsbouw Mij	Boot	Rorink & v.d.Broek/v.d.Velde
plaats	Berlijn	Zaandam	Leiderdorp	Lemmer/Enschede
l x b x d	17,85 x 5,60 x 1,60	16,33 x 3,80 x 1,48	19,76 x 4,48 x 2,03	12,50 x 4,00 x 1,30
vermogen	2 x 331 kW 450 pk Caterpillar	99 kW 135 pk MWM	121 kW 165 pk Volvo Penta	132 kW 186 pk Iveco fiat
boegschroef				

reg.nr. / type	023.18398 DB	00167 MS	023.23901 MS	030.50803 MS
naam	**FRISO**	**FURIE**	**FURIE**	**FURIE**
ex naam	CITERNA 84 / CLAUDIA I / ORIENT		AGATHA / ELLY / KM 8 / RS 12 / A 852 / Y 8010 / ELLY	GRIET / HARJO / PIDI / GERGE / MARGA / SKIPPY / HANNY
eigenaar	Redzwa Holding BV	Caluwe R.	Meuzelaar Vissers	Zuiderveld S.
adres	Postbus 64			
woonplaats	9000 AB Grou		Rotterdam	De Wilgen
telefoon	0566-621020 / 06-53857070			
bouwjaar / -nr.	1965	1921	1930	1926
bouwwerf	Chantier Navel la Haute		Telgenhof	Mittendorf
plaats	Villeneuve le Roi		Coevorden	Dedemsvaart
l x b x d	23,00 x 7,50 x 1,90	13,75 x 3,40 x 1,60	16,04 x 4,22 x 1,55	13,08 x 3,38 x 1,53
vermogen	2 x 515 kW/700 pk Mitsubishi	73 kW 100 pk Deutz	105 kW 105 pk Deutz	169 kW 230 pk Scania
boegschroef				

023.17397 MS
FURIE 3
B.S.T. Dintelsas BV
Sasdijk 18
4671 RN Dinteloord
0167-523288
1985 bn 163
Stapel/Theunisse
Spaarndam/Dintelmond
22,40 x 7,10 x 1,80
4 x 333 kW/453 pk DAF

00303 SS
GABRIELLE
RACHAEL / ODETTE /
WILLY /
AMELIE
Leeuwen P.v.
v.Roosendaalstraat 87
1606 XD Venhuizen
0228-542025
1903 bn 33
Wiemann
Brandenburg
19,50 x 4,20 x 1,60
120 ipk Wiemann

021.04086 MS
GALGENPLAAT
Com Oosterschelde Vof
Kortgene
1963
14,25 x 4,08 x 1,72
191 kW 260 pk

023.16551 MV
GANNET
Hollandse Aannemers Mij
Rivium Quadrant 2
2909 LC Capelle a/d IJssel
010-4478444
1981 bn 1745
Damen Shipyards BV
Gorinchem
14,45 x 4,28 x 1,85
268 kW 365 pk Caterpillar

00073 MV
GANTEL
Bonn & Mees BV
Sluisjesdijk 123
3087 AE Rotterdam
010-4290544
1966
Schottelwerft
Oberspay
8,82 x 2,40 x 0,62
257 kW 350 pk Deutz

023.23295 DS
GANZEBOOT
WATER / TEMPO /
DIRK PIETER /
SHARON / RON / HERA
Boeren Beheer BV
Parallelweg 9
5321 JA Hedel
1957
G.J.v.Berk
Beneden Leeuwen
17,10 x 4,87 x 1,82
300 kW 408 pk Caterpillar

060.04094 DB
GANZESTAD
NAIROBI
Faasse & C.Verheij M.J.
Werkendam
2004
Fong Gang Zha/Kouwenberg
Gang Suwan/Moerdijk
18,92 x 11,18 x 2,27
2 x 701 kW/953 pk Mitsubishi

025.08946 MS
GAR
PICOR / DOLFIJN / ELTA
Uitzetter D.
Hensbroekerstraat 10
1023 AN Amsterdam
020-6325068 / 06-53327001
1921
Eeldon P.v. (Rijnstroom)
Leiden
16,17 x 3,50 x 1,80
110 kW 150 pk Werkspoor

021.04223 MS
GB 4
RV 150 / ANNE MIEKE
1956
13,30 x 3,75 x 1,46
198 kW 270 pk

022.03384 MS
GEA
RIEK
Veenstra B.
Appingedam
1947
Bodewes & Dutmer
Groningen
7,03 x 2,28 x 1,00
29 kW 40 pk Brons

023.09761 SS
GEBROEDERS BEVER
DOCKYARD 3
Beltman Gebr.
Dordrecht
078-6140455
1946 bn 228
R.D.M.
Rotterdam
24,86 x 6,34 x 2,31
500 ipk RDM

023.12672 DV
GEERT
KORTENOORD 1
Oosterhof Holman BV
Koningsweg 3
8861 KN Harlingen
0517-414615
1967
J.Schlieker & Zn
Sliedrecht
10,14 x 3,05 x 1,51
80 kW 59 pk Henschel

030.51242 MS
GEERTJE
CORJAN / SANCTA MARIA /
PIETRIJN
Haan R.de
Wirdum
1953
Th.A.d.Groot
Landsmeer
11,55 x 3,45 x 1,70
58 kW 80 pk MWM

023.09919 MS
GEERTJE
DREADNOUGHT IV /
MAAS 20
Sterk J
Moleneind NZ 148
9203 ZT Drachten
1927 bn 706
Nic.Witsen
Alkmaar
15,27 x 3,44 x 1,62
196 kW 267 pk DAF

023.33915 DS
GEERTJE II
Boogaard Aann.bedr. D.C.v.d.
s-Gravenhage
2007 bn 1010
J.Schlieker & Zn BV
Sliedrecht
10,80 x 3,20 x 1,40
103 kW 140 pk Deutz

023.09935 MS
GEERTRUIDA
ADJO / SIPPORO /
HET VERTROUWEN /
GEEP / VERANDERING
Smit B.
Kortenhoef
1934
W.Mulder
Stadskanaal
14,00 x 3,60 x 1,50
88 kW 120 pk DAF

reg.nr. / type :	030.50799 MS	023.09670 DS	056.02780 recr
naam :	**GEJO**	**GEPKE**	**GERDA**
ex naam :	HEMA III /	JACOBA	SCH 2318
ex naam :	GEJO		
ex naam :			
eigenaar :	Wijngaard W.G.J. v/d.	Verschoor Vof Sleepdienst S.	
adres :	Spoorstraat 1 D	v.Diepenbroeklaan 11	
woonplaats :	6122 CJ Buchten	3335 AA Zwijndrecht	Dinteloord
telefoon :	046-4851341	078-6103663 / 06-53624626	
bouwjaar / -nr. :	1943	1956 bn 346	1965 bn 3044
bouwwerf :		Wortelboer	VEB Rosslauer Schiffswerft
plaats :		Gouderak	Rosslau
l x b x d :	13,42 x 3,29 x 1,22	17,05 x 4,60 x 1,74	14,06 x 8,16 x 1,20
vermogen :	99 kW 135 pk MWM	331 kW 450 pk Caterpillar	
boegschroef :			

027.17566 MC	023.19514 DB	023.26726 DS	020.04740 MS
GEERTRUIDA M	**GEMINI**	**GEPKE III**	**GERDA**
	JACOB HUGO / DEUTSCH-	LEONORA CORNELIA /	HANSA /
	LAND / JUSTITIA VII /	CAMPERDUIN	BEWAKINGSDIENST 1 /
	BACCHUS / ELAN		ESTER
Stemat Marine Service BV	Jong BV Rederij De	Verschoor Vof Sleepdienst S.	Anker Maritiem Service BV Het
Quarantaineweg 10	Montrealweg 153	v.Diepenbroeklaan 11	Expansie 54
3089 KP Rotterdam	3197 KH Rotterdam	3335 AA Zwijndrecht	8316 GA Marknesse
010-2996555	010-2311555	078-6103663 / 06-53624626	0527-203652
1986	1907 bn 42	1957 bn 562	1925
	A.S.M.	v.Goor	Concordia S.Seymonsbergen
Spaarndam	Arnhem	Monnickendam	Amsterdam
14,00 x 6,00 x 1,20	27,50 x 5,38 x 1,65	20,00 x 5,40 x 1,65	13,95 x 3,48 x 1,60
88 kW 120 pk Detroit	636 kW 865 pk Caterpillar	675 kW 918 pk Caterpillar	58 kW 80 pk Kromhout

023.15599 DS	023.25998 DS	030.31245 MS	00217 MV
GEERTRUIDA VAN	**GEMMA**	**GER ANT**	**GERDA**
DER WEES	H435/M272/BurgThurant/Mar-	GER ANT /	
	lou/Mevo/EngelPieter/Matria B/	GRACE DE DIEU	
	NooitVolmaakt/Linquenda/Jana		
Wees Groep BV Van der	Arends Scheepvaartbedr. Vof	Verhoef J.W.M.	Brandjes F.E.M.
's Gravendeelsedijk 100	Dorlandsweer 23		
3316 AZ Dordrecht	3363 JD Sliedrecht	Bunnink	Uitgeest
078-6482665 / 06-53154381			
1979	1940	1934	1938
Delta Shipyard	Gute Hoffnungs Hutte	De Hoop Gebr. Thijssen	
Sliedrecht	Walsum	Leiden	
21,46 x 6,97 x 1,94	22,40 x 5,75 x 1,90	10,00 x 2,97 x 0,90	10,00 x 2,40 x 0,70
316/346kW429/470pkCat./Mits	691 kW 940 pk Mitsubishi	81 kW 110 pk Industrie	29 kW 40 pk Brons

033.20084 MS	027.21226 MS	023.18097 MS	021.02872 MS
GEJA	**GENT**	**GERARDA**	**GERDA**
			ERASMUS
Rijet Vof Van der	Zeeuwse MaritiemeHolding BV	bergings-sleep&Tr.p.bedr Tiel	Horstman R.
	Oostelijk Bolwerk 11	Burg v. Geusauweg 36	Brielselaan 165 B
Hoorn	4531 GP Terneuzen	4191 KW Geldermalsen	3081 AC Rotterdam
	0115-683200	0345-580501 / 06-54924649	06-53896278
1899	1985	1961	1910
	Rupelmonde NV		Gebr.v.d.Windt
	Rupelmonde	Schiedam	Vlaardingen
9,34 x 3,18 x 1,50	33,13 x 9,69 x 3,20		20,00 x 4,58 x 1,99
	2 x 1203 kW/1635 pk Deutz	138 kW 188 pk Stork	294 kW 400 pk Industrie

021.01707 DS
GERDA
FRANS / ERNST /
MARIAN

Treffers & Zn G.J.
H.Figeeweg 35
2031 BJ Haarlem
023-5325211
1930 bn 234
De Hoop
Hardinxveld-Giessendam
20,61 x 4,90 x 2,22
552 kW 750 pk GM

031.10404 MS
GERDA
TOSCA

Treffers & Zn G.J.
H.Figeeweg 35
2031 BJ Haarlem
023-5325211
1928

12,42 x 3,40 x 1,32
92 kW 125 pk Thomassen

00178 MV
GERDY

Boskalis Westminster Koninkl.
Rosmolenweg 20
3356 LK Papendrecht
078-6969000
1969 bn 364
Damen Shipyards BV
Hardinxveld-Giessendam
12,86 x 3,46 x 1,68
176 kW 239 pk Caterpiller

023.17615 DS
GERIZIM
D 418 / D 218 / WESTEREMS/
ESCORT / BUFFEL /
BO ALEXANDER/WILLEM JR*
Waalboer D.J.

Sliedrecht

1939
Schimag
Mannheim
23,88 x 6,05 x 2,40
294 kW 400 pk Deutz

030.20437 DS
GERLIEN
JENNY / AMICE I /
AMICE

Gerlv.TiemSchpsreparatiebedr
Waalbandijk 129
6651 KB Druten
0487-515544
1925
t Hondsbosch
Alkmaar
15,36 x 3,68 x 1,40
264 kW 360 pk Detroit Diesel

021.03662 MV
GERLIEN I
JOCO II

Gerlv.TiemSchpsreparatiebedr
Waalbandijk 129
6651 KB Druten
0487-515544
1962
G.J.v.Berk
Beneden Leeuwen
12,32 x 3,60 x 1,50
121 kW 165 pk DAF

023.06839 MS
GERLIEN II
ADFRA / THEO

Gerlv.TiemSchpsreparatiebedr
Waalbandijk 129
6651 KB Druten
0487-515544
1946
Hylkema
Martenshoek
15,40 x4,20 x 1,25
191 kW 260 pk GM

022.09466 MV
GERMA
DAMEN MINICAT

Hakvoort K.A.
Pinksterbloemstraat 9
8321 XD Urk
0527-682216
1975
Damen Shipyards BV
Hardinxveld-Giessendam
8,40 x 3,10 x 1,10
88 kW 120 pk DAF

031.60111 MS
GERMA
MARIE / MARTINI /
GERMA

Linden P. v/d.

Delft

1930
Telgenhof
Coevorden
15,45 x 4,25 x 1,60
73 kW 100 pk Brons

031.10464 MV
GERMA II

Reurs G.
J. Sluiterstraat 21
1132 XV Volendam
0299-366341
1960 bn 264
v.d.Molen
Zaandam
10,88 x 3,44 x 1,42
95 kW 130 pk Mercedes Benz

023.26343 MS
GERMA III
AJAX / HARMONIE

Kinderen M.H.J.M.v.
IJsseldijk Noord 252
2935 BR Ouderkerk a/d IJssel
0180-683525
1924
H.J.Koopman
Dordrecht
26,30 x 5,50 x 2,02
412 kW 560 pk MAK

020.15716 MV
GERO B
ST PIETER / HENDRIK B /
ZEEHOND

Bonte L.

Steenwijk

1975 bn 576
Damen Shipyards BV
Hardinxveld-Giessendam
10,55 x 3,05 x 1,55
71 kW 96 pk DAF

020.07427 DS
GEROME
D 042/D 293/Johnny/Passim /
Albert Goedkoop / Revenu /
Mistral / Gremko / Dibo
Halfrond Maritiem BV

Geertruidenberg

1943
Braun
Speyer
22,80 x 5,95 x 2,20
2 x 373 kW/507 pk Cummins
393 kW 535 pk DAF

023.22383 MS
GERRIGJE MARIA
JEANNETTE D / VH 44

Dukongo B.V.
Veerstalblok 2
2831 BS Gouderak
0182-582633
1968 bn 352
Damen Shipyards BV
Hardinxveld-Giessendam
12,61 x 3,48 x 1,20
133 kW 182 pk Mercedes Benz

032.50208 MS
GERRIT DINA
ARTHUR

Gijsen A.
v. Beuningenstraat 177 II
1051 XN Amsterdam
020-6815229
1908 bn 61
A.S.M.
Arnhem
19,16 x 4,46 x 1,78
110 kW 150 pk Modag

023.11241 MV
GHANA

Internautic B.V.
Vest 63
2801 VE Gouda
0182-514770
1961
Eltink
Beneden Leeuwen
12,72 x 3,70 x 1,48
73 kW 100 pk Deutz

reg.nr. / type :	00283 MS	00285 MS	023.29115 MV
naam :	**GIJS**	**GIPSY**	**GORS**
ex naam :	JAN		
ex naam :			
ex naam :			
eigenaar :	Mulder J.P.	Emmerick M. van	Hotze J.
adres :			Kromme Haven 5
woonplaats :	Naarden	Krommenie	3421 BK Oudewater
telefoon :			
bouwjaar / -nr. :	ca20		
bouwwerf :			
plaats :			
l x b x d :	14,50 x 3,85 x 1,40	9,80 x2,93 x 1,40	5,00 x 1,80 x 1,60
vermogen :	125 kW 170 pk	56 kW 77 pk Deutz	25 kW 35 pk Ford
boegschroef :			

00566 OP	00477 OP	00553 OP	020.11380 MV
GIANT	**GIJSBERTHUS**	**GLOEIKOP**	**GOTLAND**
		DENZO	VB 4 / RVE 34 / AVONTUUR /
			TONNIE / KAREL ROORDA *
Janssen T.	Kromkamp R.H.G.	Vries Rederij R.J. de	Gulien - Den Breejen Vof
	Reijersdijk 5	't Noard 12	Hogendijk 37
Heijen	8262 CM Kampen	8721 GC Warns	4538 BB Terneuzen
	038-3318183 / 06-53272725	06-51451321	0514-581525
1993		1920	1969
Janssen			J.Schlieker & Zn/Vink
Heijen		Delfzijl	Sliedrecht
4,50 x 1,85 x 0,50	6,30 x 1,78 x 0,75	5,80 x 1,96 x 0,94	14,26 x 4,00 x 1,49
5,8 kW 8 pk Samofa	11,7kW 16pkLister Blackstone	8,8 kW 12 pk Industrie	2 x 132 kW 180 pk DAF

imo 9411109 MS	00099 MV	imo 9289996 MC	027.19064 DS
GIESSENSTROOM	**GILEPPE**	**GOKSU**	**GOUWESTROOM**
		NP 258 / NEPTUNUS 258 /	
		SABRINA /	
		COASTAL PROTECTOR *	
Wijngaarden Marine Service	Nelly Vof	Imbat Shipping BV	WijngaardenMarineService BV
Merwestraat 2	Landmanstraat 9 A		Merwestraat 2
3361 HL Sliedrecht	3082 WK Rotterdam	De Helder	3361 HL Sliedrecht
0184-490244	06-51433163		0184-490244
2007 bn 1571	1965	1997 bn 258	1998 bn 3210
Damen Shipyards BV	Jac.den Breejen	Kotlas/Neptune Marine	Jac.den Breejen
Hardinxveld-Giessendam	Hardinxveld-Giessendam	Limeda/Aalst	Hardinxveld-Giessendam
30,080 x 9,10 x 4,40	14,18 x 4,15 x 1,47	18,50 x 8,00 x 1,80	20,70 x 6,50 x 2,58
2x1672 kW/2320 pk Caterpillar	184 kW 250 pk DAF	2 x 441 kW/600 pk Volvo	2x529kW/720pk Detroit Diesel
176kW240 pk Caterp.Kalkman			

00314 MV	imo 9507063 MS	027.20510 MS	00295 MS
GIGANTIA	**GINGER**	**GOLLWITZ**	**GOUWZEE**
		GOLLWITZ D-25	DELFZIJL
Buijtenhek J.A.	Iskes Towing & Salvage BV	Vrij A.d.	Hammer H.
Krommedijk 121-119	Min.v.Houtenlaan 108		
3312 LC Dordrecht	1981 EK Velsen Zuid	Puttershoek	Zwartsluis
078-6131089	0255-522860 / 06-53901609		
1998	2010	1968 bn 152	1912
Koolmees	Eregli Shipy SA/Gebr.Kooiman	VEB Peenewerft	
Ermelo	Eregli/Zwijndrecht	Wolgast	
7,80 x 2,70 x 0,80	33,10 x 13,60 x 5,40	29,50 x 6,20 x 1,86	18,34 x 4,20 x 1,41
63 kW 85 pk Peugeot	2 x 2650 kW/3604 pk ABC	425 kW 578 pk SKL	176 kW 240 pk Scania Vabis

00168 MS
GOUWZEE II

Burg N.van
Amsterdam
1908
12,66 x 3,43 x 1,40
73 kW 100 pk Stork

024.02014 MV
GRAVELINES

Zanen Verstoep NV
Leidschendam
1972 bn 504
Damen Shipyards
Hardinxveld
15,14 x 4,30 x 2,00
176 kW 240 pk Caterpillar

00172 MS
GRETHA
LIBERTY

Broertjes E.
Vinkeveen
10,30 x 2,90 x 1,20
88 kW 120 pk DAF

023.11077 MS
GRIEND
VERTROUWEN 2

Muijlwijk
Enkhuizen
1959
Eltink
Beneden Leeuwen
16,41 x 3,70 x 1,00
88 kW 120 pk Volvo Penta

023.34157 DV
GRACE

Damsteegt Beheer&Exploitatie
Oud Alblas
2011 bn 01
Damsteegt BV
Oud Alblas
7,20 x 2,40 x 0,70
60 kW 82 pk J.Deere

020.04570 MS
GREETJE
ANNA MARTHA

Seinen S.W.J.
Appelhof 19
8525 GJ Langweer
0513-499218
1937
t Hondsbosch
Alkmaar
15,85 x 3,75 x 1,35
58 kW 80 pk Kromhout

020.04122 MS
GRETHA
CORNELIA

Reneman M.
Amsterdam
1922
W.Mulder
Stadskanaal
16,13 x 3,52 x 1,60
73 kW 100 pk Kromhout

023.23516 DS
GRIENDUIL 7

Kraaijeveld Beheer BV
Londen 9
2993 LA Barendrecht
0180-613522
1998 bn 60613
Vink
Sliedrecht
11,00 x 4,10 x 1,40
181 kW 247 pk Detroit Diesel

023.02897 MS
GRADA
BRABANTIE / ANTONIE / IDOLIN V

Santema J.E.
G.Schuilstraat 39
8861 VJ Harlingen
0517-850878
1927
Marckmann & Faassen
Capelle a/d IJssel
19,19 x 4,84 x 2,28
370 kW 504 pk Stork

033.50411 MS
GRETA

Ad Stolk Schepen BV
Veersedijk 223
3341 LL H.I.Ambacht
078-6128000
1956
G.J.v.Berk
Beneden Leeuwen
11,28 x 3,45 x 1,05
121 kW 165 pk DAF

023.05418 MS
GRETHA

Went D.
Amsterdam
1917
Groningen
16,00 x 3,75 x 1,00
73 kW 100 pk Kromhout

023.19255 MV
GRIENDUIL 14
BERGSE DIEP / ZEPHYR I

Kraaijeveld Beheer BV
Londen 9
2993 LA Barendrecht
0180-613522
1974 bn 524
Damen Shipyards BV
Hardinxveld-Giessendam
10,85 x 3,10 x 1,35
176 kW 240 pk DAF

025.08806 MS
GRAND SLAM
CORONITA I / EAGLE

Multraship Towage & Salvage
Scheldekade 48
4531 EH Terneuzen
0115-645000
1974
Singapore
2 x 88 kW/120 pk John Deere

020.03657 MS
GRETA

Bieze F.G.P.
Uithoorn
1936
t Hondsbosch
Alkmaar
16,00 x 3,50 x 1,36
117 kW 160 pk Gennifer

022.07327 DS
GRETINA
M 3 / 1.MAJ / PR 3

Zwaan J.
Havelaar 21
8321 ZA Urk
1956 bn 904
VEB Yachtwerft Neptun
Rostock
20,25 x 6,10 x 2,72
280 kW 381 pk Skoda

023.24480 MV
GRIENDUIL 23

Kraaijeveld Beheer BV
Londen 9
2993 LA Barendrecht
0180-613522
1986
Kraayeveld
Barendrecht
12,44 x 3,80 x 1,40
242 kW 330 pk MTU

reg.nr. / type :	023.10124 DS	026.07303 MS	00340 MS
naam :	**GROENLAND**	**GRUNO IV**	**GUUST**
ex naam :			KANAALDIENST 2
ex naam :			
ex naam :			
eigenaar :	Mammoet Maritime BV	Bijma BV	Sickens De Wal M.A.
adres :	Karel Doormanweg 47	W.A.Scholtenweg 84	
woonplaats :	3115 JD Schiedam	9636 BT Zuidbroek	Voorburg
telefoon :	010-2042483 / 06-20596504	0598-451778	
bouwjaar / -nr. :	1957 bn 546	2005 bn 23	
bouwwerf :	Bodewes /Weerter Schpsbouw	Roukema & Mulder	
plaats :	Millingen/Weert	Westerbroek	
l x b x d :	22,50 x 5,70 x 2,10	22,80 x 7,30 x 2,40	12,80 x 3,24 x 1,00
vermogen :	515 pk/700 pk GM	2 x 716 kW/973 pk Caterpillar	42 kW 57 pk Perkins
boegschroef :		298kW 406pk Caterp.Kalkman	

023.24002 DS	054.02820 DS	imo 6907171 MS	023.13273 MV
GRIENDUIL 32	**GRUNO**	**GRUNO V**	**GV 71**
	PROVINCIE GRONINGEN /	ADRETT / MICHAEL /	
	HAVENSCHAP I	CLARA	
Kraaijeveld Beheer BV	Bijma BV	Bijma BV	Rijndok BV
Londen 9	W.A.Scholtenweg 84	W.A.Scholtenweg 84	Adm.de Ruyterstraat 24
2993 LA Barendrecht	9636 BT Zuidbroek	9636 BT Zuidbroek	3115 HB Schiedam
0180-613522	0598-451778 / 06-53271648	0598-451778	
1978	1940	1968 bn 178	1971
Janson Trading B.V.	Fikkers	Mützelfeldtwerft	Damen Shipyards BV
Aalst	Foxhol	Cuxhaven	Hardinxveld-Giessendam
12,45 x 3,80 x 1,30	18,00 x 5,05 x 1,60	29,38 x 7,92 x 3,00	13,09 x 3,40 x 1,20
121 kW 165 pk Detroit Diesel	353 kW 480 pk Caterpillar	883 kW 1200 pk Deutz	172 kW 235 pk Caterpillar

021.00287 MS	026.05554 DS	033.10387 MS	020.09375 MS
GRIETJE	**GRUNO II**	**GRUTSK**	**GVB 7**
EVERDINA / HENRI 13 /	DELPHIN	JOMA / BIJLAND V/KRISTAL/	
LUCTOR 66 / TERESIA /		TREKVOGEL / BIJLAND V /	
WILLEM / MARIE 7		ANNELIEN / BIJLAND V	
Reym J.A.	Bijma BV	Looy L.H.	
	W.A.Scholtenweg 84		
Rotterdam	9636 BT Zuidbroek	Oude Leye	Amsterdam
	0598-451778 / 06-22991135		
1902	1974 bn 1425	1953	1954
Botje Ensing & Co	Damen Shipyards BV	G.J.v.Berk	
Groningen	Hardinxveld-Giessendam	Beneden Leeuwen	
19,60 x 4,30 x 1,45	16,17 x 4,82 x 1,60	9,50 x 3,00 x 1,30	
147 kW 200 pk Bolnes	2 x 228 kW/310 pk Caterpillar	73 kW 100 pk Kromhout	Kromhout

031.40051 MS	023.10498 DS	00179 MV	033.10530 MS
GRIETJE ELISABETH	**GRUNO III**	**GUAYAS**	**GYAS**
COJA / JENNIE / HENMAR /	VOLHARDING 6		LENA /
MARIE 6 / EERLAND 6 /			MAGDALENA MARIA
THOR			
Veldhuizen R.	Bijma BV	Boskalis Westminster Koninkl.	Hanzestad B.V.
	W.A.Scholtenweg 84	Rosmolenweg 20	Sluiskade 25
St.Nicolaasga	9636 BT Zuidbroek	3356 LK Papendrecht	9601 LA Hoogezand
	0598-451778 / 06-51425294	078-6969000	
1922	1959 bn 284	1992 bn 1605	1965 bn 263
Bodewes	Jonker & Stans	Damen Shipyards BV	Eltink
Martenshoek	Hendrik Ido Ambacht	Gorinchem	Beneden Leeuwen
15,80 x 4,22 x 1,60	19,80 x 5,35 x 1,98	16,89 x 5,29 x 2,52	13,24 x 4,35 x 1,69
107 kW 145 pk MAN	566 kW 770 pk Caterpillar	2 x 405 kW/550 pk Caterpillar	147 kW 200 pk

027.14857 DS **GYAS** EERLAND 25 / JOOSTDE MOOR Wagenborg Sleepdienst BV Marktstraat 10 9934 CK Delfzijl 0596-636911 1977 bn 808 Schouten/Padmos Muiden/Bruinisse 15,89 x 4,11 x 2,11 356 kW 485 pk GM	023.24568 MS **HALLE** SIMSON / KURA / HALLE / WITTENBURG Klokman B.C. Amersfoort 1927 Wiemann Brandenburg 27,82 x 5,65 x 1,55 220 kW 300 pk	027.18094 MS **HAM 814** KDC 10 Hollandse Aannemers Mij Rivium Quadrant 2 2909 LC Capelle a/d IJssel 010-4478444 1977 bn 3004 Damen Shipyards BV Hardinxveld-Giessendam 18,06 x 10,06 x 1,70 2x 176 kW/240 pk Caterpillar	023.07611 MS **HAMER** SCHOONHOVEN / COR / ARIEL / ORCA * Pijnappel J. IJmuiden 1918 bn 290 P.Smit Jr Rotterdam 17,28 x 4,10 x 2,15 162 kW 180 pk Caterpillar
023.18028 DS **HAAI** HAI Hazewindus C.P. Drinkwaterweg 403 3063 VD Rotterdam 010-4520483 / 06-53270011 1967 Joh.Oelkers Hamburg 21,00 x 5,40 x 2,80 415 kW 565 pk MWM	00074 MV **HAM 457** Hollandse Aannemers Mij Rivium Quadrant 2 2909 LC Capelle a/d IJssel 010-4478444 1981 Damen Shipyards BV Gorinchem 12,65 x 3,36 x 1,50 176 kW 240 pk GM	027.16415 MS **HAM 1400** Hollandse Aannemers Mij Rivium Quadrant 2 2909 LC Capelle a/d IJssel 010-4478444 1989 bn 3425 Damen Shipyards BV Gorinchem 16,06 x 4,84 x 1,90 2 x 257 kW/350 pk GM	023.16124 DS **HANNE** Herik Holding BV Van den Industrieweg 24 3361 HJ Sliedrecht 0184-412881 1941 De Haan & Oerlemans Heusden 20,02 x 5,05 x 1,82 287 kW 390 pk Deutz
023.26061 MS **HAI** Man H.de Maassluis 1952 bn 539 J.G.Hitzler Lauenburg 28,00 x 6,60 x 1,98 250 pk 340 pk MAN	027.18935 MV **HAM 459** Hollandse Aannemers Mij Rivium Quadrant 2 2909 LC Capelle a/d IJssel 010-4478444 1981 Damen Shipyards BV Gorinchem 12,65 x 3,36 x 1,50 176 kW 240 pk GM	027.18882 MS **HAM 1406** Hollandse Aannemers Mij Rivium Quadrant 2 2909 LC Capelle a/d IJssel 010-4478444 1996 Estaluiros Sao Jacinto SA Sao Jacinto 23,99 x 10,80 x 3,11 2 x 447 kW/607 pk Cummins	025.09762 MS **HANNES** KOLLICKER ORT D116 / Y 1653 KOLLICKER ORT Kos. B. Rotterdam 1968 bn 220 VEB Peenewerft Wolgast 29,50 x 6,20 x 1,86 425 kW 578 pk SKL
023.25020 MS **HAIDOR 2** Knol Materieel Verhuur Jac. Prikwei 5 8495 NG Oldeboorn 0566-631432 8,84 x 2,40 x 0,96 184 kW 250 pk Deutz	027.18182 MV **HAM 460** Hollandse Aannemers Mij Rivium Quadrant 2 2909 LC Capelle a/d IJssel 010-4478444 1981 Damen Shipyards BV Gorinchem 12,65 x 3,36 x 1,50 176 kW 240 pk GM	027.19263 MV **HAM 1509** SCHOLLEVAER Hollandse Aannemers Mij Rivium Quadrant 2 2909 LC Capelle a/d IJssel 010-4478444 1974 bn 523 Damen Shipyards BV Hardinxveld-Giessendam 14,88 x 4,18 x 1,22 184 kW 250 pk GM	023.24619 MS **HANNIBAL** CORRECT III Treffers & Zn G.J. H.Figeeweg 35 2031 BJ Haarlem 023-5325211 1908 Hamburg 16,12 x 4,98 x 2,11 235 kW 320 pk Mercedes

reg.nr. / type :	033.10263 MS	032.70554 MS	021.01439 MS
naam :	**HAPPINESS**	**HARM JAN**	**HARMONIE III**
ex naam :	HAPPINESS /	ZWAANTJE /	Harmonie III/JeanneD Arc/Cor-
ex naam :	LAST HAPPINESS /	CATHARINA /	janda/David/Gerja M/DarkRose/
ex naam :	OLD HAPPINESS / MAJO V	VOLHARDING	Angelique / Drammer / Jean
eigenaar :	Ruiter H.de	Jong R. de	Meegen G.A.T.van
adres :	Oude Wetering 1		Postbus 390
woonplaats :	2959 GA Streefkerk	Zwartsluis	6500 AJ Nijmegen
telefoon :			06-53667751
bouwjaar / -nr. :	1931	1933	1929 bn 233
bouwwerf :	C.Amels & Zn	A.Apol	A.S.M.
plaats :	Makkum	Echtenerbrug	Arnhem
l x b x d :	15,40 x 4,20 x 1,35	10,20 x 2,80 x 1,20	23,67 x 5,34 x 1,90
vermogen :	104 kW 142 pk Caterpillar	80 kW 110 pk Mercedes	294 kW 400 pk Bolnes
boegschroef :			30 kW electro

031.50151 MS	020.13487 DS	030.51208 DS	imo 9524516 MS
HANNIE	**HARBURG**	**HARMKE**	**HARRIER**
MARIA / VITESSE / HARDY /	WETTERN & PLUSCHAU 4	LELYSTAD	DMS HARRIER *
DEO VOLENTE			
Berg M.v.d.	Koop Holding Europe BV	Mastenbroek W.L.	Oord AczOverigeMaterieel van
Voorstraat 168		Bernhardstraat 9	Watermanweg 64
2941 EX Lekkerkerk	Groningen	3433 EL Nieuwegein	3067 GG Rotterdam
		030-6062305	010-4478444
1905 bn 21	1922 bn 562	1953	2009 bn 1600
A.S.M.	Stülcken & Sohn	Bodewes	Stocznia Kozle/Damen
Arnhem	Hamburg	Groningen	Kozle/Hardinxveld
22,13 x 4,16 x 1,52	18,61 x 5,37 x 2,62	15,75 x 4,30 x 1,40	35,25 x 11,60 x 5,25
276 kW 375 pk Kromhout	280 kW 380 pk Deutz	285 kW 387 pk Scania Vabis	2x1825 kW/2481 pk Caterpillar

00175 MS	020.03983 MS	023.28748 DS	027.14772 MS
HANNY	**HARLEY D**	**HARMONIE**	**HASSAN**
ZWAANTJE / CATHARINA /	Cor / Onderneming IV /	Emanuel / Harmonie III / Friso /	
VOLHARDING	Onderneming / Aegir /	Suzanna / Maaskade /	
	T'Vosje / Nelly / Verandering	Louise / Maaskade	
Seinen A.D.F.	Fontijne H.	Mastenbroek J.M.	Boskalis Westminster Koninkl.
	Acaciadreef 10	Bernhardstraat 11	Rosmolenweg 20
Goor	3137 BB Vlaardingen	3433 EL Nieuwegein	3356 LK Papendrecht
	010-4744640		078-6969000
1956	1912	1922	1977 bn 1475
	Figee	Marckmann & Faassen	Damen Shipyards BV
	Vlaardingen	Capelle a/d IJssel	Gorinchem
16,45 x 4,38 x 1,55	15,20 x 3,52 x 1,85	22,27 x 5,18 x 2,04	16,19 x 4,82 x 2,08
126 kW 172 pk Caterpillar	103 kW 140 pk Kromhout	368kW 500pk Stork Werkspoor	2 x 268 kW/364 pk Caterpillar

053.01610 MS	030.10809 MS	00122 OP	020.05755 MS
HANS	**HARM**	**HARMONIE**	**HAUKJE**
	BREDERO / ADRIANA /		ELAEIS / DINA /
	AALTJE		AVONTUUR
Leemberg A.	Weerden G.J.v.	Zaal M.van	Kimsma & J.H.d.Boer H.
Stripe 19	Oostendeweg 43		
8493 LB Terhorne	9723 HJ Groningen		Leeuwarden
0566-689203		06-53283283	050-5419851
1889	1943		1946
	Bijlholt		De Vries Lentsch
	Foxhol		Alphen a/d Rijn
16,45 x 3,70 x 1,76	17,20 x 4,64 x 2,00	6,00 x 2,00 x 0,70	14,72 x 3,52 x 1,19
	268 kW 365 pk Caterpillar	18 kW 22 pk Lister	58 kW 80 pk Stork

00549 MS
HAVENDIENST
HEUMEN / MEPPEL / CORMORAN
Gemeente Havendienst
Het Nieuwe Diep 37 A
1781 AE Den Helder
0223-613955
1974 bn 519
Damen Shipyards BV
Hardinxveld-Giessendam
10,50 x 3,05 x 1,05
70 kW 96 pk DAF

023.15866 MV
HB 9
Hoebee B.V. Scheepswerf
Merwedestraat 56
3313 CS Dordrecht
078-6130088
1951
7,85 x 2,73 x 0,73
55 kW 75 pk GM

023.02876 MS
HE AN
ITA / RHODOS / ITA
Bommel H.T.van
Spijksedijk 4 A
6917 AB Spijk
0316-541935
1924
Bonn & Mees
Rotterdam
17,35 x 4,20 x 1,82
110 kW 150 pk Gardner

023.17949 DS
HECHT
ALWINE / HERMANN / HECHT / ANNIE III
Goes stichting
Spaakstede 3616
4463 EM Goes
1924 bn 607
Koser & Meyer
Hamburg
18,50 x 5,50 x 2,00
243 kW 330 pk MAN

023.26317 PS
HAVENDIENST 2
HAVENDIENST 2 / RPA 25
St.Buitenmuseum Leuvehaven
Leuvehaven 67
3011 EA Rotterdam
010-4048072
1954 bn 502
Hendriks
Dodewaard
22,07 x 5,29 x 2,03
206 kW 280 pk Bolnes

00262 PS
HD
HAVENDIENST 1*
Havenbedrijf Dordrecht
Spuiboulevard 300
3311 GR Dordrecht
1994
Tukker
Gorinchem
13,30 x 4,30 x 1,50
176 kW 240 pk Cummins

00316 MV
HEAIDOR
VD 17 / MON IDEE / ANTJE 6
Knol MaterieelVerhuur BVJac.
Prikwei 5
8495 NG Oldeboorn
0566-631432
1925
v.Goor
Monnickendam
12,22 x 3,56 x 1,60
206 kW 280 pk MercedesBenz

030.50722 MS
HECTOR
HOOP OP ZEGEN / ZWALUW / GEA / L'AVENIR
Keizer A.de
s-Gravenhage
1924
A.Apol
Wirdum
14,15 x 3,60 x 1,30
44 kW 60 pk Industrie

00509 MS
HAVENDIENST 20
HAVENDIENST 2
St.Buitenmuseum Leuvehaven
Leuvehaven 67
3011 EA Rotterdam
010-4048072
1941
Gebr.Paans
Roodevaart
18,33 x 4,47 x 2,00
177 kW 241 pk Caterpillar

00430 MS
HD POLLUX
HAVENDIENST 6 - POLLUX
Hiemstra A.
Amsterdam
1976
Van Goor
Monnickendam
17,23 x 4,42 x 2,30
279kW 380pk StorkWerkspoor

022.09013 OP
HEAVY
DE HUSK / HUSKY
Woudstra J.
Leeuwarden
1929
6,95 x 2,40 x 1,00
13,2 kW 18 pk Ruston Lister

00594 OP
HECTOR
Klijnstra H.J.
Gorredijk
1930
6,15 x 2,05 x 0,90
59 kW 80 pk Hanomag

023.15912 MV
HB 8
Hoebee B.V. Scheepswerf
Merwedestraat 56
3313 CS Dordrecht
078-6130088
1947
8,64 x 2,48 x 0,63
59 kW 80 pk DAF

023.09278 MS
HE AD
DINA
Goudriaan C.
Sliedrecht
1949
v.Rossem
Dreumel
9,07 x 2,98 x 1,45
55 kW 75 pk MWM

023.26911 MV
HEBO CAT I
JUNIOR
Hebo Maritiem Service BV
Stouweweg 19
8064 PD Zwartsluis
038-3868180
2005 bn 1291
N.Dijkstra
Harlingen
12,20 x 4,75 x 1,20
2 x 125 kW/170 pk Deutz

021.04162 DS
HEIN JR
H 469 / M 263 / BEVELAND / FONDA / MONDA / STATUM / BERTUS JR
Bakker & M.d.Boer L.
Urk
1943
A.S.M./Weserwerft
Arnhem/Minden
22,30 x 5,80 x 1,75
2 x 268 kW/365 pk Caterpillar

reg.nr. / type :
naam :
ex naam :
ex naam :
ex naam :
eigenaar :
adres :
woonplaats :
telefoon :
bouwjaar / -nr. :
bouwwerf :
plaats :
l x b x d :
vermogen :
boegschroef :

023.12331 DB
HEKLA
Chemgas Shipping BV
v. Vollenhovenstraat 3
3016 BE Rotterdam
010-2412222 / 06-55893591
1967
St Pieter
Hemiksem
33,00 x 9,50 x 1,91
2 x 479 kW/652 pk Mitsubishi

023.06345 MS
HELENA
FEJO / MEVO / ANJO II /
ENERGIE
Ligthart W.& H.
Rozenbloemstraat 9
4921 KD Made
1939
Bodewes & Dutmer
Groningen
15,97 x 4,12 x 1,50
126 kW 172 pk Caterpillar

00441 MS
HENDRIK
Leuvehaven / Sos / Gertruda /
Ivonne / Corsaire II / Anita /
Spoetnik / Sogetra / Jules
Intern.Technical EquipServices
Lelystad
1926 bn 394
P.Smit Jr
Rotterdam
12,11 x 3,35 x 1,75
121 kW 165 pk GM

00485 MS
HEINZ
Amstel & IJ
Dijkgracht 9
1019 BT Amsterdam
020-4188013 / 06-55195020
1966
Schottelwerft
Oberspay
9,20 x 2,50 x 0,96
184 kW 250 pk Deutz

023.22270 MS
HEKTOR
NOORD / RHD 11 /
MARTHA / PIET HEIN /
NOORD / PIET HEIN *
Vreeken J.W.
Velserbroek
1938
A.S.M.
Arnhem
17,57 x 3,76 x 1,42

030.30804 MS
HELENA
NELDIE / JOHANNA /
GERLIE
Markov B.
Erlenbach (D)
1927
Th.Kempers & Zn
Alphen a/d Rijn
16,11 x 3,98 x 1,25
66 kW 90 pk Industrie

022.06944 DS
HENDRIK
ALICE / TERTIA /
HEDWIGS HÜTTE III /
PRIMA / WERNER
Sterk Holding BV J.
Postbus 234
9200 AE Drachten
0512-515608
1907 bn 476
Janssen & Schmilinsky
Hamburg
17,44 x 5,33 x 1,73
375 kW 510 pk Volvo Penta

020.01561 MS
HEKGOLF
TINA / TREKVOGEL /
THETA
Hek BV Gebr. Van 't
Postbus 88
1462 ZH Zuidoost Beemster
0299-423865
1921
Vooruit
Enkhuizen
13,25 x 3,76 x 1,36
79 kW 108 pk Samofa

027.16627 DS
HEKTREK
GATTA *
Hek BV Gebr. Van 't
Postbus 88
1462 ZH Zuidoost Beemster
0299-423865
1981 bn 239
Delta Shipyard
Sliedrecht
12,65 x 3,45 x 1,60
220 kW 300 pk DAF

023.00709 MS
HELENE
MARS IV / HELENE
Smit
Noordijs 23A
8861 AH Harlingen
0517-430141
1913 bn 32
De Groot & v. Vliet
Slikkerveer
17,07 x 4,10 x 1,50
126 kW 172 pk Cummins

023.10966 MS
HENDRIK
Troost Materieel B.V.
Spijkenisse
1937
9,15 x 2,55 x 1,25
66 kW 90 pk

022.05009 MV
HEKHULP
JOLANDA /
JACOB JUNIOR /
ZAAN
Hek BV Gebr. Van 't
Postbus 88
1462 ZH Zuidoost Beemster
0299-423865
1965
v.Rossem
Dreumel
13,05 x 3,65 x 0,85
88 kW 120 pk DAF

020.04284 MS
HELENA
CENTRUM
Hoesel R. van
Reinaldstraat 47
5333 XA Kerkdriel
0418-631941
1910
Vredenhof
Amsterdam
15,20 x 3,02 x 1,14
121 kW 165 pk Leyland

023.08229 MS
HENDRIK
MILLINGERWAARD /
ADVENDO II /
DANDY / ADVENDO
Halster P.H.G.
Vinkeveen
1905 bn 24
A.S.M.
Arnhem
17,12 x 3,75 x 1,40
121 kW 165 pk GM

023.04778 DS
HENDRIK
THEREJE
Valkenburg R.P.J.
Nijmegen
1930
Velthuizen
Zaandam
15,56 x 4,28 x 2,00
176 kW 240 pk Modag

023.32538 MS
HENDRIK
Leuvehaven / Ivonne / Gertrude / Corsaire II / Anita / Spoetnik / Sogetra / Jules
Vos H.

Leystad

1926 bn 394
P.Smit Jr
Rotterdam
12,02 x 3,06 x 1,75
121 kW 165 pk GM

023.22332 MS
HENDRIKA
SPES / MARIE 3 / EERLAND 3 / REGGE / STERNA / SPES
Kromkamp R.H.G.
Reijersdijk 5
8262 CM Kampen
038-3318183 / 06-53272725
1930 bn 203
Rijkee
Rotterdam
16,24 x 4,16 x 2,03
110 kW 150 pk Industrie

023.29116 MV
HENDRIKUS

Hotze J.
Kromme Haven 5
3421 BK Oudewater

6,50 x 2,20 x 0,70
45 kW 62 pk Ford

023.26463 MS
HENNIE B
BOTLEKWERKEN

Meer K.v.d.

Urk

1957 bn 225
Damen Shipyards BV
Hardinxveld-Giessendam
14,75 x 4,18 x 1,85
97 kW 132 pk DAF

020.09859 DS
HENDRIK 3
NEELTJE IJM 240 / NEELTJE SI 16 /AART GO 51/ SAVANNA / JAN PALFIJN
Aerde Sleepdienst
Zandstraat 20
4551 LH Sas van Gent
0115-451877
1946
Bodewes
Hoogezand
19,40 x 5,30 x 2,30
537 kW 730 pk Caterpillar

023.34004 MC
HENDRIKA JACOBA

ESB Holding BV

Elburg

2010 bn 1
mansvelderTechniek/esbShipb
Brakel/Elburg
16,50 x 5,00 x 1,35

00464 OP
HENGIST

Wit H.de

Akkrum

1994 bn 159
W.d.Wit
Akkrum
6,00 x 1,80 x 0,70
5,8 kW 8 pk Saab

00322 MS
HENNY
WALTRAUD

Hesselman R.C.G.M.

Creil

1944

Hamburg
15,05 x 3,25 x 0,95
95 kW 130 pk MWM

023.23331 DS
HENDRIK 7
FIJENOORD / EERLAND 2 / ARGUS / EERLAND 2 / BALCKYARD *
Aerde Sleepdienst
Zandstraat 20
4551 LH Sas van Gent
0115-451877
1974 bn 26
Delta Shipyard
Sliedrecht
19,18 x 5,62 x 2,50
353 kW 480 pk Detroit Diesel

030.11989 MV
HENDRIKJE

Boskalis Westminster Koninkl.
Rosmolenweg 20
3356 LK Papendrecht
078-6969000
1970 bn 377
Damen Shipyards BV
Hardinxveld-Giessendam
10,63 x 3,09 x 1,28
88 kW 120 pk Caterpillar

023.09435 DS
HENJA
ST.ANTOINE / GERDA

Fernhout H.J.
Werkenmondestraat 21
3312 JV Dordrecht
078-6132323 / 06-53244555
1955 bn 380
Th.v.d.Beldt
West Graftdijk
16,60 x 4,80 x 1,92
298 kW 405 pk Cummins

023.12372 DS
HENRI
HELMUTH/FRANZ HANIEL 8/ WORMER 8 / AMICE III / AMICE
Jomar BV
Scheepmakerij 146
3331 MA Zwijndrecht
078-6250791 / 06-13406527
1930
Lindenau Memel
Stettin
26,98 x 5,91 x 1,65
596 kW 810 pk Caterpillar

023.09795 MS
HENDRIK KLAAS
JUPITER / ZUIDPOOL*

Midena Shipping BV
Foksdiep 6
8321 MK Urk
0527-688000
1956 bn 520
Bodewes
Millingen
22,94 x 5,70 x 2,48
846 kW 1150 pk Deutz

00319 MS
HENDRIKJE
JAN VERHOEF / VOLHARDING II / ANTJE
Sande A.A. v.d.

Geertruidenberg

1924
Boer
Lemmer
7,05 x 2,30 x 1,20
22 kW 30 pk MWM

022.09985 DS
HENK

Vries & v.d.Wiel BV
Harmenkaag 9
1741 LA Schagen
0224-211211
1965
Fritz Staack & Co
Lubeck
9,38 x 2,52 x 1,19
184 kW 250 pk Deutz

00276 MS
HENRI S
HYGIEA I / MURENA / RISICO

Verheijke L.

Gorinchem

ca28
Nic.Witsen
Alkmaar
14,15 x 3,06 x 1,00
70 kW 96 pk DAF

reg.nr. / type :	00177 MS	020.13745 BV	023.20197 MS
naam :	**HERA 2**	**HERCULES**	**HERCULES II**
ex naam :	HERALI / JITSKE / JULIA /	ALK / TK 10 / ALCA /	HERCULES I /
ex naam :	CONTENT /	COBRINA	HERCULES
ex naam :	GER		
eigenaar :	Drechsler H.	Robijn J	Stavast J.
adres :			
woonplaats :		Lelystad	Rotterdam
telefoon :			
bouwjaar / -nr. :	1930	1953 bn 1218	1957
bouwwerf :	Bodewes	Yacht & Bootswerft	Scheel
plaats :	Hoogezand	Travemunde	Portugaal
l x b x d :	14,04 x 3,55 x 1,60	26,30 x 7,30 x 1,80	16,95 x 3,88 x 0,91
vermogen :	121 kW 165 pk Deutz	368 kW 500 pk MWM	184 kW 250 pk DAF
boegschroef :			

00323 MS	021.02097 MS	025.07991 SS	021.04138 MV
HENRIETTE	**HERCULES**	**HERCULES**	**HERMAN**
SIL / HENRIETTE	Tres Fratres / Arnold Frater /	GEBROEDERS BODEWES III/	SEOLTO
	Cornelia Pie / Jo / Zeester /	FREMAD / FREMAD II /	
	Sterna II / Pieter Coby / Janna	DITTE HASTRUP	
Vries de	Brautigam J.M.	StichtingCalorische werktuigen	Kocx A.H.
	Frans Halskade 75		Arendsweg 112
	2282 TT Rijswijk	Schiedam	1944 JH Beverwijk
			0251-220658
	1900	1915 bn 597	1963 bn 305
	H.J.Koopman	Bodewes	J.Schlieker & Zn
	Dordrecht	Martenshoek	Sliedrecht
7,00 x 2,18 x 1,10	19,50 x 4,50 x 2,00	21,70 x 5,56 x 2,30	7,72 x 2,83 x 0,80
85 kW 116 pk Deutz	169 kW 230 pk Deutz	225 ipk Fulton	62 kW 85 pk DAF

021.01558 MS	060.03724 DB	00491 DV	031.40122 MS
HERA	**HERCULES**	**HERCULES**	**HERMAN GRE**
ANNIE / HM 46 /	Delft/Lehnkering 12/Vredeburg/		VIGORE
ANNIE / JANNY /	Boekenier / Spartacus /		
HERA II	Savanna / Salween		
Duren E. van	BST Dintelsas BV	zevenmorgen bagger&overslag	Amerika J.H.
	Sasdijk 18	Rivierdijk 32	Snelliusstraat 56
Zaandijk	4761 RN Dinteloord	3372 BE H'veld-Giessendam	9727 JP Groningen
	0167-523288	0184-615820	050-5272221 / 171-6045198
1929	1966		1940
Limburgh	Gute Hoffnungs Hutte		Barkmeijer
Lekkerkerk	Walsum		Vierverlaten
15,09 x 4,19 x 1,50	19,97 x 11,36 x 1,70	11,00 x 3,57 x 1,00	18,30 x 4,55 x 1,50
74 kW 101 pk Brons	3 x 482 kW 656 pk Caterpillar	110 kW 150 pk	331 kW 450 pk Deutz

020.01301 MS	imo 7612620 MS	023.21018 MS	023.16099 DS
HERA	**HERCULES**	**HERCULES**	**HERMAN JR**
HOUTTRANSPORT /	HERKULES / TS HERKULES /	SCHEUR / HERCULES 2	ZAL 4 / EN AVANT 9
REMA B	GLADSTONE /		
	SMIT GLADSTONE		
Hamburger H.	Iskes Towing & Salvage BV	zevenmorgen bagger&overslag	Beer H.
	Min.v.Houtenlaan 108	Rivierdijk 32	
Amsterdam	1981 EK Velsen Zuid	3372 BE H'veld-Giessendam	
	0255-522860 / 06-53901609	0184-615820	
1930	1977 bn 138	1966	1979
Wed.K.Brouwer	Jadewerft	Damen Shipyards BV	Damen Shipyards BV
Zaandam	Wilhelmshaven	Hardinxveld-Giessendam	Gorinchem
13,95 x 3,50 x 1,40	30,76 x 8,84 x 3,08	11,21 x 3,34 x 1,34	15,12 x 4,68 x 1,68
58 kW 80 pk Kromhout	2 x 1765 kW/2400 pk MAK	46 kW 63 pk Kromhout	404 kW 550 pk Caterpillar

023.17242 DB
HERMANNA
STORMVOGEL / YAK / BARCA / ESPOIR 2 / DELTA / SCHILTHORN
Hoekstra & mfaj.v.Boxtel A.C.
Hovenierstraat 9
3331 GK Zwijndrecht
078-6194697 / 06-53684866
1962 bn 1003
Boele
Bolnes
25,05 x 9,47 x 2,02
2x588kW/800pkStork Werkspr

023.25327 SV
HERMES
Mijnster Zand&Grinthandel BV
Gorinchem
2001
S.D.M.S.
Hellevoetsluis
9,09 x 2,92 x 1,30
98 kW 133 pk John Deere

030.10799 MS
HERMES
RISICO / LEO III
Vreke W.H.A.
Jasmijnlaan 20
4542 CL Hoek
1940 bn 329
Th.v.d.Beldt
West Graftdijk
18,30 x 4,75 x 1,94
464 kW 630 pk ABC

023.27436 MS
HERO
Viiod/Arben/RemaVI/LooveerVI/LooveerVII/Wijtenkamp8/PeGe/Hero / Celie / Silani
Blankers W.L.
Terneuzen
1930 bn 61
Barkmeijer
Stroobos
15,06 x 3,54 x 1,69
86 kW 118 pk Bonn & Kaeler

023.13546 MV
HERON
RIJNVAART 6 / HATTO / EWT 3
Groenen Sleepdienst
Postbus 438
2300 AK Leiden
071-5123140 / 06-53294887
1935
P.Smit Jr
Rotterdam
16,00 x 3,25 x 1,50
177kW 240 pk Mercedes Benz

023.18388 MS
HESARI
JEANNE/KPT 3/RP 3/SSDP 3/ RV 3 / DE DRIE ZUILEN / KALKMAN
Boer L.d.
Rotterdam
1930 bn 86
De Biesbosch
Dordrecht
21,15 x 4,93 x 2,20
279 kW 380 pk Deutz

00422 OP
HET KROMHOUTJE
Cornelis H.
Groningen
1994
W.d.Wit
Akkrum
4,30 x 1,60 x 1,00
44 kW 60 pk Hanomag

031.70028 MS
HEWI
PRIMO/JUDITH WILHELMINA/ NEPTUNUS II / NEVER THOUGHT XVI
Rijk BV
Leimuiden
1908
Gebr.Paans
Roodevaart
17,17 x 3,81 x 1,80
264 kW 360 pk Cummins

032.60105 MV
HILDA
Treffers & Zn G.J.
H.Figeeweg 35
2031 BJ Haarlem
023-5325211
1955
Bakker & Kuijper
Schoorl
9,20 x 2,65 x 1,40
96 kW 130 pk MAN

026.05448 MS
HINRICH MUSING
LARA MUSING
Wartena Diko Leasing GmbH
F.vom Feldestrasze 2
D 40547 Düsseldorf
0597-471220
1978
268 kW 365 pk Caterpillar

00277 OP
HISTORY
Bakker A.
Urk
1915
5,20 x 1,75 x 0,65
12 kW 16 pk Deutz

023.21485 DB
HOLCIM I
TR 404 / NAVIN
Veldman Maritiem
De Phoenix 1
8862 TW Harlingen
0517-412486
1980
Baan Hofman
Gorinchem
13,39 x 8,50 x 1,70
2 x 331 kW/450 pk Volvo

020.04043 MS
HOLLAND
HOLLAND III / WILLEM K
Bal J.W.
Deestraat 19
4311 BE Bruinisse
0111-483266
1921
Concordia S.Seymonsbergen
Amsterdam
13,92 x 3,47 x 1,83
77 kW 105 pk Stork

020.02608 MS
HOLLAND
Krijgsman A.
Scheveningen
1927
t Kromhout Wed.J.L.Ceuvel
Amsterdam
16,44 x 3,30 x 1,35
110 kW 150 pk Volvo Penta

031.20010 MS
HOLLAND
ANTONY KLAZES
Leemburg F.
Stripe 19
8493 LB Terhorne
0566-689571
1930
Telgenhof
Daarlerveen
17,25 x 4,30 x 1,75
121 kW 165 pk Deutz

026.02675 MS
HOLLAND
ZeesleepbootHolland Stichting
Valkkogerweg 7
1744 GA St.Maarten
0224-297482 / 06-51279170
1952 bn 111
F.Smit
Foxhol
53,95 x 9,54 x 4,50
1545 kW 2100 pk Werkspoor

reg.nr. / type :	023.34122 MV	020.02223 MS	020.14339 MS
naam :	**HOLLAND DIVING 3**	**HONDSBOSCH**	**HOUTRIB**
ex naam :		HONDSBOSCH /	RVE 27
ex naam :		CHRISMA /	
ex naam :		THOMAS	
eigenaar :	Holland Diving InternationalBV	Krist B.	Schreuder Aannemersbedrijf
adres :		Kort Ambachtlaan 205	TT Vasumweg 99
woonplaats :	Vlaardingen	3333 EM Zwijndrecht	1033 SG Amsterdam
telefoon :		078-6197780	020-6333676
bouwjaar / -nr. :	1957	1947 bn 438	1959
bouwwerf :	C.Siebert	Bodewes & Dutmer	J.Schlieker & Zn/Hakvoort
plaats :	Berlin	Groningen	Sliedrecht/Urk
l x b x d :	15,37 x 3,59 x 0,91	17,00 x 4,40 x 1,75	9,08 x 2,75 x 0,66
vermogen :	110 kW 150 pk Mercedes	110 kW 150 pk MAN	77 kW 105 pk DAF
boegschroef :			

020.04042 MS	020.03160 MS	030.11951 CT	030.20994 MS
HOLLAND II	**HOLLANDIA**	**HONDSDIJK**	**HOUTVAART I**
	FIX 12	MINDEN	HOUTVAART I / RIKUS
Kras P.	Verhaar M.	E.N.B.O.	Ravensbergen G.
	Rhynhofweg 10 A		
Amsterdam	2342 BB Oegstgeest	Koudekerk a/d Rijn	Rijnsburg
1922	1952 bn 265	1955	1922
Rijnstroom	Cammenga	Weserwerft	Pehling
Leiden	Zaandam	Minden	Alkmaar
14,88 x 3,32 x 1,70	16,50 x 4,00 x 0,86	30,60 x 6,90 x 1,65	13,40 x 3,80 x 1,20
55 kW 75 pk Kromhout	110 kW 150 pk Scania Vabis	268 kW 365 pk Caterpillar	58 kW 80 pk Kromhout

020.04045 MS	023.16655 MV	023.06504 MS	030.21135 MV
HOLLAND V	**HOLLANDIA III**	**HOOP**	**HOUTVAART 6**
		HOOP / EN AVANT 4 /	
		MARTIN *	
Zwart E.	Markx & Zn Vof A.J.	Bijlsma W.	Thaumas B.V.
	Witte Klaver 10		Hanepad 59
Amsterdam	2481 CD Woubrugge	Woudsend	1501 WD Zaandam
	0172-518297		075-6310440
1930	1972	1941	1956 bn 204
Concordia S.Seymonsbergen	Hollandia	Th.v.d.Beldt	Vooruit
Amsterdam	Woubrugge	West Graftdijk	Zaandam
12,60 x 3,14 x 1,35	10,05 x 3,29 x 1,30	16,14 x 4,21 x 1,41	8,55 x 2,60 x 1,22
44 kW 60 pk Kromhout	73 kW 100 pk Mercedes Benz	110 kW 150 pk MWM	44 kW 60 pk Ford

023.07905 MS	023.18789 MS	020.06575 DS	030.21498 MV
HOLLAND 10	**HOLLANDS DIEP**	**HOUTMANKADE**	**HOUTVAART 7**
VOLHARDING /	HOLLANDS DIEP / RWS 71 /	ALBATROS / JOKE	
ONDERNEMING / WILLEM /	IMPALA		
LUCTOR			
Ruiter A.	Scheffer Y.	Verduin H.B.	Thaumas B.V.
	Wijk 3 nr 88	Danzigerkade 9	Hanepad 59
Kortgene	8321 GB Urk	1013 AP Amsterdam	1501 WD Zaandam
		020-6165815	075-6310440
1921 bn 691	1940	1968 bn 109	1964
Gebr.Boot	t Hondsbosch	De Liesbosch	Bak
Alphen a/d Rijn	Alkmaar	Jutphaas	Broek op Lagedijk
14,40 x 3,43 x 0,94	16,50 x 3,90 x 1,55	17,38 x 5,25 x 2,60	9,30 x 3,25 x 1,72
132 kW 180 pk DAF	84 kW 110 pk Gardner	368 kW 500 pk Caterpillar	61 kW 84 pk Gardner

023.29637 DB
HS 14

Spruijt Handelsmij.

Nieuwersluis

2007 bn 10
Van de Stap
Zwartsluis
5,95 x 2,20 x 0,80
88 kW 120 pk DAF

00125 MV
HSN 1

Stok Marine Service BV
v.Godewijckstraat 261
3341 VL H.I.Ambacht
078-6849434 / 06-23225273

7,50 x 2,50 x 0,80
88 kW 120 pk DAF

023.25472 MV
HSN 2

Boskalis Oosterwijk BV
's Gravenweg 399
3065 SB Rotterdam
010-2888777
2001
Jachtwerf Nederlek
Krimpen a/d IJssel
8,82 x 3,01 x 0,80
92 kW 125 pk New Holland

023.25822 MV
HSN 3

Marine Trading&Brokerage BV

Vlaardingen

1983
VEB Yachtwerft
Berlijn
7,50 x 2,50 x 0,80
103 kW 140 pk DAF

00003 MS
HUBERT

Interbeton B.V.
Gen Spoorlaan 489
2285 TA Rijswijk
070-3152393
1974 bn 1421
Damen Shipyards BV
Hardinxveld-Giessendam
16,17 x 4,82 x 2,30
2x268kW/365pk Detroit Diesel

023.12977 MV
HUBRECHT

Oord Acz OverigeMaterieel BV
Watermanweg 64
3067 GG Rotterdam
010-4478444
1970
Damen Shipyards BV
Hardinxveld-Giessendam
12,76 x 3,38 x 1,60
176 kW 240 pk Caterpillar

023.17312 DB
HUCKINGEN
RHEINHAUSEN /
MANNESMANN

Imperial De Grave BV
Vasteland 38 C
3011 BM Rotterdam

1975
Meidericher Schiffswerft
Ruhrort
21,02 x 9,91 x 1,80
2 x 588 kW 800 pk MAK

033.20553 MS
HUDSON

Hendriks J.H.M.

Mook

1932

12,06 x 3,50 x 1,20
103 kW 140 pk DAF

027.06162 MS
HUDSON
HUDSON / EBRO /
ELISABETH /
DIRK JAN
Stichting museumschipHudson
Julianalaan 18
3116 JR Schiedam
0167-502397
1939 bn 522
P.Smit Jr
Rotterdam
35,26 x 7,45 x 3,94
147 kW 200 pk Industrie

023.24439 DS
HUGO

Boer Baggeren BV De
Dr.Langeveldplein 11
3361 HE Sliedrecht
0184-411999
1999
Damen Shipyards BV
Hardinxveld-Giessendam
13,21 x 3,42 x 1,50
177 kW 241 pk Caterpillar

020.10156 SS
HUGO
HUGO HEDRICH

Leeuw A.de

Zaandam

1929 bn 189
Botje Ensing & Co
Groningen
18,50 x 5,20 x 2,40
150 ipk Botje & Ensingh

023.09218 MS
HUIBERTUS
ALBERT IV (?) / HETTY II /
GERT JAN

Graaff H.de

Werkendam

1938

Hardinxveld
10,88 x 3,35 x 1,20
77 kW 105 pk MWM

023.17936 MV
HULDER
BREEVAER 15

Smals Bouwgrondstoffen BV
Havenlaan 31
5433 NK Cuijk
0475-316054
1982
Jac.den Breejen
Hardinxveld-Giessendam
14,56 x 4,63 x 1,94
265 kW 360 pk Detroit Diesel

030.50897 MS
HUMUS III
MAARTJE / FAMKE II /
JACOBA IV

Koning A.

Alkmaar

1930 bn 988
Gebr.Boot
Alphen a/d Rijn
13,50 x 3,30 x 1,50
103 kW 140 pk Kromhout

026.06021 MS
HUNTER
WILHELMINA / HUNTER /
DELIA

Eersel J. van

Amsterdam

1958 bn 531
Joh.Oelkers
Hamburg
28,91 x 7,65 x 3,36
920 kW 1250 pk Industrie

021.04230 DS
HUNTER
D 214/EMGEDI/GER ANITA/
MAASSTROOM IV /
NINIKE G / ANTARCTICA
Walsma W.
D.Schellincxstraat 28
3201 KA Spijkenisse
0181-620336
1942
Meidericher Schiffswerft
Ruhrort
23,60 x 6,22 x 2,25
459 kW 624 pk Caterpillar

reg.nr. / type :	022.09754 MV	032.30344 MS	022.09728 MS
naam :	**HUSKY**	**HZ 8**	**IDEAAL**
ex naam :	SLOE	MOUNIKENDAM / HZ 8	DO / BEN JAN /
ex naam :			DANKBAARHEID /
ex naam :			DE BAAIERD
eigenaar :	Schut H.	Duyvesteijn C.L.W.	Mensonides S.
adres :	Nieuwstad 18	Greft 10	Wilhelminastraat 26
woonplaats :	9923 PH Garsthuizen	9003 XZ Wartena	8561 AC Balk
telefoon :	0595-464518	058-2552796	0514-603550
bouwjaar / -nr. :	1961	1929	1932
bouwwerf :	J.Schlieker & Zn	Concordia S.Seymonsbergen	Th.v.d.Beldt
plaats :	Sliedrecht	Amsterdam	West Graftdijk
l x b x d :	11,85 x 3,28 x 0,93	12,98 x 3,42 x 1,35	12,65 x 3,26 x 1,20
vermogen :	250 kW 340 pk DAF	44 kW 60 pk Kromhout	55 kW 75 pk MWM
boegschroef :			

00226 MS	020.06489 MV	027.17164 MS	023.21713 MS
HURRICANE	**HV 5**	**ICARUS**	**IDEAAL**
	BOATMAN 6 /		LIDY
	WESTERDOK		
Noordgat Rederij	Verduin H.B.	Hollandse Aannemers Mij	Ulden F.W.L. van
Burg.Swaanstraat 5	Danzigerkade 9	Rivium Quadrant 2	Utrechtse Jaagpad 62 A
8881 AG West Terschelling	1013 AP Amsterdam	2909 LC Capelle a/d IJssel	2313 LB Leiden
0562-443044 / 06-53105466	020-6165815	010-4478444	071-5122902
2008	1973	1976	1944
N.Dijkstra	Molenaar	Damen Shipyards BV	v.Eijk & Zn
Harlingen	Zaandam	Gorinchem	Sliedrecht
18,00 x 6,00 x 0,85	8,80 x 2,95 x 1,24	14,00 x 6,00 x 1,90	18,02 x 3,74 x 1,60
2 x 1105 kW/1500 pk MTU	58 kW 80 pk Scania	2 x 88 kW/120 pk Caterpillar	104 kW 140 pk Stork Ricardo

023.20294 MS	023.07016 MS	030.51318 DS	021.02371 MS
HUSKY	**HYDRA**	**IDA 1**	**IDO**
BLIZZARD / SCHLEPPKO /	CONCURENT /	HEIN / WEBO I / REWI	
ALBATROS	HIRZO		
Bosch A.S.Th. v.d.	Terstal R.	Heida J.	Samenwerk bedrijven ARBEZ
De Were 35		Duinstraat 17	Veersedijk 269
3332 KC Zwijndrecht		1973 CD IJmuiden	3341 LM H.I.Ambacht
078-6123220 / 06-53206135		0255-516889	078-6127288
1965 bn 70	1911	1955	1946
C.Cassens	C.Amels & Zn	v.d.Velde	Kooiman
Emden	Makkum	Zwolle	Zwijndrecht
23,50 x 7,00 x 2,30	12,08 x 2,78 x 1,22	16,84 x 4,65 x 1,84	13,98 x 3,58 x 1,65
955 kW 1298 pk Caterpillar	73 kW 100 pk Deutz	405 kW 550 pk Caterpillar	126 kW 172 pk DAF

imo 7708974 MS	020.08532 MS	030.51294 MS	imo 9439242 MS
HUSKY	**HYLKE**	**IDA 3**	**IEVOLI BLACK**
	EENSGEZINDHEIT/ ACTIEF/	IDEAAL / HOOP	
	MARJO / ST RITA /		
	PEPHI / LU MA		
Heerema Shipping BV	Jansen F.J.C.	Heida J.	Marnavi Holland BV
Vondellaan 55		Duinstraat 17	
2332 AA Leiden	Utrecht	1973 CD IJmuiden	IJmuiden
071-5799000		0255-516889	
1978 bn 497	1901	1954	2009 bn 1674/10
Niestern Delfzijl BV	Boon, Molema & de Cock	v.d.Velde	Remontowa SA
Appingedam	Hoogezand	Zwolle	Gdansk
60,46 x 15,32 x 6,27	15,95 x 3,95 x 1,60	16,95 x 4,65 x 1,98	70,00 x 15,50 x -
2 x 4470 kW/6077 MAK	121 kW 165 pk GM	501 kW 681 pk Caterpillar	2x 7440 kW/10118 pk Wartsila
			2 x 588 kW/800 pk

00117 MS
IGUAZU
Hollandse Aannemers Mij
Rivium Quadrant 2
2909 LC Capelle a/d IJssel
010-4478444
1999 bn 210
Harlingen
Harlingen
43,60 x 10,00 x 2,90
2 x 746 kW/1014 pk Cummins
272 kW 369 pk

023.09470 DS
IJSLAND
PLUTO / EERLAND 16
Mammoet Maritime BV
Karel Doormanweg 47
3115 JD Schiedam
010-2042483 / 06-53151396
1955 bn 499
Bodewes
Millingen
21,00 x 6,00 x 2,60
496 kW 690 pk Detroit Diesel

030.50832 MS
IJSSEL
WELVAART / JAN /
FERNE / NOVA CURA
Keizer
Noordhorn
1929
Telgenhof
Coevorden
13,90 x 3,40 x 1,10
66 kW 90 pk Brons

020.04299 MS
IJTJE
DELTA
Kuipers G.
Trekweg 1
9114 AE Driesum
0511-421470
1919
Jonker de Croo
Amsterdam
12,60 x 3,15 x 1,54
147 kW 200 pk Scania Vabis

023.10854 MS
IJMOND
Conetra BV
Waage Naak 4
6019 AA Wessem
0475-563515
1960
v.Santen
Sliedrecht
10,20 x 3,18 x 1,19
85 kW 116 pk DAF

030.51192 MS
IJSSEL
LACO / DIJO
1953
Leenman
Zwolle
13,37 x 3,76 x 1,18
176 kW 240 pk Catetpillar

00329 DS
IJSTROOM
RV 263
Amstel & IJ
Dijkgracht 9
1019 BT Amsterdam
020-4188013 / 06-55195020
1964 bn 2040
Mulder & Rijke
IJmuiden
84 kW 115 pk Deutz

025.08757 DB
ILHA DO TEIXEIRA
F 26 / MARTEN
Wijsmuller Bulklease BV
Sluisplein 34
1975 AG IJmuiden
1976 bn 104
Stapel
Spaarndam
25,00 x 9,00 x 3,00
2 x 607 kW/825 pk Caterpillar

020.02101 MS
IJSBEER
PRIMUS / IRIS /
MASCOTTE /
NELLY
Koek G.L.
Leiden
1946
Cammenga
Zaandam
12,88 x 3,49 x 1,50
123 kW 160 pk DAF

031.50310 MS
IJSSEL
Ceelen Combinatie
Sliedrecht
1948
9,04 x 2,65 x 1,04
73 kW 100 pk DAF

020.07417 DS
IJSVOGEL
Guis Funderingstechniek B.V.
D. Duyvisweg 25
3316 BL Dordrecht
078-6184333
1975 bn 137
De Liesbosch
Jutphaas
12,23 x 4,14 x 1,07
184 kW 250 pk Caterpillar

023.21771 MS
ILMEN
B.S.T. Perfico BV
Sasdijk 18
4671 RN Dinteloord
0167-523288
1939
Furstenberg Oder
Furstenberg
19,35 x 4,80 x 1,25
165 kW 225 pk SKL

030.11614 MV
IJSBEER
NEHIM I / YVONNE /
ZEEHOND
Langeveld H.
Leimuiden
1954 bn 1731
Eltink
Beneden Leeuwen
11,15 x 3,30 x 1,60
77 kW 105 pk DAF

023.20541 MV
IJSSEL
VH 79
Geluk BV Aannemersbedrijf
Hanzestraat 10
7006 RH Doetinchem
0314-325553
1979
10,83 x 3,68 x 1,30
143kW 195 pk Mercedes Benz

00017 OP
IJSVOGEL
FROU ANTJE /
GOLIATH / DAMPERTJE
Mei J.v.d.
Utrecht
1926
J.Boomsma
Sneek
6,00 x 2,00 x 0,90
8 kW 11 pk Deutz

00243 MV
IMAGO
Donk R.v.d.
Herpen
06-10951062
1965
Tukker
Papendrecht
7,20 x 2,10 x 0,90
35 kW 48 pk Peugeot Indenor

reg.nr. / type :	023.24513 DB	023.23641 DB	020.04896 MS
naam :	**INCA**	**INGMAR**	**INSULINDE**
ex naam :		JOHN / KOEN	INSULINDE / ANJA
ex naam :			
ex naam :			
eigenaar :	Inca 2000 BV	Ingam Vof Duw & Sleepvaart	Ridder C.H.de
adres :	Plaet 2	Vossenburcht 3	Vreelandseweg 44
woonplaats :	3351 NE Papendrecht	8309 AG Tollebeek	1394 BN Nederhorst d/Berg
telefoon :	06-53144771 / 172-5940982		0294-251432
bouwjaar / -nr. :	2000 bn 02000.00	1939	1956
bouwwerf :	Severnaya /Boer		Th.A.d.Groot
plaats :	St Petersburg/Sliedrecht	Berlijn	Landsmeer
l x b x d :	19,00 x 11,00 x 2,00	17,50 x 5,44 x 2,16	16,53 x 4,35 x 2,10
vermogen :	2 x 746 kW/1014 pk Caterpillar	2x 270 kW/367 pk Volvo Penta	235 kW 320 pk Volvo Penta
boegschroef :			

020.02258 MS	032.30228 MS	023.06481 MS	020.06057 DS
IMMANUEL	**INDEPENDENT**	**INGONA**	**INTERLUDE**
TEMI	INDEPENDENT III /		Assistent / Neptunus/Germa II/
	VICE VERSA 3		Themi / Nassaukade / Duo /
			Lekstroom I
Broekema H.	Aarnoudse R.J.	Interlloyd Averij BV	Speyer H.
Wheredijk 44	Neuwemeerdijk 63	Postbus 438	
1443 TB Hoorn	1171 NC Badhoevedorp	3000 AK Rotterdam	Vlaardingen
0299-438696 / 06-22480311			
1948	1955 bn 14	1941 bn 418	1901 bn 465
De Jong	A.v.Bennekom	Bijlsma	H.J.Koopman/Boele
Landsmeer	Sliedrecht	Wartena	Dordrecht/Slikkerveer
18,80 x 4,86 x 1,65	19,75 x 5,31 x 1,80	18,22 x 4,92 x 1,45	21,20 x 4,70 x 2,00
239 kW 325 pk Brons	147 kW 200 pk Bolnes	272kW 370 pk Mercedes Benz	147 kW 200 pk Industrie

030.50824 MS	030.51141 MS	023.22209 MC	021.03365 MV
IN RESI DUO	**INEKE**	**INGRID B**	**INTERVAL III**
FORTA / PIOJA /	WICI		WILLY / KRABBELAAR /
MARIETJE /NATHALIE /			ZEETIJGER
IN RESI DUO / MARMOT			
Jong W.A.de	Busman J.	Stemat Marine Service BV	Geerlings B.G.M.
		Quarantaineweg 10	
Heerenveen	Workum	3089 KP Rotterdam	Noordwijk
		010-2996555	
1926	1951 bn A 14937	1995	1959
	C.Amels & Zn	Volker Stevin	Tukker
	Makkum	Dordrecht	Papendrecht
13,06 x 3,57 x 1,05	12,08 x 3,51 x 1,25	15,00 x 7,00 x 1,94	15,00 x 4,00 x 1,60
58 kW 80 pk Industrie	88 kW 120 pk DAF	2x176kW/240pk Detroit Diesel	176 kW 240 pk Caterpillar

030.50944 MS	imo 9564217 MC	020.03020 MS	031.70543 MV
INA	**INGE J**	**INNOVATIE**	**IPSWICH**
JOHANN / AGADIR /	NEPTUN 8	VOORUIT / TEMPO	STELLA MARIS /
GERDA / KAPEL KOEAT /			EN AVANT 29
AGADIR			
Bruin F.D. de	Kok Beheer BV De	Ruiter H. de	Bekkers M.C.T.
Langedreef 20			Duinstraat 54
2941 SM Lekkerkerk	Hardinxveld-Giessendam	Hardinxveld-Giessendam	1931 GS Egmond a/Zee
0180-662518			06-12255500
1951	2009 bn NP 344	1914	1956
Beckmann	dodewaardShipy/neptunMarine	t Kromhout Wed.J.L.Ceuvel	Damen Shipyards BV
Cuxhaven	Dodewaard/Aalst	Amsterdam	Hardinxveld-Giessendam
17,62 x 4,63 x 1,80	21,60 x 9,04 x 2,00	15,18 x 3,30 x 1,33	12,15 x 3,16 x 1,30
110 kW 150 pk Bohn & Kahler	2 x 559 kW/760 pk Cummins	77 kW 110 pk Gardner	77 kW 104 pk DAF

023.26298 MS
IRBIS
TR 50?

A'damse Duwbakken Centrale
Kerklaan 6
2903 BE Capelle a/d IJssel

1980
Ceske Lodenice
Melnik
12,35 x 8,62 x -
2 x 152 kW/206 pk Skoda

021.02281 MS
IRENE
ROMA 2 / NOBIS 2/MARTHE/
NEWA / GUJA / DOLPHIN /
GEESJE / ANJE
Kleine S.J.
IJsselkade 46 B
8261 AE Kampen
038-3330952
1934
G.den Heeten & Co
Leiden
15,80 x 3,50 x 1,47
164 kW 223 pk Caterpillar

---

imo 9394038 MS
ISA

Hubrechtse F.J.M.
Caristraat 1
4322 BA Scharendijke
0111-672155
2006 bn 175
Kooiman
Dordrecht
29,80 x 9,50 x 2,50
2x1170 kW/1591 pk Mitsubishi

031.10291 MS
ISA MATHILDE

Schotanus H.
Turfkade 21
8701 JL Bolsward
06-55735463
1933
Th.v.d.Beldt
West Graftdijk
14,33 x 3,97 x 1,24
132 kW 180 pk DAF

023.26469 DB
ISIS

Sep W.J.
Burg.De Bruïnelaan 5
3331 AB Zwijndrecht

2004
Rushan/Gebr.v.Vliet
Shandong/H.I.Ambacht
18,50 x 9,00 x 1,80
2 x 447 kW/608 pk Caterpillar

00149 MS
ISKRA
INDUSTRIE / CORNELIA

Elsinger W.

Utrecht

1943

13,98 x 3,50 x 1,55
169 kW 230 pk Deutz

---

imo 9510228 MS
ITC CHINOOK
MARSOL HANDLER

I.T.C. BV
Postbus 19
2100 AA Heemstede
023-5485200
2006 bn 235 200602
Jiangsu Zhenjiang
Jiangsu
63,00 x 16,00 x 5,00
2 x 4000 kW/5400 pk MAK

---

imo 9433767 MS
ITC CYCLONE
MARSOL HAULER

I.T.C. BV
Postbus 19
2100 AA Heemstede
023-5485200
2006 bn 235 200601
Jiangsu Zhenjiang
Jiangsu
63,00 x 16,00 x 5,00
2 x 4000 kW 5400 pk MAK

---

imo 9531624 MS
ITC MELTEMI

I.T.C. BV
Postbus 19
2100 AA Heemstede
023-5485200
2009 bn 1596
Stocznia Kozle/Damen
Kozle/Hardinxveld
26,02 x 9,10 x 3,60
2 x 820 kW/1115 pk Caterpillar
294kW 400pk Caterp.Kalkman

---

imo 9453925 MS
ITC MISTRAL
DMS STARLIN / MISTRAL

I.T.C. BV
Postbus 19
2100 AA Heemstede
023-5485200
2008
De Hoop/Damen
Schiedam/Hardinxveld
26,02 x 9,10 x 2,80
2 x 746 kW/1014 pk Caterpillar
73 kW 100 pk

---

imo 8108377 MS
IVERO
AL MASHRAB / VIVERO

Tranship BV

s-Gravenhage

1982 bn 583
Sink Koon Seng Pte Ltd
Singapore
34,40 x 9,00 x 3,20
2 x 787 kW/1070 pk Kelvin

023.07492 MS
IVO MARYN
JAMA / REGGE /
CHARLOTTE

Groningen J.J. van
Herenweg 262
3648 CS Wilnis
0297-284348
1935
B.v.Brussel
Hasselt
14,24 x 3,90 x 1,66
257 kW 350 pk Fiat

00447 OP
IVONNE

Ingen R.van

Lobith

1930

6,20 x 2,21 x 1,00
7,3 kW 10 pk Kromhout

022.05369 MV
J S VI

Beens T.
Postbus 89
8280 AB Genemuiden
038-3856059
1982
De Jong Jachtwerf
Sneek
7,35 x 2,87 x 1,10
73 kW 100 pk DAF

022.04428 MV
J.W.R.
AUKE S / BEER

Rijpkema A.
Stripe 12
8493 LB Terhorne
0566-689340
1971
Rijpkema/Kuipers
Terhorne
12,00 x 4,50 x 1,40
2 x 103 kW/140 pk DAF

022.07261 MS
J.W.R.WONDER EN GEWELD

Hotze J.M.P.G.
Kromme Haven 5
3421 BK Oudewater

1986

8,00 x 2,50 x 0,70
2 x 76 kW/103 pk GM

reg.nr. / type :	030.41199 MS	033.50187 DS	030.20990 DS
naam :	**JACOB S**	**JACOBA**	**JACOBA II**
ex naam :		VIER GEBROEDERS /	JACOBA II / PATRICIA /
ex naam :		MARINUS	CINDY /
ex naam :			ANKA
eigenaar :	Sander Gebr.	Werners T.	Zuidam Vof N.
adres :	Venjelaan 6		Scheepmakersdijk 2
woonplaats :	9936 BR Farmsum	Middenbeemster	2011 AT Haarlem
telefoon :	0596-617979		
bouwjaar / -nr. :	1958	1927	1953
bouwwerf :	Sanders B.V.		N.Zuidam
plaats :	Delfzijl	Rotterdam	Haarlem
l x b x d :	12,55 x 3,85 x 1,50	14,58 x 3,13 x 1,44	12,86 x 3,75 x 1,30
vermogen :	136 kW 185 pk Deutz	175 kW 238 pk Caterpillar	73 kW 100 pk Volvo Penta
boegschroef :			

022.09841 DS	020.03667 MS	030.21124 MV	023.09737 DS
JAAP	**JACOBA**	**JACOBA 1**	**JACOBA SABIENA**
	LEIDEN / VOLHARDING 4 /		ALK
	HENNY / INDIAS /		
	TUGELA / PHOENIX *		
Vries & v.d.Wiel BV	Bekhoven Van	Meeuwisse B.V. J.W.	Vogelaar M.A.P.
Harmenkaag 9		Mercuriusweg 4	Voorde 6
1741 LA Schagen	Lage Zwaluwe	2516 AW 's Gravenhage	3209 BG Hekelingen
0224-211211 / 06-53991848		070-3838704	0181-639739
1962	1918 bn 293	1956	1956
J.Schlieker & Zn	P.Smit Jr	N.Zuidam	Grevenstein jacht&schpswerf
Sliedrecht	Rotterdam	Haarlem	IJsselmonde
12,25 x 3,45 x 0,92	17,40 x 4,32 x 1,80	11,80 x 3,20 x 1,37	13,00 x 3,66 x 1,76
132 kW 179 pk GM	74 kW 101 pk Deutz	51 kW 70 pk Volvo Penta	73 kW 100 pk Mercedes Benz

00448 OP	023.12605 DS	020.05941 MV	023.24299 DB
JAAPJE	**JACOBA**	**JACOBA 2**	**JACOLIEN**
EGBERT / MARGJE	RHENANIA 4 / ANTHONY /		M 4I / PIETER H /
	BONAIRE		ANTIGOON /
			ANDAMI / ALANY
Fase J.	Duinen Vof Van	Laar J. van	Bakker M.
	Gaardermeesterweg 32	Vreelandseweg 3	Wierpen 29
Nieuwegein	3077 GT Rotterdam	1393 PC Nigtevecht	8322 BB Urk
		0294-251530	
1930	1957 bn 317	1963	1939
	Gustausburg	Visscher & Zn	Wiemann
	Gustavsburg	Zwartsluis	Brandenburg
6,00 x 2,00 x 0,80	27,29 x 6,60 x 1,53	12,29 x 3,77 x 1,45	21,81 x 5,69 x 1,84
11 kW 15 pk Samofa	540 kW 735 pk Detroit Diesel	176kW 240 pk Mercedes Benz	2 x 220 kW/300 pk Cummins

023.12594 MS	023.00712 MS	00331 MV	032.50252 MS
JACKY	**JACOBA**	**JACOBA 9**	**JAELMA**
	VERITAS / HOOP / JABRE /	PETRA	KALINOS / MARTIN /
	ZWOEGER		GEROE / MINA / RODEUR /
			HARMINA / HARRY
Teunesen B.V.	Haisma	Swets ODV BV	Hoek J
		Rotterdamseweg 52	Haarlemmerdijk 42 C
Gennep	Amsterdam	3332 AK Zwijndrecht	1013 JD Amsterdam
		078-6191237	020-6391121
1900	1908	1956	1922
		Vink	t Hondsbosch
	Haarlem	Sliedrecht	Alkmaar
7,89 x 2,09 x 0,98	18,06 x 4,30 x 1,56	8,50 x 2,50 x 0,65	15,48 x 3,30 x 1,40
29 kW 40 pk	110 kW 150 pk GM	51 kW 70 pk Samofa	121 kW 165 pk GM

022.08429 MS
JAFANKA
JAFANKA / KRUKEL

Perdok P.
Reddingsweg 22
9166 PD Schiermonnikoog

1965
Velthuis
Groningen
18,00 x 4,40 x 1,90
117 kW 160 pk Scania

imo 9059298 MS
JAMUNA I
NICOLINE

Oord Acz OverigeMaterieel BV
Jan Blankenweg 2
4207 HN Gorinchem
0183-642200
1993 bn 5922
Damen Shipyards BV
Gorinchem
16,89 x 5,29 x 2,10
2 x 349 kW/475 pk Caterpillar

020.05376 MS
JAN
LIJSTER

Duis B.V. W.
Smidslaan 7
1544 AB Zaandijk
075-6281466
1957
t Kromhout Wed.J.L.Ceuvel
Amsterdam
16,80 x 4,25 x 1,88
202 kW 275 pk Caterpillar

020.14022 MV
JAN

Luteijn J. Sleepdienst
Kralingergracht 13
1483 AH De Rijp

1999 bn 94022
Koolmees
Ermelo
10,00 x 3,50 x 1,15
110 kW 150 pk Ford

00332 DS
JAGER
FLEMHUNDE / DITZUM /
ABS II

Graaf&MeeuwsenSchpvrtserv
Boelewerf 52
2987 VE Ridderkerk
0180-410222
1954 bn 34
Jadewerft
Wilhelmshaven
23,60 x 6,20 x 2,35
2 x 257 kW/350 pk Deutz

021.03245 MV
JAN
LEAL II / MARINUS /
VH 50 /
PAES 5
Ad Stolk Schepen BV
Veersedijk 223
3341 LL H.I.Ambacht
078-6128000
1957
De Merwede
Hardinxveld-Giessendam
11,45 x 3,26 x 1,10
147 kW 200 pk DAF

023.25134 DS
JAN

Furgo Ingenieursbureau B.V.
Veurse Achterweg 10
2264 SG Leidschendam
070-3111444

9,58 x 2,75 x 0,75
132 kW 180 pk GM

030.11289 MS
JAN
JAN / OSCAR

Meijlink W.

Amsterdam

1929

Amsterdam
13,14 x 3,42 x 1,10
48 kW 66 pk Mac Laren

023.20976 MV
JAGUAR

Spijksma & v.Kreuningen

Amsterdam

1971
Jac.den Breejen
Hardinxveld-Giessendam
14,00 x 4,50 x 0,78
117 kW 160 pk DAF

033.40122 DS
JAN
PIETER WILLEM

Balvert J.C.
Postbus 2117
3440 DC Woerden

1913
De Groot & v. Vliet
Slikkerveer
18,96 x 4,65 x 2,03
301 kW 411 pk Brons

00333 MS
JAN

Gerden H.v.

Borkum

1952 bn 515
Joh.Oelkers
Hamburg
27,52 x 7,24 x 3,80
1074 kW 1460 pk

021.04208 MV
JAN

Straaten Beheer BV Van der
Werfdijk 6
4417 AN Hansweert
0113-382510
1963
J.Schlieker & Zn
Sliedrecht
12,26 x 3,48 x 0,94
123 kW 168 pk DAF

020.06792 DS
JAMAICA
POOLVOS /
MORGENSTER /
ANTARCTICA II
Zanten R.N.van
Peter Veldmanlaan 24
5324 BE Ammerzoden
073-5996312 / 06-53681273
1969 bn 224
Suurmeijer
Foxhol
29,50 x 7,30 x 2,36
515 kW 700 pk Kromhout

023.18516 MS
JAN
SUMATRAKADE / RV 8

Doornenburg Pannerden BV
Sterreschans 13 A
6686 MS Doornenburg
0481-424249
1939
N.A.Bernhard Jr
Nieuwendam
16,18 x 3,98 x 1,20
117 kW 160 pk GM

020.02436 MV
JAN

Koek D.P.
Kerkeinde 30
4254 LD Sleeuwijk
0183-301321
1950

8,00 x 3,00 x 1,00

021.02977 MV
JAN
JOVIVAT / THEWIL / JAN /
ELLIE / JAN

Verhoeven F.X.
Laarstraat 37
5334 NS Velddriel
0418-631639 / 06-53154607
1954

12,00 x 2,80 x 1,50
97 kW 132 pk DAF

reg.nr. / type :	020.08141 DS	021.02308 MS	023.32708 OP
naam :	**JAN B**	**JAN LIEVEN II**	**JAN VAN HOUTEN**
ex naam :	D 206 / R 62 / D 206 /	HENCA II / JANJO /	
ex naam :	WORMER 6 / GUDRUN /	LUJOMA	
ex naam :	INA / DUCO 1 / MARCO		
eigenaar :	Breko Nieuwbouw BV	C.T.W. Electronic	Houten S.S.G.& C.van
adres :	Scheepvaartweg 3 B	Schaperstraat 2	
woonplaats :	3356 LL Papendrecht	1613 JK Grootebroek	Groet
telefoon :	078-6416868	0228-512435	
bouwjaar / -nr. :	1927	1943	2009 bn 21
bouwwerf :	Meyer	Noorlander	No Limit Ships BV
plaats :	Papenburg	Krimpen a/d IJssel	Groningen
l x b x d :	21,20 x 5,42 x 1,88	14,92 x 3,48 x 1,26	10,40 x 3,25 x 0,80
vermogen :	268 kW 365 pk Deutz	103 kW 140 pk Kromhout	44 kW 60 pk Lombardini
boegschroef :			

023.09724 MS	023.08348 SS	022.09986 MS	023.03069 MS
JAN	**JAN DE STERKE**	**JAN SR**	**JAN WILLEM**
	SNEL / MARIETTE /		LUCTOR / JAN / COR
	HENDRINA II		
Wetering BV D.v.d.	Jan de Sterke. Stichting	Vries & v.d.Wiel BV	Bergings-sleep&transp.bedrTiel
Bunschotenweg 134	Postbus 513	Harmenkaag 9	Burg v. Geusauweg 36
3089 KC Rotterdam	4200 AM Gorinchem	1741 LA Schagen	4191 KW Geldermalsen
010-4296255		0224-211211	0345-580501 / 06-54924649
1927	1913	1991	1912
	v.d.Straaten & Brink	Hattuma	v.d.Straaten & Brink
Amsterdam	s Gravenhage	Westerland	s Gravenhage
15,49 x 3,25 x 1,45	14,37 x 3,90 x 1,65	8,69 x 2,89 x 1,00	14,20 x 3,65 x 1,70
88 kW 120 pk Volvo Penta	65 ipk Kreber	88 kW 120 pk DAF	88 kW 120 pk DAF

020.08672 MS	023.17126 MS	imo 8470093 MS	023.18385 DS
JAN	**JAN LAURENZ**	**JAN VAN GENT**	**JANE**
PASJA	Hollander / Anna Iii / Anna /	Z 97- JAN VAN GENT	LEEN / LEON /
	Tober /Adja / Johanna / Credo/		ATTACK 5 /
	Zeeland / Hooglij		ROBIN
Zwarts P. & M.	Schellenberg F.	Laar Maritime BV Van	Snijders E.H.W.
M.v.Oostenrijklaan 8			Walcherselaan 14
2353 EN Leiderdorp	Anna Paulowna	IJmuiden	8316 NJ Marknesse
1983	1927	1986 bn 8409	1956
Concordia S.Seymonsbergen		SV Scap	G.J.v.Berk
Amsterdam		Oostende	Beneden Leeuwen
15,30 x 3,45 x 1,20	15,45 x 4,20 x 1,90		13,08 x 3,71 x 1,50
110 kW 150 pk Deutz	63 kW 85 pk Stork	882 kW 1200 pk MAK	125 kW 170 pk GM

023.00623 MS	023.14789 DS	020.03581 DS	027.21388 MS
JAN ABELS	**JAN LEENHEER**	**JAN VAN HASSELT SR**	**JANNEKE**
VIER GEBROEDERS /	JANUS / EERLAND 26 *	JAN VAN HASSELT SR /	
VENUS / GERI /		STORMVOGEL	
JAN			
Verbakel M.E.	Bonn & Mees BV	Nerva Vof	Boer Baggeren BV De
	Sluisjesdijk 123	Tuinfluiter 30	Dr.Langeveldplein 11
Best	3087 AE Rotterdam	8321 CK Urk	3361 HE Sliedrecht
	010-4290544	06-51785827	0184-411999
1920 bn 291	1967	1953	1975
Goudriaan	Kieler Howaldswerke /Tellerort	Amstel G.J. Baas	Damen Shipyards BV
Delft	Kiel/Hamburg (bn 501293)	Ouderkerk a/d Amstel	Hardinxveld-Giessendam
19,43 x 4,50 x 2,22	33,98 x 8,46 x 3,25	21,28 x 5,28 x 2,34	14,59 x 4,80 x 1,37
221 kW 300 pk Mercedes	2 x 634 kW/862 pk Mitsubishi	780 kW 1060 pk Deutz	2 x 220 kW 300 pk Doosan

00183 MS
JANNES
Verschoor
Vreeland
13,00 x 3,20 x 1,50
114 kW 155 pk GM

020.06806 DS
JANNO
ZEPHYR II
Veka Schpvaart &Handelsond.
Biesboschhaven ZZ 10-11
4251 NM Werkendam
0183-505230
1970
v.Goor
Monnickendam
15,00 x 4,48 x 2,05
268 kW 375 pk Caterpillar

022.02008 MS
JANTJE
Marinus W.
De Vleugel 2
8064 GE Zwartsluis
038-3866652 / 06-20489028
1941 bn 103
Bodewes
Foxhol
15,52 x 4,01 x 1,80
88 kW 120 pk Brons

020.10388 DS
JASON
T61/FlusspionierlompagnieT36/
T 301 Kom / Komp 88 /
Pionier T 80002
Kramer Vof Fa Gebr.
Falster 8
1506 BN Zaandam
075-6310092
1960 bn 150
Rheinwerft
Mainz Mombach
27,96 x 6,22 x 1,30
2 x 257 kW/486 pk Caterpillar

021.03526 DS
JANNETJE
Mount Everest/Zenith/Cofra III/
Saturnus / Maasstroom 6 /
Parelion/Lourina Ingrid / Viking
Jannetje Vof
Almerelaan 20
8321 JB Urk
1929 bn 128
H.J.Koopman
Dordrecht
26,48 x 5,56 x 2,10
494 kW 672 pk Caterpillar

030.51396 MV
JANNY
MERWEDE / THOLEN /
DIRKJE 2
Schuitemaker J.
Kampen
10,20 x 3,00 x 1,00
35 kW 48 pk Lister Blackstone

021.02455 MS
JANUS
BEJO / GERMI / ROSA /
PEJO /
STAD VIANEN
Schroot A.J.A.
IJsselstein
1948 bn 147
Damen Shipyards BV
Hardinxveld-Giessendam
13,20 x 3,78 x 1,50
73 kW 100 pk Caterpillar

00562 OP
JASON
DELTA JEWEL
Tijssen M.
Utrecht
1987
Berkelaar
Vinkeveen
5,10 x 2,07 x 0,90
19,8 kW 27 pk Triumph

030.51608 MV
JANNIE
JANNIE / ALCO
Boer A.J.W.d.
Spoorstraat 76
1723 NE Noordscharwoude
0226-318783
1962
Volharding
Stavoren
12,54 x 3,64 x 1,40
122 kW 166 pk Deutz

00242 MS
JANTJE
JOHAN / STELLA DUCE /
JOSE / STELLA MARIA
Bunnik P.A.
Zevenhoven
1930
De Hoop Gebr.Thijssen
Leiden
15,47 x 4,22 x 1,80
66 kW 90 pk

00120 MS
JASCON 3
Consolidated Projects Ltd
De Hoogjens 42
4254 XW Sleeuwijk
0183-301735
2001 bn 99134
Shangnan/Damen
Shanghai
32,80 x 10,00 x 4,15
2 x Caterpillar

023.14902 MV
JASON T
Stemat Marine Service BV
Quarantaineweg 10
3089 KP Rotterdam
010-2996555
1977 bn 510
Jonkerpaans
Dordrecht
13,30 x 3,82 x 1,85
177 kW 241 pk GM

023.16747 DS
JANNIE B
MABI 3 / SCHELDE 9 /
ORCA /
CYCLONE
Bouwman Towing & Shipping
Engelsekade 5
4301 NA Zierikzee
0111-415758 / 06-53126185
1955 bn 93
H.d.Haas
Maassluis
21,50 x 5,46 x 2,40
691 kW 940 pk Cummins
161 kW 220 pk Mitsubishi

00005 MV
JANTJE
Hoogerwaard Scheepswerf
Ophemertstraat 43
3089 JD Rotterdam
010-4290888
8,00 x 2,50 x 1,00
103 kW 140 pk Ford

023.20349 MV
JASON
Groenen P. Sleepdienst
Nieuwe Rijn 105
2312 JN Leiden
071-5123140 / 06-53294887
1992 bn 116
Kloos Dirk v/h Tijssen
Leiden
8,50 x 3,40 x 1,20
2 x 125 kW/170 pk DAF

023.12572 DS
JE GE III
WAAL
Nelis & Zn J.G.
Haarlem
1966
12,00 x 3,40 x 1,07
147 kW 200 pk

reg.nr. / type :	00586 MS	023.09538 MS	023.25583 MV
naam :	**JELLE**	**JENNY**	**JEROM**
ex naam :	DE ROEK	AREND I / JENNIJ	WAREN / LATOYA 11 /
ex naam :			JEROMMEKE
ex naam :			
eigenaar :	Nijman J.	Baardemans A.C.	Anker Maritiem Shipping
adres :	Statenlaan 156	Roodevaart 44	Rivierkade 5
woonplaats :	2582 GX 's Gravenhage	4782 RC Moerdijk	4931 AA Geertruidenberg
telefoon :	070-3548854	0168-412974	0162-514890
bouwjaar / -nr. :	1903	1912	1961 bn 2202-10
bouwwerf :		H.J.Koopman	VEB Yachtwerft
plaats :		Dordrecht	Berlin
l x b x d :	14,87 x 3,20 x 1,70	17,00 x 4,32 x 2,08	14,20 x 3,47 x 1,27
vermogen :	121 kW 165 pk GM	110 kW 150 pk Deutz	88 kW 120 pk Volvo
boegschroef :			

031.40053 MS	023.11925 DS	020.05898 DS	00449 OP
JEAN	**JELLE AUKE**	**JENNY**	**JETJE**
JOHANNA / JEAN / NICOLE	ERNST / HENDRIK /	JOHANNES GOEDKOOP /	
	POSEIDON	MEERVAL	
Kamp T.M.v/d.	Kapitein&Zn Duwsleepvaart A.	Tuinman&Zn Slpvaartbedr. A.	Hek H.de
Westend 7	Wijk 1 nr 39	Nieuwe Vissershaven 11	
8521 NN St.Nicolaasga	8321 EL Urk	8861 NX Harlingen	Oudekerk
0513-432354	0527-681864	0517-412854	
1930	1918	1962 bn 43	1920
Barkmeijer		A.v.Bennekom	Bijlholt
Stroobos	Hamburg	Sliedrecht	Foxhol
14,95 x 3,58 x 1,18	18,00 x 5,44 x 2,30	19,76 x 5,40 x 2,12	6,20 x 1,95 x 0,75
73 kW 100 pk Brons	552 kW 710 pk Detroit Diesel	515 kW 700 pk Cummins	7,3 kW 10 pl Petter

032.50214 DS	023.09492 MS	023.10629 MS	022.05436 MS
JEANNE	**JELTON**	**JENNY**	**JETSTREAM**
TOLENS / BETSIE G	MABI 4 / RUBENS	PASSE PARTOUT 3 /	Y 828 / Y 8215 / P 4123 /
		LEKSTROOM 8	STERN / FENNA
Lagerbrug&M.T.Pander M.R.L.	Rooder H. de	Venema B.V. Transport mij	Poepjes F.J.
		Tsjaerddijk 7	Expansie 54-56
Koudum	Kesteren	8771 KE Nijland	8316 GA Marknesse
		0515-569462	0527-203652
1946 bn 244	1921	1908	1953
De Haan & Oerlemans	Gebr.v.d.Windt	Huiskens & v.Dijk	Coast Guard Wharf
Heusden	Vlaardingen	Dordrecht	Curtis Bay Maryland (USA)
20,06 x 5,30 x 1,80	16,15 x 3,84 x 1,51	17,60 x 4,20 x 2,12	12,50 x 3,50 x 0,90
507 kW 690 pk Caterpillar	121 kW 165 pk GM	176kW 240pk PaxmanRicardo	2 x 121 kW/165 pk GM

022.01106 MS	023.09036 DS	022.03383 MS	023.12555 DS
JEKER	**JENNIE**	**JEROEN**	**JILL F**
Noordster II/Noordster/Anvi II /	KRALINGEN / EVERINGEN /	MENJE / GRETHA / ELAN /	D 230 / D 303 / IJSVOGEL /
Greta / Adusum / Geina/Henri /	ARKONA /	JETIJA / ALBERTJE /	MYSTERY
Deus Regit / Parvenu	PASCAL I / HINTE	GEKE	
Bekkum Bergings &Duikbedrijf	Weba Sleep & Duwvaart	Dijken B.G.	Fransbergen BV
	Middelbuurt 102		Havenstraat 10
Wessem	8321 ZE Urk	Spakenburg	6051 CR Maasbracht
			0475-465090
1901 bn 43	1954 bn 479	1941	1930 bn 387
Boon, Molema & de Cock	Bodewes	Hylkema	Meyer
Hoogezand	Millingen	Martenshoek	Papenburg
16,00 x 3,60 x 1,80	23,20 x 6,25 x 2,40	13,00 x 3,59 x 1,12	23,12 x 6,00 x 2,26
117 kW 160 pk Brons	423 kW 575 pk GM	184 kW 250 pk Volvo	404 kW 550 pk Yanmar

00298 MS
JILLIS

Marijt
Leiderdorp
1928
Concordia S.Seymonsbergen
Amsterdam

033.40121 MV
JIM
ANNA 2

Santen Hon Schpvaartbedr. A.
Molenstraat 56
9288 AT Kootstertille
0512-332085 / 06-22996447
1952
8,15 x 2,45 x 1,10
95 kW 130 pk DAF

023.15203 MV
JOCO III
JACOBA 11 / AEGIR

Leeuwen W.L.van
Haven 24
4001 LZ Tiel
0344-621025 / 06-51064391
1976
Jac.den Breejen
Hardinxveld-Giessendam
13,95 x 4,15 x 1,28
177 kW 240 pk GM

020.09267 MV
JOCO IV

Leeuwen W.L.van
Haven 24
4001 LZ Tiel
0344-621025 / 06-51063930
1985 bn 475
Th.v.d.Beldt
West Graftdijk
13,68 x 4,28 x 1,60
188 kW 256 pk Scania Vabis

027.21871 MS
JOCO V
RV 166 / FJORDSTONE 166

Leeuwen W.L.van
Haven 24
4001 LZ Tiel
0344-621025
1984 bn 535303
Damen Shipyards
Gorinchem
17,30 x 4,90 x 2,20
2 x 150 kW/204 pk DAF

023.29420 MV
JOCO VI
CORNELIS SR / RODIE 4

Leeuwen W.L.van
Haven 24
4001 LZ Tiel
1979
Visscher & Zn
Zwartsluis
17,20 x 4,95 x 1,90
331 kW 450 pk Caterpillar

023.25086 DB
JOERY H
RV 04-02 / 04-02

Stemat Marine Service BV
Quarantaineweg 10
3089 KP Rotterdam
010-2996555
1992
Damen Shipyards BV
Gorinchem
7,03 x 3,02 x 0,91
210 kW 286 pk Deutz

023.06934 MS
JOHAN
R.S.M. / BERTHA / WILJO /

Elfrik H.
Uiterweg 329
1431 RA Aalsmeer
0297-328328
1921
A.Bakker
Rotterdam
17,40 x 3,83 x 1,60
110 kW 150 pk Caterpillar

023.06590 MS
JOHAN
PIETER / LEONORA /
TEUNIS HENDRIK/CEELEN /
ANNE MARIE /COMBINATIE

Lanser L.
Dordrecht
1914 bn 147
Botje Ensing & Co
Groningen
12,65 x 3,32 x 1,40
88 kW 120 pk Deutz

00186 MS
JOHAN DE WIT
JOHAN DE WIT / JACO

Jager T. de
Almere
1927
Concordia S.Seymonsbergen
Amsterdam
15,00 x 3,49 x 1,20
95 kW 130 pk Deutz

033.10537 MS
JOHANNA
ARIE / ROBERT

Bosma Beheer BV S.J.J.
Sasdijk 2 D
4671 RN Dinteloord
0167-521030
1900
8,54 x 3,10 x 1,60
38 kW 52 pk Kromhout

020.16130 MS
JOHANNA
WEISSENFELS / HERTHA /
KREUZHORST /
TB LAW

Budding P.
Ardennenstraat 26
1827 AM Alkmaar
072-5627470
1925
Heinrich Ohle
Kassel
19,63 x 3,88 x 1,10
147 kW 200 pk SKL

023.09805 MS
JOHANNA
JOHANNA / PIE AD /
VERTROUWEN

Muys J.P.
Kortgene
1939
Gebr.Boot
Alphen a/d Rijn
13,60 x 3,80 x 1,55
44 kW 60 pk Industrie

023.16589 MS
JOHANNA
LOAD I / DINA /
CORRY / LIES

Pfeiffer F.A.
Karel Doormanstraat 5
7461 EN Rijssen
1938
G.den Heeten & Co
Leidschendam
12,10 x 3,47 x 1,75
110 kW 150 pk Volvo Penta

00187 MS
JOHANNA
GIPSY

Veenstra F. & S.
Ureterp
12,46 x 3,38 x 1,08
58 pk 80 pk La Meuse

030.50604 MS
JOHANNA
JENJA / JAN /
GERRIE / LAURA

Vieter P.F.W. de la
Haringvliet 68
3011 TG Rotterdam
1936
Mittendorf
Dedemsvaart
17,06 x 4,54 x 2,04
161 kW 220 pk Industrie

reg.nr. / type :	023.09469 DS	020.07726 DS	022.09911 MV
naam :	**JOHANNA VAN DER WEES**	**JOHN D**	**JOKE**
ex naam :	VOLHARDING 8	JACOMIEN of JORDAENS /	
ex naam :		RHEIN / EN AVANT 2 /	
ex naam :		PUMA 2 / NJORD	
eigenaar :	Wees Groep BV Van der	Droog W.J.	Heeres G.
adres :	's Gravendeelsedijk 100	Postbus 27	Abbegeasterkelt 14
woonplaats :	3316 AZ Dordrecht	1723 ZG Noordscharwoude	8617 LB Abbega
telefoon :	078-6482665 / 06-53154383		0515-569367
bouwjaar / -nr. :	1956 bn 274	1930	1959
bouwwerf :	Jonker & Stans	Gebr.v.d.Windt	G.J.v.Wezel
plaats :	Hendrik Ido Ambacht	Vlaardingen	Dreumel
l x b x d :	19,80 x 5,36 x 2,52	20,20 x 4,90 x 2,15	12,20 x 3,45 x 1,55
vermogen :	353 kW 480 pk Guascor	298 kW 405 pk Caterpillar	176 kW 240 pk GM
boegschroef :			
023.09821 MS	027.14956 MV	00056 MS	033.20129 MS
JOHANNA	**JOHANNE**	**JOHN PAUL**	**JOKOR**
DREADNOUGHT V			NORWAY / JEAN PIERRE
Visser	Boskalis Westminster Koninkl.	Pothof Th.	Bosma H.
	Rosmolenweg 20		
Maassluis	3356 LK Papendrecht	Oostwold	Hempens
	078-6969000		
19xx	1973 bn 517	1960	1930
	Damen Shipyards BV		Akerboom
	Hardinxveld-Giessendam	Duitsland	Oegstgeest
	14,40 x 4,35 x 1,85	14,50 x 3,50 x 1,00	15,00 x 3,60 x 1,40
	220 pk 300 pk	117 kW 160 pk SKL	121 kW 165 pk GM
00456 OP	020.11534 SS	023.09494 MS	020.01964 MS
JOHANNA ALBERDINA	**JOHANNES**	**JOHN SALS**	**JOLI COEUR**
	SCHILL	MABI 6 / HF 11 / HF 13 /	Maarten Tromp/Sleepdienst IV/
		MABI 6 / ONDERNEMING II /	Anberthe / Berthe / Louise /
		ONDERNEMING 2 / KARIN *	Simca / Grady II / Elise
Kattenberg J.	Leeuwen & N.Vendrig P.van	Sals J.	Wirdum G.van
	v.Roosendaalstraat 87		
Leiden	1606 XD Venhuizen	Mook	Wijk bij Duurstede
	0228-542025		
	1908	1921	1909
	Caesar Wollheim	Gebr.v.d.Windt	Hubertina v/h W.H. Jacobs
	Cosel Breslau	Vlaardingen	Haarlem
6,80 x 1,95 x 0,90	15,44 x 4,45 x 1,55	16,15 x 3,82 x 1,40	16,00 x 4,00 x 1,70
14 kW 20 pk Samofa	95 ipk Wollheim	176 kW 240 pk Modag	100 kW 135 pk Deutz
022.03689 MS	022.05819 DS	027.18496 MV	025.10243 MS
JOHANNA C	**JOHANNES J**	**JOKE**	**JOLLY**
W.K.K. II / HENDRIK KLAAS /	BUGSIER	INO / ANDRE	
BARKASS			
Dijk J.C. van	Midena Shipping BV	Blom BV Sleepdienst	Retting R.W.
Greveling 91	Foksdiep 6	Coenhavenweg 16 A	
9654 PN Annerveenschekanal	8321 MK Urk	1013 BL Amsterdam	Amsterdam
	0527-688000 / 06-53208193	020-6866007	
1921	1943 bn 352	1979 bn 1367	1956
	A.Bonne	Jac.den Breejen	
Hamburg	Wilhelmsburg-Hamburg	Hardinxveld-Giessendam	Magdeburg
17,68 x 4,65 x 1,96	20,63 x 5,50 x 2,70	14,20 x 4,25 x 1,80	28,67 x 6,53 x 3,30
169 kW 230 pk Stork	736 kW 1000 pk Deutz	537 kW 730 pk Caterpillar	294 kW 400 pk BKW

023.07584 MS
JOMA
RIKA

Smit W.

Rotterdam

1909
J.& K.Smit
Kinderdijk
20,20 x 4,32 x 1,70
320kW180pk ListerBlackstone

027.19918 MC
JOOP

Oord Acz OverigeMaterieel BV
Jan Blankenweg 2
4207 HN Gorinchem
0183-642200
2001 bn 4007
Damen Shipyards BV
Gorinchem
25,97 x 10,06 x 2,80
2 x 566 kW/770 pk Caterpillar

00189 MS
JORINDA
ZANNEKIN / HELENE /
DERNIER / JOLINDA

Geissler R.M.
Danielstraat 12 A
4424 AZ Wemeldinge

1945
Jacobs P/Winter
Boom
12,02 x 3,33 x 1,25
94 kW 128 pk Mercedes Benz

020.05795 MS
JOSEPHINE
ROB / HARRY

Brouwer Verhuur Wed K.
Zomerdijk 22
1505 HW Zaandam
075-6164672
1961
Th.A.d.Groot
Landsmeer
13,10 x 3,98 x 1,14
93 kW 127 pk Caterpillar

023.08165 MS
JOMA 4
MARK & DINTEL VII /
WESTDEUTSCHER LLOYD5/
BELI / EWT 7 / JOMA 4

Amsterdam

1908

Sliedrecht
27,33 x 5,48 x 2,03,
220 kW 300 pk Bolnes

00510 MS
JOOP
JUMA

Woude O.F.v.d
Uilenburg 33
8651 EL IJlst
0515-531707
1918
t Hondsbosch
Alkmaar
15,27 x 3,55 x 1,50
84 kW 115 pk Deutz

00454 OP
JORIS

Jong J.de

Appingedam

1934
Bijlholt
Foxhol
6,50 x 2,15 x 0,90
6,6 kW 9 pk Brons

00087 OP
JOSEPHUS B
JIN

Bol P.

Purmerend

1930

6,00 x 1,65 x 0,60
7 kW 9 pk Spindel

023.11140 MV
JOMAR
MARTIN

Boer Baggeren BV De
Dr.Langeveldplein 11
3361 HE Sliedrecht
0184-411999
1930 bn 689
t Hondsbosch
Alkmaar
12,14 x 3,16 x 1,16
110 kW 150 pk Scania Vabis

023.23256 DB
JOOP I
TR 408

Schriek W.A.
Damasstraat 52
2522 TW 's Gravenhage
070-3950322 / 06-53175833
1981
Ceske Lodenice
Melnik
12,02 x 8,62 x 1,63
2 x 147 kW/200 pk Skoda

022.05980 MS
JORK

Overbeek W.J.

Adorp

1965
Blom
Hindeloopen
9,18 x 3,38 x 0,64
29 kW 40 pk Mercedes Benz

021.02285 DS
JOSH
REINGARD / WILJA /
LIBRA

B.S.T. Perfico BV
Sasdijk 18
4671 RN Dinteloord
0167-523288
1907
Gebr.v.d.Windt
Vlaardingen
20,40 x 4,58 x 1,95
239 kW 325 pk Caterpillar

021.04281 MV
JONAT
BREEVAER V / DE PEILER

Hoekstra Grond&Waterwerken
Munedijk 5
9101 BR Dokkum

1969 bn 803
Jac.den Breejen
Hardinxveld-Giessendam
12,28 x 3,28 x 1,60
77 kW 105 pk MWM

00343 OP
JOPKE

Gulikers

Heel

1922
Bijlholt
Foxhol
5,50 x 1,90 x 0,65
22 kW 30 pk Armstrong

00592 MS
JORN
GERARD

Feringa J.H.K.

Woudsend

1930

14,50 x 3,30 x 1,10
53 kW 72 pk Berkel

023.24873 DB
JOSIEN
SIENTJE

Herik Holding BV
Industrieweg 24
3361 HJ Sliedrecht
0184-412881
1989
Ravenstein
Deest
17,50 x 7,00 x 1,81
2 x 257 kW/350 pk Cummins

reg.nr. / type :	00387 MS	022.10309 MS	022.09205 MS
naam :	**JULIUS**	**JURGEN**	**KAATJE**
ex naam :	JULIUS / EMDEN 34 /	EGBERT 3 / EBERT	
ex naam :	THOMAS /		
ex naam :	AVANTI		
eigenaar :	Janne E.M.	Haitsma P.J.	Weerden G.J.v.
adres :		M. Poppiusstraat 19	Oostendeweg 43
woonplaats :	Hellevoetsluis	8536 TX Oosterzee	9723 HJ Groningen
telefoon :			
bouwjaar / -nr. :	1886	1920	1982
bouwwerf :			
plaats :	Hamburg		Enkhuizen
l x b x d :	14,94 x 3,82 x 1,30	10,15 x 2,80 x 1,00	8,39 x 2,90 x 0,90
vermogen :	110 kW 150 pk Deutz	77 kW 105 pk DAF	37 kW 50 pk Perkins
boegschroef :			
022.06692 DB	00455 OP	022.11058 MS	020.07416 MS
JOSON	**JUNIOR**	**JUTTER**	**KALIWAAL 14**
CHRISTINA / SPERBER		STEUBENHOFT	
Joson BV (v.d. Gier)	Ydo A.	Poel & A.Schouten C.	Degenaar E.R.
Tichelkoelstraat 4			Prinsengracht 572
6951 ED Maasbracht	Numansdorp	Harderwijk	1017 KR Amsterdam
06-53522601 / 171-6097610			
1973	1935	1955 bn 521	1928
Bodewes		Joh.Oelkers	Concordia S.Seymonsbergen
Hasselt		Hamburg	Amsterdam
19,04 x 8,54 x 1,60	5,50 x 1,20 x 0,70	26,27 x 5,53 x 2,00	16,25 x 3,70 x 1,60
2 x 423 kW/575 pk Caterpillar	12 kW 15 pk Deutz	441 kW 600 pk MAN	93 kW 126 pk Henchel
020.01973 MS	046.01790 MS	020.01756 DS	022.10829 MV
JOY TUG	**JUPITER**	**JUTTER**	**KARIN**
SUMATRAKADE /		HUUB / ACTIEF /	INGA
BROEDERTROUW XI		DRAKAR / REVENIR	
Hoogendoorn J.C.	Ouwerling A.W.H.M.	Waterweg Acta Marine	Haarsma BV Kraanbedrijf
		Het Nieuwe Diep 39 D	Waltaweg 6
Hardinxveld-Giessendam	Breda	1781 AE Den Helder	8765 LP Tjerkwerd
		0223-615666	0515-579100
1945 bn 425	1924 bn 135	1939	1950
Boot	Boele	De Hoop Gebr. Thijssen	
Delft	Slikkerveer	Leiden	
16,88 x 4,48 x 2,20	24,00 x 5,74 x 2,20	13,40 x 3,88 x 1,60	9,32 x 2,54 x 0,87
123 kW 168 pk DAF	385 kW 525 pk MWM	294 kW 400 pk Volvo Penta	88 kW 110 pk DAF
023.04833 MS	023.26616 MS	020.01297 MS	023.22371 DS
JULIA	**JUPITER**	**KAAP FASTNET**	**KARIN**
ADJA / GRACA /	RISICO II / ADRIANA /	PIWI / NEUROS	SCHELDE IV / VEKA 70
ASTRID	ALFRA / BOUNTY II /		
	MAYDAY / ABRI		
Otterloo R.van	Schlebach & B.Schenk R.	Kroon G.T.	Meijer BV Expetitiebedr. L.de
			Westkade 1
Tienhoven	Liestad	Anjum	4551 BV Sas van Gent
			0115-451210
1930	1912 bn 31	1930	1964 bn 424
Bouman & Zn	De Groot & v. Vliet		Fulton Marine Engeneering
Coevorden	Slikkerveer	Zaandam	Ruisbroek
17,10 x 4,46 x 1,57	17,03 x 4,02 x 1,60	15,52 x 4,30 x 1,70	27,67 x 6,86 x 2,90
268 kW 365 pk MWM	165 kW 225 pk Caterpillar	92 kW 125 pk Bohn & Kaeler	552 kW 750 pk Deutz

023.19634 MS
KARL
NECKAR VII / KARL

Schaafstra J.A.F.
Gasthuisstraat 71
5171 GD Kaatsheuvel
0416-275178
1936
Schimag
Mannheim
22,30 x 5,35 x 1,60
220 kW 300 pk GM

00321 MS
KASURIS

BST Dintelsas BV
Sasdijk 18
4671 RN Dintelsas
0167-528023
1958
Thalmann
Brandenburg
30,06 x 7,38 x 1,60
425 kW 570 pk SKL

---

imo 9552084 MS
KASYMBORG
SHOALWORKER /
MCS MARLENE

Wagenborg Offshore BV
Marktstraat 10
9934 CK Delfzijl
0596-636911
2001 bn 1541
Damen Shipyards BV
Gorinchem
25,80 x 8,50 x -
2 x 715 kW/972 pk Caterpillar

030.50714 DS
KATHY
STAD OMMELANDEN /
ACTIEF / ANNIE / INGONA /
ANNIE / MAAIKE
StrootmanP&W. Slpvaartbedr.
Havenweg 19
4671 BS Dinteloord
0167-522445
1921
Sissing/Leenman
Winsum/Zwolle
16,49 x 4,04 x 1,20
257 kW 350 pk Caterpillar

00190 MS
KATTENMEER
MAASSLUIS

Rogge H.J.T.

s Gravenhage

1938
De Vries Lentsch
Amsterdam
16,00 x 4,00 x 1,35
126 kW 172 pk GM

022.09846 DS
KBO 006

BAM Utiliteitsbouw
Joop Geesingweg 901
1096 AZ Amsterdam

1999 bn 37
De Jong Jachtwerf
Sneek
7,57 x 2,62 x 1,30
88 kW 120 pk DAF

030.31546 MS
KEES
RWS

Groot A. de

Leiden

1930 bn 246
Th.v.d.Beldt
West Graftdijk
14,20 x 3,80 x 1,60
176 kW 240 pk Volvo Penta

033.10407 MV
KEES

Swets Dols & Heuff BV
St Canisiussingel 18
6511 TH Nijmegen
024-3228217
1956
Delta Shipyard
Sliedrecht
12,38 x 3,44 x 1,23
146 kW 198 pk Caterpillar

033.40407 MS
KEES

Zijda K.
Pretoriusstraat 75
8031 KP Zwolle
038-4226823
1940
v.d.Velde
Zwolle
8,50 x 3,00 x 090
58 kW 80 pk DAF

027.18440 MV
KEG
ELIZABETH /
KEMPHAAN / KEG

Waterman Shipping BV
Ringdijk 528 B
2987 VZ Ridderkerk
0180-465155
1974
Damen Shipyards BV
Hardinxveld-Giessendam
12,75 x 3,40 x 1,03
176 kW 240 pk Caterpillar

023.23671 DS
KENGE
ELTZ / CONCORDIA 2

Geldof C.van
v. Meerkerenstraat 340
3034 GE Rotterdam
010-4135833
1962
Schweers Schiffs & Bootwerft
Bardenfleth
23,65 x 7,45 x 1,98
441 kW 600 pk Mercedes Benz

027.16479 MV
KERMIT

Zeekadetten

Maassluis

1981 bn 2215
Damen Shipyards BV
Gorinchem
11,20 x 3,58 x 1,95
142 kW 193 pk Caterpillar

00191 MS
KETELDIEP
PAMPUS

Buhrmann A.

Bussum

1923
Th.v.d.Beldt
West Graftdijk
8,00 x 2,10 x 0,90
7 kW 10 pk Kromhout

023.32139 MS
KEVER I

Merode BV

Amsterdam

1940

10,94 x 3,24 x 1,54
104 kW 142 pk Caterpilar

020.05669 MS
KEVER II
ARJA

Oldenhage L.
Lisserdijk 350
2165 AC Lisserbroek
0252-413538
1960 bn 273
v.d.Molen
Zaandam
11,64 x 3,42 x 1,32
147 kW 200 pk Volvo Penta

023.06444 MS
KEVER III
NEPTUNUS IV / ADRIE /
LAURA / HYGIEA

Heemskerk B.V. J.J.M.
Gieterij 53
2211 WC Noordwijkerhout
0252-372212
1940
Concordia S.Seymonsbergen
Amsterdam
10,94 x 3,24 x 1,54
150 kW 205 pk Scania Vabis

reg.nr. / type :	023.30488 MC	00192 MV	027.19117 MV
naam :	**KEVIN C**	**KIM**	**KLANG IV**
ex naam :		GRIET / ELISABETH /	
ex naam :		GESINA / FIAT	
ex naam :			
eigenaar :	Cohold BV	Roos J.	Kamp D.v/d.
adres :			
woonplaats :	St.Maartensdijk	Vlieland	Hellevoetsluis
telefoon :			
bouwjaar / -nr. :	2008 bn 8	1973	1977
bouwwerf :	L.J.Boer	J.Schlieker & Zn	Delta Shipyard
plaats :	Sliedrecht	Sliedrecht	Sliedrecht
l x b x d :	18,30 x 5,00 x 0,80	9,40 x 2,70 x 0,90	12,07 x 3,68 x 1,45
vermogen :	162 kW 220 pk J.Deere	66 kW 91 pk Perkens	88 kW 120 pk GM
boegschroef :			

038.00004 DV	imo 9190121 MS	imo 9470181 MC	023.09611 MS
KEVIN	**KHAZARBORG**	**KIM K**	**KLAUS**
RV ?			WIM / RHEINKIES 2 /
			ISALA 2
houthaven slpdienst&dekschuit	Wagenborg Kazachstan BV	PPA Servicios Martimos	Zeeverkenners
Danzigerkade 2	Marktstraat 10		
1013 AP Amsterdam	9934 CK Delfzijl	Sleeuwijk	Dieren
020-6828440	0596-636911		
	1998 bn 9319	2007 bn 315	1956
	Damen Shipyards BV	Dodewaard /Neptune Marine	v.Goor
	Bergum	Dodewaard/Aalst	Monnickendam
6,30 x 2,24 x 0,80	24,80 x 9,20 x 1,70	21,50 x 9,05 x 2,70	12,30 x 3,60 x 1,50
73 kW 100 pk DAF	2 x 500 kW/680 pk Caterpillar	2 x 497 kW/608 pk Cummins	128 kW 174 pk

023.01695 DB	020.05914 DS	00342 MS	020.04559 MS
KEVIN	**KIEVIT**	**KINDERDIJK 4**	**KLAZIENA**
Cornelia / Albatros / Transito /		NR 4	LOMBOK
Lenie Annie/Leonora Cornelia/			
Wilhelmina / Lean / Matricaria			
Tinnemans & Zn BV P.H.	Houthaven BV	Catsburg M.	Thijsen J.D.
Industrieweg 16	Danzigerkade 2		
6051 AE Maasbracht	1013 AP Amsterdam	Amsterdam	Den Oever
	020-6828440		
1923	1962 bn 194	1947	1948
Marckmann & Faassen	Hakvoort	J.& K.Smit	De Vries Lentsch
Capelle a/d IJssel	Monnickendam	Kinderdijk	Amsterdam
26,22 x 6,58 x 1,90	16,50 x 4,27 x 1,74	10,40 x 2,80 x 1,40	20,25 x 4,25 x 2,00
691 kW 940 pk Cummins	353 kW 480 pk Daewoo	77 kW 105 pk Kromhout	58 kW 80 pk Kromhout
395 kW 538 pk v.Tiem			

065.03801 DS	00078 MV	imo 9548885 MS	021.04264 MS
KEVIN	**KILSTROOM**	**KINGFISHER**	**KLEINE BEER**
Frisia / Josephina Selina /	RVE 12	DMS KINGFISHER *	VD 2 / DB 18 / RV 18 /
Miranda / Sandra / Cried /			RINUS / DIEZE /
Banda / Armand / Rebel			DIEZE JR
Voets Holding BV	Wijngaarden Marine Service	Oord AczOverigeMaterieel van	Jongsma P.
Havenstraat 22	Merwestraat 2	Watermanweg 64	Jac.Catslaan 25
6051 CS Maasbracht	3361 HL Sliedrecht	3067 GG Rotterdam	1985 AD Driehuis
0475-461100 / 06-53170141	0184-490244	010-4478444	
1947	1968	2009 bn 571614	1936
Bijholt	J.Schlieker & Zn	/Damen Shipyards BV	
Foxhol	Sliedrecht	Hardinxveld	Duitsland
21,36 x 5,40 x 1,89	9,08 x 2,73 x 1,20	35,08 x 11,60 x 5,00	10,00 x 3,04 x 1,50
494 kW 672 pk Caterpillar	73 kW 100 pk DAF	2x1830 kW/2489 pk Caterpillar	44 kW 60 pk Industrie
		147kW200pk Caterp.Kalkman	

023.29566 MS **KLIEVER** Wal S.v.d. Den Helder 1935 12,20 x 2,70 x 1,00 88 kW 120 pk DAF	023.04946 MS **KNILLIS** LEMA / CREDO / ANIMO / LETON / FURIE III Goudriaan K. Blerick 1930 Goor & Spiekman Zwartsluis 14,04 x 3,35 x 1,20 62 kW 85 pk MAN	020.05762 MS **KOERIER** IGMA Ruisbroek J. Schipluiden 1961 bn 947 Nic.Witsen Alkmaar 15,70 x 3,75 x 1,10 66 kW 90 pk Bohn & Kahler	060.02395 DB **KOLYMA** FINA 12 / POLARIS / ADIRGE II / ARDONIS / NAIROBI / JURGEN Treffers & Zn BV G.J H.Figeeweg 35 2031 BJ Haarlem 023.5325211 1958 Chantier Naval Rupelmonde 20,90 x 8,10 x 2,50 933 kW 1268 pk Cummins
00037 OP **KLORUS** Bruin J.F. de Zuideinde 128 2421 AN Nieuwkoop 0172-571138 1930 5,80 x 1,70 x 1,00 12 kW 15 pk Brons	00580 MS **KNILLIS** PRINCE DE LIEGE / EMIL / HANNES/GEORGES ALBERT/ HANNES Vries H.d. Makkum 1913 Dordrecht 12,05 x 3,15 x 1,40 26 kW 36 pk Deutz	00479 MS **KOKO** KOKO / SCALDIS Eekma M.C. Workum 1955 G.J.v.Berk Beneden Leeuwen 11,68 x 3,44 x 1,20 66 kW 90 pk Kromhout	023.29112 MV **KOMER** Hotze J. Kromme Haven 5 3421 BK Oudewater 7,00 x 2,04 x 0,90 76 kW 104 pk Mitsubishi
00004 MV **KMK** Zeeverken.grp MeesToxopeus Zeestraat 281 1941 A Beverwijk 06-54260956 Smederij Ouderkerk a/d Amstel 8,00 x 2,50 x 0,90 29 kW 40 pk Indenor	030.51505 DS **KOBUS** FEDDE DAALDER / JURJAN / COBUS Bouius S.C. Elingslaan 57 9251 MN Bergum 0511-463014 1960 Visscher & Zn Zwartsluis 12,25 x 3,70 x 0,90 144 kW 200 pk J.Deere	020.08121 MS **KOLLMAR** ADLER Bosch K.v.d. Stavoren 1928 Union Giesserei Koningsberg (D) 21,50 x 5,66 x 2,20 191 kW 260 pk Caterpillar	00346 MS **KOMPAAN** Wielart K. Huizen 1992 Wielart Hilversum 10,00 x 3,00 x 1,20 88 kW 120 pk DAF
038.00009 DS **KNAR** Vroom L.de J.Muyskenweg 2 M 1096 CJ Amsterdam	020.06023 MS **KOERIER** Post N.E. Loggerstraat 103 1503 KC Zaandam 1962 Hardinxveld-Giessendam 8,00 x 2,72 x 0,62 37 kW 50 pk Ford	00345 MS **KOLONIEN** KOLONIEN / RECHTERDIEP / LIBRA Loos M. Haarlem 1913 bn 496 Nic.Witsen Alkmaar 12,20 x 2,75 x 1,40 29 kW 40 pk Brons	020.13466 MS **KONING DAVID** KONING DAVID / CATO / DINI / GERMA IV / LUZON Bleeker D.J. Winschoten 1911 Vos Hindeloopen 16,20 x 3,64 x 1,28 44 kW 60 pk Kromhout

reg.nr. / type :	023.13272 MS	023.25455 MS	020.03738 MS
naam :	**KORTENOORD 2**	**KP 12**	**KRACHTWIJK**
ex naam :		VLB 9	FERRY / KRACHTWIJK /
ex naam :			NANCY
ex naam :			
eigenaar :	Blok BV E.	De Koperen Ploeg	Blom BV Sleepdienst
adres :	Postbus 90	Capriweg 8	Coenhavenweg 16 A
woonplaats :	2910 AB Nieuwerkerk ad IJssel	1045 AW Amsterdam	1013 BL Amsterdam
telefoon :	0180-391391	020-4487090	020-6866007
bouwjaar / -nr. :	1971	1990	1953 bn 565
bouwwerf :		J.Schlieker & Zn	Concordia S.Seymonsbergen
plaats :		Sliedrecht	Amsterdam
l x b x d :	12,03 x 3,43 x 0,81	12,45 x 4,06 x 2,00	14,52 x 4,31 x 2,06
vermogen :	141 kW 190 pk	265 kW 360 pk DAF	202 kW 275 pk Caterpillar
boegschroef :			

00072 OP	00080 MS	023.26112 DB	020.03412 DS
KOPPELGAST	**KOUNGA**	**KRAAIJENBERG**	**KRACHTWIJK**
		HERKULES II / HERKULES /	KRACHTWIJK / NANCY /
		LEHNKERING 17 /	JAN WIJGH
		LEHNKERING 17 - KEVIN	
Stichting OLV-A	Mariventure BV	Smalstrans Vof	Weerd & E.A.v.Rijn B.v.d.
Kleine Koppel 9-11		Havenlaan 31	
3812 PG Amersfoort	Zwijndrecht	5433 NK Cuijk	Amsterdam
033-7370131		0475-316054	
1930	1987 bn 5902	1971	1950
	Damen Shipyards BV	Meidericher Schiffswerft	De Vries Lentsch
	Gorinchem	Ruhrort	Nieuwendam
	16,40 x 5,84 x 2,30	32,00 x 12,49 x 2,03	16,07 x 3,96 x 1,96
	2 x 295 kW/402 pk	2 x 1619 kW/2200 pk ABC	124 kW 168 pk DAF

00576 OP	020.01928 MS	023.17863 MS	00344 MS
KOPSTUK	**KP 2**	**KRAAK**	**KRAMMER**
		SUPERVISIE	
Huitema S.	De Koperen Ploeg	Broekmeulen C.N.H.	Maas C.
	Capriweg 8	Zuider IJdijk t/o 33	Zuidendijk 252
Sneek	1045 AW Amsterdam	1095 KN Amsterdam	3317 NN Dordrecht
	020-4487090		
1920	1925	1921	1956
Bijlholt	Concordia S.Seymonsbergen	t Hondsbosch	
Foxhol	Amsterdam	Alkmaar	
5,50 x 1,70 x 0,70	19,31 x 4,80 x 1,08	15,38 x 3,12 x 1,20	12,50 x 3,06 x 1,10
14,7 kW 20 pk Kromhout	100 kW 136 pk DAF	121 kW 165 pk GM	44 kW 60 pk Industrie

023.33395 MS	020.11651 MS	020.09040 MV	00194 MS
KORNELIS JR	**KP 7**	**KRAAK**	**KRAUSE**
PELSERT / RHD 15 /	WILLEM	WILMA /	
RWS 15		JACOBA LUCRETIA	
Koehoorn & Zn J.K.	De Koperen Ploeg	Verhoef N.A.	Verdonkschot P.
Kiesterzijl 18	Capriweg 8		
8801 HN Franeker	1045 AW Amsterdam	Zaandam	Swartbroek
0517-396884	020-4487090		
1973 bn 183	1987	1960	1925
H.J.Koopman	J.Schlieker & Zn		
Dordrecht	Sliedrecht	Groningen	Hamburg
19,50 x 4,50 x 1,45	12,36 x 4,10 x 1,50	11,80 x 3,24 x 1,10	11,10 x 2,70 x 1,10
2 x 190 kW/258 pk DAF	97 kW 132 pk DAF	73 kW 100 pk DAF	58 kW 80 pk Ford

023.32223 MV
KRAYENHOFF
Waal BV H.v.d.
Sliedrecht
1967
Van der Molen
Zaandam
17,15 x 4,52 x 1,24
122 kW 165 pk GM

00325 MS
KREKEL
KREKEL A 956
Anker Maritiem Service Het
Expansie 54
8316 GA Marknesse
0527-203652
1960
J.W.Akerboom
Lisse
17,55 x 5,47 x 2,23
2 x 295 kW/400 pk MWM

027.18728 MS
KRIMPEN
KRIMPEN / TIM
Willemstein S.W.M.
Nieuwendijk
1954 bn 477
Bodewes
Millingen
22,90 x 6,25 x 2,70
239 kW 325 pk Smit/MAN

020.02338 MS
KRISTIN
VIKING / MABI 2 / ANJA 2
Navicula Vof
Nieuwegein
1948 bn 245
Hylkema
Martenshoek
16,37 x 4,27 x 1,50
110 kW 150 pk MAK

025.08829 MV
KROONWIJK
KROONWIJK / ANNA
Vliet J.van
Postbus 1041
1000 BA Amsterdam
020-4223688
1955 bn 483
t Kromhout Wed.J.L.Ceuvel
Amsterdam
17,00 x 4,18 x 1,50
268 kW 365 pk Caterpillar

020.03221 MS
KWADIJK
Wolschrijn W.
Gerrit Bolkade 7
1507 BR Zaandam
075-6171327
1916
t Hondsbosch
Alkmaar
15,37 x 3,30 x 1,25
128 kW 175 pk Gardner

023.27124 MS
KWATTA
OST / RELA II / SCHLEPPKO 26 / KARL – HEINZ /GERDA III / VICTORY
Kuyt K.J.
Zaandam
1948 bn 18412
Pohl & Jozwiak
Hamburg
13,78 x 3,94 x 1,97
147 kW 200 pk Deutz

023.19087 DB
KYLE
SUFFREN / ZUIDERZEE / ZWARTE ZEE / KYLE / ORIENT
Kraaijeveld Duw&Slpvaartbedr
Ds Jamesstraat 21
4926 BJ Lage Zwaluwe
0168-483284 / 06-53326791
1968
Comp.desSablieres deLaSeine
Parijs
23,03 x 5,73 x 1,60
2 x 385 kW/524 pk Detroit

023.25318 MS
KYLL
Bogaart&J.v.d.Veur A.J.M.v.d.
Dordrecht
1949
Bodanwerft
Kressbonn
20,00 x 3,75 x 0,80
2 x 93 kW/126 pk Deutz

023.09136 MS
L`AVENIR
DREADNOUGHT / ONRUST / RIVER SEA
Daniel vof
Oude Kerkstraat 20
4417 AV Hansweert
0113-383944 / 06-53290047
1950
Niehuis & v/d Berg
Rotterdam
22,26 x 5,00 x 1,63
220 kW 300 pk Brons

020.11053 MS
LADY M
Werff BV v.d.
F.v. Aspermontlaan 10
6981 AN Doesburg
0313-472275
1992
Van de Werf
Doesburg
80 kW 110 pk Mercedes Benz

00534 OP
LADY RAISSA
LADY RAISSA / YARRAY
Hoeksma G.H.
Veendam
H.Holtman
Stadskanaal
5,00 x 1,65 x 0,80
11,7 kW 16 pk Deutz

021.04553 DB
LAETITIA
ST MARIA / VD 29 / CORNELIA MARIA / ANNE INGE / ST MARIA / KAINGA
Harsevoort A.B.J.
M.A.d.Ruyterstraat 31
7942 VK Meppel
1938
Leenman
Zwolle
18,12 x 4,65 x 2,09
154 kW 210 pk Volvo

021.043290 MS
LAGA
MUSTANG
Deugd BV
Rossum
1969
v.Mill
Hardinxveld-Giessendam
15,33 x 4,66 x 1,70
353 kW 480 pk Cummins

070.01720 MS
LAMBERT
Munnik M.H.M.de
Waalwijk
1930
Schipper & Van Dongen
Geertruidenberg
28,01 x 5,70 x 1,97
353 kW 480 pk Bolnes

020.11605 MS
LANGENORT
Kinefesta BV
Winamerdijk 22
8857 BC Wynaldum
0517-591683 / 06-50261163
1974
Rothensee Schiffswerft
Magdeburg
26,43 x 7,60 x 2,78
552 kW 750 pk SKL

reg.nr. / type :	00124 MV	023.01486 MS	020.02143 MS
naam :	**LASEIGNURE**	**LAURA**	**LAUWERSMEER**
ex naam :	SOUCDEN	HILLIGJE / DZ 25 / REINIER /	JOHANNA / GERRIE /
ex naam :		HILLIGJE / HENDRIK /	HENNY / MALU / WAJA /
ex naam :		WAAL / ADRIANUS / BRISAN	MEREL / AMAZONE
eigenaar :	Verhoef M.M.	Stravers C.R.J.A.	Overdijk A.C.
adres :		Postbus 1	
woonplaats :	Zaandam	7750 AA Dalen	Leiden
telefoon :		06-54605104	
bouwjaar / -nr. :	1962	1912	1937
bouwwerf :	Damen Shipyards BV	Gebr.v.d.Windt	Nic.Witsen
plaats :	Hardinxveld-Giessendam	Vlaardingen	Alkmaar
l x b x d :	13,00 x 3,50 x 1,30	17,54 x 6,30 x 2,66	15,92 x 3,98 x 1,46
vermogen :	88 kW 120 pk GM	273 kW 371 pk Caterpillar	123 kW 168 pk DAF
boegschroef :			

022.12877 OP	020.10108 DS	023.20333 MV	020.04736 MV
LARA	**LAURA**	**LAURA B**	**LAUWERSZEE II**
JAN VAN HOUTEN *	ALCYON		FRITZ / BALG /
			LAUWERSZEE
Kleijwegt & E. Poot C.A.	Graaf A. de	Biemans W.J.	Davids G.
	Buurtje 2		Postbus 42
Hoek van Hholland	1619 JR Andijk	Waalwijk	9974 ZG Zoutkamp
	0228-591509		06-53947641
2006 bn 7	1953 bn 167	1992	1946
No Limit Ships BV	C.Amels & Zn	Flevo jachtwerf	N.A.Bernhard Jr
Groningen	Makkum	Zeewolde	Nieuwendam
8,80 x 2,80 x 0,50	21,50 x 4,80 x 2,20	6,30 x 2,20 x 0,80	15,95 x 3,66 x 1,29
29 kW 40 pk Lombardini	368 kW 500 pk Deutz	22 kW 30 pk Samofa	176 kW 240 pk Fiat

020.05223 MS	00081 MV	021.04485 MV	021.02791 MS
LARA	**LAURA**	**LAURE**	**LAUWERZEE**
LARA / EMMA			LAUWERZEE / ACTIEF /
			LEVANTKADE / JEMO /
			MARIA
Muller F.	Hollandse Aannemers Mij	Merwede B.V. Ballast Mij	Zijlstra S.
	Rivium Quadrant 2	Waage Naak 15	
Amsterdam	2909 LC Capelle a/d IJssel	6019 AA Wessem	Ezumazijl
	010-4478444	0475-562344	
1926	1989 bn 5906	1965	1898
t Kromhout Wed.J.L.Ceuvel	Damen Shipyards BV	G.J.v.Berk	Huiskens & v.Dijk
Amsterdam	Gorinchem	Beneden Leeuwen	Dordrecht
14,28 x 3,35 x 1,19	16,50 x 5,28 x 1,80	7,03 x 2,45 x 0,32	18,68 x 4,24 x 1,73
92 kW 125 pk DAF	2 x 264 kW/360 pk Caterpillar	55 kW 75 pk Deutz	110 kW 150 pk MWM

020.07678 MS	023.18948 DB	032.70496 MS	065.03878 MV
LARA	**LAURA**	**LAURUS**	**LE CRI**
SR 7		MARTJE II	
Piekema J.K.	Kleinstra & Zonen Vof	Padmos Holding B.V.	Kraayeveld BV
Uniastrjitte 12	Veerweg 7	Havenkade 12	Trapezium 340
9034 HA Marssum	6051 AH Maasbracht	4311 BA Bruinisse	3364 DL Sliedrecht
058-2542510 / 06-51288856	0475-461648 / 06-53150675	0111-481551	0184-412288
1931	1989	1935	1978
KromhoutwedCeuvel/vRossum	Kleinstra	Welgelegen	v.Santen/Damen
Amsterdam/Dreumel	Maasbracht	Harlingen	Sliedrecht/Gorinchem
14,50 x 3,66 x 1,50	18,00 x 8,30 x 1,50	12,23 x 3,99 x 1,59	14,40 x 4,02 x 1,10
110 kW 150 pk Kromhout	2x447kW/608pk Detroit Diesel	165 kW 225 pk Cummins	331 kW 450 pk Volvo

022.02316 MS
LEAL
GERMA 2

Brijder H.
Veenmos 75
8265 HS Kampen

1942
Fikkers
Foxhol
19,45 x 5,05 x 2,12
177 kW 241 pk MAK

023.06033 MS
LEENTJE
ALJO / DIJK*

Driessens R.C.M.

Millingen

1914 bn 276
Wilton Fijenoord
Schiedam
19,56 x 4,05 x 1,78
176 kW 240 pk Bolnes

00419 MS
LEKKO

Hubens J.
Hooikade 10
3311 CD Dordrecht

1907

Dordrecht
13,00 x 3,25 x 1,00
62 kW 85 pk Perkins

021.03088 MV
LEKSTROOM
EN AVANT 23

Kraayeveld BV
Trapezium 340
3364 DL Sliedrecht
0184-412288
1955
J.Schlieker & Zn
Sliedrecht
12,00 x 3,46 x 1,35
261 kW 354 pk Cummins

022.08053 MS
LEANDER
HERINK *

Valitia BV

Sas van Gent

1961
De Lek
Krimpen a/d Lek
13,35 x 3,60 x 1,30
147 kW 200 pk GM

027.15172 MV
LEEUW
JAMA

Boskalis Oosterwijk BV
's Gravenweg 399
3065 SB Rotterdam
010-2888777 / 06-51090322
1978
Damen Shipyards BV
Hardinxveld-Giessendam
14,70 x 4,32 x 2,17
300 kW 408 pk Caterpillar

031.50652 MS
LEKKO
JULIA / RISICO / HARRY

Sanders P.W.H.M.

Beegden

1924 bn 791
Gebr.Boot
Alphen a/d Rijn
11,11 x 2,67 x 0,92
59 kW 80 pk DAF

023.09529 DS
LEKSTROOM I
POLARIS / EERLAND 20

Lekstroom Transport BV
Opperduit 73 A
2941 AS Lekkerkerk
0180-661305
1957 bn 500
Bodewes
Millingen
21,08 x 6,02 x 1,80
496 kW 675 pk Detroit Diesel

020.02004 DS
LEANKE
ALBERT / BEJAN /
PETER

Leenman W.W.
Drijverschuit 20
3372 VA H'veld-Giessendam
0184-614077 / 06-43838875
1946 bn 116
Bodewes
Foxhol
16,75 x 4,52 x 1,94
397 kW 539 pk Caterpillar

030.50340 MS
LEGIONNAIRE
JOMA/ATTACK/ELISABETH/
MARY / JOMAR III /
ROBERT B
Bol P.

Purmerend

1924
Welgelegen
Groningen
16,00 x 3,80 x 1,60
132 kW 180 pk DAF

021.03395 DS
LEKSTROOM
Neeltje / Batavia /
Werkendam / Kees /
Lekstroom XI / Werkendam
Hulst E.T.M/ van
Kriegerstraat 25
5361 JA Grave
0486-420696
1906
H.J.Koopman
Dordrecht
17,47 x 4,10 x 2,07
110 kW 150 pk GM

023.07866 DS
LEKSTROOM IV

Lekstroom Transport BV
Opperduit 73 A
2941 AS Lekkerkerk
0180-661305 / 06-53135292
1946 bn 799
J.& K.Smit
Kinderdijk
17,60 x 4,70 x 1,61
228 kW 310 pk Cummins

030.50666 MS
LEBA III
LEBA III / POSEIDON /
THOR

Hempenius W.
Willemskade 58
8911 BC Leeuwarden
06-22486820
1939 bn 387
Bijlsma
Wartena
18,16 x 4,55 x 1,80
220 kW 300 pk MWM

021.03297 MV
LEK
LEK / JE-GE / MARJAN

Derks G.

Meppel

1957

H.I.Ambacht
9,35 x 2,85 x 1,20
88 kW 120 pk DAF

00348 MS
LEKSTROOM
ADAM of ARRIK /
PETER of CORNELIA

Kraayeveld BV
Postbus 180
3360 AD Sliedrecht
0184-412288
1930
Concordia S.Seymonsbergen
Amsterdam
10,30 x 2,70 x 0,90
55 kw 75 pk MAN

020.05103 DS
LEKSTROOM V
IKA GOEDKOOP /
SOPHIA JACOBA II

Lekkerkerk BV
Opperduit 73 A
2941 AS Lekkerkerk
0180-661305 / 06-53138369
1956 bn 16
A.v.Bennekom
Sliedrecht
20,02 x 5,41 x 1,26
448 kW 609 pk Caterpillar

reg.nr. / type :	033.50379 MS	00470 MS	023.05991 MS
naam :	**LENY II**	**LIBBEN**	**LIBERTE**
ex naam :	SCHELPHOEK /		Albatros / Frits Goedkoop /
ex naam :	H J STUY / PIETER JR /		Bregje Goedkoop / Corma /
ex naam :	DILOS		Germa II
eigenaar :	Valewaard B.V.	Vliet S.v.	Minnes J.E.
adres :	Havikerwaard 8 A		
woonplaats :	6994 JD De Steeg	Alphena/d Rijn	Brighton
telefoon :			
bouwjaar / -nr. :	1954 bn 1	1922	1938 bn 215
bouwwerf :	v.Oord	vebPeene werft/ernstThalmann	Th.v.d.Beldt
plaats :	Vianen	Wolgast (D)	West Graftdijk
l x b x d :	12,18 x 3,48 x 0,90	19,74 x 5,80 x 2,10	18,02 x 4,50 x 1,48
vermogen :	113 kW 153 pk Scania Vabis	220 kW 300 pk SKL	110 kW 150 pk Industrie
boegschroef :			

00349 MS	032.80118 MS	021.02385 DS	023.10075 DS
LEKSTROOM V	**LEO 3**	**LIBERTAS**	**LIBERTE**
BALDER / TEUNTJE		HOLLAND/HARJO II /	PETRONELLA /
		EN AVANT/GERARD/GEMA-	ZEEPAARD / LIBERTY
		SO / WOELWATER / VIOS	
Lentjes B.A.P.M.	Basal Toeslagstoffen BV	Beek M.van	Stegers H.A.T.
	Kelvinbaan 44	Waterhoenstraat 3	Nieuwekade 31
Huissen	3439 MT Nieuwegein	2162 GE Lisse	6827 AA Arnhem
	030-6078330		026-4451708
1912	1936	1946 bn 114	1946
	Fikkers	Bodewes	Gebr.Boot
	Foxhol	Foxhol	Alphen a/d Rijn
16,00 x 4,50 x 1,80	11,00 x 3,20 x 1,34	15,15 x 3,87 x 1,67	18,89 x 4,83 x 2,20
176 kW 240 pk	123 kW 168 pk DAF	294 kW 400 pk Cummins	529 kW 720 pk Deutz

021.04457 MS	023.19147 MS	020.01998 MS	023.16777 MS
LENA	**LEO JR**	**LIBERTAS**	**LIBERTE**
AEROPLAN / AGELIEN /	VOGELSAND	HEEN EN WEER / WILLY	
CONSTANCE / RIAL B /			
HENJO			
Hettelder H.	Boer & Zonen J.	Dorst Th.van	Zwijnenburg M.
Postbus 86	Industrieweg 18		
1394 ZH Nederhorst d/Berg	3361 HJ Sliedrecht	Amsterdam	Sliedrecht
	0184-412303		
1909	1958	1926	1946 bn 115
Kooiman	Schweers Schiffs & Bootwerft	De Vries Lentsch	Bodewes
Zwijndrecht	Bardenfleth	Amsterdam	Foxhol
19,00 x 4,70 x 2,00	15,53 x 5,18 x 2,35	15,32 x 3,90 x 1,50	16,00 x 3,85 x 1,30
177 kW 240 pk Deutz	2 x 120 kW/150 pk Deutz	77 kW 105 pk DAF	73 kW 100 pk Brons

023.18407 DB	023.27412 MS	022.10825 MS	080.00091 DB
LENY	**LEONARDUS**	**LIBERTE**	**LIBERTÉ**
MURA / VREDENBURG /	WIESE	ELSKE V	WEREDI / JASON
PELORUS			
Bouter scheepvaart ondern.BV	Berkers L.H.	Bol L.W.	Bruinsma A.M.
Klaverakker 65			Gildeweg 39
4341 MA Arnemuiden	Nijmegen	Soest	3334 KC Zwijndrecht
0118-606161 / 06-22528835			078-6104192
1988	1961	2000	1974
Blumenthal Schiffswerf/Grave	Yachtwerft Kriegermann	MarvisJachtbw/Venema&Veen	Stocznia Gdansk
Bremen/Grave	Berlijn	Groningen/Bedum	Gdansk
18,33 x 9,50 x 2,29	14,72 x 3,50 x 1,25	14,95 x 4,90 x 1,35	22,47 x 8,30 x 2,17
2 x 701 kW/953 pk Cummins	110 kW 150 pk MWM	118 kW 160 pk Daewoo	2 x 588 kW 800 pk GM

023.22536 OP
LIBERTE JR
MARIA / FRANCOIS /
NICOLAS / DICKY
Huizing C.
Delfzijl
1930
Gebr.Boot
Alphen a/d Rijn
5,90 x 2,05 x 0,75
25 kW 35 pk Lister Blackstone

023.13175 DB
LINGE
NEPTUNUS 6 / MARS VI
Mammoet Maritime BV
Karel Doormanweg 47
3115 JD Schiedam
010-2042483
1971 bn 158
H.d.Haas
Maassluis
16,50 x 5,50 x 2,80
2 x 264 kW/360 pk GM

022.06364 MS
LIS
FILIP / LYS
Rhoodes W.F. de (Seatec)
Torenstraat 19
4811 XV Breda
076-5200708
1960
Gdynia
28,21 x 7,06 x 1,88
276 kW 375 pk Deutz

023.15587 MV
LOEK
Oord Acz OverigeMaterieel BV
Jan Blankenweg 2
4207 HN Gorinchem
0183-642200
1974
Damen Shipyards BV
Hardinxveld-Giessendam
12,96 x 3,42 x 1,60
132 kW 180 pk Caterpillar

023.32645 DB
LIBRA
Jong BV Rederij De
Montrealweg 153
3197 KH Rotterdam
010-53138457
2009 bn 1067
Tinnemans
Maasbracht
32,00 x 11,00 x -
2x1350 kW/1836 pk Caterpillar
375 kW 510 pk DAF

032.30201 MS
LINGE
Mattijssen A.M.M.
BenedenLeeuwen
1929 bn 946
Gebr.Boot
Alphen a/d Rijn
14,20 x 3,80 x 1,50
44 kw 60 pk Industrie

023.28863 MS
LOBKE
MEELFABRIEKEN /
SCHUTTEVAER/CORNELIA /
ALBATROS / DE ALBATROS
Boer L.d.
Eenrum
1913 bn 135
A.S.M.
Arnhem
15,83 x 3,78 x 1,70
92 kW 125 pk MWM

030.31421 MS
LOEKI
LOEKI / ZEELAND /
ZWARTE RAAF
Fernhout J.J.
Leiden
1932
Ulden
Leiderdorp
16,16 x 3,30 x 1,98
80 kW 110 pk Gardner

023.07228 MS
LIJNTJE JOHANNA
LIJNTJE JOHANNA /
ADRIANUS
Schaap C.
Katwijk aan Zee
1904
Hubertina v/h W.H. Jacobs
Haarlem
15,00 x 4,00 x 1,40
110 kW 150 pk DAF

027.17082 MS
LINGESTROOM
WijngaardenMarineService BV
Merwestraat 2
3361 HL Sliedrecht
0184-490244
1984 bn 132
v.Mill
Hardinxveld-Giessendam
18,00 x 5,80 x 2,44
2 x 331 kW/450 pk Caterpillar

033.20093 MS
LODEWICUS
LODEWICUS / OTTO /
DEO VOLENTE II
Spek H.J.D.v.d.
Harlingertrekweg 64
8913 HR Leeuwarden
1914
Huiskens & v.Dijk
Dordrecht
17,60 x 4,15 x 1,70
110 kW 150 pk Industrie

imo 7402453 MS
LONDON
SMIT LONDON /
SMITWIJS LONDON
Svitzer Ocean Towage BV
Hoofddorp
1976 bn 611
De Merwede
Hardinxveld-Giessendam
74,75 x 15,68 x 7,00
2x4968kw/6750pkStorkWerksp

026.05303 MS
LIMBURG
Svitzer Harbour Towage BV
Sluisplein 34
1975 AG IJmuiden
0255-562777
1982 bn 230
Tille
Kootstertille
28,80 x 9,32 x 3,75
2 x 883 kW/1200 pk Bolnes

021.04385 MV
LIS
Korte A.C. de
Westvlietweg 93
2267 AJ Leidschendam
1948
10,12 x 3,02 x 0,73
88 kW 120 pk DAF

023.15917 MS
LOEDER
SCHWABENLAND / ANNIE
Baas H.
t' Noard 1
8721 GA Warns
0314-681523
1957
Schmidt
Oberkassel
15,04 x 3,80 x 1,25
125 kW 170 pk DAF

023.15869 MV
LORELEIJ
PRONTO / MAAS
Pol G.J.
Maasbracht
1913
A.Vuijk & Zn
Capelle a/d IJssel
18,44 x 3,46 x 1,00
81 kW 110 pk GM

reg.nr. / type :	020.06875 MS	023.18718 MS	023.19105 MS
naam :	**LOUISE VAN DER WEES**	**LUCTOR**	**LUUS**
ex naam :	KATHARINA W /		LUUS / SALVOR XIV /
ex naam :	NOORMAN /		STERN
ex naam :	LOUISE *		
eigenaar :	Wees Groep BV Van der	Rotmam A.H.G.	Knaap P.
adres :	's-Gravendeelsedijk 100	Poelenburg 9	
woonplaats :	3316 AZ Dordrecht	1504 NA Zaandam	Uithoorn
telefoon :	078-6482665	075-6355448	
bouwjaar / -nr. :	1971 bn 438	1924	1928
bouwwerf :	Th.v.d.Beldt	Gebr.Paans	Gebr.v.d.Windt
plaats :	West Graftdijk	Roodevaart	Vlaardingen
l x b x d :	24,75 x 6,50 x 2,17	15,16 x 3,84 x 1,06	15,40 x 3,90 x 1,45
vermogen :	1491 kW 2028 pk Caterpillar	77 kW 105 pk Kromhout	110 kW 150 pk Kromhout
boegschroef :			

00440 MV	00409 OP	030.20604 MS	imo 9582752 MC
LOT	**LOUTJE**	**LUCY**	**LYDIA D**
ANLO			
Hougee A.	Hammingh H.	Sajet L.B.	Neptune Marine Service BV
		Gr. v. Solmsweg 67 B	Veerdam 1
Tiel	Hasselt	5221 BM Engelen	5308 JH Aalst
		073-6311792	
	1950	1949	2010 bn 351
	Bijlholt		Neptune Marine
	Foxhol	Zwartsluis	Aalst
9,02 x 2,46 x 1,00	5,40 x 1,85 x 1,00	13,05 x 3,95 x 1,20	29,86 x 10,00 x 2,50
22 kW 30 pk Samofa	12 kW 15 pk Samofa	167 kW 227 pk MercedesBenz	2 x 883 kW/1200 pk Caterpillar

023.22554 MV	023.22715 DB	023.09378 MS	023.22565 DB
LOTUS	**LUCIA**	**LUGANO**	**LYKO**
	D 036 / D 290 / MAR MAR /	LUGANO / JADI /	SCH 2316 / JAN B
	TRIO /	HEPADOSI	
	JOLLY		
Hoondert & Zn B.V.	Concordia Shipyard BV	Poot & Struik	Wit P.C.H. de
Heinkenszandweg 19	Postbus 50		Sasdijk 2 K
4453 VE 's Heerenbroek	4259 DB Werkendam	Amsterdam	4671 RN Dinteloord
0113-352510			
1981 bn 159	1943	1910 bn 430	1965
Delta Shipyard	Schimag	Nic.Witsen	VEB Rosslauer Schiffswerft
Sliedrecht	Mannheim	Alkmaar	Rosslau
14,20 x 4,20 x 1,80	22,37 x 5,48 x 2,10	12,75 x 2,80 x 0,90	14,01 x 8,16 x 1,17
268 kW 365 pk Caterpillar	2 x 335 kW/456 pk Caterpillar	75 kW 102 pk Kromhout	2 x 75 kW/101 pk Schonebeck

023.06256 DS	020.02490 DS	00350 MS	038.00047 MS
LOTUS	**LUCIA I**	**LUNE**	**LYTSFEINT**
VOLHARDING 3 /	LUCIA / FRIESLAND		
BASTIAAN / GEPKE			
Landsmeer & Tio Vof	Stuurman W.	Langedijk H.	Boldert BV De
F v Vlissingenkade 137	Kl. Muiden 22		Osingahuizen 31
3521 AA Utrecht	1393 RL Nigtevecht	Rotterdam	8621 XC Heeg
030-2910086 / 06-51855675	0527-202840 / 06-53773219		0515-442290 / 06-20390618
1928	1950	1957	2009
Kooiman	t Kromhout Wed.J.L.Ceuvel	Schweers Schiffs & Bootwerft	
Zwijndrecht	Amsterdam	Bardenfleth	
19,15 x 4,80 x 2,10	13,84 x 3,67 x 1,29	12,65 x 3,10 x 1,30	
177 kW 240 pk Bolnes	147 kW 200 pk Fiat	87 kW 106 pk Deutz	

026.05852 MS
M.N.O. ANNA
WATERMAN / THEDA /
WILLIANNE

M.N.O. Vervat BV
Pontweg 1
2153 PK Nieuw Vennep
0252-628628
1962 bn 259
C.Amels & Zn
Makkum
20,63 x 6,43 x 2,12
920 kW 1250 pk Cummins

026.03437 MS
M.N.O. EVA
WATERGEUS / LUMMIE

M.N.O. Vervat BV
Pontweg 1
2153 PK Nieuw Vennep
0252-628628
1956 bn 198
C.Amels & Zn
Makkum
20,07 x 6,45 x 2,20
746 kW 1014 pk Caterpillar

---

imo 9586409 MC
M.P.R.1

Marine Projects Rotterdam BV
Sevillaweg 60
3047 AL Rotterdam
010-7600270
2010
Mac/Neptune Marine
Rotterdam/Aalst
26,48 x 11,00 x 2,70
2 x 970 kW/1319 pk Caterpillar
292 kW 380 pk Caterp.Balleg.

---

imo 9593256 MC
M.P.R.2

Marine Projects Rotterdam BV
Sevillaweg 60
3047 AL Rotterdam
010-7600270
2010 bn NP 374
Mac/Neptune Marine
Rotterdam/Aalst
25,90 x 11,00 x 2,65
2 x 970 kW/1319 pk Caterpillar
292 kW 380 pk Caterp.Balleg.

---

imo 9611539 MC
M.P.R.3

Marine Projects Rotterdam BV
Sevillaweg 60
3047 AL Rotterdam
010-7600270
2011 bn NP 393
Mac/Neptune Marine
Rotterdam/Aalst
31,90 x 11,00 x 2,39
2 x 970 kW/1319 pk Caterpillar
292 kW 380 pk Caterp.Balleg.

---

imo 9616577 MC
M.P.R.4

Marine Projects Rotterdam BV
Sevillaweg 60
3047 AL Rotterdam
010-7600270
2011 bn NP 397
Mac/Neptune Marine
Rotterdam/Aalst
21,60 x 9,04 x 2,04
2 x 556 kW/760 pk Cummins
292 kW 380 pk Caterp.Balleg.

020.08533 MS
MAAIKE
Stadt Ruhrort / Rheinschif-
fahrt Ges II / Mark en Dintel V/
Passe Partout / Renny
Wesseling H.J.
Penningsveer 8
2065 AM Haarlemmerliede
023-5310839
1904 bn 12
A.S.M.
Arnhem
19,30 x 4,71 x 2,23
150 kW 204 pk GM

023.25369 MS
MAANPLAAT
SPERWER / UTRECHT /
MAANPLAAT / OLGA /
STERN
Bos J.& R.

Foxhol

1896 bn 125
P.Smit Jr
Rotterdam
14,44 x 4,27 x 1,82
44 kW 60 pk Brons

021.03956 SS
MAARTEN
COR ADRI / HOLLAND /
LUISE / IDO III

Maarten Stichting Stoomboot
Pieter Sipmawei 41
8915 DZ Leeuwarden
058-2126137 / 06-22668479
1926 bn 158
Gebr.v.Werf
Deest
19,45 x 4,68 x 2,10
150 ipk Kreber

030.50956 MS
MAARTEN TROMP
HENDRIKA II

Hudepohl H.S.

Assendelft

1941
Nic.Witsen
Alkmaar
16,25 x 4,35 x 1,70
88 kW 120 pk Industrie

023.16943 MS
MAARTJE ANNA
MAARTJE ANNA /
ATALANTA / MARY ANN /
LADY ANN MARIE
Bos H.J.

Amsterdam

1923
Gebr.Paans
Roodevaart
15,04 x 3,81 x 1,15
176 kW 240 pk DAF

024.02026 MV
MAAS

Biggelaar Handelsondern.J.vd.

Genemuiden

1963
Eltink
Mook
10,10 x 3,45 x 1,06
55 kW 75 pk Deutz

023.08300 MS
MAAS
NASM 9

Busman D.B. & A.I. Visser
Ritmasterswijk 8
9233 LX Boelenslaan
0512-342979
1915
t Hondsbosch
Alkmaar
15,40 x 3,30 x 1,50
66 kW 90 pk Kromhout

023.10062 MS
MAAS I
VOLKERAK

Brink BV K.A. van
Ophemertstraat 60
3089 JE Rotterdam
010-4342744
1957 bn 549/bn 225
Bodewes / Akerboom
Millingen/Oegstgeest
16,80 x 4,32 x 2,17
235 kW 325 pk Caterpillar

023.11909 MV
MAAS 2

Goudriaan B.V. v/h. C.
De Horst 11
3362 EA Sliedrecht

1964

7,15 x 2,53 x 1,13
55 kW 75 pk Deutz

023.08735 MS
MAAS IV

Buytelaar J.

s Gravenhage
070-3662500
1927 bn 852
Gebr.Boot
Alphen a/d Rijn
13,00 x 3,48 x 1,35
85 kW 116 pk Deutz

reg.nr. / type :	1959-04 MS	033.20125 MS	023.12443 DB	
naam :	**MAASSLUIS**	**MAASSTROOM**	**MAASSTROOM 11**	
ex naam :	MAASSLUIS /	EMENENTIA / BISCARA /	D 298 / JACKY J /	
ex naam :	HELLEVOETSLUIS II	MARNET / HENRIETTE /	DICK / BRUTUS /	
ex naam :		PHILOMENIA	RIAD	
eigenaar :	Bruin D.de	Stippent&MBA v.Swaay P.F.v.	Vos Gebr.	
adres :		Kerkstraat 38	Postbus 57	
woonplaats :	Oostvoorne	6585 AW Mook	5324 ZH Ammerzoden	
telefoon :		024-6961802	0418-552831 / 06-53407616	
bouwjaar / -nr. :	1959	1923	1940	
bouwwerf :	A.d.Jong		Teltowwerft	
plaats :	Vlaardingen	Berlijn	Berlijn	
l x b x d :	18,20 x 4,20 x 1,80	15,16 x 3,75 x 1,28	22,34 x 5,70 x 2,20	
vermogen :	162 kW 220 pk GM	88 kW 120 pk DAF	2 x 294 kW/400 pk VolvoPenta	
boegschroef :				
	023.20801 DS	060.03459 MS	023.08423 DB	023.10610 MS
	MAAS WAAL	**MAASSLUIS**	**MAASSTROOM 7**	**MAASVLAKTE**
		MAASSLUIS / LIBRA /	BRAZILIE /	MAASVALKTE /
		VH 76 / D 16	FRANKRIJK	EUROTRIP / OCEAN II /
				ANTJE 6
	Hakkers BV	Vroombout L.B.	Vos Gebr.	Roose A.
	Oudsas 11		Postbus 57	
	4251 AW Werkendam	Maassluis	5324 ZH Ammerzoden	Domburg
	0183-501122		0418-552831 / 06-53407616	
	1979	1949 bn 86	1952 bn 470	1954 bn 92
		De Haas	Bodewes	Baanhoek (Nederlof)
	Hardinxveld-Giessendam	Maassluis	Millingen	Sliedrecht
	10,53 x 3,58 x 1,40	15,04 x 4,00 x 1,56	26,27 x 6,30 x 2,49	15,47 x 3,83 x 2,50
	131 kW 179 pk GM	221 kW 300 pk Scania	662 kW 900 pk Cum. Wartsila	264 kW 360 pk Kromhout
	023.02109 MS	023.18013 MS	023.08614 DS	023.24172 DS
	MAASHAVEN	**MAASSTROOM**	**MAASSTROOM 8**	**MAASWERKEN**
	KÄTHE / DENZO / VIGILIA		CHIL / NOORWEGEN	
	Kerkhove Holland BV	Maasveren Stichting De	Vos Gebr.	Vries W'dam Aannemersbedrijf
		Het Welgaren 12	Postbus 57	Ir Blankenstraat 9
	Zwijndrecht	5397 GN Lith	5324 ZH Ammerzoden	4251 NR Werkendam
		0412-481568	0418-552831 / 06-53407616	0183-508888
	1925	1957	1953 bn 473	1967 bn 235
	Marckmann & Faassen	J.& K. Smit	Bodewes	Gebr.Paans
	Capelle a/d IJssel	Kinderdijk	Millingen	Roodevaart
	22,18 x 4,96 x 2,42	15,00 x 3,75 x 1,65	26,30 x 6,30 x 2,67	14,35 x 4,00 x 1,12
	279 kW 380 pk MAN	71 kW 96 pk DAF	662 kW 900 pk Cum. Wartsila	249 kW 339 pk Scania Vabis
	023.08422 MS	023.23471 MS	023.09894 DS	00119 OP
	MAASHAVEN	**MAASSTROOM**	**MAASSTROOM 9**	**MAATJE**
	MAASHAVEN / MAGDA /	TAM / JAKRI / ROERDOMP	AUSTRALIE	
	SPES			
	St.Buitenmuseum Leuvehaven	Samplonius T.	Vos Gebr.	Groot R.de
	Leuvehaven 67		Postbus 57	
	3011 EA Rotterdam	Schoten	5324 ZH Ammerzoden	Hoogmade
	010-4048072		0418-552831 / 06-53407616	
	1914 bn 262	1943	1957 bn 513	1930
	P.Smit Jr		Bodewes	
	Rotterdam	Boskoop	Millingen	
	12,05 x 3,51 x 1,80	12,22 x 3,28 x 1,33	27,60 x 6,30 x 2,75	4,86 x 1,64 x 0,70
	88 kW 120 pk Scania Vabis	147 kW 200 pk GM	662 kW 900 pk Cum. Wartsila	5 kW 7 pk Yanmar

030.11780 MV
MAC DONALD
CORRY I

Scouting De Kaag

Kaag

1950
Bocxe
Ter Aar
8,00 x 2,50 x 1,40
59 kW 80 pk DAF

023.03930 MS
MADI I
MARIANNE / TRIJA

Koek J.H.
Kerkeinde 30
4254 LD Sleeuwijk
0183-301321
1915
Marckmann & Faassen
Capelle a/d IJssel
16,10 x 3,90 x 1,70
173 kW 235 pk Caterpillar

00200 MS
MAHIRA

Damen Trading & Chartering
Avelingen West 20
4202 MS Gorinchem
0183-639911
1973

Frankrijk
28,50 x 7,30 x 3,80
993 kW 1350 pk SACM

023.33239 DB
MANDY

Elburger Schpsbemid.Holding

Elburg

2009 bn 13
Mansfelder/ ESB
Brakel/Elburg
8,00 x 2,95 x 1,20
170 kW 231 pk Deutz

027.17932 MV
MACO I

Oord Acz Overige Materieel BV
Jan Blankenweg 2
4207 HN Gorinchem
0183-642200
1976
Damen Shipyards BV
Hardinxveld-Giessendam
12,75 x 4,23 x 1,86
286 kW 365 pk Caterpillar

00537 MS
MAGDA

Horst E.v/d

Nijkerk

1900

12,75 x 3,10 x 1,45
50 kW 90 pk Gardner

023.05915 MS
MAJO
Padang II / Heen En Weer VII /
Lotus / Erna / Jenny / Pe Jo /
Parabolus / Conquest
Bokhorst J. van
Kamperfoelielaan 15
6706 CV Wageningen

1899
Bonn & Mees
Rotterdam
24,50 x 5,30 x 1,90
345kW 470pk ListerBlackstone

00139 DB
MANNA 2

Bouius G.S.
Woudweg 13
9257 RM Noordbergum
051-471624
2006
Stroobos BV
Stroobos
8,00 x 3,00 x 0,65
2 x 62 kW/85 pk John Deere

023.09686 MS
MADERI
Spes II / Frans / Abeo /
Haritama/Christina/Syri Toom /
Syri / Bonafide / Henri Du Mez
Stegenga B.

8563 AC Wijckel

1917
Concordia S.Seymonsbergen
Amsterdam
13,76 x 3,10 x 1,50
44 kW 60 pk Industrie

023.09932 DS
MAGELHAEN

Asto BV
Kiezersveer 3 C
4941 TA Raamsdonksveer

1957
Visscher & Zn
Zwartsluis
12,72 x 3,78 x 1,63
220 kW 300 pk Caterpillar

023.16660 MS
MALTAR
MARGARETHA /
ZEEHOND

Haakman J.B.
Buurtje 18
1619 JR Andijk
0228-592913
1898
J.& K.Smit
Kinderdijk
14,90 x 3,30 x 1,70
88 kW 120 pk Kromhout

023.27541 MS
MANTA

Schouten C.

Valkenswaard

13,20 x 3,50 x -
92 kW 125 pk Mercedes

020.06177 MS
MADI 2
NELLY DIESON

Koek J.H.
Kerkeinde 30
4254 LD Sleeuwijk
0183-301321
1916

Dordrecht
19,30 x 4,15 x 1,60
368 kW 500 pk Buckeye

023.13713 MS
MAGNA 1
QUO VADIS

Smit Octo Marine
Waalhaven OZ 85
3087 BM Rotterdam
010-4549911
1972
Delta Shipyard/Den Breejen
Sliedrecht/Hardinxveld
15,32 x 4,20 x 2,02
265 kW 360 pk GM

023.12001 MS
MANAKAZ
DESPACH / TITANIC /
PASMIRAK

Heerbaart M.G.M.

Leiden

1919
Nic.Witsen
Alkmaar
15,80 x - x 1,75
52 kW 72 pk Bohn & Kahler

027.17433 DB
MANTA
BON SECOURS I /
SPIRIT

Wevers I.D.

Wissekerke

1964 bn 477
Bodewes
Martenshoek
23,35 x 6,42 x 2,62
699 kW 950 pk Deutz

reg.nr. / type : **naam** : **ex naam** : **ex naam** : **ex naam** : **eigenaar** : **adres** : **woonplaats** : **telefoon** : **bouwjaar / -nr.** : **bouwwerf** : **plaats** : **l x b x d** : **vermogen** : **boegschroef** :	023.08003 MS **MARGA** EDUARD FRANKLIN / KIM / KOR / WILMA M Cardol H.M. Lisserdijk 306 2165 AB Lisserbroek 0252-414417 1952 bn 367 Th.v.d.Beldt West Graftdijk 16,16 x 4,55 x 2,10 265 kW 360 pk GM	022.02026 MS **MARGJE** EEMSTROOM 2/MASCOTTE / GRIENDUIL 2 / WILCO 2 / LEKSTROOM / HUSKY Kunst J.W. Tholen 1934 Wolthuis Veendam 10,08 x 3,16 x 1,20 99 kW 135 pk Leyland	023.31929 MS **MARGRIET** Werf M.M.v.d. Kooiweg 2 A 4205 NJ Gorinchem 06-53175844 / +32-476250034 2009 bn 302 Bocxe/De Groot Delft/Dordrecht 17,70 x 5,05 x 2,05 559 kW 760 pk Cummins
023.11715 DB **MANUS** WILLY / CARPE DIEM / EBEN HAEZER Dam van Emmalaan 99 2405 GB Alphen a/d Rijn 0172-491524 1964 bn 91 De Hoop Schiedam 18,88 x 6,88 x 1,06 2 x 177 kW/240 pk GM	020.04549 MS **MARGARETHA** HENDRIKA / JOHANNA CHRISTINA Munster J. van Vroesenlaan 17 C 3039 DT Rotterdam 010-4652150 / 06-30193971 1954 G.J.v.Berk Beneden Leeuwen 15,90 x 4,90 x 1,80 110 kW 150 pk Modag	027.16925 MV **MARGO** Boskalis Westminster Koninkl. Rosmolenweg 20 3356 LK Papendrecht 078-6969000 1983 bn 127 v.Mill Hardinxveld-Giessendam 15,29 x 4,08 x 1,98 2 x 257 kW/350 pk GM	022.00059 DS **MARIA** WILHELMINA / TURELUUR / WILCO / AANJ / GRADA / TRIO / THEA Egmond M.J. van Zaanhof 36 1013 XW Amsterdam 020-6866083 / 06-53170848 1923 Bodewes Martenshoek 15,16 x 3,80 x 1,93 279 kW 380 pk Volvo Penta
00353 MV **MARCO I** Oord Acz Overige Materieel Jan Blankenweg 2 4207 HN Gorinchem 0183-642200 1976 Damen Shipyards BV Hardinxveld-Giessendam 12,75 x 4,23 x 1,86 92 kW 125 pk Caterpillar	023.08837 MS **MARGARETHA** MARGARETHA / SANDRA / WERKLUST / GRETHA / MARGARETHA / FORTUNA Visser A. Molenlaan 13 8461 LJ Rottum 0513-551128 1949 bn 743 t Hondsbosch Alkmaar 14,80 x 3,36 x 1,40 73 kW 100 pk Industrie	030.50741 MS **MARGREET** MARIE / SCOUT / Kok H. Drachten Leenman Zwolle 14,04 x 3,38 x 0,94 119 kW 162 pk Scania	020.03665 MS **MARIA** Halmingh H. J.Kammingakade 28 9648 KP Wildervank 06-54650176 1941 Leenman Zwolle 12,00 x 3,25 x 1,40 44 kW 60 pk Kromhout
020.12834 MS **MARCONI** ADELAAR / ELISE 5 Schuttevaer G. Postbus 942 1000 AX Amsterdam 020-4189119 / 06-51544931 1946 A.Vuijk & Zn Capelle a/d IJssel 16,15 x 3,25 x 1,52 88 kW 120 pk Stork	022.05743 MS **MARGERIE** Boskalis Westminster Koninkl. Rosmolenweg 20 3356 LK Papendrecht 078-6969000 1963 Akerboom Oegstgeest 13,55 x 3,61 x 1,25 84 kW 114 pk GM	023.04990 DS **MARGRIET** BONA SPES II / JODI / THOM Margriet Vof Zate 20 8322 BP Urk 1930 W.Mulder Stadskanaal 20,59 x 5,16 x 2,04 312 kW 424 pk Caterpiller	023.06396 MS **MARIA** IDEAAL / ST GERARD / RIA / ALGE / BETA / RIA / JANNY / BINKIE Hane J.B.d' Cruquiusdijk 205 2141 EX Vijfhuizen 023-5581254 1940 Hylkema Martenshoek 12,89 x 3,57 x 1,00 165 kW 225 pk DAF

023.26008 MV
MARIA
BRIO

Padmos BV
Deltahaven 18
3215 LC Stellendam
0187-498020
1955
J.Schlieker & Zn
Sliedrecht
8,68 x 2,54 x 0,82
71 kW 97 pk DAF

020.02014 MS
MARIA

Ploeg R.v.d.

Warga
023-5325211
1922 bn 607
t Hondsbosch
Alkmaar
15,36 x 3,30 x 1,20
88 kW 120 pk DAF

023.13312 MV
MARIA

Pruissen & Zn J.
Buitendijk 6
4255 GV Nieuwendijk
0183-401611
1960
Eltink
Beneden Leeuwen
13,22 x 3,41 x 1,50
75 kW 102 pk Gardner

020.11709 MV
MARIA
BORA / DICA

Raadsveld - Smits
Ceresbaan 6
8802 BF Franeker
0517-394722
1959
v.d.Molen
Zaandam
10,61 x 3,41 x 1,09
132kW 180 pk Mercedes Benz

023.06786 DS
MARIA
ROMA I

Wijngaarden Jr A. van
Houweningeweer 18
3371 PP H'veld-Giessendam
0184-615321 / 06-53318976
1927
De Liesbosch
Jutphaas
15,63 x 4,05 x 2,04
294 kW 400 pk GM

027.20306 MS
MARIA CATHARINA
JULIENNE / PELEMA /
JAN EDWIN / SLEEPVAART /
EBEN HAEZER
Verhage J.C.

Stavenisse

1938
Eltink
Beneden Leeuwen
12,60 x 3,60 x 1,50
56 kW 77 pk Deutz

---

imo 9480875 BS
MARIA G

Groen BV Rederij
Dr.Lelykade 10
2583 CL Scheveningen
070-3553588
2009
Sealink Shipyards

53,80 x 13,80 x 3,80
2x1195 kW/1622 pk Cummins

032.50226 MS
MARIA GRATIAS

Industrie

022.05169 DS
MARIAN
INGRID / DIRK /
SARA MAATJE II

Koehoorn & Zn J.K.
Kiesterzijl 18
8801 HN Franeker
0517-396884 / 06-53413663
1949
Chr.Ruthof
Mz-Kastel
18,40 x 5,10 x 1,20
265 kW 360 pk Mitsubishi

---

imo 8412821 MS
MARIAN V
AMARANTE /
SALUS / ADA D *

Eermat BV
Waalhaven OZ 85
3087 BM Rotterdam
010-4549911
1984 bn 303
I.M.C.Tonnay-Charente.
Rochefort (F)
29,11 x 8,72 x 3,61
2 x 746 kW/1014 pk Caterpillar

020.02084 MS
MARIANNA
Hendu / Constancia / Wilca /
Fodi / Yvonne / Corjo / Gejo /
Le Colimacon / Sjoerd / Hiljo
Buwalda F.T.
Polderdijk a/d 1018
8441 PI Heereveen
0513-621623
1910

Duitsland
16,20 x 3,95 x 1,60
66 kW 90 pk Caterpillar

---

imo 9520144 BV
MARIANNA G
YAN LAO TUO 9 /
BRAVO EMERALD

Groen Rederij

Scheveningen

2008

1471 kW 1999 pk Yanmar

023.20638 PS
MARIANNE
RES NOVA

Versluis & Zn A.
Akkerwinde 15
4251 JK Werkendam
0183-501116
1964
Chantier Navel Rupelmonde
Rupelmonde
22,18 x 4,45 x 1,50
2x228kW/310 pk Merc. Benz

020.03648 DS
MARIANNE 3
Arie Kees / Jacoma / Flevo /
Corrie / Ferrun / Transiki /
Marsdiep / Varka
Smits P.

Roosendaal

1954

13,20 x 3,20 x 1,40
88 kW 120 pk DAF

00354 MS
MARIE III

Verhaar L.

Oegstgeest

14,90 x 3,60 x 1,25
44 kW 60 pk Kromhout

027.14957 MV
MARIEKE

Boskalis Westminster Koninkl.
Rosmolenweg 20
3356 LK Papendrecht
078-6969000
1973 bn 515
Damen Shipyards BV
Hardinxveld-Giessendam
12,64 x 3,37 x 1,41
88 kw 120 pk Caterpillar

reg.nr. / type :	00572 OP	023.29297 MS	00356 MV
naam :	**MARINUS**	**MARJAN**	**MARJAN**
ex naam :	DE ATLAS	BELGIQUE I / CAREL BENZ /	
ex naam :		JOSEPHINE	
ex naam :			
eigenaar :	Heemskerk A.	Bos L.	Romkes
adres :	Dubbelebuurt 33		
woonplaats :	2331 GK Rijnsburg	St.Nicolaasga	Urk
telefoon :			
bouwjaar / -nr. :	1924	1911	1958
bouwwerf :	Bijlholt		
plaats :	Foxhol	Hamburg	
l x b x d :	6,00 x 1,75 x 0,80	15,11 x 3,88 x 1,30	9,35 x 2,85 x 1,20
vermogen :	11,7 kW 16 pk Lister	228 kW 310 pk MAN	88 kW 120 pk DAF
boegschroef :			

023.12006 MV	021.04115 MV	027.15882 MV	020.01789 MS
MARIEKE	**MARINUS**	**MARJAN**	**MARJO**
LINA / POTVIS /			DIGO 2 / PIETER
LAURA			
Branding Verhuur BV De	Straaten Beheer BV Van der	Hollandse Aannemers Mij	BaracudaMarit.Dienstverlening
Amperestraat 23	Werfdijk 6	Rivium Quadrant 2	Disselweg 13
1976 BG IJmuiden	4417 AN Hansweert	2909 LC Capelle a/d IJssel	1276 XS Huizen
0255-510643	0113-382510	010-4478444	06-48032494
1964 bn 311	1966	1974 bn 1408	1940
Gebr.v.Vliet	J.Schlieker & Zn	Damen Shipyards BV	Czaar Peter
H.I.Ambacht	Sliedrecht	Hardinxveld-Giessendam	Zaandam
12,64 x 3,96 x 1,95	12,00 x 3,45 x 1,80	15,70 x 4,90 x 1,90	10,26 x 3,10 x 1,26
142 kW 193 pk Caterpillar	147 kW 200 pk GM	2 x 257 kW/350 pk GM	78 kW 105 pk Kromhout

026.05355 MV	022.02546 MS	023.09509 MV	030.11876 MS
MARIJKE	**MARINUS**	**MARJAN**	**MARJO**
HAVENSCHAP III	SAN ANTONIO / WEBO /	KOLIBRIE	COR
	ELISABETH /		
	PESANTE		
Damen Marine Services BV	Wolters T.F.	Huigen Transport H.	Duijvenstijn P.C.A.M.
Rivierdijk 555	Hoveniersweg 41	Gruttomeen 126	
3371 EC H'veld-Giessendam	4001 HR Tiel	3844 ZH Harderwijk	Voorschoten
0184-616000	0344-621579	0341-420744	
1976 bn 535	1950	1956	1931
Damen Shipyards BV	Bodewes	Visscher & Zn	Boot
Hardinxveld-Giessendam	Groningen	Zwartsluis	Woubrugge
11,08 x 3,30 x 1,20	11,35 x 3,40 x 1,50	12,53 x 3,80 x 1,50	8,50 x 2,50 x 1,20
71 kW 97 pk DAF	64 kW 88 pk Industrie	138 kW 187 pk MWM	22 kW 30 pk Samofa

00355 MS	027.19880 MC	023.09867 DS	020.03452 MS
MARINA	**MARISKA 2**	**MARJAN**	**MARJOH**
			BERNARD I / KARSPEL /
			NELLY/MARJOH / JEANNE /
			JACOB SR
Appelboom J.	Neptune Marine Service B.V.	Prins v.Wijngaarden J.	Oever E.v.d.
	Veerdam 1		
Apeldoorn	5308 JH Aalst	Hasselt	Dordrecht
	0418-673103		
1972	2001	1957	1917
	Kotlas/Neptune Marine		N.A.Bernhard Jr
	Limeda/Aalst		Nieuwendam
15,00 x 4,50 x 2,30	20,20 x 8,04 x 1,80	12,57 x 3,50 x 0,94	14,50 x 3,45 x 1,20
316 kW 430 pk Caterpillar	2 x 441 kW/600 pk Cummins	122 kW 167 pk	88 kW 120 pk DAF

023.24320 MS **MARK EN DINTEL** Mark En Dintel III /Adri/Evert / Gerda / Sterre Der Zee / Grijze Beer / Mark Eveleens P. Aalsmeer 1906 bn 46 v.Vliet Hardinxveld-Giessendam 13,82 x 3,86 x 1,32 105kW144pkLister Blackstone	023.23029 MV **MARSYL III** MARSYL Spruit J. & J. Vrouwenpolder 1992 bn 421 Nood B.V./Coers Middelburg 10,00 x 3,48 x 1,15 41 kW 57 pk Deutz	00144 MV **MARTIN** Egmond M.J. v. Vlietstraat 58 3371 SX H'veld-Giessendam 06-53170848 1961 bn 32 H.Garbers Hamburg 14,25 x 4,25 x 1,30 110 kW 150 pk Mercedes	026.10514 MC **MARY I** Ooms Materieel BV Scharwoude 9 1634 EA Scharwoude 0229-547700 2004 Polen/De Hoop Polen/Schiedam 19,28 x 6,00 x 2,00 2 x 223 kW/304 pk Scania
023.02943 MS **MARLENE I** ERNST II / FRANS / VOORUIT / MAAS I Driezum K.van Groningen 1901 bn 128 Wilton Fijenoord Schiedam 18,22 x 4,22 x 1,40 92 kW 125 pk Wortington	022.09274 MS **MARTEN** GRADA / HARI / GERMA / WILLEM / ANTONIE / DICKY / PRINSES / ANNA II / HIDDE Brandt R.L. Fabrieksstraat 25 4661 ER Halsteren 0164-683998 1934 Leenman Zwolle 12,34 x 3,00 x 1,50 36 kW 50 pk MWM	imo 8988777 MW **MARTINE H** ANTARCTICA Stemat Marine Service BV Quarantaineweg 10 3089 KP Rotterdam 010-2996655 1994 bn 46 Ravenstein Deest 22,00 x 10,00 x 1,80 2 x 390 kW/530 pk Mitsubishi	021.01661 DS **MARYSIA** ST GARANT / RIE AN / SECUNDA Stravers C.R.J.A. Postbus 1 7750 AA Dalen 06-54605104 1930 bn 101 Kooiman Zwijndrecht 17,57 x 4,26 x 2,03 272 kW 370 pk Caterpillar
020.06377 MS **MARSDIEP** PIE AD II / MARSDIEP Kauffeld BV Mijnheerkensweg 27 6041 TA Roermond 0475-317676 1930 v.Vlaardingen Gouderak 20,90 x 4,84 x 2,01 268 kW 365 pk Caterpillar	021.02244 MS **MARTHA** Martha/Never Thought/Geertje/ Content / Amstelbrouwerij XVI/ Jami / Johanna / Akmanie Visser S. Wirdum 1915 De Ridder Delfshaven 13,64 x 3,30 x 1,40 88 kW 120 pk Kromhout	00360 MV **MARTINUS JAN** Oord Acz OverigeMaterieel BV Jan Blankenweg 2 4207 HN Gorinchem 0183-642200 1961 Jac.den Breejen Hardinxveld-Giessendam 12,46 x 3,40 x 1,45 150 kW 205 pk Scania Vabis	030.50676 MS **MASADA** NICOLAAS WITSEN III / GEERTRINE / MARGRI / HARDY / FREAN / MASADA Bij & M.HM Bosch T.S.v.d. Aldeboarn 1931 Nic.Witsen Alkmaar 15,60 x 3,40 x 1,40 104 kW 142 pk Caterpillar
023.31730 MS **MARSHAL** THEJOS Commando Holding BV Daltonstraat 23 3335 LR Zwijndrecht 2009 bn 52543/1065 Tinnemans Maasbracht 19,00 x 10,00 x 2,30 2 x 783 kW/1065 pk Caterpillar 404kW 550 pk Volvo Batomics	023.33522 DS **MARTIJN EVA** W 35 Marine Trading &BrokerageBV Vlaardingen 1982 G.J.v.Wezel Dreumel 12,27 x 3,77 x 1,65 257 kW 350 pk Caterpillar	032.70495 MV **MARTJE I** Tuinman &ZnSlpvaartbedrijf A Nieuwe Vissershaven 11 8861 NX Harlingen 0517-412854 / 06-53754303 1933 Gebr.Boot Alphen a/d Rijn 9,00 x 2,56 x 1,30 88 kW 121 pk DAF	023.08999 MS **MASCOTTE** MASCOTTE / METROWERKEN Westerveld J. Rotterdam 1954 bn 373 Th.v.d.Beldt West Graftdijk 17,10 x 4,82 x 1,79 110 kW 150 pk Bolnes

reg.nr. / type	022.09227 MV	023.29999 DB	032.40079 MV
naam	**MATHEA**	**MATRICARIA**	**MATTHY**
ex naam	BOVEN MERWEDE /	HARPEN I / RHEIN /	
ex naam	RIETBAAN	GALAXY / BRYAN	
ex naam			
eigenaar	Lee Gebr. van der	Provadeno Vof	Meeter E.
adres	Lekdijk 28	Hoge Oever 16	It Stalt 1
woonplaats	4124 KC Hagestein	6911 CH Pannerden	8491 DV Akkrum
telefoon	0347-351824	0316-371939 / 06-51284215	0566-650068 / 06-22996798
bouwjaar / -nr.	1965 bn 319	1971	1954 bn 492
bouwwerf	Damen Shipyards BV	Rheinwerft	Bijlsma
plaats	Hardinxveld-Giessendam	Mainz Mombach	Wartena
l x b x d	12,20 x 3,29 x 1,40	18,49 x 11,22 x 1,90	14,16 x 3,52 x 1,57
vermogen	77 kW 104 pk DAF	2 x 930 kW/1265 pk Caterpillar	195 kW 265 pk Scania Vabis
boegschroef			

reg.nr. / type	023.12361 MS	023.07478 MS	022.03171 MS	022.01494 MV
naam	**MASTER PIECE**	**MATHILDA**	**MATTHEUS**	**MAURICE**
ex naam	Friedrich Anna / Cross Deutsch-	ALMA / INSULINDE /	LOEKI / VRIJBUITER /	
ex naam	land / Franz Haniel XI /	MARCEL	DORIEN /	
ex naam	Vita Nova / Waddenzee III		RIEKI	
eigenaar	Boomsma R.	Bruin N.M.de	Ceulemans Ph.	Merwede B.V. Ballast Mij
adres				Waage Naak 15
woonplaats	Delfzijl	Krimpen a/d Lek	Amsterdam	6019 AA Wessem
telefoon				0475-562344
bouwjaar / -nr.	1939	1917	1925	1931
bouwwerf	Ebert	t Kromhout Wed.J.L.Ceuvel		Barkmeijer
plaats	Neckarsteinach	Amsterdam	Amsterdam	Stroobos
l x b x d	19,22 x 4,50 x 1,98	14,24 x 3,33 x 1,90	15,02 x 3,75 x 1,27	9,95 x 3,02 x 0,64
vermogen	184 kW 250 pk MWM	88 kW 120 pk Mercedes Benz	85 kW 116 pk Deutz	55 kW 75 pk Deutz
boegschroef				

reg.nr. / type	023.24491 DB	023.07101 MS	031.50357 MS	020.15867 DS
naam	**MATADOR**	**MATHILDA**	**MATTHEUS**	**MAURITS**
ex naam	TR 551 / MON DESIR	MINA / ANBRA / TEMPO /		
ex naam		PIJOJA		
ex naam				
eigenaar	Langtrans BV	Waal A.G.d.	Kuijk Yachting Vof M.v.	Hek BV Gebr. Van 't
adres	Sybrandakker 40	Havenstraat 1 A	Waage Naak 9	Postbus 88
woonplaats	1541 VX Koog a/d Zaan	6051 CR Maasbracht	6019 AA Wessem	1462 ZH Zuidoost Beemster
telefoon	06-53649575	0475-466086		0299-423865
bouwjaar / -nr.	1980	1946	1957	1921
bouwwerf	Ceske Lodenice	Oerlemans	J.Schlieker & Zn	v.d.Stoel
plaats	Melnik	Tholen	Sliedrecht	Alkmaar
l x b x d	12,02 x 8,62 x 1,63	10,50 x 3,24 x 1,50	12,30 x 3,45 x 1,14	13,08 x 3,33 x 1,47
vermogen	2 x 331 kW/450 pk VolvoPenta	136 kW 185 pk DAF	110 kW 150 pk Volvo	195 kW 266 pk DAF
boegschroef				

reg.nr. / type	00163 MV	020.14888 MS	023.25762 MV	020.01364 MS
naam	**MATHEA**	**MATHILDE**	**MATTHIJS**	**MAVERICK**
ex naam	HAVENDIENST 6	MATHILDE / VARIA	PETERSON	EGBERTHA / GAMMA /
ex naam				CATHARINA
ex naam				
eigenaar	Hakvoort K.A.	Feij A.	Koning & Zn	Poog R.
adres	Pinksterbloemstraat 9	Oostvaardersdijk 99101	Nanengat 1	
woonplaats	8321 XD Urk	8244 PB Lelystad Haven	3356 AA Papendrecht	Hippolytushoef
telefoon	0527-682216	0320-212292 / 06-53408030	078-6442644	
bouwjaar / -nr.	1975	1914 bn 154	1968	1930 bn 240
bouwwerf	Schottelwerf	A.S.M.	J.Schlieker & Zn	De Hoop
plaats	Warmond	Arnhem	Sliedrecht	Hardinxveld-Giessendam
l x b x d	15,60 x 3,80 x 1,30	22,00 x 4,50 x 2,20	9,08 x 2,75 x 0,80	18,83 x 4,66 x 1,96
vermogen	197 kW 268 pk Mercedes	147 kW 200 pk MWM	88 kW 120 pk DAF	316 kW 430 pk Stork Ricardo
boegschroef				

027.20222 MS
MAX
F II / LOEVESTEIN
Boer Baggeren BV De
Dr.Langeveldplein 11
3361 HE Sliedrecht
0184-411999
1975 bn 1446
Damen Shipyards BV
Hardinxveld-Giessendam
15,70 x 4,90 x 2,30
2 x 198 kW 270 pk GM

022.12380 MV
MAX
Faber W.& M.
Woudsend
2005
't Turfschip
Echtenerbrug
13,00 x 4,00 x 1,20
93 kW 127 pk John Deere

00432 DS
MAXIN
G.M.Damsteegt BV
Westeinde 46
2969 BM Oud Alblas
0184-692767
2011 bn 02
Damsteegt
Oud Alblas
7,20 x 2,40 x 0,70
62 kW 85 pk John Deere

023.22613 DS
MAZZEL
M 255 / PALLAS / BARENDTSZZEE / PIETER
Graaf C.J.de
Wagepad 12
8321 RL Urk
1943 bn 14
Weserwerft
Minden
23,00 x 6,00 x 1,60
2 x 160 kW/258 pk DAF

021.03286 MS
MEA VOTA
Ruit S.v.d.
Hogendijk 73
1506 AD Zaandam
06-29603526
1957
Damen Shipyards BV
Hardinxveld-Giessendam
12,70 x 3,55 x 1,70
132 kW 180 pk GM

020.07688 MS
MEA VOTA
GELRIA / MEA VOTA / LEA
Vries-v.Doesburgh T.S.de
Surinamestraat 8
2585 GJ 's Gravenhage
1923 bn 189
A.S.M.
Arnhem
21,40 x 4,96 x 2,10
253 kW 340 pk MWM

imo 9394026 MS
MEANDER
Driemast BV (Mastenbroek)
Bernhardstraat 9
3433 EL Nieuwegein
030-6062305 / 06-20008439
2006
Kooiman
Zwijndrecht
29,80 x 9,50 x 2,50
2 x 940 kW/1278 pk Mitsubishi

022.10789 MS
MEDUSA
RHEIN
Veen J.S.v.d.
Leeuwarden
1929
Ernst Menzer
Bergedorf
16,67 x 4,18 x 1,45
110 kW 150 pk MAN

020.10109 DS
MEDUSA
Verduin H.B.
Danzigerkade 9
1013 AP Amsterdam
020-6165815
1928
De Hoop
Hardinxveld-Giessendam
21,20 x 5,00 x 2,00
334 kW 455 pk GM

030.50601 MS
MEEUW
WAAL II / MEEUW / SALLAND II / SALLAND / ANCOR / DIRKJE LOUISE
Kamminga J.
Snilen 17
8467 SZ Vegelinsoord
0513-671353
1914 bn 150
Botje Ensing & Co
Groningen
17,17 x 3,70 x 1,69
103 kW 140 pk Kromhout

022.11509 MS
MEEUW
Kruijning C.F.
Zaandam
1953
B.v.Brussel
Hasselt
10,60 x 3,84 x 1,07
88 kW 120 pk DAF

020.10276 MS
MEEUW
RV 14 / JOHANNA
Kuiken H.
Edamhof 1
8304 CG Emmeloord
0527-614359
1949 bn 129
De Jong & Smit
IJsselmonde
19,80 x 4,99 x 1,90
276 kW 375 pk Deutz

020.05335 MS
MEEUW 10
Kamperman B. & E.
Lelystad
1952
Verschure
Amsterdam
16,37 x 4,19 x 1,86
77 kW 105 pk Kromhout

020.06836 MV
MEHARI
MEHARI / LIES / MULTRATUG 2 / LIES
Wesselius H.J.
Fanacoliuslaan 26
3143 AD Maassluis
010-5917006 / 06-53898757
1969 bn 141
H.d.Haas
Maassluis
16,19 x 4,55 x 1,80
346 kW 470 pk Caterpillar

023.32891 MV
MEREFELT
Elburger Scheepsbemiddeling
Elburg
1972 bn 243
Damen Shipyards BV
Hardinxveld-Giessendam
12,83 x 3,50 x 1,40
71 kW 97 pk DAF

023.18472 MV
MERIJN
LEDA
Waterweg Acta Marine
Het Nieuwe Diep 39 D
1781 AE Den Helder
0223-615666
1989
Simoneau Mirne Fontenay
Le Compte
14,50 x 6,15 x 12,05
2 x 264 kW/360 pk Volvo Penta

reg.nr. / type :	021.03497 MS	021.03508 MS	023.33206 DS
naam :	**MERWEDE II**	**MERWEDE 16**	**MERWESTROOM**
ex naam :			ANJA / OLGA / ROERDOMP
ex naam :			
ex naam :			
eigenaar :	Merwede B.V. Ballast Mij	Dekker v.d.Kamp BV	Wijngaarden Materieel Exploit.
adres :	Waage Naak 15	Postbus 6073	Merwestraat 2
woonplaats :	6019 AA Wessem	4000 HB Tiel	3361 HL Sliedrecht
telefoon :	0475-562344		0184-490244
bouwjaar / -nr. :	1954	1952	1969
bouwwerf :			De Ruiter & de Jong
plaats :			Hardinxveld-Giessendam
l x b x d :	10,05 x 3,01 x 1,71	12,15 x 3,46 x 1,42	14,80 x 4,20 x 1,80
vermogen :	82 kW 112 pk	150 kW 204 pk	268 kW 365 pk GM
boegschroef :			

020.14088 MV	021.03282 DS	023.09253 MS	023.18323 MS
MERTEWO	**MERWEDE 5**	**MERWEDE 16**	**MERWEVOGEL**
RED BULL	HENK / KIL / KILSTROOM *		DUIKER
Mertens PJC. & M ten Wolde	Merwede Scheepswerf De	Merwede B.V. Ballast Mij	Kauffeld BV
	Rivierdijk 596	Waage Naak 15	Mijnheerkensweg 27
Amsterdam	3371 ED H'veld-Giessendam	6019 AA Wessem	6041 TA Roermond
	0184-614000	0475-562344	0475-317676
1965	1957	1932	1957
VEB Yachtwerft	Damen Shipyards BV	t Kromhout Wed.J.L.Ceuvel	Botje Ensing & Co
Berlijn	Hardinxveld-Giessendam	Amsterdam	Groningen
14,20 x 3,50 x 1,10	12,94 x 3,55 x 1,30	10,10 x 2,52 x 1,48	14,69 x 3,50 x 1,01
66 kW 90 pk SKL	126 kW 172 pk GM	66 kW 90 pk GM	2 x 59 kW/80 pk Kromhout

023.09295 MS	021.03498 MS	023.06146 MV	020.01800 MS
MERWEDE	**MERWEDE V**	**MERWEDE 26**	**METJE**
WILLY		BONA SPES / TONNY	LIS / TRIO / NOBJ S7 /
			NOORD WESTHOEK II
Ee J.M. van	Merwede B.V. Ballast Mij	Merwede B.V. Ballast Mij	Frankena W.
	Waage Naak 15	Waage Naak 15	Palestrina 7
Rotterdam	6019 AA Wessem	6019 AA Wessem	2671 XJ Naaldwijk
	0475-562344	0475-562344	0174-648664 / 06-26-340795
1916	1952	1938	1941
Gips & Zn		Bijlholt	Concordia S.Seymonsbergen
Dordrecht		Foxhol	Amsterdam
	10,05 x 3,01 x 1,36	12,41 x 3,50 x 1,44	9,15 x 2,83 x 1,25
117kW 160pk ListerBlackstone	122 kW 167 pk	176 kW 240 pk GM	40 kW 55 pk Deutz

023.08243 MS	033.20040 DS	033.20192 DS	022.01515 DS
MERWEDE	**MERWEDE 6**	**MERWEDE 36**	**METJE**
	ADRIANA / MERWEDE IV	JO GER / YVONNE	BRONS / TJOBA
Vlies J.v.d.	Merwede B.V. Ballast Mij	Merwede B.V. Ballast Mij	Zijda K.
	Waage Naak 15	Waage Naak 15	Boerhaavelaan 1
Sliedrecht	6019 AA Wessem	6019 AA Wessem	8024 BE Zwolle
	0475-562344	0475-562344	038-4226823
1930	1922	1936	1931
	Kooiman		Wortelboer
	Zwijndrecht	Sliedrecht	Oude Pekela
9,00 x 2,30 x 0,90	14,94 x 3,84 x 1,91	12,60 x 3,47 x 1,50	15,30 x 3,80 x 1,60
14 kW 20 pk	265 kW 365 pk GM	132 kW 165 pk GM	254 kW 345 pk Scania Vabis

Ook een mooie sleepboot, de HELENA (02306345) uit 1940. Foto D. Henken.

De BALCKYARD werd verkocht en omgedoopt in HENDRIK 7 (023.23331). Foto J.W.F. Smallegange.

De HENJA (023.09435), een van de vele sleepboten die in West-Graftdijk werden gebouwd. Foto P. Inpijn.

De HERCULES (imo 7612620), hier in thuishaven IJmuiden, is nog even van Smit geweest. Foto P. Inpijn.

De HUSKY (023.20294) kreeg een nieuw stuurhuis. Foto C. de Bijl.

De IDA 3 (030.51294) afgemeerd in IJmuiden. Foto P. Inpijn.

De ISA (imo 9394038), ook al weer 5 jaar jong. Foto J.W.F. Smallegange.

De JACOB S (030.41199) ligt afgemeerd bij de werf van haar eigenaar. Foto P. Inpijn.

Van Goor in Monnickendam bouwde niet alleen mooie motorschepen, ook de JANNO (20.06806) is mooi gelijnd. Foto H. Platje.

De JENNIE (023.09036); de rode band in de pijp had ze al toen ze in 1954 werd opgeleverd aan Leen Smit. Foto Jan Weij.

De KARL (023.19634), hier afgemeerd in Drimmelen, werd gebouwd voor de Neckar. Foto D. Henken.

De EVODIA werd verkocht naar Duitsland als KARL HEINZ (023.07020). Foto A. Träger.

De KATHY (030.50714) werd ooit gebouwd als vrachtscheepje. Foto T. v.d. Zee.

De duwboot KEVIN (065.03801) op de Oude Maas bij Dordrecht. Foto G. Schuth.

De 90 pk Bohn & Kahler van het Amsterdammertje KOERIER (020.05762) stamt uit 1961. Foto Jan Weij.

De LAURA (023.18948) op het Amsterdam-Rijnkanaal. Foto R. Mulder.

De LEANDER (022.08053) werd gebouwd als patrouillevaartuig van Rijkswaterstaat. Foto K. Hegemans.

De LEENDERT MULLER (027.17602), in 1957 gebouwd voor Unterweser Reederei GmbH in Bremen, werd dit jaar gesloopt bij Heyghen in Gent. Foto Jan Weij.

De motorvlet LEKSTROOM (021.03088) op de IJssel bij Dieren. Foto R. Mulder.

De LIBERTÉ (032.05991), hier bij Arcen, onder Nederlandse vlag met Engelse eigenaar. Foto R. Mulder.

De nieuwe Mulitcat M.P.R.2 (027.22853), ze heeft nog drie zusjes. Foto T. v.d. Zee.

De MAAIKE (020.08533) werd in 1904 gebouwd voor Duitsland. Foto A. Poots.

Voor wie ze in 1898 werd gebouwd is nog steeds een zorgvuldig bewaard geheim; de MALTAR (023.16660). Foto Jan Weij.

De MARGA (023.08003) aan de zuideljke uitloop van de Noord. Foto C. de Bijl.

Volslagen onbekend, deze MARIA GRATIAS (032.50226), de motor is een Industrie. Foto K. Hegemans.

De MARINUS (022.02546) op het Amsterdam-Rijnkanaal. Foto L. Schuitemaker.

De MATRICARIA (023.01695) veranderde maar liefst zesmaal van nationaliteit. Foto A. Poots.

De MAVERICK (020.01364) in Den Helder. Foto P. Inpijn.

De MON DESIR (022.05284) heeft enige tijd voor de Koninklijke Marechaussee gevaren, waaronder in Lobith. Foto G. Schuth.

De MONIKA (023.23012) werd gebouwd voor het Engelse Ministerie van Defensie. Foto D. Henken.

De duwboot MOVER 1 (023.19820) afgemeerd op het Amsterdam-Rijnkanaal. Foto P. Inpijn.

De NEPTUN 9 (imo 9448085) uit 2007. Foto C. v.d.Veer.

De vlet NIEUWE MERWEDE (023.29230) op haar vaste plek in Papendrecht. Foto A.M. van Zanten.

Familiedag op de NOLDINA (023.26839). Foto C. de Bijl.

De NORTH (imo 9380647), een van een serie van vier zusterschepen, vaart nu voor Muller in Dordrecht. Foto A. Poots.

De duwboot NORTH TRANS (021.04524). Foto R. Mulder.

De ORION (023.19759) op de Nieuwe Waterweg. Foto K. Hegemans.

De OUDE WAAL 1 (020.02300), al ruim 90 jaar met één naam en zeven eigenaren. Foto L. Schuitemaker.

Typisch voorbeeld van de duwboten die op de Seine voeren; de PASHA (023.17732). Foto G. Schuth.

De patrouilleboot PORT OF AMSTERDAM 7- POSEIDON (023.25399), ook in Amsterdam worden ze steeds groter. Foto F. de Vries.

Bijna alles is nieuw aan de CALYPSO: kleuren, eigenaar en naam; REINOD 14 (023.13270). Foto R.J.M. Weteling.

De ROELOF F (020.08309) met Dordtse nieuwbouw op de achtergrond. Foto D. Henken.

De SATURNUS (imo 7719052) is de voormalige (vierde) BUGSIER 8. Foto G. Bedet.

De SAVANNA IV (023.20354) lijkt in geen enkele opzicht nog op de sleepboot uit 1974. Foto F. de Vries.

De SEVILLE (033.20096) uit 1930. Foto P. Klein.

De SMIT BUFFALO (imo 9528304), een van de zes zusjes, hier op de Westerschelde. Foto J.W.F. Smallegange.

Met ruim 7.000 pk een leuk 'havensleepbootje', de SMIT TIGER (imo 9454888). Foto J.W.F. Smallegange.

De SVITZER MARKEN (imo 9292890) op het Noordzeekanaal. Foto F. de Vries.

De THERA (023.33291), een zusterschip van de TOBA, de twee nieuwe duwboten van Chemgas. Foto G. Schuth.

De EERLAND 3 werd verkocht en omgedoopt in THYRA (023.13611). Foto T. v.d. Zee.

De TINEKE (023.08321) werd in 1935 gebouwd door en voor Piet Smit. Foto D. Henken.

De TINY (023.21972) op het Amsterdam-Rijnkanaal. Foto R. Mulder.

De TISMIJN (023.17309) uit 1939 heeft een bewogen loopbaan achter de rug. Foto L. Schuitemaker.

De stuurman van de TOMMY (023.32865), ex GEAD, zit er relaxt bij; de voorboot kijkt uit. Foto Jan Weij.

De TRIP (022.11416) voer onder die naam, met gele opbouw, bijna 20 jaar in Scheveningen. Foto P. Klein.

Het lijkt een stoomboot, maar het hart van de TRITON (00241) is een 110 pk Industrie Foto R. Mulder.

Het is weer 'ns wat anders, een duwkont; de TUIMELAAR (023.12660). Foto C. v.d.Veer.

Het blijft een stoere boot, de TYFOON (32.60140). Foto D. Henken.

Da havenduwboot VEERHAVEN VI - BISON (023.17080) kreeg na 28 jaar twee nieuwe Caterpillars. Foto A. Poots.

De voormalige Monopol-boot MANTRA werd verkocht en omgedoopt in VOTRANS (023.18448). Foto L. Schuitemaker.

De LEK van Smit vaart nu als WATERLELIE (023.20161) van Wagenborg. Foto P. Inpijn.

De WATERWEG (023.15572), een Damenvlet uit 1979. Foto A. Poots.

De ZEEHOND (027.09657) werd in 1956 gebouwd voor Volker. Foto D. Henken.

In 1939 gebouwd voor de Kriegsmarine, daarna meerdere malen van nationaliteit, eigenaar én uiterlijk veranderd; de ZEELEEUW (023.22995). Foto P. Klein.

reg.nr. / type :	033.20126 MV	060.02897 DB	023.08707 MS
naam :	**MICHIEL**	**MIKIDA**	**MINY**
ex naam :		KEES / ATLANTA /	VITA
ex naam :		ZEBULON	
ex naam :			
eigenaar :	Smals Bouwgrondstoffen BV	Boer A.M.J. de	Kleinstra H.
adres :	Havenlaan 31	Pelikaan 6	De Polderstraat 86
woonplaats :	5433 NK Cuijk	2986 TA Ridderkerk	4794 AN Heijningen
telefoon :	0475-316054	06-55763129	
bouwjaar / -nr. :	1956	1996 bn 018	1953
bouwwerf :	J.Schlieker & Zn	Stocznia Tczew/De Schroef	Eltink
plaats :	Sliedrecht	Tczew/Sluiskil	Beneden Leeuwen
l x b x d :	12,25 x 3,45 x 1,12	18,92 x 9,50 x 2,36	13,45 x 3,52 x 1,35
vermogen :	177 kW 240 pk DAF	2 x 483 kW/657 pk Caterpillar	110 kW 150 pk Kelvin
boegschroef :			

020.14902 MS	00465 MS	023.24573 MS	023.18477 MV
MEVO	**MIEP**	**MIKKIE**	**MIRA**
ANNE MARIE III /		EMANUEL	WILHELMINA
LEENDERT HUIG /			
DOORMAN			
Empel A.van	Moolenburg C.J.	Roy & Koppijn Vof. Le	Boer J.H. de
	Sweelinklaan 80	Entrepotdok t/o 86	Fr.Lebretlaan 51
Veldhoven	3723 JH Bilthoven	1018 AD Amsterdam	3314 EC Dordrecht
	030-2284947		078-6138908 / 06-55763129
1910	1929	1938	1977
	C.Amels & Zn	Gebr.Boot	Jooren
Lekkerkerk	Makkum	Alphen a/d Rijn	Werkendam
12,90 x 3,35 x 1,45	8,45 x 2,70 x 1,10	7,75 x 2,48 x 1,00	11,92 x 3,62 x 1,20
112 kW 153 pk Cummins	16 kW 22 pk Kromhout	109 kW 148 pk Steyer	110 kW 150 pk Leyland

023.04688 DS	00367 OP	030.11091 MS	020.04273 DS
MEVO II	**MIJNTJE**	**MILENA**	**MISTRAL**
Dieze Sr / Healy / Gerda/ Pico/		NR 144 / DANZIG /	ERNA / JOHANNA /
Jager / Jager / Aquateam /		PAX / TJOBA	MAURITS
Zeester / Marinus *			
Graaf J.de	Knecht R.de	Schoenmaker H.	Jannetje Vof
			Almerelaan 20
Ouderkerk a/d IJssel	Giessenburg	Almere	8321 JB Urk
1930 bn 71	1930	1943 bn 144	1923
J.Vos & Zn	Het Noorden	Hylkema	Goedhart
Groningen	Groningen	Martenshoek	Lubeck
17,08 x 4,46 x 2,37	6,10 x 2,05 x 0,80	14,95 x 5,21 x 1,75	17,71 x 5,27 x 2,17
221 kW 300 pk Bolnes	6,6 kW 9 pk Brons	126 kW 172 pk Caterpillar	459 kW 624 pk Caterpillar

00097 MV	023.25089 DB	023.20821 DS	023.27638 MS
MICHEL	**MIKE H**	**MILLIE 4**	**MOBI DIK**
	RV 04-05 / 04-05		ROSALIE / HOBBY /
			TUSKY
Hollandse Aannemers Mij	Stemat Marine Service BV	Mill Internationaal B.V. van	Slob S.B.
Rivium Quadrant 2	Quarantaineweg 10	Waldhoornstraat 12	
2909 LC Capelle a/d IJssel	3089 KP Rotterdam	4241 CV Arkel	Maassluis
010-4478444	010-2996555		
1978 bn 2504	1992	1991	1941
Damen Shipyards BV	Damen Shipyards BV	De Merwede	Schimag
Gorinchem	Gorinchem	Hardinxveld-Giessendam	Mannheim
12,65 x 3,43 x 1,68	7,03 x 3,02 x 0,91	12,18 x 4,04 x 1,01	16,16 x 4,85 x 1,52
147 kW 200 pk	210 kW 286 pk Deutz	132 kW 180 pk DAF	110 kW 150 pk Deutz

reg.nr. / type :	027.19635 DS	023.00841 MS	imo 9546849 MC
naam :	**MON DESIR**	**MONKEY MIA**	**MORAQ M**
ex naam :			
ex naam :			
ex naam :			
eigenaar :	Saarloos J.J.	Keeris A.C.F.T.	Neptun Marine Towage III BV
adres :	Amerstraat 39	Plataanbeek 4	Rivierdijk 458
woonplaats :	3313 GB Dordrecht	5501 GC Veldhoven	3372 BW H'veld-Giessendam
telefoon :	078-6121246 / 06-53757410	040-2544819	0184-621423
bouwjaar / -nr. :	2000 bn 1536	1909	2008
bouwwerf :	Stocznia Kozle/Damen	Boot	Neptune Marine
plaats :	Kozle/Hardinxveld	Gouwsluis	Aalst
l x b x d :	21,00 x 7,20 x 2,10		22,00 x 9,00 x 2,80
vermogen :	2 x 404 kW/550 pk Caterpillar	37 kW 50 pk AWA	2 x 447 kW/608 pk Caterpillar
boegschroef :			

reg.nr. / type	023.29736 MS	00363 DS	023.25857 MV	020.13635 MS
naam	**MOKUM**	**MON REVE**	**MONTIS 4**	**MORGENSTER**
ex naam	AMICE / DAMIEN			Albert III / Zwaantje II /Marcus/
ex naam				Marjan / Antoinette /
ex naam				Cornelia / Pineut
eigenaar	Hillebrand A.	Nijhuis G.	Montis Mooring & Boatservice	Slob C.
adres		Jeroen Boschstraat 40	Postbus 1171	
woonplaats	Amsterdam	4532 HN Terneuzen	4530 GD Terneuzen	Hoogblokland
telefoon		0115-694768		
bouwjaar / -nr.	1936	1991	1968	1942
bouwwerf	Volharding	Tukker	J.Schlieker & Zn	Concordia S.Seymonsbergen
plaats	Foxhol	Gorinchem	Sliedrecht	Amsterdam
l x b x d	10,32 x 2,96 x 1,10	13,40 x 4,08 x 1,60	10,00 x 3,00 x 1,10	12,70 x 3,45 x 1,50
vermogen	144 pk DAF	191 kW 260 pk GM	59 kW 80 pk DAF	92 kW 125 pk Gardner

reg.nr. / type	00362 MV	023.23012 MS	022.05509 DS	00064 MC
naam	**MON DESIR**	**MONIKA**	**MOONSHINE**	**MORIAMO**
ex naam	JOMA / TOM / FURIE	AGATHA / WYETOW /	RONALD	
ex naam		DTS DOLPHIN /		
ex naam		WINNIE B		
eigenaar	Geerlings B.C.G.	Ad Stolk Schepen BV	Hollander M.G.den	Boskalis Westminster Koninkl.
adres		Veersedijk 223	Dorpsstraat 102	Rosmolenweg 20
woonplaats	Noordwijkerhout	3341 LL H.I.Ambacht	8899 AL Vlieland	3356 LK Papendrecht
telefoon		078-6815122	0562-451907	078-6969000
bouwjaar / -nr.	1947	1963	1931	1978 bn 1024
bouwwerf		Appledore Shipyard	A.Bakker	Damen Shipyards BV
plaats		Appledore (GB)	Rotterdam/Waspik	Hardinxveld-Giessendam
l x b x d	9,90 x 2,85 x 1,10	19,05 x 5,75 x 2,55	11,20 x 2,55 x 0,97	16,51 x 8,02 x 1,80
vermogen	66 kW 90 pk Gardner	395kW 538pkLister Blackstone	88 kW 120 pk DAF	2 x 132 kW/179 pk GM

reg.nr. / type	022.05284 MS	020.03694 MS	022.02178 DS	022.05923 DS
naam	**MON DESIR**	**MONIQUE**	**MOOS**	**MORRA**
ex naam	RV II / GB II	NIEUWEDOK	BERNANDA / ARNOLD	KAZIMIRZ / WILLIANNE /
ex naam				REVER II
ex naam				
eigenaar	Heidekamp B.	Pieterse Co BV	Jong BV Rederij De	Vries Rederij R.J. de
adres	Egboet 3	Lijnbaan 8	Montrealweg 153	't Noard 12
woonplaats	1671 LH Medemblik	1141 ZP Monnickendam	3197 KH Rotterdam	8721 GC Warns
telefoon	0227-541232	0299-651126	010-2311555 / 06-53138457	0514-681998 / 06-51451321
bouwjaar / -nr.	1936	1928	1946 bn 66	1972
bouwwerf	Bodewes & Dutmer	Th.v.d.Beldt	Fikkers	Stocznia Tczew
plaats	Groningen	West Graftdijk	Martenshoek	Tczewska
l x b x d	16,00 x 4,16 x 1,39	13,65 x 3,57 x 1,48	18,06 x 5,04 x 1,97	18,60 x 6,80 x 1,70
vermogen	88 kW 120 pk Industrie	124 kW 168 pk DAF	279 kW 380 pk Cummins	478 kW 460 pk Volvo

023.19820 DS
MOVER 1
GELLEN / ASSISTENT /
COBRA /
EMI
Graaf&MeeuwsenSchpvrtserv
Boelewerf 52
2987 VE Ridderkerk
0180-410222
1961
VEB VolkswerftErnstThalmann
Brandenburg
21,64 x 6,40 x 2,70
459 kW 624 pk Caterpillar

00312 MS
MOZES
H 16
Duco scheepsmotoren B.V.
Keersluisweg 17
5433 NM Katwijk (NB)
0485-320008
1961
Stocznia Gdansk
Gdansk
21,00 x 5,80 x 2,80
220 kW 300 pk SKL

imo 9537408 MS
MULTRATUG 3
Multraship Towage & Salvage
Scheldekade 48
4531 EH Terneuzen
0115-645000
2010 bn 513015
Song Cam Damen Ltd
Haiphong
32,14 x 13,29 x 5,50
2x2674 kW 3634 pk Caterpillar

imo 7328114 MS
MULTRATUG 9
BUGSIER 3
Multraship Towage & Salvage
Scheldekade 48
4531 EH Terneuzen
0115-645000
1973 bn 163
Volox GmbH
Hamburg
26,07 x 8,87 x 4,80
2 x 640 kW/870 pk Deutz

023.23672 DB
MOVER 2
SCH 2401
Graaf&MeeuwsenSchpvrtserv
Boelewerf 52
2987 VE Ridderkerk
0180-410222
1983
VEB Yachtwerft
Berlijn
16,41 x 8,15 x 1,60
375 kW 510 pk Caterpillar

00206 MS
MS 1
RP
Kouwen H.
IJsselmuiden
1932
De Vries Lentsch
Amsterdam
88 kW 120 pk Kromhout

027.17350 DS
MULTRATUG 4
MIDLUM
Stichting Jonas
Arkelse Onderweg 116
4206 AH Gorinchem
1959 bn 317
Elsflether werft
Elsfleth
24,70 x 6,24 x 3,20
551 kW 750 pk Deutz

imo 7232638 MS
MULTRATUG 10
SATURN
Multraship Towage & Salvage
Scheldekade 48
4531 EH Terneuzen
0115-645000
1973 bn 131
Jadewerft
Wilhelmshafen
30,00 x 9,00 x 3,10
2 x 1030 kW/1400 pk Deutz

023.23673 DB
MOVER 3
SCH 2402
Graaf&MeeuwsenSchpvrtserv
Boelewerf 52
2987 VE Ridderkerk
0180-410222
1983
VEB Yachtwerft
Berlijn
16,41 x 8,15 x 1,60
471 kW 600 pk Cummins

00137 MC
MULTICAT
Boskalis Westminster Koninkl.
Rosmolenweg 20
3356 LK Papendrecht
078-6969000
1975
Damen Shipyards BV
Hardinxveld-Giessendam
16,51 x 8,02 x 1,80
2 x 132 kW/179 pk GM

imo 9350161 MS
MULTRATUG 5
FUJI MARU / KINDEACE
Multraship Towage & Salvage
Scheldekade 48
4531 EH Terneuzen
0115-645000
2005 bn 536
Kanagawa
Kobe
32,50 x 11,40 x 4,40
2 x 1618 kW/2200 pk Niigata

imo 7232626 MS
MULTRATUG 11
MERKUR /
MULTRATUG 11 /
SERWAL 2
Multraship Towage & Salvage
Scheldekade 48
4531 EH Terneuzen
0115-645000
1972 bn 130
Jadewerft
Wilhelmshafen
29,93 x 8,82 x 3,59
2 x 737 kW/1000 pk Deutz

023.28956 DB
MOVER 4
Willem Mathijs / Regiena Anne-
liese / Xanthos / Samila/
Nicolette / Rubana / Birjo
Graaf&MeeuwsenSchpvrtserv
Boelewerf 52
2987 VE Ridderkerk
0180-410222
1957
v.Goor
Monnickendam
19,20 x 6,55 x 2,05
702 kW 955 pk Detroit

imo 9103752 WV
MULTRASALVOR
D H BRAVO
Damen Marine Services BV
Rivierdijk 555
3371 EC H'veld-Giessendam
0184-616000
1994 bn 9932
Damen Shipyards BV
Bergum
23,28 x 9,50 x 2,70
2 x 430 kW/585 pk Cummins

027.18927 MS
MULTRATUG 6
CATCOMBE
Multraship Towage & Salvage
Scheldekade 48
4531 EH Terneuzen
0115-645000
1970 bn 5874
Richard Dunston Ltd
Hessle (GB)
32,54 x 9,35 x 4,88
3312kW 4500ListerBlackstone

020.05785 DS
MULTRATUG 12
Henriette S M Goedkoop /
Beveland /
Henriette S M Goedkoop
Multraship Towage & Salvage
Scheldekade 48
4531 EH Terneuzen
0115-645000
1961 bn 401
A.S.M.
Arnhem
28,87 x 6,96 x 3,62
331/331/346kW450/450/470pk
Bolnes/Cum

reg.nr. / type :	imo 9492880 MS	032.60095 MV	023.27465 MS
naam :	**MULTRATUG 18**	**N S I 8**	**NAN**
ex naam :			Ellen
ex naam :			
ex naam :			
eigenaar :	Multratug 18 BV	NLse Steenslag Industrie BV	Verboon Aannemersbedr.
adres :	Scheldekade 48	Op 't Hobus 1	
woonplaats :	4531 EH Terneuzen	6019 RD Wessem	Maasland
telefoon :	0115-645000	0475-561427 / 06-53228243	
bouwjaar / -nr. :	2009	1953	1982
bouwwerf :	Vega Denizcilik Sanay Ve Tic	G.J.v.Berk	Van Waveren
plaats :	Bandirma	Beneden Leeuwen	Monster
l x b x d :	35,70 x 11,50 x 4,35	8,15 x 2,50 x 1,50	9,00 x 2,69 x 0,85
vermogen :	2 x 1800 kW/ 2448 pk ABC	55 kW 75 pk Mercedes Benz	63 kW 85 pk DAF
boegschroef :	150 kW 205 pk		

020.05889 MS	imo 7051034 MS	032.60109 MS	00141 MC
MULTRATUG 15	**MULTRATUG 25**	**N S I 12**	**NANCY**
HENDRIK P GOEDKOOP / MULA	WESTHINDER		BK 24
Multraship Towage & Salvage	Multraship Towage & Salvage	NLse Steenslag Industrie BV	Boskalis Westminster Koninkl.
Scheldekade 48	Scheldekade 48	Op 't Hobus 1	Rosmolenweg 20
4531 EH Terneuzen	4531 EH Terneuzen	6019 RD Wessem	3356 LK Papendrecht
0115-645000	0115-645000	0475-561427 / 06-53228243	078-6969000
1962 bn 407	1971 bn 108	1955 bn 377	1974 bn 1037
A.S.M.	T.S.M.	Th.v.d.Beldt	Damen Shipyards BV
Arnhem	Terneuzen	West Graftdijk	Hardinxveld-Giessendam
28,43 x 6,96 x 3,22	29,32 x 9,00 x 3,90	11,10 x 3,50 x 1,55	14,52 x 6,04 x 1,80
331/346kW/450/470pkBolnes/ Cum	2x1472 kW/2000 pk Alpha Dsl	138 kW 188 pk DAF	2 x 88 kW/120 pk GM

imo 8414154 MS	00368 OP	030.20434 DS	020.06176 MS
MULTRATUG 16	**MURENE**	**N S I 32**	**NANNY**
HAMTUM		COR / JONEL / ANDO / YVONNE / EROS	
Multraship Towage & Salvage	Dijk X.S. van	NLse Steenslag Industrie BV	Jansen H.D.
Scheldekade 48		Op 't Hobus 1	Prins Hendrikkade 156
4531 EH Terneuzen	Vinkeveen	6019 RD Wessem	1011 AW Amsterdam
0115-645000		0475-561427 / 06-53228243	
1985	1904	1938	1958
Mc Tay Marine		N.Zuidam	
Bromborough		Haarlem	
29,37 x 9,12 x 3,70	5,00 x 1,70 x 0,80	14,89 x 3,70 x 1,09	12,02 x 3,15 x 1,30
2x2001kW/2720pkStorkWerksp	16 kW 22 pk Ruston	221 kW 300 pk Scania Vabis	4121 kW 165 pk

imo 9481752 MS	020.05977 MS	00375 OP	022.06603 MS
MULTRATUG 17	**MY FAIR LADY**	**NAMPIE**	**NANNY**
ISRAILOGULLARI VEGA	NORMANDIE / RP 74 / RP 22 / RP 9 / VERONICA / MY FAIR LADY / GLEN		BAUMRONNE
Multraship Towage & Salvage	Kuijper H.J.G.de	Nammansma R.S.	Kruithof H.M.J.
Scheldekade 48			
4531 EH Terneuzen	Arnhem	Franeker	Rohel
0115-645000			
2008 bn 12	1945	1930	1951
Israilogullari Tersanesi	Bijlsma		Klahn werft
Bandirma	Wartena		Berlijn
35,70 x 11,50 x 4,00	18,05 x 4,60 x 1,95	5,20 x 2,00 x 0,90	16,88 x 4,04 x 1,25
2x1893kW/ 2575 pk Caterpillar	176 kW 240 pk Industrie	11,7 kW 16 pk Deutz	121 kW 150 pk MAN

021.03192 DS
NAOMI
BROEDERTROUW VII

Basal Toeslagstoffen BV
Kelvinbaan 44
3439 MT Nieuwegein
030-6078330
1956
Huisman
Rohel
17,01 x 4,55 x 1,96
283 kW 385 pk Caterpillar

023.29799 DS
NATASJA

Water BV Van de
Handelsstraat 21
7772 TS Hardenberg

1974

Baicronre (F)
8,30 x 2,49 x 0,71
179 kW 230 pk Deutz

00365 MS
NEELTJE W
MEEUW /
AVONTUUR
Woltheus L.
Zalkerdijk 2 A
8276 AC Zalk

1930

14,52 x 3,62 x 1,70
97 kW 133 pk MWM

020.06116 DS
NELLIE
CHARLOTTE / PIERRE /
NELLIE /
LUCRETIA *
Eos Vof

Rotterdam

1940 bn 1707
Bayerische Schiffswerft
Erlenbach am Main
14,01 x 4,25 x 1,64
191 kW 260 pk GM

027.18708 WV
NAOMI E

Stemat Marine Service BV
Quarantaineweg 10
3089 KP Rotterdam
010-2996555
1996
Valstybina/Neptune Marine
Kleipeda/Aalst
23,00 x 9,50 x 2,85
2 x 441 kW/600 pk Cummins

023.18126 MS
NAUTIC

Mager J.W.
Berkte Rondweg 4
7784 DG Ane

1930

Vlaardingen
15,25 x 3,58 x 1,70
125 kW 170 pk Kaeble

00394 OP
NEET

Dijk O.v.

Nigtevecht

1938

6,00 x 2,00 x 1,20
51 kW 70 pk Hanomag

023.08378 DS
NELLIE

Parijs J.A.C. van
Middelrode 12
3085 CR Rotterdam
010-4807552
1929
Akerboom
Leiden
15,63 x 3,62 x 1,45
169 kW 230 pk Scania Vabis

020.08571 DS
NARVIK
SENNE

Padova C.

Wijk bij Duurstede

1949
Cochrane & Sons
Selby
24,90 x 6,18 x 2,41
395 kW 537 pk MWM

023.07885 MS
NAUTICA
NAUTICA / TIMMERMAN 4 /
LUK BEACH / TOEVLUCHT /
WATERMAN
Dijkema W.

Westzaan

1921 bn 623
Nic.Witsen
Alkmaar
14,28 x 3,10 x 1,20
127 kW 175 pk Scania

00207 MV
NELIS
NAAN

Wesseling S.

Assendelft

1955 bn 721
J.Schlieker & Zn
Sliedrecht
9,00 x 3,00 x 1,20
71 kW 98 pk DAF

032.40078 MV
NELLIE
NELLIE / JUMBO 2

Remery IJ.B.
Ereprijs 28
8935 JH Leeuwarden
058-2151814
1948 bn 445
Bijlsma
Wartena
14,23 x 5,15 x 2,07
265 kW 360 pk Volvo Penta
122 kW 167 pk Scania Vabis

040.25340 MS
NASSAUKADE
KARLSRUHE / HEINRICH /
ORION

Verduin H.B.
Danzigerkade 9
1013 AP Amsterdam
020-6165815
1970
v.Mill
Hardinxveld-Giessendam
15,33 x 4,66 x 1,75
268 kW 365 pk Caterpillar

00102 MV
NAVIN

Damen Marine Services BV
Rivierdijk 555
3371 EC H'veld-Giessendam
0184-616000
1977 bn 1469
Damen Shipyards BV
Hardinxveld-Giessendam
16,17 x 4,90 x 1,40
2 x 257 kW/350 pk GM

030.30067 MS
NELLEKE
DOOR VERTROUWEN /
ZES GEZUSTERS /
BARCO 1
Ballegooij S.D.v.
Linge 44
3961 JG Wijk bij Duurstede

1926
Gebr.Boot
Alphen a/d Rijn
12,42 x 3,23 x 1,30
103 kW 140 pk DAF

022.11909 MS
NELLIE
Nico / Corrie / Arro / Andre /
Express / Cheerio /
Expres / Solaris
Wiersum J.E.

Wehe Den Hoorn
0596-623014
1933
Gebr.v.Vliet
Hendrik Ido Ambacht
12,00 x 4,00 x 1,50
44 kW 60 pk MWM Benz

reg.nr. / type :	032.30260 MS	027.20321 MC	00417 OP
naam :	**NELLY**	**NEPTUN 7**	**NEPTUNUS**
ex naam :			BEANTJE
ex naam :			
ex naam :			
eigenaar :	Volker Beton Beheer BV	Kok & Zn Beheer BV A.de	Faber C.
adres :	Baanhoek 196	Rivierdijk 452 B	Eeltje Halbertsmastraat 27
woonplaats :	3361 GN Sliedrecht	3372 BW H'veld-Giessendam	8602 AG Sneek
telefoon :	0184-411259		0515-411948
bouwjaar / -nr. :	1954	2004	1999 bn 1
bouwwerf :		Kotlas/Neptune Marine	Thermopilae
plaats :		Limeda/Aalst	Koudum
l x b x d :		20,20 x 8,04 x 1,80	6,03 x 1,93 x 0,46
vermogen :	82 kW 112 pk Scania Vabis	2 x 441 kW/600 pk Cummins	7,3 kW 10 pk Nanni
boegschroef :			

020.03015 MS	00598 OP	imo 9448085 MS	033.40098 MS
NELLY	**NELUS**	**NEPTUN 9**	**NEPTUNUS**
BETSY / DIK /			
NELLY			
Leemburg A.	Drunen K.J.M.van	Dutch International TowageCo	Ponsen H.C.
Stripe 19		Rivierdijk 458	
8493 LB Terhorne	Nijbeets	3372 BW H'-Giessendam	Nieuw Lekkerland
0566-689203		0184-621423	
1914	1920	2007 bn GM 0511	1934
	Bijlholt	Guangdong Mach.Imp.	Meijer
Amsterdam	Foxhol	Guangzhou	Zaltbommel
12,55 x 2,81 x 1,27	6,00 x 1,90 x 0,80	36,00 x 10,40 x 4,15	11,12 x 2,80 x 0,65
88 kW 120 pk DAF	14,7 kW 20 pk Deutz	2x1189 kW/1617 pk Cummins	88 kW 120 pk DAF

023.07446 MS	00092 MV	imo 9568615 MS	023.10009 MS
NELLY	**NEPOMUK**	**NEPTUN 10**	**NEREUS**
CULEMBORG / RUBENS			PERNIS
Mannekus & Co B.V.	B.S.T. Dintelsas BV	Neptune Marine Service B.V.	Hunfeld Machinefabriek BV
Nieuwe Waterwegstraat 45	Sasdijk 18	Veerdam 1	Eemskanaal ZZ 26
3115 HE Schiedam	4671 RN Dinteloord	5308 JH Aalst	9936 AN Farmsum
010-4091500	0167-523288		0596-613446 / 06-53138060
1918 bn 291		2010 bn JI 2006	1957 bn 99
P.Smit Jr		Zhongshan	H.d.Haas /Bodewes
Rotterdam		Jinhui	Maassluis/Millingen
17,25 x 4,33 x 2,14		34,90 x 11,80 x 2,60	21,00 x 6,00 x 2,40
132 kW 180 pk GM		2x1491 kW/2026 pk Caterpillar	213 kW 290 pk Deutz

023.09195 MV	00366 DB	00434 MS	023.21831 DB
NELLY	**NEPTUN**	**NEPTUN 12**	**NERO**
ST.MARIA			HANSEAT /
			LEHNKERING 19 /
			CAMARO
Verbrugge J.C.	Galle P.	Dutch Intern.TowageCompany	Eurobulk Transport Mij BV
Ossendrechtseweg 29	Conradstraat 38 D	Riverdijk 458	Amstelwijckweg 15
4631 BA Hoogerheide	3013 AP Rotterdam	3372 BW H'veld-Giessendam	3316 BB Dordrecht
		0184-621423	
1933	1958	2012	1972 bn 1091
			Gute Hoffnungs Hutte
Sliedrecht			Walsum
14,50 x 3,22 x 1,50	15,98 x 4,90 x 2,17	44,00 x 13,80 x -	35,00 x 13,00 x 1,65
176 kW 240 pk MWM	110 kW 150 pk	2 x Caterpillar	2 x 883 kW/1200 pk MAK +
			883 kW/1200 pk Cummins

00208 MS
NEROS
SHIPDOCK IX
Bueren R.v.
Amsterdam
1952
v.d.Molen
Zaandam
18,82 x 4,15 x 1,21
70 kW 97 pk Kromhout

030.50612 MS
NES
ENS
Huitema T. & G.
Slenk 2
8632 WN Tirns
0515-569752
1937 bn 370
Bijlsma
Wartena
16,55 x 4,30 x 1,70
73 kW 100 pk Deutz Werke

021.01839 DS
NESCIO
JO / VIOS / RODI I / RODI
Bramson P.L.
Knollendammerstraat 72
1531 BG Wormer
0168-412577 / 06-51106566
1931
De Hoop
Hardinxveld-Giessendam
16,01 x 4,25 x 1,75
294 kW 400 pk Caterpillar

020.01378 MS
NESTOR
SHAMROCK / CORWI
Hempenius G.
Paradyske 26
8807 PT Herbaijum
0517-397146
1917 bn 255
t Kromhout Wed.J.L.Ceuvel
Amsterdam
15,20 x 3,40 x 1,20
100 kW 136 pk Scania

00209 MS
NESTOR
Hoogerwerf A.M.E.
Bodegraven
1935 ?
8,20 x 2,65 x 1,15
73 kW 100 pk BMC

033.20460 DB
NIELS
LIEGE / GODELIEVE / VOT / SIDIS
Paal L.P.
Molenweg 42
6051 HJ Maasbracht
0475-461672 / 06-53839877
1930
H.J.Koopman
Dordrecht
21,68 x 5,23 x 1,78
353 kW 480 pk GM

022.07284 MS
NIENKE
JACOB / TREKKER I
Hulshof W.
Prinsengracht t/o 110
1015 EA Amsterdam
1945
v.d.Werf
Gorredijk
12,05 x 3,50 x 1,50
169 kW 230 pk Scania Vabis

023.29230 MV
NIEUWE MERWEDE
MMS Marine Service BV
Tinstraat 35
2984 AN Ridderkerk
1966 bn 327
Damen Shipyards BV
Hardinxveld-Giessendam
12,10 x 3,15 x 1,00
58 kW 80 pk DAF

021.04880 MS
NIGER
BEJO
Zinkcon International B.V.
Rosmolenweg 20
3356 LK Papendrecht
078-6969000
1974
Dordrecht
14,11 x 4,20 x 0,96
265 kW 360 pk GM

021.04004 DS
NINA
Bolnes XII / M 567 / D 239 / Lian / Aline / Pesiwimi / Line Jan B / Productief II / Duo
Kleinstra & Zonen Vof
Veerweg 7
6051 AH Maasbracht
0475-461648 / 06-53150675
1922
Boele
Bolnes
19,10 x 4,38 x 1,87
423 kW 575 pk Detroit

023.17902 DB
NJORD
SAMBRE / HAUTIL
Arnoudsen J.W.J.
Achterhakkers 38
3311 JA Dordrecht
078-6311387 / 06-51344410
1962 bn 418
De Biesbosch
Dordrecht
15,00 x 9,50 x 1,57
331/441kw450/600pkGM/Cum

033.50184 MS
NJORD
BENNY
Jorens J.
Rotterdam
1935
W.Mulder
Stadskanaal
20,27 x 5,12 x 1,90
220kW 300pk ListerBlackstone

023.23539 DS
NJORD 2
Voets Holding BV
Havenstraat 22
6051 CS Maasbracht
0475-461100 / 06-53170141
1905
Weerter scheepsbouw
Weert
88 kW 120 pk Mercedes Benz

025.09123 MS
NOBILING
Rijks A.
Ploegseweg 10
6862 EP Oosterbeek
1951 bn 6008
Jadewerft
Wilhelmshaven
29,40 x 7,00 x 1,95
2 x 184 kW/250 pk Deutz

023.14225 DB
NOEL
LEGIA / WONGO
Westland Sleep&Duwvaartbedr
Garstenstraat 49
1393 RH Nigtevecht
1970
Chantier Navel
Rupelmonde
15,16 x 9,50 x 1,97
2 x 368 kW/500 pk Mitsubishi

023.26839 MS
NOLDINA
NOLDINA / MARC
Buijtenhek J.A.
Krommedijk 121-119
3312 LC Dordrecht
078-6131089
1929 bn 97
Kooiman
Zwijndrecht
22,12 x 5,02 x 1,70
371 kW 504 pk Stork Ricardo

reg.nr. / type :	021.04343 DS	023.09787 MS	038.00003 MS
naam :	**NOORDERKLIP**	**NOORDPOOL**	**NORA**
ex naam :	BREEVAER VI / MARIA /	NOORDPOOL / WILLEM	
ex naam :	ELISABETJ /		
ex naam :	NOORDERKLIP		
eigenaar :	Hoog M.d.	Bergings-sleep&Tr.sp.bedrTiel	houthaven slpdienst&dekschuit
adres :	Larikslaan 9	Burg v. Geusauweg 36	Danzigerkade 2
woonplaats :	4245 BD Sleeuwijk	4191 KW Geldermalsen	1013 AP Amsterdam
telefoon :		0345-580501 / 06-54924649	020-6828440
bouwjaar / -nr. :	1969	1956 bn 519	1989
bouwwerf :	Jac.den Breejen	Bodewes	Koning Willem
plaats :	Hardinxveld-Giessendam	Millingen	Amsterdam
l x b x d :	13,18 x 3,40 x 1,80	22,94 x 5,70 x 2,26	9,42 x 3,35 x 0,90
vermogen :	121 kW 150 pk GM	504 kW 685 pk Deutz	136 kW 184 pk Scania
boegschroef :			

	00210 MS	022.02286 MS	023.24422 MS	00284 MV
	NOOIT VOLMAAKT	**NOORDERLICHT**	**NOORDSTER**	**NORDERNEY**
		HUWA / DORUM / HUGER /	BASKEN / SORSSLEPII /	BANJER
		JOHANNA	BASKLEN / ZEEHOND	
	Busman J.	Hogenboom J.W.M.	Noordenbos J.S.	Maurik G.v.
	Workum	Waalwijk	Nieuwerkerk a/d IJssel	Leiden
		1941	1929	1953
		Boot	Atlas Werke	
		Leiden	Bremen	
	13,50 x 3,10 x 1,50	16,20 x 4,20 x 1,65	16,80 x 4,78 x 2,00	10,50 x 3,44 x 1,10
	88 kW 120 pk DAF	88 kW 120 pk Deutz	312 kW 425 pk Caterpillar	66 kW 90 pk Mercedes

	023.29920 MS	023.22285 MS	025.09202 SS	023.08482 MS
	NOOITGEDACHT	**NOORDERZON**	**NOORDZEE**	**NORMAN II**
	DIRK VAN DE WETERING 3	BONN / LICENTIA	B & W XII /	MINA / LUCTOR /
			TAUCHER SIEVERS IV /	HARM / THEA /
			NORDSEE	EMANUEL 2
	Samulski G.	Stoker J.H.J.	Stichting sslb Noordzee	Brouwer J.A.
	Oudewoude	Dinteloord	Amsterdam	Bolsward
	1910	1937	1922 bn 609	1914
	t Kromhout Wed.J.L.Ceuvel	Schimag	Janssen & Schmilinsky	W.Mulder
	Amsterdam	Mannheim	Hamburg	Stadskanaal
	14,30 x 3,30 x 1,40	22,19 x 4,35 x 1,20	22,55 x 5,80 x 2,80	11,92 x 2,96 x 1,20
	76 kW 104 pk Volvo Penta	370 kW 503 pk Wizemann	320 ipk Bohm & Voss	73 kW 100 pk DAF

	023.08318 DS	00266 MV	023.06174 MS	imo 9612806 MS
	NOORD	**NOORDGEUL**	**NOORMAN**	**NORNE**
	SCHELDE / GRAB /		AALMA / EMMA / WILJA /	
	NEPTUNUS 3 /		RINY / VOLHARDING /	
	NOORD / ANDROMEDA		FENNA / GREETJE	
	Amstel & IJ	Rhijn J.v.	Poog R.	Koerts Int.Towing Service BV
	Dijkgracht 9		Jasmijnstraat 5	Postbus 29
	1019 BT Amsterdam	Katwijk	1777 XH Hippolytushoef	9900 AA Appingedam
	020-4188013 / 06-55195020		06-14344956	0596-617884
	1949	1963 bn 1156	1939 bn 6	2011 bn 191
	t Hondsbosch	Mulder & Rijke	Bodewes & Dutmer	Gebr.Kooiman
	Alkmaar	IJmuiden	Groningen	Zwindrecht
	17,70 x 4,20 x 1,80		15,96 x 4,15 x 1,70	34,10 x 11,27 x 4,25
	279 kW 380 pk DAF	51 kW 70 pk Kromhout	265 kW 360 pk GM	2x2244 kW/3050 pk Mitsubishi
				552 KW 750 pk Verhaar

imo 9380647 MS
NORTH
DANGA NORTH 9

North Management BV
Merwekade 82-83
3311 TH Dordrecht
078-6392000
2007 bn 108
Kian Juan Dockyard
Miri Sarawak
30,00 x 8,60 x 3,50
2 x 747 kW/1015 pk Caterpillar

021.04524 DB
NORTH TRANS
ISABELLA / MUTATIE /
DIENI /
VERDEBURG / EEMS
North Trans Schpvaartbedrijf
De Noord 48
8321 BC Urk
06-10979407
1971
Delta Shipyard
Sliedrecht
16,70 x 8,15 x 1,70
2 x 349 kW/475 pk Detroit

imo 9577472 MS
NORTHWIND

Avra Towage BV
Scheepmakershaven 32 B
3011 VB Rotterdam
010-2810886
2010 bn VT 7
Vitawani Shipbuilding
Miri Sarawak
31,09 x 9,48 x 3,70
2x1177 kW/1600 pk Cummins

imo 7302237 BS
NORTHWIND
Aracati / Seaboard Swallow /
Hornbeck Swallow / Swallow

Seaworx B.V.
Nijverheidskade 2
1785 AB Den Helder
0223-668400
1973 bn 212
Shimoda Dockyard Co Ltd
Shimoda
50,35 x 11,59 x 3,62
2 x 1655 kW/2250 pk Caterpillar

020.10483 MS
NORWAY
Keulschevaart 6 / Hati / Dini /
Marsdiep / Marie 2 / Eerland 2/
Attack 12 / Remcon 3 / Gerda
Hooft Holdong BV Van

Hoevelaken

1948
Bijlholt
Foxhol
17,88 x 4,50 x 2,20
202 kW 275 pk Industrie

022.06231 MS
NOSTALGIE
RIVAL / LEBA /
MAARTEN VAN ROSSUM
Kooi & W.F.Lindeboom G.

Oudega

1927
Mittendorf
Dedemsvaart
16,59 x 4,23 x 1,76
123 kW 168 pk DAF

030.50931 MS
NOSTALGIE
HAARLEMMERMEER V /
NEELTJE / CHRISMA /
ALBATROS
Vuuren J.E.

Rozenburg

1904 bn 255
v.d.Giessen
Krimpen a/d IJssel
18,00 x 4,20 x 1,70
80 kW 110 pk Industrie

023.26635 MS
NOTHERN BASE
RHD 3 / V 23 /
HAVENDIENST 7 /
RPA 27
Kuiper Vof S.& E.

Vlieland

1972
Schouten
Muiden
24,65 x 5,52 x 2,27
309 kW 420 pk Bolnes

023.24849 MS
NOTRE DAME

Juffermans A.J.M. van

Oegstgeest

1933
Weerter scheepsbouw
Weert
9,10 x 2,80 x 1,00
31 kW 43 pk Deutz

021.04898 MS
NOUT
MICHIEL

Vahali B.V. Scheepswerf
Waaldijk 3
6691 MB Gendt
0481-421546
1968
J.Schlieker & Zn
Sliedrecht
11,82 x 3,30 x 0,50
132 kW 180 pk GM

021.00012 MS
NOVA
BLACK PRONCESS /
SUZANNA

Willemsen H.
Gijsingstraat 28 B
3026 RM Rotterdam

1916
Kooijmans
Sliedrecht
18,34 x 4,42 x 1,80
91 kW 124 pk MAN

023.06755 MS
NOVA CURA
NOVA CURA / HOUTSNIP /
JOMA /
TRAMP
Balvert J.F.

Nieuwkoop

1937
Mulder & Suurmeijer
Foxhol
11,07 x 3,26 x 1,20
29 kW 40 pk Brons

022.02282 MS
NOVA CURA
ORKDALSFJORD / DORWIL/
SIEROE / IJSSEL /
CONAN / IJSSEL
Beijert G.
Jan van Galenstraat 45
9934 HB Delfzijl
06-51250448
1941
Fikkers
Martenshoek
18,20 x 4,30 x 1,90
147 kW 200 pk GM

027.20546 MC
NOVA K

Stemat Marine Service BV
Quarantaineweg 10
3089 KP Rotterdam
010-2996555
2005
Kotlas/Neptune Marine
Limeda/Aalst
29,52 x 11,00 x 3,38
2 x 955 kW/1298 pk Cummins

027.22603 DS
NP 351

Neptune Marine Service BV
Veerdam 1
5308 JH Aalst
0418-673103
2009 bn NP 351
Neptune Marine
Aalst
30,00 x 10,00 x 2,45
2 x 783 kW/1065 pk Caterpillar

027.22604 DS
NP 352

Neptune Marine Service BV
Veerdam 1
5308 JH Aalst
0418-673103
2009 bn NP 352
Neptune Marine
Aalst
30,00 x 10,00 x 2,45
2 x 783 kW/1065 pk Caterpillar

reg.nr. / type :	imo 8873805 MS	00371 MS	00239 MS
naam :	**OCEAAN**	**OCHTUM**	**OFFENBURG**
ex naam :			
ex naam :			
ex naam :			
eigenaar :	Scheveninger Sleepdienst BV		Koeman J.
adres :	Statenlaan 156		Sasdijk 2 D
woonplaats :	2582 GX 's Gravenhage	Echternerbrug	4671 RN Dinteloord
telefoon :	070-3548854		0167-5213108 / 06-53697491
bouwjaar / -nr. :	1982 bn 960	1927	1933
bouwwerf :	Haak Scheepsbouw	Elsflether werft	Chr.Ruthof
plaats :	Zaandam	Elsfleth	Mainz Kastel
l x b x d :	18,00 x 5,90 x 2,50	14,80 x 3,40 x 1,80	26,00 x 5,38 x 1,95
vermogen :	496 kW 675 pk Mitsubishi	73 kW 100 pk Mercedes Benz	2 x 114 kW/155 pk Merc. Benz
boegschroef :			

020.15073 MV	imo 9110406 MS	020.11152 MS	031.20009 MS
NR 21	**OCEAAN II**	**ODE**	**OFFSHORE 1**
RVE 21		GERRIT / ODER / GERRIT	JAPICO / GERMA / JAKO
Beens & Zn BV	Scheveninger Sleepdienst BV	Whale Weirdo Stichting	Hermes P.J.M.
Puttenstraat 26	Statenlaan 156		Jonkerhof 3
8281 BP Genemuiden	2582 GX 's Gravenhage	Soest	3161 LH Rhoon
	070-3548854		
1971	1994 bn 998	1957	1930
J.Schlieker & Zn	Haak Scheepsbouw	Wiemann	Telgenhof
Sliedrecht	Zaandam	Brandenburg	Donkerveen
9,08 x 2,75 x 1,30	18,60 x 5,80 x 2,50	20,18 x 6,20 x 2,20	17,10 x 4,29 x 1,84
88 kW 120 pk DAF	515 kW 700 pk Mitsubishi	221 kW 300 pk SKL	88 kW 120 pk Brons

030.50653 MS	00370 MV	020.12143 MS	imo 7214753 BS
OBELIX	**OCEAN II**	**ODIN**	**OIL EXPRESS**
ANNIE / LIEN / ANNEMARIE / GIJSBERTHA	ALIDA	SR 4 / ODIN	WEST EAGLE / SPRINFIELD
Krielaart J.	Post & Zn J.	Mulder N.	Vroon Ofshore Service BV
		Boeier 59	Het Nieuwe Werk 88
Aalst	Amersfoort	1625 CK Hoorn	1781 AK Den Helder
		0229-232272	0233-673800
1938	1920	1940	1972 bn 296
Worst		N.A.Bernhard Jr	J.J.Pattje
Meppel		Oostzaan	Waterhuizen
10,08 x 3,07 x 1,40	11,00 x 2,90 x 0,80	16,33 x 4,25 x 1,25	53,17 x 11,79 x 3,77
55 kW 75 pk Kromhout	29 kW 40 pk BMC	103 kW 140 pk Kromhout	2 x 772 kW / 1050 pk Industrie

030.11341 MS	00463 MC	imo 9572824 MC	020.04907 MS
OBSESSIE	**OCEANUS**	**ODIN**	**OLD TIMER**
SMIENT / RINI / OBSESSIE II		NERO *	OLD TIMER / TONI / ANJO 3 / TONI
Heuvel P.v.d.	Oord ACZOverigeMaterieel BV	ST Marine Support BV	Davis Ph. & R.
	Watermanweg 64		
Hoek van Holland	3067 GG Rotterdam	Harlingen	Rotterdam
	010-4478444		
1927	2011 bn 571656	2010 bn 571630	1908
	Damen	Safe Shipyard/Damen	
	Hardinxveld-Giessendam	Gdynia/Gorinchem	Hoogezand
13,50 x 3,10 x 1,40	32,00 x 13,00 x -	29,90 x 12,50 x 2,60	15,40 x 3,85 x 1,35
66 kW 90 pk Kromhout		3 x 600 kW/816 pk Caterpillar	88 kW 120 pk Ford

00372 MS **OLIEBRON** JOHANNA / MARIE Leiden 0596-630256 1961 14,60 x 4,00 x 1,50 161 kW 220 pk Mercedes Benz	023.33920 MS **ONBEKEND** Struis D. Nijkerk 2010 bn 22 No Limit Ships BV 10,40 x 3,20 x 0,80 44 kW 60 pk Lombordini	020.13822 MS **OORLAM** NEPTUNUS 2 / SPES / NEPTUNUS 2 Beket E.B. Amsterdam 1939 bn 698 t Hondsbosch Alkmaar 12,17 x 3,23 x 1,20 73 kW 100 pk Ford	021.03981 MS **OOSTERSCHELDE** Lodewikus B.V. Raamsdonksveer 1965 Jac.den Breejen Hardinxveld-Giessendam 12,66 x 3,40 x 1,48 110 kW 150 pk
00223 OP **OME GIJS** MAAIKE/CATHARINA ANNA / ANITRA MARINIA * / DAMPCO* Langelaar A. Waverveen 1938 5,10 x 1,70 x 0,80 5 kW 8 pk Deutz	00373 MS **ONDERHOUD BRUGGEN** Gemeenten Amsterdam Amsterdam 1930 Concordia S.Seymonsbergen Amsterdam 11,40 x 2,60 x 1,26 135 pk ford	020.03693 MS **OOSTERDOK** OOSTERDOK / ZOEF Palthe J.S. Pr Bernhardstraat 6 6576 BB Ooij 024-6633397 1883 t Kromhout Wed.J.L.Ceuvel Amsterdam 15,15 x 3,06 x 1,00 110 kW 150 pk Volvo	020.14338 MS **OPDUWER** Schreuder Aannemersbedrijf TT Vasumweg 99 1033 SG Amsterdam 020-6333676 1925 199 kW 136 pk Mercedes Benz
00216 MS **OMNIA** JAN Mol I. AlmereHaven 1938 C.Amels & Zn Makkum 11,00 x 3,50 x 1,50 57 kW 78 pk Deutz	00374 MS **ONDERHOUD BRUGGEN 2** KETJIL / SR 18 Gemeente Amsterdam Amsterdam 1933 N.A.Bernhard Jr Nieuwendam 9,70 x 2,82 x 0,90 38 kW 52 pk Mitsubischi	023.11981 DS **OOSTERDOK** OOSTERSCHELDE Verduin H.B. Danzigerkade 9 1013 AP Amsterdam 020-6165815 1965 bn 631 Bodewes Millingen 18,94 x 5,16 x 2,70 302 kW 410 pk Caterpillar	020.16206 OP **OPSTEKER** FLIEREFLUITER / JUMBO Kint & G.H.Herrenberg B. Vinkeveen 1910 4,50 x 1,53 x 0,70 4,7 kW 6,5 pk Kromhout
020.12663 MS **OMNIA XI** SIA Velden H.v.d. Maassluis 015-2625148 1942 t Hondsbosch Alkmaar 14,40 x 3,40 x 1,65 93 kW 127 pk Gardner	023.09918 MS **ONRUST** DREADNOUGHT 3 / METAALHANDEL 12 / MA BEAN / BACCHUS Delgorge R.P Veerkade 15 3016 DE Rotterdam 010-4365446 / 06-55342006 1951 Niehuis & v/d Berg Rotterdam 18,20 x 4,00 x 1,80 257 kW 350 pk Cummins	030.20995 MS **OOSTERPOORT II** HOUTVAART 2 / MARTHA BOUWINA Boelkens W. Amsterdam 1925 Concordia S.Seymonsbergen Amsterdam 12,63 x 3,20 x 1,30 29 kW 40 pk Industrie	00203 MS **ORA ET LABORA** WATERTAXI / DENISE / ANZO / MERKEL Rietkerk J.P. Alpen a/d Rijn 1927 Nic.Witsen Alkmaar 10,95 x 2,94 x 1,15 66 kW 90 pk Gardner

reg.nr. / type	023.07014 MS	033.10402 MS	030.31047 MS
naam	**ORCA**	**ORCA**	**ORION**
ex naam	St.Antonie / Cornelia /	DUO / ALBERT LEO /	GRACA / GERMA /
ex naam	Leendert / Jeanne / Jan /	VROUWE HELENA /	PIE AD 3 / GERMA
ex naam	Jan I / Orca * / Egbertus *	TROS II / TROS	
eigenaar	Botter Erven R.H.	Ridder C.H.de	Bax Handelsonderneming BV
adres		Vreelandseweg 44	
woonplaats	Arnhem	1394 BN Nederhorst d/Berg	Maarsen
telefoon		0294-251432	
bouwjaar / -nr.	1948 bn 144	1955 bn 173	1934
bouwwerf	Hylkema	Eltink	G.den Heeten & Co
plaats	Martenshoek	Beneden Leeuwen	Veur
l x b x d	15,47 x 4,10 x 1,36	11,92 x 3,45 x 1,50	10,68 x 3,06 x 1,12
vermogen	66 kW 90 pk Industrie	88 kW 120 pk DAF	78 kW 107 pk Mitsubishi
boegschroef			

reg.nr. / type	020.05071 DS	00007 MV	022.03998 MS	027.14981 MS
naam	**ORANJE**	**ORCA**	**ORCA II**	**ORION**
ex naam	THETIS / ORCA III / REMON	DONGE	ANTJE III	SPIDA II
ex naam				
ex naam				
eigenaar	Raaij J.C. van	Fijen E.F.H.	Boersma J.W.	Christensen S.
adres	Oosterkade 28	Osseweid 48	Oude Kerkstraat 20	Elkerzeeseweg 5
woonplaats	3582 AV Utrecht	1606 NE Venhuizen	8822 VR Arum	4322 AH Scharendijke
telefoon	030-2516302	0228-543685 / 06-51090349	0517-641791	0111-672155
bouwjaar / -nr.	1956		1901	1976 bn 22
bouwwerf	Concordia S.Seymonsbergen	De Hoop		A.J.Sepers & Zn
plaats	Amsterdam	Schiedam	Hamburg	Heerewaarden
l x b x d	16,14 x 4,31 x 1,58	8,62 x 3,20 x 0,67	17,44 x 4,72 x 2,28	17,48 x 4,90 x 1,89
vermogen	338 kW 460 pk Baudouin	80 kW 108 pk Caterpillar	2x114 kW/155 pk Scania Vabis	459 kW 624 pk Caterpillar
boegschroef				

reg.nr. / type	00063 MS	031.50350 DS	00496 MS	020.05339 MV
naam	**ORCA**	**ORCA**	**ORESUND**	**ORION**
ex naam		FLEVO / HAAI / LEO JR /		Havendienst 2 / Gravenhekje I/
ex naam		DONGE /		Sil / Orion /De Gerlien /
ex naam		TJERK SR / JULIA		De Mulder
eigenaar	Berends M.J.	Jonge G.de	Fens J.	Gerl.vTiemSchpsreparatiebedr
adres		Wilgenhof 72		Waalbandijk 129
woonplaats	s Gravenhage	3355 PA Papendrecht	Spijkenisse	6651 KB Druten
telefoon			06-1504206	0487-515544 / 06-51179936
bouwjaar / -nr.	2000	1954	1963	1912
bouwwerf	Hensens	Eltink		t Kromhout Wed.J.L.Ceuvel
plaats	Hilversum	Beneden Leeuwen		Amsterdam
l x b x d		15,45 x 4,37 x 1,67		13,28 x 2,98 x 1,10
vermogen	24 kW 33 pk Mitsubishi	388 kW 500 pk Caterpillar	199 kW 270 pk Scania	104 kW 140 pk DAF
boegschroef				

reg.nr. / type	020.14128 MS	032.30165 MS	020.06204 DS	032.70605 MS
naam	**ORCA**	**ORCA**	**ORIENT**	**ORION**
ex naam		MONOPOL / EDWARD	Albert Goedkoop / Dieuwertje –	
ex naam			Goedkoop / Dieuwertje /	
ex naam			Erik / Aqua Twin / Sierick	
eigenaar	Bodegraven J. van	Limburgse Mij B.V.	Orient Duwvaart BV	Krikke Vof Baggerbedrijf
adres		Mijnheerkensweg 27	Scheepmakerij 360	Meyerweg 40 A
woonplaats	Amstelveen	6041 TA Roermond	3331 MC Zwijndrecht	8456 GG De Knipe
telefoon		0475-317676		0513-622854 / 06-53333674
bouwjaar / -nr.	1926	1924	1970 bn 51+52	1957
bouwwerf	t Var	Deutsche werft	Volharding/Bennekom	Visscher & Zn
plaats	Heeg	Hamburg	Amsterdam/Sliedrecht	Zwartsluis
l x b x d	8,00 x 2,25 x 0,95	20,38 x 5,44 x 1,90	16,48 x 9,48 x 1,98	11,43 x 3,55 x 1,40
vermogen	84 kW 115 pk Bedford	331 kW 450 pk GM	2 x 441 kW/600 pk Detroit Diesel	134 kW 182 pk Scania Vabis
boegschroef				

023.09290 DS **ORION** GERDA / MARTA B / WESTERSCHELDE / ZOBRA Lagerburg Duw & Sleepdienst Primulastraat 10 1441 HB Purmerend 0299-431880 1955 bn 1 Huisman Rohel 17,36 x 4,46 x 1,56 552 kW 750 pk GM	023.23311 DB **ORION** SARRE / SEMOIS Tebra Beheer BV Merwekade 82-83 3311 TH Dordrecht 078-6392000 / 06-53622363 1961 bn 397 De Biesbosch Dordrecht 15,13 x 9,46 x 1,70 2 x 353 kW/480 pk Caterpillar	056.09480 DB **ORION II** SCH 2614 1969 VEB Yachtwerft Berlin 25,22 x 8,19 x 1,56 2 x 220 kW/300 pk SKL	020.07160 DB **OSCAR** Fredjo B.V. (J. v. Vliet) Krommenierpad 42 1521 HB Wormerveer 075-6284558 1973 bn 54 Grave Grave 16,17 x 5,53 x 2,52 2 x 177 kW/240 pk Caterpillar
023.25151 MS **ORION** D 221 Marienborgh BV Rederij Grevelingen 141 9654 PP Annerveenschekanaal 1936 Meidericher Schiffswerft Ruhrort 23,80 x 6,19 x 2,10 184 kW 250 pk Deutz	022.05770 MS **ORION** IDEAAL / BETA / JACO / LOUISE / MIGRO Tekstra J. Heeg 1936 Bodewes & Dutmer Groningen 10,22 x 3,30 x 1,40 88 kW 120 pk DAF	023.00516 DS **ORKA** BOLNES II/ IDEAAL/ KAZOO / SPES / GERRIT / MARIE 1 / JOAN / MARJAN / RODIE 2 Vries R. de Oude Thornerweg 14 6097 NB Heel 0475-573057 1922 Boele Bolnes 15,09 x 3,93 x 1,79 177 kW 240 pk MAN	00376 MS **OSTERA** Jong Y.de Akkrum 1995 W.d.Wit Akkrum 11,60 x 3,68 x 1,05 88 kW 120 pk Iveco
050.03720 MS **ORION** SCHLEPPKO 4 Meijer K. De Phoenix 1 8862 TW Harlingen 0517-434141 1924 21,40 x 5,46 x 2,47 386 kW 500 pk Deutz	023.19759 MV **ORION** ALCO Velde Marine BV W.v.d. Binnenhaven 1 7547 BG Enschede 053-4307251 1977 Metz Urk 14,80 x 4,00 x 1,30 272 kW 370 pk Volvo Penta	1965-11 DS **ORLIK** Veka Schpvrt&Handelsond.BV Biesboschhaven ZZ 10-12 4252 NM Werkendam 1965 Oduba (Ganz-Danubius) Budapest 57,60 x 8,60 x 0,90 2 x 1000 pk	022.11217 MS **OTTAWA** H.Z 8 / OTTAWA / SMURF / FLORIS / LINGE /ZWARTE BEER / KETELHAVEN Hagen F.R. Epe 1935 De Hoop Hardinxveld-Giessendam 13,35 x 3,21 x 1,35 132 kW 180 pk DAF
032.70528 MS **ORION** ORION / TIAN / ANNE / WILMA Spies R. Maurik 1900 De Ridder Delfshaven 16,29 x 3,85 x 1,80 191 kW 260 pk DAF	050.27030 DB **ORION** Veltman Maritiem BV Harlingen 1959 Berlijn 12,17 x 3,29 x 1,52	023.25592 MS **ORLIK** Veka Schpvrt&Handelsond.BV Biesboschhaven ZZ 10-11 4251 NM Werkendam 0183-505230 1951 Melnik Praag 57,00 x 9,20 x 0,90 368 kW 500 pk Skoda	031.40116 DS **OTTER** GERMA I / BECO I / MARATHON / AMINA / TERINA B Verboom P.J. Postbus 9051 3007 AB Rotterdam 06-50500287 1940 bn 504 Bijlholt Foxhol 19,71 x 5,00 x 2,08 419 kW 570 pk Mitsubishi

reg.nr. / type :	023.24025 MS	00268 OP	00221 MV
naam :	**OUDE WAAL 3**	**OUWE JAAP**	**PA KO**
ex naam :	OUDEWAAL 3 /		PAKO
ex naam :	MAMMOET GOEDKOOP		
ex naam :			
eigenaar :	Bilterijst E.	Berkelaar G.	Dijk G.J.
adres :			
woonplaats :	s Hertogenbosch	Wilnis	Ooltgensplaat
telefoon :			
bouwjaar / -nr. :	1942		1914
bouwwerf :	Th.v.d.Beldt		
plaats :	West Graftdijk		België
l x b x d :	15,25 x 4,20 x 1,90	6,50 x 2,40 x 1,10	7,20 x 2,08 x 0,90
vermogen :	88 kW 120 pk Kromhout	11 kW 15 pk Brons	29 kW 40 pk Mercedes
boegschroef :			

022.02860 MS	020.05666 MS	023.14460 MS	021.01479 MS
OUDE CORNELIS	**OUDE WAAL 8**	**OUWE PIET**	**PACIFIC**
Heinrich / Unterweser 6 /	STADSWATERKANTOOR	GIJSBERT STOUT /	Themaco / Gercor /
Cornelia / Elisabeth /		JOHAN / FOKKO / COBY /	Crace De Dieu / Wiljo / Pejo /
Pieter Cornelis / Mascotte / Injo		MARINA / OUDE PIET	Joke / Wytenkamp 9 / Patricia
Couperus E.W.	Hagen E.	Meijden J.v.d.	Boeren Beheer BV
			Parallelweg 9
Amsterdam	Wormerveer	Barendrecht	5321 JA Hedel
1891 bn 45	1931 bn 16872	1911	1929
Seebeck	Gemeentewerf	Huiskens & v.Dijk	De Koning
Geestemunde	Amsterdam	Dordrecht	Papendrecht
19,69 x 4,16 x 2,00	11,20 x 3,00 x 0,84	16,80 x 4,10 x 1,40	15,45 x 4,20 x 2,10
110 kW 150 pk Brons	64 kW 87 pk Ford	110 kW 150 pk Bolnes	221 kW 300 pk DAF

020.03695 MS	056.09040 DB	023.27066 MV	032.60108 MS
OUDE DOK	**OURTHE**	**OVERWAARDE**	**PAES 3**
PILOT	SCH 2226 / SCHUB 1		NSI 11 / VH 89
Leemberg A.		Kocx A.A.	Paes B.V. H.W.
Stripe 19			Eiland 34 B
8493 LB Terhorne	Rotterdam	Heemskerk	6107 CC Stevensweert
0566-689203			
1926	1983 bn 1369-36	2005	1955 bn 376
	VEB Yachtwerft		Th.v.d.Beldt
Amsterdam	Berlin	Zaandam	West Graftdijk
10,60 x 2,65 x 1,05	10,71 x 5,10 x 1,08	9,90 x 3,40 x 0,80	11,10 x 3,50 x 1,55
32 kW 43 pk Bolinder	2 x 150 pk Iveco	70 kW 96 pk Mitsubishi	121 kW 165 pk DAF

020.02300 MS	00388 OP	00469 MS	022.02283 MS
OUDE WAAL 1	**OUWE BRAM**	**OXI**	**PAES 4**
			Biestadflord / Jasperina /
			Jose / Salland IV /
			Ja Fo / Infra / VH 75
Dekkers W.J.	Bruin P.M.de	Roest H.J.	Paes B.V. H.W.
			Eiland 34 B
Weesp	Nieuwkoop	Kamerik	6107 CC Stevensweert
1924	1930	1935	1944
Concordia S.Seymonsbergen	Het Noorden		Fikkers
Amsterdam	Groningen		Martenshoek
12,52 x 3,01 x 1,54	6,00 x 1,80 x 1,00	13,00 x 3,20 x 1,30	17,50 x 4,60 x 1,80
88 pk 120 pk Industrie	8,8 kW 12 pk Industrie	99 kW 135 pk DAF	268 kW 365 pk Caterpillar

033.20112 MV
PAES 5
MAASJE I
Verduin H.B.
Danzigerkade 9
1013 AP Amsterdam
020-6165815
1953
J.Schlieker & Zn
Sliedrecht
10,00 x 3,04 x 1,30
81 kW 111 pk Scania Vabis

023.13871 MV
PANTER
Coastal Shipping BV
Het Nieuwe Diep 39 D
1781 AE Den Helder
0223-615666
1973
Jac.den Breejen
Hardinxveld-Giessendam
15,45 x 4,20 x 2,00
338 kW 460 pk GM

021.03930 DS
PASAR 2
BSB 112 / Willem H / Zandjutter 4/Mirella/Selmatis 2/ Tineke / Desperado
Bruinsma W.
Oudemirdum
1938
Wiemann
Brandenburg
22,39 x 5,60 x 1,84
2 x 257 kW/350 pk Cummins

020.07440 MS
PATRIOT
MAAS / LIESBOSCH
Daanen J. Th.
Nijmegen
1966
Gebr.Savelkoul
Bocholt
8,84 x 3,85 x 1,60
98 kW 134 pk Scania Vabis

00377 MS
PALMERORT
Heuvelman
Krimpen a/d IJssel
1969
552 kW 750 pk

020.02482 MS
PARAAT
JOHAN / PAUL KRUGER
Holwerda P.R.
De Reling 5
8447 EE Heerenveen
0513-636380
1950
Hylkema
Martenshoek
16,50 x 4,50 x 1,90
132 kW 180 pk MAK

023.17732 DB
PASHA
INTREPIDE / JAN JUNIOR
Jan Sr Vof
Lavendel 114
2925 VE Krimpen a/d IJssel
06-5319448
1963
Meidericher Schiffswerft
Ruhrort
22,04 x 9,42 x 1,91
2 x 551 kW/750 pk Cummins

022.02156 DS
PAULA
Adolf Hitler/Res Nova/Winston Churchill /Wilhelmina/Meerval/ Manta / Carla / Kelly / Leeuw
Treffers & Zn G.J.
H.Figeeweg 35
2031 BJ Haarlem
023-5325211 / 06-22392597
1946 bn 106
Bodewes
Foxhol
20,06 x 5,04 x 2,10
416 kW 566 pk Caterpillar

00129 SV
PAMPUS
DONGEKANT
K.W.Supply BV
Rotterdam
1978
Damen Shipyards
Gorinchem
10,90 x 3,60 x 1,10
71 kW 96 pk DAF

050.29310 MV
PARCHIM
SWB 31
Klein J.J.
Roelofarendsveen
1964 bn 32
VEB Yachtwerft
Berlijn
12,50 x 3,36 x 0,95
77 kW 105 pk IFA

022.04962 MS
PASSE AVANT
JO JA / WELGELEGEN I / PASSE AVANT
Wierda S.
Zoeterwoude
1930
Duitsland
15,16 x 3,43 x 1,30
117 kW 160 pk Cgay Marine

020.11151 MS
PAULA
HANNIBAL / JOHANNA II
Treffers & Zn G.J.
H.Figeeweg 35
2031 BJ Haarlem
023-5325211
1938
Gebr.Boot
Alphen a/d Rijn
18,86 x 5,50 x 1,90
405 kW 550 pk Deutz

00473 MS
PAMPUS
Velu A.
Haarlem
1926
Schouten
Muiden
10,95 x 3,20 x 1,50
77kW105pkHanomagHenschel

023.28007 DB
PARDOES
TR 508 / CURSOR / STATUM
Maja Valkyrie BV
Kon.Wilhelminahaven NZ 2
3134 KE Vlaardingen
1976
Ceske Lodenice
Melnik
11,82 x 8,50 x 2,19
2 x 339 kW/461 pk Volvo

023.11786 DS
PATRICIA
Maas / Matthias Stinnes VIII / Trinitas / Hego / Adri 2 / Furie 2 / Daniel M / Paula
Treffers & Zn G.J.
H.Figeeweg 35
2031 BJ Haarlem
023-5325211
1925 bn 364
P.Smit Jr
Rotterdam
20,38 x 4,72 x 1,85
331 kW 450 pk Deutz

00483 OP
PEEPSLEEP
BOLLE JAN
Peeperkom H.
Bloemendaal
1907
5,50 x 1,80 x 0,95
8,8kW 12 pk Lister Blackstone

reg.nr. / type :	00296 MS	023.24540 DS	032.30166 MS
naam :	**PELIKAAN**	**PERFECT VI**	**PESANTE**
ex naam :	MÖWE	SJENG	MONOPOL / PETER /
ex naam :			BERNANDA II
ex naam :			
eigenaar :	Kok M & B Wagemaker	Perfect Maintenance BV	Janico Scheepvaart & Transp.
adres :		Woudrichemstraat 20	Burg Beelaertspark 257
woonplaats :	Haarlem	3087 BR Rotterdam	3319 AS Dordrecht
telefoon :		010-4952930 / 06-53370554	
bouwjaar / -nr. :	1900	2000 bn 161	1924
bouwwerf :		G.J.v.Wezel	
plaats :	Duitsland	Heijen	Hamburg
l x b x d :	18,00 x 4,00 x 2,00	18,62 x 6,56 x 1,45	20,38 x 5,44 x 1,96
vermogen :	88 kW 120 pk Mercedes	2 x 147 kW/200 pk DAF	441 kW 600 pk GM
boegschroef :			

00247 MS	020.09481 MS	023.15499 DB	00304 MS
PEERKE	**PENTA**	**PERFECT 7**	**PETER**
		TITAN	CALYPSO / BLUE PEARL
Berg J.v.d.	Amstel Holding B.V.	Perfect Maintenance BV	Groenendaal H.
	Amsteleiland 3	Woudrichemstraat 20	
Leiden	1184 VZ Amstelveen	3087 BR Rotterdam	Amsterdam
	020-4965200	010-4952930 / 06-53370554	
ca10	1961	1979 bn 172	
	Kok	H.d.Haas	
	Zaandam	Maassluis	
11,00 x 3,00 x 1,20	13,15 x 3,61 x 1,26	18,27 x 8,04 x 1,86	16,50 x 4,35 x 1,70
117 kW 160 pk DAF	88 kW 120 pk Deutz	2 x 353 kw/480 pk GM	110 kW 150 pk MWM

00513 MV	023.23509 DB	021.01095 DS	022.09225 DS
PEIJE	**PERFECT III**	**PERGO**	**PETER**
	SCH 2313	Noordzee / Cornelis Hendrik /	
		Nelfra / Krist /	
		Jan / Pianto / Stern	
Waldswalkers Scouting	Perfect Maintenance BV	Pergo Vof	Vries & v.d.Wiel BV
	Woudrichemstraat 20	Leeuwerikenhof 13	Harmenkaag 9
Drachten	3087 BR Rotterdam	3181 TD Rozenburg	1741 LA Schagen
	010-4952930 / 06-53370554		0224-211211
1999	1965 bn 3008	1928	1965
VSH/VSK/MSO	VEB Rosslauer Schiffswerft	De Hoop	Fritz Staack & Co
Friesland	Rosslau	Hardinxveld-Giessendam	Lubeck
	14,06 x 8,16 x 1,17	20,58 x 4,80 x 1,82	9,38 x 2,50 x 0,90
	2 x 75 kW/102 pk SKL	277 kW 376 pk Stork Ricardo	184 kW 250 pk Deutz

023.18069 MS	023.23510 DB	020.03670 MS	032.10010 MS
PELICAN	**PERFECT IV**	**PERGO**	**PETRA**
BRANDARIS /	SCH 2368	HOLLANDIA / EENDRACHT /	JOHNNIE / GRE STEIN
PRUDENTIA / BRANDARIS		ANDRE / COR / CHANEL /	
		EENDRACHT	
Lavieren H.J. van	Perfect Maintenance BV	Ruiten R.van	Valkenburg R.v.
	Woudrichemstraat 20		Ark Iris
Amsterdam	3087 BR Rotterdam	Oude Wetering	6522 KR Nijmegen
	010-4952930 / 06-53370554		06-15034317
1960	1966	1921	1939
Duijvendijk	VEB Rosslauer Schiffswerft	Schouten	G.J.v.Berk
Krimpen a/d IJssel	Rosslau	Muiden	Beneden Leeuwen
10,46 x 3,00 x 1,08	14,01 x 8,16 x 1,17	15,58 x 3,74 x 1,60	17,36 x 4,95 x 1,54
88 kW 120 pk Scania Vabis	2 x 75 kW/102 pk Schonebeck	123 kW 168 pk DAF	110 kW 150 pk Deutz

00222 MS
PHOENIX
KROMHOUT VIII / VOORWAARTS / MOBY DICK
Heyting H.F.
Wintelre
1913
t Hondsbosch
Alkmaar
21,05 x 5,16 x 2,10
110 kW 150 pk Bolnes

00575 OP
PIERELIER
Piersma S.
Amsterdam
1924
4,92 x 1,60 x 0,75
17,6 kW 24 pk Lister

020.14260 MS
PIETER
TYBER / TRUIJ / RISICO / THERESIA
Jonckers & G.M.P.v.Rensch F
Amsterdam
1937
G.den Heeten & Co
Leiden
10,00 x 3,25 x 1,30
103 kW 140 pk DAF

023.11885 DS
PIETER L
Bonn & Mees BV
Sluisjesdijk 123
3087 AE Rotterdam
010-4290544
1964 bn 123
H.d.Haas
Maassluis
21,00 x 5,75 x 2,73
496 kW 675 pk GM

023.15403 DB
PHOENIX
INTERLUDE / KATLA
Phoenix BV
Boelewerf 52
2987 VE Ridderkerk
0180-487130
1974
A.J.Sepers & Zn
Heerewaarden
20,26 x 8,03 x 1,85
2 x 493 kW/670 pk Mitsubishi

023.12697 MS
PIET
ZEEAREND / COASTAL EAGLE
Treffers & Zn G.J.
H.Figeeweg 35
2031 BJ Haarlem
023-5325211
1968 bn 68
De Ruiter & de Jong
Hardinxveld-Giessendam
21,00 x 5,25 x 2,45
378 kW 514 pk Deutz

030.50797 DB
PIETER
Klein & Zn BV P.
Kleitelweg 12
1777 NM Hippolytushoef
0227-512042
2005 bn 327
N.Dijkstra Jachtservice BV
Harlingen
18,70 x 5,48 x 1,40
2 x 103 kW/140 pk Deutz

023.05029 MS
PIETERNELLA II
VITESSE / CATHARINA / JACO
Govers J.J.F.
W.Burtiusstrat 1
1816 HC Alkmaar
1930
Bouter & Zn
Delft
15,60 x 4,30 x 1,70
110 kW 150 pk Industrie

030.20758 MS
PI AD
HANJAS / HANJA / PIETER / ARIE / PI ED
Imhoff C.H.
Zutphen
1951
19,65 x 4,25 x 1,40
207 kW 282 pk Stork

023.05832 DS
PIET HEIN
COR / PIET HEIN / IRMA II
Reymers J.J.
Jaersveltstraat 65 B
3082 SE Rotterdam
010-4298468
1910
Boele
Bolnes
16,15 x 3,87 x 1,96
125 kW 170 pk Caterpillar

023.02244 SS
PIETER BOELE
Wacht Am Rhein VIII / Director Joh.Knipscheer / Mathilde / Speculant
St.Buitenmuseum Leuvehaven
Leuvehaven 67
3011 EA Rotterdam
010-4048072
1893 bn 349
Boele
Slikkerveer
30,95 x 6,05 x 2,20
300 ipk Koopman

00337 MS
PIETJE BEL
SIMSON / WILLEMIEN / FREDERIKUS / FLORIS II / KAATJE
Boer J.J.de
Oer de Barten 12
9003 MZ Wartena
058-2553352
1930
Rotterdam
9,00 x 2,55 x 1,10
84 kW 115 pk Dorman

032.80187 MS
PICO
MARIA
Vecht Metaal Amsterdam B.V.
Cruquiusweg 78 A
1019 AJ Amsterdam
020-6923129
1942
Sliedrecht
9,15 x 2,65 x 1,44
55 kW 75 pk GM

023.21491 MS
PIET HEINKADE
SR 11 / SB 11 / ATTACK / NIEUWE GRACHT
Verduin H.B.
Danzigerkade 9
1013 AP Amsterdam
020-6165815
1960 bn 243
Vooruit
Zaandam
14,63 x 3,66 x 1,06
180 kW 245 pk Scania

022.04759 MS
PIETER JAN
Bos R.
Koningsweg 3
9731 AM Groningen
050-5410069
1972
107 kW 145 pk DAF

022.12430 MS
PIONIER
Boer & De Groot BV
Industrieweg 16
8861 VH Harlingen
0517-430542 / 06-13815062
1963 bn 155
Barkmeijer
Stroobos
15,20 x 4,60 x 1,54
177 kW 240 pk DAF

reg.nr. / type	:	030.20832 MS	imo 9378034 MS	023.00573 MS
naam	:	**POLARIS**	**POOL EXPRESS**	**POOLSTER**
ex naam	:	KALIWAAL 19 /		GERMA / CORNELIS /
ex naam	:	ANDROMEDA		LIES / CITO
ex naam	:			
eigenaar	:	Codee	Vroon Ofshore Service BV	Pastors H.C.B.
adres	:	Libelleveen 126	Het Nieuwe Werk 88	
woonplaats	:	3205 SE Spijkenisse	1781 AK Den Helder	Mook
telefoon	:		0233-673800	
bouwjaar / -nr.	:	1939	2007 bn 334	1924
bouwwerf	:	Vahali	Damen Galatz	Visser & Braat
plaats	:	Gendt	Galatz	Leiden
l x b x d	:	16,30 x 4,20 x 1,85	64,88 x 16,00 x 6,00	18,28 x 4,60 x 2,15
vermogen	:	132 kW 180 kW DAF	2 x 1438 kW/1955 pk	132 kW 180 pk Industrie
boegschroef	:			

023.07483 MS	imo 5422112 MS	00050 MS	030.50919 MS
PIONIER	**POLLUX**	**POOLSTER**	**POOLSTER**
Pionier / Wuta / Pierre/Jan Lie-		LLOYDS I / GROCOR /	ZWERVER / VELUWE /
venIII/Anna/Arjo/LekstroomXII/		DREG III	TROUW
Jan Compaen / Spartan			
Rijksen J.A.	Iskes Towing & Salvage BV	Alk Diving B.V.	Plemper A.v.d.
Rembrandtlaan 213	Min.v.Houtenlaan 108	Sud 67	
3362 AG Sliedrecht	1981 EK Velsen Zuid	8711 CS Workum	Hilversum
0184-423088	0255-522860 / 06-53901609	0515-543095	035-5317572
1914	1963 bn 1722	1950 bn 271	1899
Marckmann & Faassen	Schichau	De Groot & v. Vliet	t Kromhout Wed.J.L.Ceuvel
Capelle a/d IJssel	Bremen	Slikkerveer	Amsterdam
13,20 x 3,37 x 1,81	28,40 x 8,40 x 2,26	20,12 x 4,50 x 1,37	17,35 x 4,40 x 1,50
85 kW 116 pk Deutz	2 x 496 kW 675 pk Deutz	2 x 103 kW/140 pk Cummins	169 kW 230 pk Scania Vabis

020.11121 MS	00475 MS	025.18246 MS	00145 MC
PLANCTON	**POLY TUG**	**POOLSTER**	**POPKE**
ELECTRIEK / PHIL CALUD /			BK 53
FILETTE			
Redlich C.W.	Bruin A.de	Efferen P.van	Boskalis Westminster Koninkl.
		Geldersekade 4	Rosmolenweg 20
Harderwijk	Amsterdam	1012 BH Amsterdam	3356 LK Papendrecht
		020-6261981 / 06-53624815	078-6969000
1886	1945	1960	1975 bn 1048
		De Hoop	Damen Shipyards BV
Papendrecht		Hardinxveld-Giessendam	Hardinxveld-Giessendam
14,15 x 3,38 x 1,27	9,40 x 3,00 x 1,20		10,50 x 5,04 x 1,80
66 kW 90 pk Deutz	88 kW 120 pk Daimler Benz	177 kW 241 pk Scania	132 kW 178 pk GM

030.31171 MS	022.12523 OP	027.31976 MS	023.33682 PS
POINT DEXTER	**PONY**	**POOLSTER**	**PORT OF AMSTERDAM 4 –**
St.Antonius / Marla / Louiske /			**ATHENA**
Wouterke / Alemco /			
Haziene Anna / Point Dexter			
Huffelen G.W.v.	Tranship Management BV	Hooff Beheer BV J.v.	Havendienst Gemeente A'dam
			De Ruyterkade 7
Vaassen	Rotterdam	Tiel	1013 AA Amsterdam
			020-5238600
1939	2002	2009 bn 43-08	2010 bn 503422
G.den Heeten & Co	Damen Shipyards BV	Heijsman /Vink	Damen Shipyards BV
Leidschendam	Yiang	Stavoren/Slidrecht	Gorinchem
12,08 x 3,30 x 1,32	6,30 x 220 x 0,85	21,60 x 5,60 x 1,75	19,64 x 7,94 x 3,00
56 kW 77 pk Deutz	16 kW 22 pk Nanchang	331 kW 450 pk MAN	2 x 541 kW/738 pk Caterpillar
		22 kW 30 pk J.Deere Kalkman	

023.25399 PS **PORT OF AMSTERDAM 7 – POSEIDON** Havendienst 7 - Poseidon* Havendienst Gemeente A'dam De Ruijterkade 7 1013 AA Amsterdam 020-5238600 2001 bn 999 Delta Shipyard Sliedrecht 27,60 x 8,00 x 2,80 1650 kW 2243 pk Wartsila	023.13921 MS **POSEIDON** Damen Marine Services BV Rivierdijk 555 3371 EC H'veld-Giessendam 0184-616000 1973 Damen Shipyards BV Hardinxveld-Giessendam 14,69 x 4,31 x 1,85 268 kW 365 pk Caterpillar	imo 9273911 BS **POWER EXPRESS** Vroon Ofshore Service BV Het Nieuwe Werk 88 1781 AK Den Helder 0233-673800 2006 bn V2J 689-1 Jiangsu Zhenjiang Jiangsu 72,46 x 17,50 x 6,40 2 x 2610 kW/3600 pk Wartsila	021.02972 MS **PRINSES** Stolk's Handelsonderneming Veersedijk 269 3341 LM H.I.Ambacht 078-6128423 1909 13,28 x 2,98 x 1,48 29 kW 40 pk Kromhout
023.25398 PS **PORT OF AMSTERDAM 8** Havendienst 8 - Hephaistos* Havendienst Gemeente A'dam De Ruijterkade 7 1013 AA Amsterdam 020-5238600 2001 bn 1000 Delta Shipyard Sliedrecht 27,60 x 8,00 x 2,80 1650 kW 2243 pk Wartsila	020.04798 MS **POSEIDON** ONRUST / HENCOR Versteeg P.D. Havenstraat 146 1506 PP Zaandam 075-6704513 1904 Boon, Molema & de Cock Hoogezand 15,98 x 4,00 x 1,87 98 kW 133 pk Volvo Penta	030.50664 MS **PRESTO** PRESTO / SCHEEPMAKER / DELTA Holman N. A.v/h Destreelaan 80 1834 EG St.Pancras 1938 C.Amels & Zn/Leenman Makkum/Zwolle 14,90 x 3,75 x 1,08 121 kW 165 pk GM	023.09487 MS **PRIOK** PRIOK / FIX VIII / VERTOEK / TITAN IV Norden A.v. & N.C.J. Rooth Oudewaal t/o 20 1011 CG Amsterdam 020-6383112 1925 Alkmaar 14,14 x 3,10 x 1,59 93 kW 126 pk Scania Vabis
022.08584 MS **PORT OF BEYROUTH 2** IMSUM / KUGELBAKE / STERN / ZEEHOND Treffers & Zn G.J. H.Figeeweg 35 2031 BJ Haarlem 023-5325211 1955 bn 140 Mutzelfeldtwerft GmbH Cuxhaven 25,16 x 6,58 x 2,98 552 kW 750 pk Deutz	00378 MS **POTHOOFD** WAAL 2 / POTHOOFD Heijsman J. s Hertogenbosch 1949 De Vries Lentsch Amsterdam 14,65 x 3,20 x 1,20 80 kW 110 pk GM	022.04098 MS **PRINCESS H** SYLVIA B / BOXER Foekema H.J.P. Vof Wijk 2 nr 31 8321 ER Urk 06-53210556 1966 Visscher & Zn Zwartsluis 13,35 x 4,21 x 1,27 176 kW 240 pk GM	020.15463 MS **PRONTO** PRONTO / PRONTO I / JACOBA / NORWAY Wernars A. Midden Beemster 1914 Akerboom Boskoop 15,30 x 3,00 x 1,60 92 kW 125 pk Scania 11 kW 15 pk
00153 MC **PORT QASIM** Boskalis Westminster Koninkl. Rosmolenweg 20 3356 LK Papendrecht 078-6969000 1977 bn 3002 Damen Shipyards BV Hardinxveld-Giessendam 18,54 x 8,06 x 1,90 2 x 176 kW/239 pk Caterpillar	00224 MS **POTVIS** POTVIS Hanja J.C. van Amsterdam 1970 Loose Made 10,00 x 3,65 x 1,20 58 kW 90 pk John Deere	00213 OP **PRINSES** Dijkstra M.F Bruinisse 1914 Gent 5,10 x 2,00 x 0,50 11 kW 15 pk Lister	023.20434 DS **PROTECTOR** HELFRA / P 2 / JASON / HARMONIE / BANCO B.S.T. Dintelsas BV Sasdijk 18 4671 RN Dinteloord 0167-523288 1927 H.J.Koopman Dordrecht 19,75 x 4,88 x 2,25 485kW660pk ListerBlackstone

reg.nr. / type :	022.06072 MS	00328 MV	00405 MV
naam :	**PUMA**	**PW 305**	**QUINT**
ex naam :	TEMI II / PUMA / BOUKJE *		
ex naam :			
ex naam :			
eigenaar :	Hakvoort Vletten Verhuur	Provincie Friesland	Vermeulen H.
adres :	Pinksterbloemstraat 9	Tweebaksmarkt 52	Blondeelstraat 236
woonplaats :	8321 XD Urk	8911 KZ Leeuwarden	3067 VC Rotterdam
telefoon :	0527-682216	058-2925888	06-44742279
bouwjaar / -nr. :	1956		1965
bouwwerf :	Ral		
plaats :	Irnsum		Duitsland
l x b x d :	22,20 x 5,52 x 1,80		15,00 x 3,00 x 1,00
vermogen :	368 kW 500 pk Brons		88 kw 120 pk MWM
boegschroef :			

reg.nr. / type	00046 PS	031.60098 MS	020.12907 DS	030.31198 MS
naam	**PROVINCIE ZUID HOLLAND**	**PURA VIDA**	**PWL**	**QUINTO**
ex naam		Aurora / Bertha / Fiorella /	PWL	WICO / JOHNNES /
ex naam		Wilma II / De Anne / Bertha /		QUINTO
ex naam		WilhelminaII/Eemstroom/Buffel		
eigenaar	Provincie Zuid Holland	Jellesma T.	Schneider T.	Kuipers J.M.
adres			Noordeinde 94	Marconistraat 7
woonplaats	s-Gravenhage	St.Nicolaasga	2451 AH Leimuiden	2181 AK Hillegom
telefoon			0172-508651	
bouwjaar / -nr.	1961 bn 604	1929	1963	1942
bouwwerf	Van Lent	Goor & Spiekman	Neerlandia	Gebr.Boot
plaats	Kaag	Zwartsluis	Hillegom	Alphen a/d Rijn
l x b x d	16,47 x 4,00 x 1,45	14,04 x 3,33 x 0,93	10,70 x 3,40 x 1,27	13,00 x 3,85 x 1,50
vermogen	106 kW 144 pk Volvo	73 kW 100 pk Kromhout	88 kW 120 pk Volvo Penta	44 kW 60 pk Industrie
boegschroef				

reg.nr. / type	00481 OP	00425 MV	00327 DB	021.02867 DS
naam	**PUF PUF**	**PW 2**	**QUATRO**	**QUO VADIS**
ex naam				GRE / SEEGARTEN /
ex naam				GRE / CHARLES /
ex naam				
eigenaar	Galestin M.C.	Provincie Friesland	Lachnit Duwbotenverhuur	Hoogendijk M.J.
adres		Tweebaksmarkt 52	Korte Gelgewater 56	Turfsingel 8A
woonplaats	Warfhuizen	8911 KZ Leeuwarden	2313 BR Leiden	2802 BB Gouda
telefoon		058-2925888		0182-514005
bouwjaar / -nr.	1924			1940 bn 96
bouwwerf	Alkema			De Jong & Smit
plaats	Hoogezand			IJsselmonde
l x b x d	4,65 x 1,65 x 0,60			20,94 x 5,03 x 2,19
vermogen	7,3 kW 10 Lister Blackstone			294 kW 400 pk Brons
boegschroef				

reg.nr. / type	027.16891 MS	00379 MV	00380 MS	020.02984 MS
naam	**PULAU BAAI**	**PW 206**	**QUATRO**	**RAAF**
ex naam			RADIO HOLLAND	RAAF / HAAI / TRITON
ex naam				
ex naam				
eigenaar	Oord Acz Overige Materieel	Provincie Friesland	Lagerijs H.	Kuipers H.P.
adres	Jan Blankenweg 2	Tweebaksmarkt 52		
woonplaats	4207 HN Gorinchem	8911 KZ Leeuwarden	Amsterdam	Rotterdam
telefoon	0183-642200	058-2925888		
bouwjaar / -nr.	1983 bn 2522	1991 bn 143	1949	1920
bouwwerf	Damen Shipyards BV	W.d.Wit	Sleephelling Scheveningen	Concordia S.Seymonsbergen
plaats	Gorinchem	Akkrum	Scheveningen	Amsterdam
l x b x d	15,26 x 4,66 x 2,45	8,70 x 2,90 x 0,80	14,85 x 3,44 x 1,02	12,10 x 3,24 x 1,41
vermogen	2 x 217 kW/296 pk Caterpillar	44 kW 60 pk Nanni	88 kW 120 pk Scania Vabis	25 kW 35 pk Kromhout
boegschroef				

00113 MS
RABI
Mariventure BV
Zwijndrecht
1985 bn 5406
Damen Shipyards BV
Hardinxveld-Giessendam
15,70 x 4,90 x 1,40

00281 MV
RAMBO
RVE 49 / ELISE 3
Spruyt Arkenbouw BV
Windas 6
8441 RC Heerenveen
0513-671436
1969
J.Schlieker & Zn
Sliedrecht
9,08 x 2,75 x 0,66
72 kW 98 pk DAF

080.23114 DB
REALITÉ
IRMGARD / ANTOINETTA / EGALITÉ / HUNTER
Bruinsma A.M.
Gildeweg 39
3334 KC Zwijndrecht
078-6104192
1930 bn 241
A.S.M.
Arnhem
28,80 x 5,65 x 1,80
700 kW 953 pk Cummins

00414 OP
REBEL
Reichwein P.
Kerkbuurt 116
3354 XM Papendrecht

023.06477 DS
RAM
ALBATROS 2 / PINGUIN / MADOERA / SCHWYZ
Drenth J.
Molenlaan 15
6114 GM Susteren
046-4495759 / 06-53355982
1941
Gebr.Boot
Alphen a/d Rijn
18,16 x 4,81 x 1,46
338 kW 460 pk GM

023.19089 MS
RAPPORTEUR
Rapporteur / Berdina / Grada / Ellen / Jako / Lemar / Lemar / Volharding 4 / Johanna
Huisman P.J.H.
Zeggelaan 11
4844 SB Terheijden
1915
v.d.Stoel
Alkmaar
14,35 x 3,30 x 1,40
96 kW 130 pk Scania Vabis

027.20137 MC
REBECCA S
NEPTUN 6
Stemat Marine Service BV
Quarantaineweg 10
3089 KP Rotterdam
010-2996555
1999 bn 225
Kotlas/Neptune Marine
Limeda/Aalst
25,50 x 9,55 x 2,40
2 x 588 kW/800 pk Cummins

023.25101 DB
REBEL 05
RV 04-18 / 04-18
Brand D.J.G.& R.F.D.
Oude Kerkstraat 20
4417 AV Hansweert
0113-383944 / 06-51808090
1992 bn 6018
Damen Shipyards BV
Gorinchem
7,03 x 3,02 x 0,91
210 kW 286 pk Deutz

023.18589 DB
RAM
Monopol / GUIDO / RAM
Ranatrans BV
Keersluisweg 5
5433 NM Katwijk (NB)
0485-322840
1943
Schimag
Mannheim
22,10 x 5,74 x 2,00
176 kW 240 pk DAF Dorman

00381 DS
RATHENOW
Kikker duw&Slpdienst(Morcus)
s Gravenhage
1934
Engelbrecht
Berlijn
11,97 x 2,40 x 0,90
73 kW 100 pk Mercedes Benz

023.25088 DV
REBEL
RV 04-04 / 38081
Brand D.J.G.& R.F.D.
Oude Kerkstraat 20
4417 AV Hansweert
0113-383944 / 06-51808090
1992 bn 6005
Damen Shipyards BV
Gorinchem
7,03 x 3,02 x 0,91
210 kW 286 pk Deutz

023.25092 DB
REBEL 06
RV 04-08 / 04-08
Reimerswaal Vof
Oude Kerkstraat 20
4417 AV Hansweert
0113-383944 / 06-51808090
1992
Damen Shipyards BV
Gorinchem
7,03 x 3,02 x 0,91
210 kW 286 pk Deutz

023.02798 MS
RAM
VOORUIT / MARIA CATHARINA / CREDO RUGNO
Rek N. de
IJsseldijk West 31
2935 AP Ouderkerk a/d IJssel
0180-682471
1909
Th.A.d.Groot
Delft
18,44 x 4,50 x 2,07
110 kW 150 pk Deutz

022.07042 MS
RAVEL
KATJAN / ERNA / HANS
Veer A.J.v.d.
Heerenveen
1922 bn 552
Janssen & Schmilinsky
Hamburg
17,80 x 5,12 x 2,05
264 kW 360 pk MAN

00596 MV
REBEL
ZILVERMEEUW / LARIMAR
Fehres E.
Renkum
1947
9,44 x 2,55 x 0,90
73 kW 100 pk DAF

023.25095 DB
REBEL 08
RV 04-12 / 04-12
Reimerswaal Vof
Oude Kerkstraat 20
4417 AV Hansweert
0113-383944 / 06-51808090
1992
Damen Shipyards BV
Gorinchem
7,03 x 3,02 x 0,91
210 kW 286 pk Deutz

reg.nr. / type :	020.05854 BV	023.08325 DS	023.23701 DS
naam :	**REDDER**	**REGGE**	**REINOD 1**
ex naam :	POTVIS / REDDER /	REGGE / FINLAND /	
ex naam :	EERLAND 29	EROS	
ex naam :			
eigenaar :	Soetekouw P.	Hartman J.	Van Gansewinkel Shipping
adres :		Damlaan 14	Oude Maasweg 5
woonplaats :		8321 XC Urk	3197 KJ Rotterdam
telefoon :		06-12996339	010-4726200
bouwjaar / -nr. :	1963	1928 bn 431	1962 bn 603
bouwwerf :	Conrad	P.Smit Jr	De Hoop
plaats :	Haarlem	Rotterdam	Hardinxveld-Giessendam
l x b x d :	28,04 x 5,94 x 1,80	20,42 x 4,77 x 2,23	15,32 x 4,18 x 1,50
vermogen :	242 kW 330 pk	221 kW 300 pk Stork Ricardo	242 kW 330 pk Scania Vabis
boegschroef :			

023.25097 DB	020.05654 MS	00382 MS	023.22101 MS
REBEL 10	**REDDER**	**REGINA**	**REINOD 4**
RV 04-14 / 04-14	WADDENZEE	TIME IS MONEY /	REINOD 4 / RENE /
		RENSIENNA /	OUDE RIJN *
		REGINA	
Reimerswaal Vof	Soetekouw P.	Mos J.Th.	Loon J.van
Oude Kerkstraat 20		Dijk 60	
4417 AV Hansweert	Bergharen	1601 GK Enkhuizen	Leiden
0113-383944 / 06-51808090		0228-313366	
1992	1917	1910 bn 195	1964 bn 637
Damen Shipyards BV	Conrad	Boon, Molema & de Cock	De Hoop
Gorinchem	Haarlem	Hoogezand	Hardinxveld-Giessendam
7,03 x 3,02 x 0,91	28,00 x 5,94 x 1,80	17,00 x 4,40 x 1,60	15,32 x 4,18 x 1,50
210 kW 286 pk Deutz	128 kW 175 pk	184 kW 250 pk MAK	136 kW 186 pk DAF

023.25099 DB	00431 MS	030.30168 MS	023.23702 DS
REBEL 11	**REDSUM**	**REIDERLAND**	**REINOD 5**
RV 04-16 / 0-4-16	ZEEPAARD	HENJA / HENRIETTE /	
		MARLA / SJANY / PALJAS /	
		GESIENA	
Reimerswaal Vof	Wilstra Rederij	Ommen K.	Van Gansewinkel Shipping
Oude Kerkstraat 20	Eikensingel 17		Oude Maasweg 5
4417 AV Hansweert	9203 NW Drachten	Groningen	3197 KJ Rotterdam
0113-383944 / 06-51808090	0512-546541 / 06-51202126		010-4726200
1992	1981	1923	1962 bn 591
Damen Shipyards BV	Pedro Scheepswerf	Gebr.Boot	De Hoop
Gorinchem	Zuidbroek	Alphen a/d Rijn	Hardinxveld-Giessendam
7,03 x 3,02 x 0,91	9,00 x 2,60 x 0,90	14,42 x 3,45 x 1,15	15,48 x 4,18 x 1,97
210 kW 286 pk deutz	62 kW 85 pk Peugeot	99 kW 135 pk DAF	242 kW 330 pk Scania Vabis

023.16335 MS	023.24505 MS	023.19345 DS	023.23703 DS
REBOCADOR 12	**REGENSBURG**	**REIMERSWAAL 3**	**REINOD 6**
ALBATROS / RV 13 / ERNY /			
PHOENIX / WARATAH /			
REX / AVANTI			
Laan E.J.	Rietveld A.P.R.	Reimerswaal BV Scheepswerf	Van Gansewinkel Shipping
		Kaai 1	Oude Maasweg 5
Lelystad	Nieuwerkerk a/d IJssel	4417 ES Hansweert	3197 KJ Rotterdam
		0113-383021 / 06-53120374	010-4726200
1942	1953	1956	1962 bn 592
Gebr.Boot	Linz		De Hoop
Alphen a/d Rijn	Linz	Hardinxveld-Giessendam	Hardinxveld-Giessendam
18,26 x 4,75 x 2,00	19,27 x 3,86 x 2,10	13,00 x 3,40 x 0,95	15,32 x 4,18 x 1,50
110 kW 150 pk Industrie	189 kW 258 pk Deutz	114 kW 155 pk Deutz	242 kW 330 pk Scania Vabis

020.08503 DS
REINOD 9
JOOP / BEAN II /
ANCOR

Van Gansewinkel Shipping
Oude Maasweg 5
3197 KJ Rotterdam
010-4726200
1981 bn 1981
Engelaer Scheepsbouw BV
Beneden Leeuwen
12,56 x 6,56 x 1,50
2 x 267 kW/350 pk Caterpillar

023.23715 DB
REINOD 10

Van Gansewinkel Shipping
Oude Maasweg 5
3197 KJ Rotterdam
010-4726200
1976 bn 138
De Hoop
Schiedam
6,20 x 3,27 x 0,63
51 kW 70 pk DAF

023.23714 DS
REINOD 11

Van Gansewinkel Shipping
Oude Maasweg 5
3197 KJ Rotterdam
010-4726200
1983
De Hoop
Hardinxveld-Giessendam
8,76 x 3,54 x 0,92
133 kW 182 pk Scania Vabis

023.13270 DS
REINOD 14
ADRIANA / R 9 / C 151 /
ADRIANA /
CALYPSO
Van Gansewinkel Shipping
Oude Maasweg 5
3197 KJ Rotterdam
010-4726200
1929 bn 585
A.Vuijk & Zn
Capelle a/d IJssel
27,81 x 6,56 x 2,10
883 kW 1200 pk Deutz

020.10843 MS
REITDIEP
FIAT / METROWERKEN /
MASCOTTE

Heuvelman Ibis BV
Postbus 139
9930 AC Delfzijl
0596-619911
1949
Rouwe
Landsmeer
13,97 x 3,78 x 1,32
184 kW 250 pk Caterpillar

025.08683 MV
REKERE

Ooms Materieel BV
Scharwoude 9
1634 EA Scharwoude

1969 bn 638
v.Goor
Monnickendam
15,30 x 4,35 x 1,82
271 kW 369 pk Caterpillar

023.09488 MS
REMCON I
FIX 9

Remcon BV
Nobeldreef 169
3146 AK Maassluis
010-4159505
1941
Lanser
Sliedrecht
14,92 x 3,25 x 1,80
93 kW 127 pk Gardner

023.24547 DB
REMOVER
TR 13

Amsterdam Barge Service BV
Boelewerf 52
2987 VE Ridderkerk
0180-487130
1976
Ceske Lodenice
Melnik
25,00 x 9,00 x 1,10
2 x 294 kW/400 pk Caterpillar

023.21795 DB
RENATE
SCH 2360

Bogaart C.H.den
Duivendrechtstraat 30 F
3089 TD Rotterdam

1966 bn 3113
VEB Rosslauer Schiffswerft
Rosslau
14,06 x 8,16 x 1,20
2 x 75 kW/102 pk SKL

023.27668 DB
RENE SIEGFRIED

Binnenvaart Stichting De
Hooikade 10
3311 CD Dordrecht

1963 bn 414
De Biesbosch
Dordrecht
32,00 x 11,30 x 1,70

022.05947 MV
RENO
HEGEJO / MARIA G /
JANTJE

Vries Rederij R.J. de
't Noard 12
8721 GC Warns
0514-681998 / 06-51451321
1949 bn 180
Damen Shipyards BV
Hardinxveld-Giessendam
10,07 x 3,05 x 1,15
88 kW 120 pk DAF

023.33241 WV
RENS

E.S.B.Shipbuilding BV

Elburg

200
Mansvelder/ESB
Brakel/Elburg
8,00 x 3,00 x 0,50
136 kW 185 pk Perkins

00597 OP
RES NOVA

Kamminga S.

Vegelinsoord

1931
v.d.Berg
Hasselt
5,20 x 1,95 x 1,00
19 kW 26 pk Lister Blackstone

020.01755 DS
RES NOVA
Onderneming 2/Lucia II/Diana /
Johnny/Marie/Hendrika / Peter/
Willem / Flevo 4
Sals J.W.F.

Groesbeek

1939 bn 325
Th.v.d.Beldt
West Graftdijk
14,15 x 3,88 x 1,42
132 kW 180 pk DAF

020.03322 MS
RESCATOR
BETA / TINI /
EENDRACHT

Mul N.

Zaandam

1915
Concordia S.Seymonsbergen
Amsterdam
12,12 x 3,15 x 1,47
29 kW 40 pk Kromhout

023.27003 MS
RESI

Krul & Zn BV Aannemersbedr.
Postbus 91
4153 ZH Beesd

1973
Schlesswerft
Wesel

240 pk Mercedes

reg.nr. / type :	023.18346 DB	imo 9273870 BS	027.18619 MS
naam :	**RHEINE**	**RIG EXPRESS**	**RIJNSTROOM**
ex naam :	E 104		
ex naam :			
ex naam :			
eigenaar :	Volker E.P.J.	Vroon Ofshore Service BV	Wijngaarden Marine Service
adres :	Watertorenweg 105	Het Nieuwe Werk 88	Merwestraat 2
woonplaats :	3063 HA Rotterdam	1781 AK Den Helder	3361 HL Sliedrecht
telefoon :	010-4520772 / 06-53666580	0233-673800	0184-490244
bouwjaar / -nr. :	1954	2006 bn V2J 689-2	1995
bouwwerf :	Teltowwerft	Jiangsu Zhenjiang	Jac.den Breejen
plaats :	Berlijn	Jiangsu	Hardinxveld-Giessendam
l x b x d :	18,00 x 5,60 x 1,80	72,46 x 17,50 x 6,40	19,70 x 6,50 x 2,60
vermogen :	88/271kW120/369pkMAN/Cum	2 x 2610 kW/3600 pk Wartsila	2 x 337 kW/450 pk Caterpillar
boegschroef :			

030.50797 MS	038.00008 DV	020.08393 MS	023.24171 MS
RESIDENTIE	**RIAN**	**RIJN**	**RIJNWERKEN**
RESIDENTIE / GERBELLE /		WIM	
DODDO /			
CORRIE			
Hammer H.	deBoer & deGroot Aann.bedr	Geluk BV Aannemingsbedr.	Vries Werkendam Aann.bedr
	Industrieweg 16	Hanzestraat 10	Ir Blankenstraat 9
Zwartsluis	8861 VH Harlingen	7006 RH Doetinchem	4251 NR Werkendam
	0517-430542		0183-508888
1906		1980	1967 bn 236
Leenman		G.J.v.Wezel	Gebr.Paans
Overschie/Zwolle		Dreumel	Roodevaart
14,95 x 3,50 x 1,50	7,76 x 2,45 x 0,70	12,03 x 3,76 x 1,10	14,35 x 4,00 x 1,12
88 kW 120 pk Scania Vabis	44 kW 60 pk Ford	154 kW 210 pk Mercedes Benz	249 kW 339 pk Scania Vabis

imo 8106991 MS	031.40128 MS	023.20162 DS	032.80095 MS
RETRIEVER	**RIBUT**	**RIJN**	**RIJSBERGEN 1**
	EVERDINA 2 / CHRIS /	NEPTUNUS 11	
	VITESSA		
Heerema Shipping BV	Bolhuis B.S.	Smit Transport Europe BV	Rijsbergen BV
Vondellaan 55	Pipeluurseweg 12 B	Waalhaven OZ 85	Blaricummerstraat 119
2332 AA Leiden	7225 ND Oldebugen	3087 BM Rotterdam	1272 JG Huizen
071-5799000	0575-452690	010-4549911	035-5258858
1982 bn 508	1906	1977 bn 169	1949
Niestern Sander		H.d.Haas	
Delfzijl	Delfshaven	Maassluis	Beneden Leeuwen
53,50 x 15,30 x 6,20	19,15 x 4,17 x 2,15	17,11 x 6,35 x 2,20	10,10 x 3,10 x 0,77
2 x 4470 kW/6077 pk MAK	165 kW 225 pk Industrie	2 x 264 kW/360 pk GM	103 kW 140 pk GM

023.23412 MS	033.10417 MS	031.50381 MS	00225 MS
REVENU	**RICHARD**	**RIJN**	**RIKUS**
	ST.MARIA		HOUTVAART I / TANJA
Hoogendoorn D.W.	Schuitema K.	Voogt P.	Schenk T.
Westhavenstraat 50	Emmasingel 1004		
4475 AD Wilhelminadorp	9726 AT Groningen	Haarlem	Venhuizen
	050-3132665		
1961	1957	1936	1922
Timmer	v.Rossem		Pehling
Delft	Dreumel		Alkmaar
15,06 x 4,44 x 1,49	20,30 x 5,30 x 2,22	14,40 x 3,38 x 1,00	13,40 x 3,80 x 1,25
250 kW 340 pk Caterpillar	276 kW 376 pk Stork	73 kW 100 pk DAF	58 kW 80 pk Kronhout

023.10257 MV **RIMAR I** ADRIJ / AUDREY / REGINA / FEMKE Rigter A. Waalbandijk 1 6541 AJ Nijmegen 1958 bn 243 Damen Shipyards BV Hardinxveld-Giessendam 12,50 x 3,55 x 1,70 147 kW 200 pk Caterpillar	023.08566 DB **RIO III** PW 52 / TENDER 7 / LEKSTROOM VII / VOMADUW Man W.L. de Oosterkade 57 3011 TV Rotterdam 010-4610258 1909 Amsterdam 18,20 x 4,78 x 1,28 261kW 355pk Cummins Deutz	021.02510 MS **RISICO** Nyhof J. Adm. Helfrichsingel 52 3262 EB Oud Beijerland 0186-613309 1949 P.Smit Jr Rotterdam 14,46 x 3,67 x 1,01 88 kW 120 pk Caterpillar	030.30918 MS **RIXT** JOHAN / CINDY / CHRISTIN / CHRISTINA Vellinga & J.d.Vries P. Eck en Wiel 1930 G.den Heeten & Co Leidschendam 15,70 x 4,23 x 1,66 206 kW 280 pk Scania Vabis
00320 MV **RINGVAART 7** Verweij & Wesselius Jan Semeinhof 4 1944 PG Beverwijk 06-54260956 8,00 x 2,60 x 1,00 88 kW 120 pk DAF	023.08576 MS **RISICO** JOHANNA MARIA / APPOLONIA / RISICO / D 12 / VOLUNTAS DEI / TOMBELLE Hol J.J.C. Schiedam 1910 A.J.v.Dam Overschie 11,98 x 3,12 x 1,70 128 kW 174 pk MWM	00384 MS **RISKANT** TIGRE Geest M. Berghem 1948 Jos Boel & Zn Temse 25,50 x 5,30 x 1,66 375 kW 510 pk MWM	imo 8517621 BS **RIYAN** SMIT LLOYD 56 Wijsmuller Groningen BV Sluisplein 34 1975 AG IJmuiden 020-5060400 1987 bn 418 De Groot & v. Vliet Slikkerveer 58,00 x 13,50 x 6,15 2 x 1961 kW/2665 pk Wartsila
022.10714 DS **RINSKE** JOHAN / WILLEM JR / AALTJE Hakvoort K.A. Pinksterbleomstraat 9 8321 XD Urk 0527-682216 1950 bn 462 Bijlsma Wartena 22,23 x 5,49 x 2,01 552 kW 750 pk Cummins	023.07416 MS **RISICO** RISICO / SAN ANTONIO / AL GRI / JEANNE Kats E.R. Bollemanssteeg 21 8911 DW Leeuwarden 058-2121651 1915 tHuys d.merwede H te veldhuis Papendrecht 13,70 x 3,38 x 1,70 147 kW 200 pk Scania vabis	022.04952 MS **RIVAL** Meulen T.& Y.v. Dr.Bongastraat 12 8551 RG Woudsend 1936 Mulder & Broerken Foxhol 9,00 x 2,83 x 1,30 113 kW 152 pk Scania Vabis	00385 MS **ROCHEN VI** L'AVENIR / ROCHEN VI Duinen K. Maastricht 1910 Hamburg 126 kW 172 pk Caterpillar
023.10209 MS **RINY** FEIJENOORD / JATRIE / RINY Wit A.de Amsterdam 1920 14,60 x 2,80 x 0,92	022.10587 MV **RISICO** RISICO / FRISO / GERDA Knobbe R.W. Lemmer 1937 Bodewes & Dutmer Groningen 9,01 x 2,55 x 1,27 110 kW 150 pk Deutz	032.30238 MS **RIVAL** ROB Seinen S.A.P. Langweer 1955 v.d.Giessen Hardinxveld-Giessendam 13,46 x 4,06 x 1,30 169 kW 230 pk Scania Vabis	023.03708 DS **RODEUR** READY / HELEMA Roos P.K. Niesenootburgwal 24 1141 VN Monnickendam 0299-653181 1912 bn 550 P.Boele Pzn Slikkerveer 17,30 x 4,25 x 1,71 294 kW 400 pk Volvo Penta

reg.nr. / type : **naam** : **ex naam** : **ex naam** : **ex naam** : **eigenaar** : **adres** : **woonplaats** : **telefoon** : **bouwjaar / -nr.** : **bouwwerf** : **plaats** : **l x b x d** : **vermogen** : **boegschroef** :	020.08309 DS **ROELOF F** ARJOS Fransbergen BV Havenstraat 10 6051 CR Maasbracht 0475-465090 1981 bn 721 Engelaer Scheepsbouw BV Beneden Leeuwen 16,33 x 7,52 x 2,09 2 x 447 kW/608 pk Caterpillar	00386 MS **ROLF** Kuppers Amsterdam 1929 20,50 x 5,36 x 1,98	021.04250 DS **RONALD** M 242 / H 436 / H 448 / IRENE / RONALD Kley J. ten Wilhelminalaan 13 E 6051 BH Maasbracht 0475-463978 1941 Ubigau Dresden 23,11 x 5,85 x 1,94 2 x 250 kW/340 pk DAF
030.31300 DS **RODIE** ORANJE / ABEO II / NOORDENWIND II / ROMATRA / HERO Rodie Watertransport BV Hanepad 88 1501 WE Zaandam 075-6166576 / 06-53412365 1948 G.den Heeten & Co Leidschendam 16,96 x 4,47 x 2,24 300 kW 408 pk Cummins	027.16983 MV **ROERDOMP** PEPE YEODO Hollandse Aannemers Mij Rivium Quadrant 2 2909 LC Capelle a/d IJssel 010-4478444 1980 bn 4303 Damen Shipyards BV Gorinchem 12,65 x 3,65 x 1,08 71 kW 96 pk GM	023.24544 DB **ROMIRA** LEHNKERING 10 Brusse & Zn. A. Heemraadhof 30 2922 CK Krimpen a/d IJssel 0180-515737 1965 Hilgers Rheinbrohl 9,97 x 9,37 x 1,80 2 x 184 kW/250 pk MWM	031.10063 MS **RONS II** ALIDA / TIM / NORDISK / NOORD / PIE AD / POOLSTER / TROUW Dekker J. J.Schamhartstraat 79 8121 CN Olst 0570-564019 1927 Nic.Witsen Alkmaar 15,78 x 3,49 x 0,97 88 kw 120 pk DAF
023.18771 MV **ROEK** TREKVOGEL Holcim Grondstoffen BV IJsseldijk 351 2922 BK Krimpen a/d IJssel 0180-513044 1956 12,25 x 3,14 x 1,50 126 kW 172 pk Caterpillar	023.15034 MS **ROGGENPLAAT** ANDRE Provinciale Zeeuwse Brug Mij Middelburg 1977 bn 1242 Jac.den Breejen Hardinxveld-Giessendam 14,20 x 4,25 x 1,80 176 kW 240 pk GM	023.06233 MS **ROMKJE** WINTERZORG / WILLY / COR / QUATONGE Leemburg J. Kommerzij 1923 Mohldorf Begedorf 16,08 x 4,00 x 1,20 77 kW 105 pk Samofa	023.05990 MS **ROOIE NEL** MARJAN / MAPI / NEDAM / VIOS / NEDAM Goes J. Amsterdam 1938 bn 389 Bijlsma Wartena 14,24 x 3,70 x 1,65 66 kW 90 pk DAF
021.01735 SS **ROEK** JACOMIEN Mos J.Th. Dijk 60 1601 GK Enkhuizen 1930 Gebr.v.d.Windt Vlaardingen 20,10 x 5,10 x 2,00 185 ipk Kreber	020.09279 MS **ROLAND** Bosma H. Kuilpad 12 3844 SL Harderwijk 0341-425321 1952 De Vries Lentsch Amsterdam 11,25 x 3,19 x 0,99 52 kW 72 pk Kromhout	023.12933 DB **RONALD** NEPTUNUS 5 / EERLAND 1 Brusse & Zn A. Heemraadhof 30 2922 CK Krimpen a/d IJssel 0180-515737 1970 bn 145 H.d.Haas Maassluis 16,49 x 5,45 x 2,63 2x354kW/481pk Detroit Diesel	00156 WV **ROOMKLOPPER** Boskalis Westminster Koninkl. Rosmolenweg 20 3356 LK Papendrecht 078-6969000 1978 bn 671 Lanser Sliedrecht 24,18 x 11,04 x 2,62 2 x 205 kW/278 pk Caterpillar

027.20000 MS **ROOMPOT** ERICH EILERS / MIDGARD II Polderman E.& H.C. Zandweg 1 4423 AA Schore 1961 Weerter Schpsbouw/Bodewes Weert/Millingen 25,28 x 6,60 x 2,80 772 kW 1050 Deutz	023.02901 SS **ROSALIE** DEN BRIEL / NIEUWEZORG / ROSALIE / JACOBA / WILLEM III / WILLEM IV M & K Steamcharters Enkhuizen 1873 bn 204 J.& K.Smit Kinderdijk 19,00 x 4,20 x 1,80 95 ipk DCM	021.04280 MV **ROTTERDAM 2** Dekker BV Houdstermij Waalbandijk 1 4053 JB IJzendoorn 0344-641900 1968 J.Schlieker & Zn Sliedrecht 12,00 x 3,42 x 1,48 161 kW 220 pk Caterpillar	00488 OP **ROY** Valkenburg R.v. Ark Iris 6522 KR Nijmegen 1930 6,00 x 2,05 x 1,00 16 kW 22 pk Kromhout
023.16932 MS **ROOSJE K** Daalen de Jel J.D. van Doetichem 1904 Schimag Mannheim 246kW 335pk ListerBlackstone	031.40014 MS **ROSALINA M** GRIET ELISABETH / GEZIENA / FIAT Moret A.H. Rotterdam 1924 A.Apol Wirdum 18,25 x 4,62 x 1,53 126 kW 172 pk Caterpillar	023.32315 DB **ROTTERDAM 30** Dekker BV Houdster Mij Waalbandijk 1 4053 JB IJzendoorn 0344-641900 2009 Neptune Marine Aalst/Hardinxveld 13,55 x 7,03 x 2,00	020.13630 MS **RP XVI Albert** RP XVI / RP 39 / KAPPIE Bulthuis B.P. Sluis St.Andries 5328 JJ Rossum 0418-662094 1926 bn 547 De Vries Lentsch Amsterdam 9,15 x 2,65 x 0,90 36 kW 50 pk Peugeot
021.02021 MS **ROSA** GERRIT / SLOE / MIDDELBURG / CORNELIA / MAJA /ROSA Gerritsen J. Amersfoort 1912 bn 14 De Haan & Oerlemans Heusden 18,60 x 4,27 x 1,60 176 kW 240 pk Industrie	imo 5300261 MS **ROSOMAK** OSO MAK * Rig Riwald BV Almelo 1957 bn 6043 Ernst Andre Magdeburg 29,04 x 6,53 x 2,68 294 kW 400 pk SKL	032.30288 MS **ROTTERDAM 59** HZ 12 Dekker BV Houdstermij Waalbandijk 1 4053 JB IJzendoorn 0344-641900 1956 A.v.Bennekom Sliedrecht 16,45 x 3,98 x 1,85 250 kW 340 pk Detroit Diesel	00169 PS **RPA 1** Rotterdam Port Authorities GHR Wilhelminakade 999 3072 AP Rotterdam 010-2521010 2002 Engelaer Scheepsbouw BV Nijmegen 21,35 x 5,60 x 1,10 2 x 634 kW/862 pk Caterpillar
00421 MS **ROSA BELLA** Wijngaarden K.van Zandweg 68 3454 JW De Meern 2005 K.v.Wijngaarden de Meern 11,50 x 3,60 x 0,90 66 kW 90 pk Mitsubishi	imo 7402439 MS **ROTTERDAM** SMIT ROTTERDAM / SMITWIJS ROTTERDAM Svitzer Ocean Towage BV Hoofddorp 1975 bn 610 De Merwede Hardinxveld-Giessendam 74,75 x 15,68 x 7,20 2x4980kW/6750pkStorkwerksp	020.15454 MV **ROVER KP 3** De Koperen Ploeg Capriweg 8 1045 AW Amsterdam 020-4487090 1979 J.Schlieker & Zn Sliedrecht 10,55 x 2,98 x 1,01 97 kW 132 pk DAF	00086 PS **RPA 2** Rotterdam Port Authorities GHR Wilhelminakade 909 3072 AP Rotterdam 010-2521010 2002 bn 798 Engelaer Scheepsbouw BV Nijmegen 21,35 x 5,60 x 1,10 2 x 634 kW/862 pk Caterpillar

reg.nr. / type :	023.25603 PS	023.32207 PS	imo 9489948 MS
naam :	**RPA 13**	**RPA 20**	**RT EDUARD**
ex naam :		HAVENDIENST 15	
ex naam :			
ex naam :			
eigenaar :	Rotterdam Port Authorities	Rotterdam Port Authorities	Kotug BV
adres :	GHR Wilhelminakade 909	GHR Wilhelminakade 909	Parklaan 2
woonplaats :	3072 AP Rotterdam	3072 AP Rotterdam	3016 BB Rotterdam
telefoon :	010-2521010	010-2521010	010-2170217
bouwjaar / -nr. :	2002 bn 50.9203	1963 bn 548	2009 bn 37
bouwwerf :	Stocznia Tczew/Damen	Hendriks	Niigata Shipbuilding & Repair
plaats :	Tczew/Gorinchem	Dodewaard	Niigata
l x b x d :	28,72 x 8,22 x 3,50	23,63 x 6,22 x 2,40	31,63 x 12,33 x 3,20
vermogen :	2 x 485 kW/658 pk Caterpillar	331 kW 450 pk Bolnes	3x1765 kW/2400 pk Caterpillar
boegschroef :	200 kW 272 pk		

imo 9239563 PS	025.09355 PS	023.32208 PS	imo 9190054 MS
RPA 10	**RPA 14**	**RPA 22**	**RT INNOVATION**
	HAVENDIENST 19	HAVENDIENST 12	
Rotterdam Port Authorities	Rotterdam Port Authorities	Rotterdam Port Authorities	Kotug BV
GHR Wilhelminakade 909	GHR Wilhelminakade 909	GHR Wilhelminakade 909	Parklaan 2
3072 AP Rotterdam	3072 AP Rotterdam	3072 AP Rotterdam	3016 BB Rotterdam
010-2521010	010-2521010	010-2521010	010-2170217
2002 bn 50.9202	1985	1960 bn 536	1999 bn 385
Stocznia Tczew/Damen	Damen Shipyards BV	Hendriks	Astilleros Balanciaga SA
Tczew/Gorinchem	Gorinchem	Dodewaard	Zumaia
28,72 x 8,22 x 3,50	29,71 x 7,82 x 2,90	24,60 x 6,25 x 2,46	31,63 x 12,00 x 4,40
2 x 485 kW/659 pk caterpillar	2 x 460 kW/625 pk Caterpillar	331 kW 450 pk Bolnes	3x1545 kW/2100 pk Caterpillar
200 kW 272 pk			

00138 PS	025.09206 PS	023.32209 PS	imo 9190066 MS
RPA 11	**RPA 15**	**RPA 23**	**RT MAGIC**
	HAVENDIENST 18	HAVENDIENST 14	
Rotterdam Port Authorities	Rotterdam Port Authorities	Rotterdam Port Authorities	Kotug BV (K&K Internationaal)
GHR Wilhelminakade 909	GHR Wilhelminakade 909	GHR Wilhelminakade 909	Parklaan 2
3072 AP Rotterdam	3072 AP Rotterdam	3072 AP Rotterdam	3016 BB Rotterdam
010-2521010	010-2521010	010-2521010	010-2170217
2002 bn 50.9204	1985	1962 bn 543	1999
Stocznia Tczew/Damen	Damen Shipyards BV	Hendriks	conNavalesS.Domingo/padmos
Tczew/Gorinchem	Gorinchem	Dodewaard	Vigo/Stellendam
28,70 x 8,22 x 2,55	29,71 x 7,82 x 2,90	23,37 x 6,01 x 2,34	31,63 x 12,00 x 4,40
2 x 485 kW 695 pk Caterpillar	2 x 460 kW/625 pk Caterpillar	347 kW 471 pk GM	3x1545 kW/2100 pk Caterpillar

023.25535 PS	00112 PS	00234 PS	imo 9376220 MS
RPA 12	**RPA 16**	**RPA 24**	**RT MARGO**
		HAVENDIENST 13	
Rotterdam Port Authorities	Rotterdam Port Authorities	Rotterdam Port Authorities	Kotug Europe BV
GHR Wilhelminakade 909	GHR Wilhelminakade 909	GHR Wilhelminakade 909	Parklaan 2
3072 AP Rotterdam	3072 AP Rotterdam	3072 AP Rotterdam	3016 BB Rotterdam
010-2521010	010-2521010	010-2521010	010-2170217
2002 bn 509201	2002	1961	2008 bn 820
Stocznia Tczew/Damen	Stocznia Tczew/Damen	Hendriks	ASL Shipyard Pte Ltd
Tczew/Gorinchem	Tczew/Gorinchem	Dodewaard	Singapore
28,85 x 8,22 x 2,50	28,72 x 8,22 x 3,50	23,63 x 6,22 x 2,50	31,63 x 12,00 x 5,00
2 x 485 kW/659 pk Caterpillar	2 x 485 kW/658 pk Caterpillar	331 kW 450 pk Bolnes	3 x 1600 kW/2175 pk Wartsila
200 kW 272 pk	200 kW 272 pk		

imo 9474917 MS **RT PETER** Kotug BV Parklaan 2 3016 BB Rotterdam 010-2170217 2009 bn 35 Niigata Shipbuilding & Repair Niigata 31,63 x 12,33 x 3,20 3x1765 kW/2400 pk Caterpillar	023.24502 DB **RUBEN** RIAD Theo Pouw Groep Isotopenweg 29 3542 AS Utrecht 2000 bn 532 Santierul Navel/Hoogendijk Orsova/Sliedrecht 19,00 x 11,20 x 2,20 2 x 746 kW/1014 pk Caterpillar	020.11689 MV **RUNNER** HONDSLOO Haas S.R. de Oostzijde 420 1508 EX Zaandam 1969 De Lek Krimpen a/d Lek 13,47 x 3,62 x 1,49 116 kW 158 pk GM	00140 MS **RV 29** Koninklijke Landmacht (Genie) Hedel 1954 v.Eijk & Zn Sliedrecht 25,00 x 5,75 x 1,40 110 kW 150 pk GM
imo 9190054 MS **RT PIONEER** K.& K. International BV Rotterdam 1999 bn 381 Astilleros Balenciaga SA Zumaia 31,63 x 12,00 x 4,40 3x1545 kW/2100 pk Caterpillar	033.20115 MS **RUBENS** MARJO / LOUISE / DINA / RUBENS Bruns R.J.J. Aalsmeer 1932 Brouwershaven 10,50 x 3,10 x 1,10 44 kW 60 pk Berkel	027.13394 MS **RUNNER** W D SEACHICK / SEA CHICK Wesselius W.J. Maassluis 1972 bn 87 Delta Shipyard Sliedrecht 13,82 x 4,20 x 1,36 272 kW 370 pk Caterpillar	51260 PS **RWS 70** Vlootbeheer Rijkswaterstaat s-Gravenhage 2008 bn 183 J.Schlieker & Zn/De Haas Maassluis 23,95 x 5,83 x 1,34 2 x 651 kW/885 pk Caterpillar
imo 9190829 MS **RT SPIRIT** Kotug BV Parklaan 2 3016 BB Rotterdam 010-2170217 1999 Con Navales Santo Domingo Vigo 31,63 x 12,00 x 4,40 3x1545 kW/2100 pk Caterpillar	023.24145 MS **RUDOLF** RV / RUDOLF Erlan B.V.Handel & Schpvaart Stadionweg 113 3071 ES Rotterdam 010-4822325 1960 Mulder & Rijke IJmuiden 7,97 x 2,73 x 1,26 63 kW 86 pk Deutz	027.18919 MV **RUURTJE** Koek D.P. Kerkeinde 30 4254 LD Sleeuwijk 0183-301321 1975 Damen Shipyards BV Hardinxveld-Giessendam 12,65 x 3,43 x 1,08 176 kW 240 pk Caterpillar	00472 PS **RWS 74** Vlootbeheer Rijkswaterstaat s-Gravenhage 2010 bn 187 J.Schlieker & Zn/De Haas Maassluis 23,95 x 5,83 x 1,34 2 x 651 kW/885 pk Caterpillar
imo 9333888 MS **RT ZOE** Kotug BV Parklaan 2 3016 BB Rotterdam 010-2170217 2006 bn 502 ASL Shipyard Pte Ltd Singapore 28,30 x 11,70 x 5,24 3 x 1350 kW/1835 pk Wartsila	00180 MV **RUIGOORD** Boskalis Westminster Koninkl. Rosmolenweg 20 3356 LK Papendrecht 078-6969000 1972 13,00 x 3,60 x 1,70 71 kW 98 pk DAF	023.10541 MS **RUWI 4** WALLY VAN HALL Verduin W. Akersloot 1959 A.v.Bennekom Sliedrecht 14,64 x 3,90 x 1,20 172 kW 232 pk MWM	imo 9479280 PS **RWS 77** Vlootbeheer Rijkswaterstaat s-Gravenhage 2010 bn 190 J.Schlieker & Zn/De Haas Maassluis 23,95 x 5,83 x 1,34 2 x 651 kW/885 pk Caterpillar

reg.nr. / type :	020.03605 MS	020.04044 MS	030.31867 DS
naam :	**SAARTJE**	**SAENSTROOM III**	**SALUTÉ**
ex naam :	Clazina / Ineke / Petten /	HOLLAND IV / WIJTSKE /	M 301 / Bep / Fornax /Serena /
ex naam :	Hilde /	JANNY	Timorzee / Jan /
ex naam :	Amsterdamse Compagnie		West Frisia / Bouke / Lotus
eigenaar :	Peek K.J.	Bakker J.	Huizing H.C.
adres :			Zijlvest 14
woonplaats :	Middenbeemster	Zaandam	9936 GZ Farmsum
telefoon :			
bouwjaar / -nr. :	1921	1919	1928
bouwwerf :	Nic.Witsen	Concordia S.Seymonsbergen	Gebr.Sachsenberg
plaats :	Alkmaar	Amsterdam	Keulen
l x b x d :	15,38 x 3,31 x 0,93	12,45 x 3,25 x 1,40	21,69 x 5,52 x 1,89
vermogen :	33 kW 45 pk Kromhout	88 kW 120 pk DAF	706 kW 960 pk Deutz
boegschroef :			

020.14038 MS	065.03955 DS	00227 OP	020.15461 MV
RYN EN SCHELDE	**SABA**	**SAENSTROOM IV**	**SALVOR**
RIJN EN SCHELDE /	STER 3 / CLAMA / TORRO /		RUWI 27 / SALVOR 16 /
LIBERTE / ALFRED	ANTARCTICA / MARIELLE /		ZEELEEUW
	TERVANT 130 / DUCK		
Leentvaar A.	Voets Holding BV	Bakker T.	Hoetjes
	Havenstraat 22		Oostzijde 420
Numansdorp	6051 CS Maasbracht	Zaandam	1508 EX Zaandam
	0475-461100		
1921 bn 189	1921		1976 bn 20
De Hoop	Roorda		A.J.Sepers & Zn
Hardinxveld-Giessendam	Sliedrecht		Heerewaarden
22,20 x 4,80 x 1,88	19,21 x 4,72 x 2,12	6,00 x 2,10 x 0,80	16,78 x 4,56 x 2,12
264 kW 360 pk Kromhout	294 kW 400 pk GM	19 kW 27 pk Samofa	353 kW 470 pk GM

054.02370 MS	023.18570 MS	022.10213 MV	023.31850 MS
RYSUM	**SABRE**	**SAGITTA**	**SAMSON**
RYSUM / ISADORA *	NETHE	MAR 6 / HM 36 /	
		RP 6 / RP 69	
Ottesen P.	Klop A.G.	Weinreich J.	Vink & J.Schriener P.J.
Lutinelaan 2 B	Kruisbaken 5 D		
8899 BE Vlieland	1505 NS Zaandam	Appelscha	Kiel - Windeweer
0562-451877			
1971 bn 94	1949	1940	1940
C.Cassens	Cochrane & Sons	De Vries Lentsch	
Emden	Selby	Amsterdam	
15,19 x 3,85 x 1,70	24,90 x 6,18 x 2,42	16,00 x 3,25 x 1,40	12,00 x 3,10 x 1,20
147 kW 200 pk MWM	368 kW 500 pk MWM	98 kW 122 pk Volvo	62 kW 84 pk DAF

00516 BS	020.08724 MS	030.50831 MS	00228 MS
S T M MARKAB	**SAENSTROOM**	**SALLAND**	**SAN REMO**
STAD BREEZE	STADSREINIGING 9 /	HAARLEMMERMEER /	RIESEBY
	FENNA /	SALLAND I / DAM / JADI /	
	JEANNETTE	ADRI	
Seateam B.V.	Stoeler P.	Fukkink G.	Weegeman F.J.
Het Nieuwe Diep 39			Schutterweg 77
1781 AE Den Helder	Bussum	Zutphen	1033 XW Amsterdam
0223-627374			
1976 bn 34	1931	1914	1893
Sigbjorn Iversen M.V.	t Kromhout Wed.J.L.Ceuvel	Bonn & Mees	
Flekkefjord	Amsterdam	Rotterdam	
58,53 x 13,01 x 5,20	14,00 x 3,70 x 1,60	19,79 x 4,20 x 1,95	18,80 x 4,05 x 1,60
2 x 1140 kW/1550 pk Alpha	77 kW 105 pk Kromhout	110 kW 150 pk Wortington	110 kW 150 pk MWM

023.05930 MS
SANA
HEDWIG III / HARWIL / MARIE 12 / EERLAND 12 / MIEKE
Snoek A.
Notenlaan 40
4254 CD Sleeuwijk
0183-302201
1927 bn 582
J.Smit & Zn
Hoogezand
17,32 x 3,72 x 1,54
147 kW 200 pk Volvo Penta

imo 7621621 MS
SANDETTIEBANK
Smit Harbour Towage R'dam
Waalhaven OZ 85
3087 BM Rotterdam
010-4549911
1977 bn 735
Bodewes
Millingen
34,15 x 9,57 x 3,80
2x1104kw1500pkStorkWerksp

020.07490 MS
SANDMAN
Bakker & Co Aann. Mij B.V.
Z IJdijk 48
1095 KN Amsterdam
020-6946270
1975
Baan Hofman
Gorinchem
12,91 x 3,83 x 1,65
221 kW 300 pk GM

023.08974 MS
SANDRA
JAN B / AS II
HouthavenSlpdienst&dekschuit
Danzigerkade 2
1013 AP Amsterdam
020-6828440 / 06-53544015
1954
G.J.v.Berk
Beneden Leeuwen
16,40 x 5,00 x 1,57
241 kW 328 pk Volvo Penta

023.23527 DS
SANDRA F
IJSSEL / Y 8040 / ERNY / PROGRES
Fransbergen BV
Havenstraat 10
6051 CR Maasbracht
0475-465090
1957 bn 510
Bodewes
Millingen
25,65 x 6,26 x 2,64
717 kW 975 pk Caterpillar

00159 MC
SANDY
DMS 3012
Boskalis Westminster Koninkl.
Rosmolenweg 20
3356 LK Papendrecht
078-6969000
1979
Damen Shipyards BV
Hardinxveld-Giessendam
18,54 x 8,06 x 1,90
2 x 176 kW/239 pk Caterpillar

00002 MS
SANKT PAULI
Ravensberg J.J.
Boskoop
1913
Hamburg
11,40 x 3,00 x 0,80
73 kW 100 pk DAF

023.15773 MS
SANNY
JEANNE LAMBOOY / TSM 6 / GABBER
Amersteel V.C.
Rotterdam
1931
14,52 x 3,92 x 0,89
121 kW 165 pk GM

022.04951 MV
SANNY
Krikke Vof Baggerbedrijf
Meyerweg 40 A
8456 GG De Knipe
0513-622854 / 06-53333674
19..
8,25 x 2,45 x 1,10
85 kW 115 pk Valmet

022.11789 MS
SARA MAATJE I
DÜSSELDORF II
Acta Marine Van Stee
Het Nieuwe Diep 39 D
1781 AE Den Helder
0233-615666 / 06-22906354
1927
Gebr.Sachsenberg
Rosslau
15,49 x 3,62 x 1,00
2 x 128 kW/175 pk GM

026.05075 MS
SARA MAATJE III
ARGO
Acta Marine Van Stee
Het Nieuwe Diep 39 D
1781 AE Den Helder
0233-615666 / 06-51912510
1925
22,20 x 5,60 x 1,50
2 x 147 kW/200 pk GM + 220 kW/300 pk GM

imo 8330102 BS
SARA MAATJE V
DEDESDORF
Acta Marine Van Stee
Het Nieuwe Diep 39 D
1781 AE Den Helder
0233-615666 / 06-22935460
1958 bn 5804
Luhring Brak
Unterweser
39,50 x 9,70 x 1,40
2 x 294 kW/400 pk GM + 368 kW/500 pk GM

imo 8607476 BS
SARA MAATJE VI
ZUS
Acta Marine Van Stee
Het Nieuwe Diep 39 D
1781 AE Den Helder
0233-615666 / 06-22935466
1984 bn 3/105
Marcon
Hoogezand
32,42 x 10,00 x 2,05
3 x 235 kW/320 pk Mitsubishi
92 kW 125 pk

026.05967 WV
SARA MAATJE VIII
TR 525
Acta Marine Van Stee
Het Nieuwe Diep 39 D
1781 AE Den Helder
0233-615666 / 06-51798017
1978
Ceske Lodenice
Melnik
33,67 x 8,67 x 1,40
2 x 294 kW/400 pk Mitsubishi

imo 7647443 BS
SARA MAATJE X
DE NACHTWACHT
Acta Marine Van Stee
Het Nieuwe Diep 39 D
1781 AE Den Helder
0233-615666
1977
Metz
Urk
32,60 x 8,50 x 1,50
2 x 220 kW/300 pk

00006 OP
SATILIK
ANTJE
Wentink
Muiden
1920
4,90 x 1,80 x 0,90
4,4 kW 6 pk Deutz

reg.nr. / type :	023.20354 DB	00395 MS	00399 MS
naam :	**SAVANNA IV**	**SB 13**	**SB 17**
ex naam :	NOSOROZEC S 03 /	SR 13 / SR 23	HAVENDIENST 4 / SR 17
ex naam :	IHORKS 20002		
ex naam :			
eigenaar :	Bruijn Scheepvaartbedr.LW.de	Stads Beheer	Stads Beheer
adres :	Waterfront 234 A	Gen Vetterstraat 27	Gen Vetterstraat 27
woonplaats :	4531 HZ Terneuzen	1059 BT Amsterdam	1059 BT Amsterdam
telefoon :	0115-620707 / 06-53371479	020-5705680	020-5705680
bouwjaar / -nr. :	1974	1966	1969
bouwwerf :	Stocznia Kozle/Instalho	N.A.Bernhard Jr	Dekker
plaats :	Kozle/Werkendam	Nieuwendam	Amsterdam
l x b x d :	22,20 x 11,00 x 2,00	14,05 x 3,68 x 1,45	8,40 x 2,80 x 0,90
vermogen :	2 x 552 kW/750 pk Deutz	117 kW 160 pk DAF	88 kW 120 pk Ford
boegschroef :	331 kW 450 pk		

imo 7719052 MS	00400 MS	00396 MS	00105 DS
SATURNUS	**SB 2**	**SB 14**	**SB 21**
BUGSIER 8	SR 2	SR 14	
Iskes Towing & Salvage BV	Stads Beheer	Stads Beheer	Waternet Sector Waterbeheer
Min.v.Houtenlaan 108	Gen Vetterstraat 27	Gen Vetterstraat 27	Papaverweg 54
1981 EK Velsen Zuid	1059 BT Amsterdam	1059 BT Amsterdam	1032 KJ Amsterdam
06-53901609	020-5705680	020-5705680	
1978 bn 180	1968 bn 33	1970	1956
M.Sieghold	Grave	Barkmeijer	
Bremerhaven	Grave	Stroobos	
27,10 x 8,80 x 4,70	16,15 x 4,00 x 1,65	14,20 x 3,42 x 1,45	17,32 x 4,30 x 1,30
2 x 880 kW/1200 pk Deutz	117 kW 160 pk DAF	117 kW 160 pk DAF	

023.20353 DB	00401 MS	00397 MS	00149 MS
SAVANNA II	**SB 3**	**SB 15**	**SB 24**
NOSOROZEC S 02 /		SR 15	
IHORKS 20001			
Bruijn Scheepvaartbedr.L.W.de	Stads Beheer	Stads Beheer	Waternet Sector Waterbeheer
Waterfront 234 A	Gen Vetterstraat 27	Gen Vetterstraat 27	Papaverweg 54
4531 HZ Terneuzen	1059 BT Amsterdam	1059 BT Amsterdam	1032 KJ Amsterdam
0115-620707 / 06-55195113	020-5705680	020-5705680	
1974	1974 bn 58	1970 bn 42	1969
Stocznia Kozle/Instalho	Grave	Grave	Vooruit
Kozle/Werkendam	Grave	Grave	Zaandam
22,20 x 11,00 x 2,00	14,00 x 4,00 x 1,70	14,00 x 4,00 x 1,70	17,25 x 4,27 x 1,40
552/920 kW 750/1250 pkDeutz	155 kW 211 pk DAF	117 kW 160 pk DAF	
331 kW 450 pk			

027.18408 DS	00402 MS	00398 MS	023.18173 DS
SAVANNA III	**SB 8**	**SB 16**	**SCALDIS**
SARAH B / SARAH 7 /	SR 8	SR 16	CHRISMAR
REGGE /GOVERT KRUIJFF /			
VERVENNE JR *			
Bruijn Scheepvaartbedr.L.W.de	Stads Beheer	Stads Beheer	Danjatrans Vof
Waterfront 234 A	Gen Vetterstraat 27	Gen Vetterstraat 27	Voorstraat 15
4531 HZ Terneuzen	1059 BT Amsterdam	1059 BT Amsterdam	4675 CA St.Philipsland
0115-620707	020-5705680	020-5705680	
1983 bn 2717 / bn 232	1975 bn 61	1973	1982 bn 8613
Damen Shipyards BV / Santen	Grave	Molenaar	H.A.v.Gelder /Alblas
Gorinchem/Sliedrecht	Grave	Zaandam	Gorinchem/H.I.Ambacht
22,15 x 6,80 x 2,10	14,00 x 4,00 x 1,70	8,87 x 2,93 x 1,31	16,86 x 4,90 x 1,80
2 x 353 kW/480 pk Caterpillar	117 kW 160 pk DAF	63 kW 86 pk DAF	2 x 257 kW/350 pk Cummins

032.30275 MS
SCARLET

Niba Grind Mij BV
Nieuw Plein 5
6811 KN Arnhem
026-4423041
1957
B.v.Brussel
Hasselt
13,15 x 3,83 x 1,75
221 kW 300 pk GM

056.02400 DB
SCH 2328

Deutsche Binnenreederei

Berlin

1965 bn 3054
VEB Rosslauer Schiffswerft
Rosslau
14,06 x 8,16 x 1,20
2 x 102 pk SKL

056.04470 DB
SCH 2331

1965 bn 3057
VEB Rosslauer Schiffswerft
Rosslau
14,06 x 8,16 x 1,20
2 x 102 pk SKL

020.09296 SS
SCHEELENKUHLEN

Visser P.

Zaandam

1927
Joh.Oelkers
Hamburg
21,40 x 5,61 x 1,80
220 ipk Christiansen & Meyer

00021 MS
SCHEEPMAKER

Evertse -van Noorloos J.H.

Rijswijk

1924

Alkmaar
15,35 x 3,30 x 1,60
88 kW 120 pk DAF

00033 MS
SCHELDE III

Polderman E.& H.C.
Zandweg 1
4423 AA Schore

1964 bn 425
A.S.M.
Arnhem
27,67 x 6,86 x ,90
824 kW 1125 pk Deutz

023.09518 MS
SCHELDEPOORT 2
DRYDOCK V / WILTONS

Bontrup BV Beheersmaatsch.
Op de Locht 29
6241 NR Bunde
043-3648943
1955 bn 741
Wilton Fijenoord
Schiedam
25,30 x 6,50 x 3,47
993 kW 1350 pk Bolnes

021.04635 MS
SCHELDEPOORT 3
VIB II /
SCHELDEPOORT 3 /
ECHO
Kraayeveld J.W.
Kubus 99
3364 DG Sliedrecht
0184-413387 / 06-23309720
1972 bn 396
Damen Shipyards BV
Gorinchem
12,79 x 3,36 x 1,13
220 kW 300 pk Caterpillar

027.16913 MS
SCHELDESTROOM
VMT 900

Wijngaarden Marine Service
Merwestraat 2
3361 HL Sliedrecht
0184-490244
1983 bn 126
v.Mill
Hardinxveld-Giessendam
17,65 x 6,00 x 2,44
2 x 278/365 pk GM

00022 OP
SCHELPENDAM

Biezen W. v.d.

Leiden

1955
J.d.Boer
Sliedrecht
8,20 x 2,70 x 0,80
14,7 kW 20 pk MWM

023.27457 DS
SCHEVENINGEN
TEXEL

Henmar BV
Postbus 13
9665 ZG Oude Pekela

1924 bn 25
Roorda v/h A.
Sliedrecht
18,65 x 4,52 x 1,90
264 kW 360 pk Caterpillar

023.19522 MS
SCHIE
SCHIEWERKEN

Bek & Verburg B.V.
Postbus 53065
3008 HB Rotterdam

1963
De Hoop
Hardinxveld-Giessendam
15,32 x 4,18 x 2,00
248 kW 338 pk Scania Vabis

023.05847 MS
SCHIEDAM
HAARLEMMERMEER 12 /
WOUTER GERDINA II

Bok H.
Willemskade 66
8911 BC Leeuwarden
058-2160025
1914 bn 448
v.d.Giessen
Krimpen a/d IJssel
21,08 x 4,71 x 0,90
124 kW 168 pk DAF

023.27589 MS
SCHORPIOEN
ZIJPE / PFEIL

Triet B.van

Numansdorp

1957 bn 550
Bodewes
Millingen
16,80 x 4,32 x 1,58
254 kW 345 pk Deutz

027.16843 BS
SCHORPIOEN
SKYLARK

Zinkon Dekker B.V.
's Gravenweg 399
3006 SB Rotterdam
010-2888777 / 06-51090322
1982 bn 645
Delta Shipyard
Sliedrecht
35,43 x 10,51 x 3,25
2 x 370 kW/503 pk Caterpillar

021.04116 DS
SCORPIO
H 032 / M 299/Martijn/Christa/
Dirk Sr / Ragnar / Stier / Tas-
manzee II / Witte Zee / Obelix
Jong BV Rederij De
Montrealweg 153
3197 KH Rotterdam
010-2311555 / 06-53138457
1943 bn 305
A.S.M.
Arnhem
23,06 x 5,94 x 2,15
2 x 390 kW/530 pk Mitsubishi

reg.nr. / type :	imo 9448190 MS	027.21736 MS	imo 9444663 MS
naam :	**SD SEAHORSE**	**SEA ALFA**	**SEA ECHO**
ex naam :	MEDYILMAZ 07		ODIN *
ex naam :			
ex naam :			
eigenaar :	Kooren International BV	Seacontractors BV	Seacontractors BV
adres :	Parklaan 2	Bellamypark 50-52	Bellamypark 50-52
woonplaats :	3016 BB Rotterdam	4381 CK Vlissingen	4381 CK Vlissingen
telefoon :	010-2170217	0118-410206	0118-410206
bouwjaar / -nr. :	2009 bn 07	2008 bn 1581	2007 bn 1582
bouwwerf :	Med Yilmaz Taranazi	Damen Shipyards BV	Stocznia Kozle/Damen
plaats :	Zonguldah	Hardinxveld-Giessendam	Kozle/Hardinxveld
l x b x d :	32,00 x 11,60 x 4,00	30,08 x 9,10 x 3,20	23,35 x 8,00 x 2,10
vermogen :	2x1919 kW/2608 pk Caterpillar	2x1230 kW 1672 pk Caterpillar	2x1264 kW/1686 pk Caterpillar
boegschroef :		357 kW 485 pk Caterpillar	88 kW 120 pk
00155 MS	imo 9448188 MS	imo 9487029 MS	imo 9605449 MS
SD HARK	**SD SEAL**	**SEA BRAVO**	**SEA FOXTROT**
	MEDYILMAZ 06		
Kotug BV	Kooren International BV	Seacontractors BV	Seacontractors BV
Parklaan 2	Parklaan 2	Bellamypark 50-52	Bellamypark 50-52
3016 BB Rotterdam	3016 BB Rotterdam	4381 CK Vlissingen	4381 CK Vlissingen
010-2170217	010-2170217	0118-410206	0118-410206
2008	2008 bn 06	2009 bn 571595	2011 bn 571651
Turkye	Med Yilmaz Tersanesi	Damen Shipyards BV	Damen Shipyards
Turkye	Zonguldak	Hardinxveld-Giessendam	Polen/Hardinxveld
32,00 x 11,60 x 5,30	30,46 x 11,60 x 4,00	32,00 x 9,10 x 3,20	32,27 x 9,00 x 3,30
2x2840 kW/5222 pk Caterpillar	2x1920 kW/2609 pk Caterpillar	2x1230 kW/1600 pk Caterpillar	2x1230 kW/1672 pk Caterpillar
		257 kW 350 pk Kalkman	2x1230 kW 1672 pk Caterpillar
imo 9174567 MS	imo 9410715 MS	imo 9295294 MS	imo 9405382 MS
SD JACOBA	**SD SHARK**	**SEA DELTA**	**SEA GOLF**
ATLANTIC FIR	MEDYILMAZ 04	DMS TOUCAN /	BEVER *
		CAMPERDUIN *	
Kotug BV	Kooren International BV	Seacontractors BV	Seacontractors BV
Parklaan 2	Parklaan 2	Bellamypark 50-52	Bellamypark 50-52
3016 BB Rotterdam	3016 BB Rotterdam	4381 CK Vlissingen	4381 CK Vlissingen
010-2170217	010-2170217	0118-410206	0118-410206
1998 bn 66	2008	2004 bn 1555	2006 bn 1573
East Isle Shipyard Ltd	Med Yilmaz Taranazi	Stocznia Kozle/Damen	Stocznia Kozle/Damen
Georgetown (Ca)	Zonguldah	Kozle/Hardinxveld	Kozle/Hardinxveld
30,80 x 11,14 x 4,78	32,00 x 11,60 x 4,00	26,10 x 9,10 x 2,60	27,19 x 9,10 x 2,70
2x1473 kW/2002 pk Caterpillar	2x1918 kW/2609 pk Caterpillar	2 x 821 kW/1116 pk Caterpillar	2x1119 kW/1521 pk Caterpillar
			147 kW 200 pk
00289 MS	imo 9448176 MS	023.16488 MS	00229 MS
SD MARS	**SD STINGRAY**	**SEA EAGLE**	**SEAHORSE**
	MEDYILMAZ 05	SEA HAWK	VROUWE JACOBA
Kotug BV	Kooren International BV	Meulen A.v.d.	Dorland W.
Parklaan 2	Parklaan 2	Visserstraat 14	
3016 BB Rotterdam	3016 BB Rotterdam	8861 SC Harlingen	Utrecht
010-2170217	010-2170217	0517-413837	
2009	2008	1981	1930
Damen Shipyards BV	Med Yilmaz Taranazi	Delta Shipyard	Schouten
Hardinxveld	Zonguldah	Sliedrecht	Muiden
	32,00 x 11,60 x 4,00	14,49 x 4,20 x 2,20	11,35 x 2,75 x 1,04
	2x1918 kW/2609 pk Caterpillar	257 kW 350 pk Volvo Penta	77 kW 105 pk DAF

imo 6724672 MS
SEALIFT 22
SEALIFT 22 /
JOHANN PETERSON

C & I Holland

Rotterdam

1967 bn 555
Joh.Oelkers
Hamburg
30,66 x 8,57 x 4,15
2 x 809 kW/1100 pk Deutz

023.10017 DS
SEBIENA
HEBA / MARICO

Beukema E.
Optimiststraat 27
3077 ZC Rotterdam
0171-6000388 / 06-23609758
1957 bn 382
Th.v.d.Beldt
West Graftdijk
18,40 x 4,98 x 2,02
272 kW 370 pk Caterpillar

00048 MS
SERVIO
ME 2

Eccelston B

Amsterdam

7,15 x 1,85 x 0,80
58 kW 80 pk Volvo Penta

022.04771 MV
SHAMROCK
BREEZAND / SLAAK

Boskalis Westminster Koninkl.
Rosmolenweg 20
3356 LK Papendrecht
078-6969000
1976
Holland
Hardinxveld-Giessendam
14,08 x 4,20 x 1,70
255 kW 346 pk GM

020.11466 DS
SEAN
SB 1 / SR 1

Blom BV Sleepdienst
Coenhavenweg 16 A
1013 BL Amsterdam
020-6866007
1969 bn 247
Vooruit
Zaandam
14,15 x 3,66 x 1,40
117 kW 160 pk DAF

023.10164 DS
SEMPER
IJSLAND / EUREKA /
WATERWEG /
WENDY
Veen Nationale slpdienst v/der
Skoalstrjitte 11
8617 LJ Abbega
0515-572630 / 06-22712158
1958 bn 547
Bodewes
Millingen
22,72 x 5,72 x 2,23
441 kW 600 pk GM

033.20096 MS
SEVILLE
Seville / Kampina V /
Finatex R.I. / Albeton/Adriana /
Renate / Volharding 3
Kersten F.

Amersfoort

1930
Haezer & Zn
Hardinxveld-Giessendam
16,12 x 4,06 x 1,82
88 kW 120 pk Modag

032.70456 DS
SHANTYMAN
ARSIEMI

Bijlsma Shipyard BV
Biesboschhaven ZZ 10-11
4251 NM Werkendam
0183-505230
1955 bn 506
Bijlsma
Wartena
14,37 x 4,00 x 1,39
235 kW 320 pk GM

020.08680 MS
SEBASTIAAN
C.228 / DE POEL

Hoek A.I.

Amsterdam

1930
Velthuizen
Zaandam
14,02 x 3,82 x 1,19
38 kW 52 pk Kromhout

021.00301 MS
SENANG
Cornelia IV/Never Thought XI /
Johanna II / Ideaal / Reinier /
Libra / Willy / Geertje
Meegen F. van

Amsterdam

1913
H.J.Koopman
Dordrecht
16,82 x 4,05 x 2,08
121 kW 165 pk Deutz

00357 PS
SEYA

Staatsbosbeheer
Postbus 1300
3970 BH Driebergen
030-6926111
2009
Lasbedrijf Leeuwarden
Leeuwarden
10,00 x - x -

00024 OP
SHARON
HELENA / VIOS I / MARIE

Aalders

Hasselt

1931
G.den Heeten & Co
Leidschendam
7,00 x 2,20 x 1,35
36 kW 50 pk Deutz

023.10474 MV
SEBASTIAAN
SMIENT / M 14 *

Schemmekes G.
Waddendijk 62
1025 PT Amsterdam
020-6654192
1950
v.d.Molen
Zaandam
7,56 x 2,70 x 0,81
22 kW 30 pk Lister Blackstone

050.45500 DS
SENDEN

Ommen W.A.v.

Leimuiden

1931
Meidericher Schiffswerft
Duisburg
16,18 x 3,88 x 1,50
69 kW 94 pk MAN

020.08430 DB
SHADOW
ALFONS W SR /
SMIT SCHELDE / SCHELDE /
NOVALITÉ
Braamkolk R.
Bakemaveld 12
2992 HL Barendrecht
06-53250344
1981 bn 677
v.Goor
Monnickendam
20,05 x 9,55 x 1,90
533/625kW 725/850pk Caterp.

027.17520 BS
SHELF EXPRESS

Shelf Express C.V. ms
Het Nieuwe Werk 88
1781 AK Den Helder
0223-660626
1986
Damen Shipyards BV
Bergum
61,30 x 14,00 x 5,90
2 x 1472 kW/2000 pk Deutz

reg.nr. / type :
naam :
ex naam :
ex naam :
ex naam :
eigenaar :
adres :
woonplaats :
telefoon :
bouwjaar / -nr. :
bouwwerf :
plaats :
l x b x d :
vermogen :
boegschroef :

00230 MS
SHIPDOCK IV
SHIPDOCK IV / REPAIRS IV
Kamperman & E.Moerman S.
Grote Bickerstraat 253
1013 KP Amsterdam
020-6256319
1926
N.D.M.
Amsterdam
15,62 x 3,66 x 1,13
44 kW 60 pk Kromhout

00035 MS
SHIPREPAIR
ELECTRA / INSPECTOR
Middelkoop H.v.
Elst
1927
A.v.d.Eijk & Zn
Overschie
14,08 x 3,20 x 1,25
61 kW 84 pk DAF

020.00525 MS
SIEN
HOUTTRANSPORT III
Bruin J.F. de
Zuideinde 128
2421 AN Nieuwkoop
0172-571138
1926 bn 27
De Jong & Smit
IJsselmonde
13,88 x 3,40 x 0,99
44 kW 60 pk Industrie

020.15735 MS
SHIPDOCK I
HERCULES /
SCHEEPSBOUW I
Stokvis A.E.
Amsterdam
1910 bn 603
t Kromhout Wed.J.L.Ceuvel
Amsterdam
14,23 x 3,23 x 1,25
44 kW 60 pk Kromhout

00231 MS
SHIPDOCK V
Berg M.v.d
Amsterdam
1950
v.d.Molen
Zaandam
18,82 x 4,15 x 1,21
70 kW 96 pk Kromhout

027.20644 MC
SIDI C
Stemat Marine Service BV
Quarantaineweg 10
3089 KP Rotterdam
010-2996555
2006 bn 295
Wout Liezen/Neptune Marine
Meppel/Aalst
2 x 970 kW/1319 pk Cummins
358 kW 486 pk Cummins HRP

023.13159 MV
SIJTJE
EWT 5 / SLENG / INA /
ANJO II
Ridder J.J.de
Robbenhoek 4
8321 PK Urk
06-10951190
1967
De Hoop
Schiedam
9,85 x 3,35 x 1,39
177 kW 240 pk Mercedes Benz

020.06283 MS
SHIPDOCK II
Scheepsbouw II /
Onderneming III /
Shipdock II / Dieze Jr / Aegir
Groenendijk A.A.
Alphena/d Rijn
1916 bn 723
t Kromhout Wed.J.L.Ceuvel
Amsterdam
15,94 x 3,65 x 1,85
154 kW 210 pk Modag

020.01963 MS
SHIPDOCK VI
SR 12 /
NARROW ESCAPE /
Mey M. v.d.
Leiden
1941
Overtoom (Bernhard)
Oostzaan
16,18 x 4,28 x 1,08
121 kW 165 pk Kromhout

809-93 PS
SIEGE
Rijkswaterstaat
s-Gravenhage
1993
15,61 x 4,60 x 1,00
125 kW 170 pk DAF

020.05146 MS
SIJTSKE
SIJTSKE /
MISSING LINK
Boeckhout G.C.P.
Veere
1906
Amsterdam
12,00 x 3,20 x 1,40
88 kW 120 pk DAF

020.07921 MS
SHIPDOCK III
SCHEEPSBOUW III /
SHIPDOCK III /
OOSTOEVER / PHOENIX
Vroman
Nieuwe Haven 3
1778 LA Westerland
06-28633568
1926
Haarlemse Scheepsbouw Mij
Haarlem
22,22 x 4,97 x 1,12
121 kW 165 pk Kromhout

00311 MS
SHIPDOCK XX
Noordwijk Jachthaven
Noordwijk
1964
N.D.S.M.
Amsterdam
19,00 x 4,30 x 1,85
70 kW 96 pk Kromhout

030.50695 MS
SIEKLAJAMA
SIEKLAJAMA III
Schouwstra H.L.
Wijk bij Duurstede
1940
Hylkema
Martenshoek
12,95 x 3,71 x 1,45
123 kW 168 pk DAF

020.15865 DS
SIKKE
Spruit H.
Rijksstraatweg 11
3631 AA Nieuwersluis
1954
9,35 x 3,10 x 1,05
66 kW 89 pk Valmet

023.09812 MS
SILKY
LEKSTROOM VI
Diest H.J.
Hoogvliet RT
71 kW 98 pk Perkins

025.09327 MS
SIMSON
Svitzer Amsterdam BV
Capriweg 28
1044 AL Amsterdam
0255-562777
1993 bn 701
Con Navales Santo Domingo
Vigo
30,00 x 9,50 x 3,95
2 x 1593 kW/2165 pk ABC

imo 8213964 MS
SINGAPORE
SMIT SINGAPORE /
SMITWIJS SINGAPORE
Svitzer Ocean Towage BV
Hoofddorp
1984 bn 790
Niestern Sander
Delfzijl
75,32 x 15,68 x 7,20
2x4948kw6750pkStorkWerksp

imo 7700180 MS
SIRIUS
BUGSIER 12
Iskes Towing & Salvage BV
Min.v.Houtenlaan 108
1981 EK Velsen Zuid
0255-522860 / 06-53901609
1977 bn 178
M.Sieghold
Bremerhaven
26,07 x 8,87 x 3,50
2 x 640 kW/870 pk Deutz

023.07654 MS
SIMON
Droog A.G.M.
Hoorn
1947
Hylkema/Voorwaarts
Martenshoek/Hoogezand
15,05 x 4,24 x 1,80
80 kW 110 pk Industrie

00032 OP
SIMSON
Weerd A. de
Snoekstraat 3
1121 PS Landsmeer
1930
Groningen
5,00 x 1,75 x 0,75
12 kW 17 pk MWM

027.21421 MS
SIRE
RHD 7 / V 27 /
HAVENDIENST 17 /
RPA 30 / BEECH
Callant F.L.J.
Vlissingen
1964 bn 550
Gebr.v.Werf
Deest
33,26 x 7,08 x 1,56
2 x 313 kW/425 pk Bolnes

020.01662 MS
SIRIUS
BERDINA / VITA /
CORNELIS M /
PARADOX
Ketting J.
Katwijk aan Zee
1924
Hamburg
13,20 x 3,60 x 1,50
121 kW 165 pk GM

023.33055 DB
SIMON
Klein Wieringen BV
Kleitelweg 12
1777 NM Hippolytushoef
0227-512042 / 06-29555499
2009 bn 352
N.Dijkstra Jachtservice
Harlingen
12,35 x 5,13 x 1,50
221 kW 300 pk Scania

00403 MV
SIMSON
KREEK
Zee R.v.d.
Dinteloord
1964
Damen Shipyards BV
Hardinxveld-Giessendam
12,22 x 3,50 x 1,50
103 kW 140 pk Kromhout

023.13826 MS
SIRIUS
Bekkum J.van
Den Burg
1898
Rotterdam
180 kW 245 pk Ruston Hornby

023.15010 MS
SIRIUS
SIRIUS / HERDI / LISA /
RAPITARD / DEPENDENT /
VAGEBOND/ANNA PATRICIA
Onwijn
Maassluis
1913 bn 235
P.Smit Jr
Rotterdam
20,40 x 4,85 x 2,00
220 kW 300 pk Deutz

033.50367 MS
SIMSON
ELGA
Heuvel W.A.P. v.d.
Beneluxlaan 36
3527 HT Utrecht
030-2516302
1952
Duijvendijk
Krimpen a/d IJssel
8,00 x 2,40 x 1,00
46 kW 63 pk Ford

021.03737 MV
SIMSON 2
ROELAND / OBA /
ELISE 4
Oiltanking BV
Amsterdam
1963 bn 288
Damen Shipyards BV
Hardinxveld-Giessendam
12,56 x 3,50 x 1,45
156 kW 212 pk Scania Vabis

023.04298 DS
SIRIUS
GOUDVINK / JAVAZEE /
SIRIUS H /
ATTACK 10
H4A Materiaal
Wervenweg 10
4551 MC Sas van Gent
1929
Hubertina v/h W.H. Jacobs
Haarlem
16,76 x 4,03 x 1,33
206 kW 280 pk Caterpillar

031.10622 DS
SIRIUS
ALFONS W SR /
RES NOVA
Tebra Beheer BV
Merwekade 82-83
3311 TH Dordrecht
078-6392000
1966 bn 422
Th.v.d.Beldt
West Graftdijk
22,42 x 6,43 x 1,64
788 kW 1070 pk Caterpillar

reg.nr. / type :	027.15604 DS	021.02608 MS	imo 9366706 MS
naam :	**SJORS**	**SMID 1**	**SMIT ARUBA**
ex naam :	ZUIDERZEE / DICK / DIKKY /	RIA	
ex naam :	SHANNA / ERNY /		
ex naam :	ORCA		
eigenaar :	Bonte J.R.	Sepers beheer B.V.	Smit Harbour Towage R'dam
adres :		Steeg 2	Waalhaven OZ 86
woonplaats :	Zwartsluis	6624 BJ Heerewaarden	3088 BM Rotterdam
telefoon :		0487-571251	
bouwjaar / -nr. :	1930 bn 14	1952	2006 bn 511523
bouwwerf :	Schipper & v.Dongen	G.J.v.Berk	Damen Galatz
plaats :	Geertruidenberg	Beneden Leeuwen	Galatz
l x b x d :	20,20 x 5,00 x 1,98	9,00 x 3,20 x 1,20	28,67 x 10,43 x 4,60
vermogen :	456 kW 620 pk Deutz	85 kW 115 pk Deutz	2x1849 kW/2465 pk Caterpillar
boegschroef :			

022.12230 DV	030.51698 MV	imo 9396232 MS	imo 9370173 MS
SITA	**SJUTTEL**	**SMIT AFRICA**	**SMIT BARBADOS**
	HANS / DOLFIJN / RODIE III /	BOSPHOROS II	
	FIAT VOLUNTAS XXI /		
	IGNIT F / JILL F		
Vegter R.J.	R.O.C. Veghel BV	Smit Harbour Towage R'dam	Smit Harbour Towage R'dam
Ommelanderwijk 150	Marconiweg 3-5	Waalhaven OZ 85	Waalhaven OZ 85
9644 TP Veendam	5466 AS Veghel	3087 BM Rotterdam	3087 BM Rotterdam
		010-4549911	010-4549911
2004	1965	2007	2007 bn 511531
Leeuwkerke BV	Visscher & Zn	Geta (Ge-ta 007)	Damen Shipyards BV
Westerbroek	Zwartsluis	Tuzla	Roemenië
7,00 x 2,98 x 0,96	14,35 x 4,10 x 1,75	32,50 x 11,70 x 4,30	28,75 x 9,80 x 4,60
129 kW 175 pk John Deere	294 kW 400 pk MTU	2 x 1920 kW/2611 pk Caterp.	2x1372 kW/1865 pk Caterpillar
			150 kW 204 pk

023.26079 MS	00404 MV	imo 9178991 MS	imo 9345506 MS
SJAAK	**SKUA**	**SMIT AHOADA**	**SMIT BARRACUDA**
MARLYSE			
Treffers & Zn G.J.	Scouting Adm.de Ruyter	Smit Harbour Towage R'dam	Smit Transport Europe BV
H.Figeeweg 35	Oosterstraat 8	Waalhaven OZ 85	Waalhaven OZ 85
2031 BJ Haarlem	2931 AT Krimpen a/d Lek	3087 BM Rotterdam	3087 BM Rotterdam
023-5325211		010-4549911	010-4549911
1897	1920	1999 bn 7925	2006 bn 11018
Stettiner Oderwerk		Sevmasch/Damen Shipyard	IHC Holland Delta
Stettin		Predriyatitye/Gorinchem	Sliedrecht
21,20 x 4,30 x 1,22	8,00 x 2,50 x 0,80	30,82 x 10,24 x 3,50	25,40 x 10,00 x 2,70
88 kW 120 pk Mercedes	44 kW 60 pk Mercedes	2 x 1545 kW/2100 pk Caterpillar	2 x 747 kW/1015 pk Caterpillar
			176 kW 240 Caterpillar

022.09984 DS	00052 OP	imo 9532305 MS	027.18550 WV
SJOERD	**SKYLLA**	**SMIT AL KOUT**	**SMIT BEVER**
	DUWER I / ANTOON /		BEVER
	DIEZE /		
	ZEUS		
Vries & v.d.Wiel BV	Oosterhof H.F.	Smit VesselManagement Serv.	Smit VesselManagement Serv.
Harmenkaag 9		Waalhaven OZ 85	Waalhaven OZ 85
1741 LA Schagen	Amsterdam	3087 BM Rotterdam	3087 BM Rotterdam
0224-211211		010-4549911	010-4549911 / 06-53546597
1985	1937	2009	1995 bn 9937
Schottelwerft	Bijlholt		Damen Shipyards BV
Oberspay	Foxhol		Bergum
9,22 x 2,52 x 1,19	5,99 x 1,97 x 0,89	30,10 x 9,90 x 2,20	25,37 x 10,20 x 3,00
184 kW 250 pk Deutz	31 kW 42 pk Kromhout	2 x 883 kW/1200 pk Caterpillar	2 x 570 kW/775 pk Caterpillar

imo 9345518 MS
SMIT BISON

Smit Transport Europe BV
Waalhaven OZ 85
3087 BM Rotterdam
010-4549911
2006 bn 1101117
IHC Holland Delta
Sliedrecht
25,40 x 10,00 x 2,70
2 x 746 kW/1014 pk Caterpillar
176 kW 240 Caterpillar

imo 9443247 MS
SMIT BONAIRE

Smit Transport Europe BV
Waalhaven OZ 85
3087 BM Rotterdam
010-4549911
2006 bn 511513
Damen Shipyards BV
Gorinchem
28,75 x 9,80 x 3,91
2x1849 kW/2465 pk Caterpillar

imo 9345491 DS
SMIT BRONCO

Smit Transport Europe BV
Waalhaven OZ 85
3087 BM Rotterdam
010-4549911
2006 bn 1101116
IHC Holland Delta Shipyard
Sliedrecht
25,40 x 10,00 x 2,70
2 x 821 kW/1116 pk Caterpillar
176 kW 240 pk Caterpillar

imo 9528304 MS
SMIT BUFFALO

Smit Transport Europe BV
Waalhaven OZ 85
3087 BM Rotterdam
010-4549911
2009 bn 571612
Damen Shipyards BV
Gorinchem/Hardinxveld
25,00 x 10,00 x 2,70
2 x 821 kW/1116 pk Caterpillar
176 kW 240 pk Caterpillar

imo 9528299 MS
SMIT BULLDOG

Smit Transport Europe BV
Waalhaven OZ 85
3087 BM Rotterdam
010-4549911
2008 bn 571611
Damen Shipyards BV
Gorinchem/Hardinxveld
25,80 x 10,00 x 2,70
2 x 821 kW/1116 pk Caterpillar
176 kW 240 pk Caterpillar

imo 9516284 MS
SMIT CAYMAN

Smit VesselManagement Serv.
Waalhaven OZ 85
3087 BM Rotterdam
010-4549911
2009 bn 511551
Damen Shipyards Song Cam
Haiphong

imo 9454876 MS
SMIT CHEETAH

Smit Harbour Towage R'dam
Waalhaven OZ 85
3087 BM Rotterdam

2009 bn 513003
Damen Shipyards Song Cam
Haiphong
32,14 x 13,27 x 4,00
2 x 2579 kW/3505 pk Caterpillar

imo 9190391 MS
SMIT CLYDE

Smit Harbour Towage R'dam
Waalhaven OZ 85
3087 BM Rotterdam
010-4549911
2000 bn 7937
Stocznia/Damen Shipyard
Gdansk/Gorinchem
31,00 x 10,00 x 3,90
2 x 1840 kW/2500 pk Wartsila

imo 7917991 MS
SMIT COLLINGWOOD
COLLINGWOOD

Smit Harbour Towage R'dam
Waalhaven OZ 85
3087 BM Rotterdam
010-4549911
1980 bn 928
Richard Dunston Ltd
Hessle
30,21 x 9,45 x 4,40
2 x 971 kW/1320 pk Ruston

027.20501 MS
SMIT CURACAO

Smit Harbour Towage R'dam
Waalhaven OZ 85
3087 BM Rotterdam
010-4549911
2005 bn 511511
Damen Shipyards BV
Hardinxveld-Giessendam
28,75 x 10,59 x 4,91
2 x 1725 kW/2346 pk Caterpillar

imo 9355329 MS
SMIT DONAU

Smit Harbour Towage R'dam
Waalhaven OZ 85
3087 BM Rotterdam
010-4549911
2007 bn 511526
Damen Shipyards BV
Hardinxveld-Giessendam
28,75 x 9,80 x 4,60
2x1372 kW 1865 pk Caterpillar
150 kW 204 pk

imo 9476393 MS
SMIT EBRO

Smit Harbour Towage R'dam
Waalhaven OZ 85
3087 BM Rotterdam
010-4549911
2009 bn 511546
Damen Galati
Galati
28,67 x 10,43 x 4,00
2x1840 kW/2500 pk Caterpillar

imo 9389485 MS
SMIT ELBE

Smit Harbour Towage R'dam
Waalhaven OZ 85
3087 BM Rotterdam
010-4549911
2007 bn 511525
Damen Shipyards BV
Gdynia / H'veld-Giessendam
28,67 x 10,32 x 4,60
2x1372 kW 1865 pk Caterpillar
150 kW 204 pk

imo 9396220 MS
SMIT EUROPE
BOSPHOROS I

Smit Harbour Towage R'dam
Waalhaven OZ 85
3087 BM Rotterdam
010-4549911
2007
Geta (Ge-ta 006)
Tuzla
32,50 x 11,70 x 4,30
2x1920 kW/2611 pk Caterpillar

023.26843 MS
SMIT FINLAND

Smit VesselManagementServ.
Waalhaven OZ 85
3087 BM Rotterdam
010-4549911
1979 bn 621
De Merwede
Hardinxveld-Giessendam
28,42 x 4,20 x 3,45
2x669kW/909 pk Stork Werksp

imo 9402421 MS
SMIT HUDSON

Smit Harbour Towage R'dam
Waalhaven OZ 85
3087 BM Rotterdam
010-4549911
2008 bn 511535
Damen Galatz
Galatz
28,00 x 10,00 x -
2x1460 kW/1985 pk Caterpillar

reg.nr. / type : **naam** : **ex naam** : **ex naam** : **ex naam** : **eigenaar** : **adres** : **woonplaats** : **telefoon** : **bouwjaar / -nr.** : **bouwwerf** : **plaats** : **l x b x d** : **vermogen** : **boegschroef** :	imo 9190494 MS **SMIT LOIRE** Smit Harbour Towage R'dam Waalhaven OZ 85 3087 BM Rotterdam 010-4549911 2000 bn 7948 Northern/Damen Shipyard Gdansk/Gorinchem 31,00 x 10,00 x 3,90 2 x 1840 kW/2500 pk Wartsila	imo 9322592 MS **SMIT NICOBAR** Smit Transp&Heavylift Division Waalhaven OZ 85 3087 BM Rotterdam 010-4549911 2006 Keppel Singapore Pte Singapore 70,90 x 16,00 x 5,60 2 x 3300 pk	023.26840 MS **SMIT RUSLAND** Smit VesselManagementServ. Waalhaven OZ 85 3087 BM Rotterdam 010-4549911 1979 bn 623 De Merwede Hardinxveld-Giessendam 28,42 x 8,52 x 3,45 2x669kw909pk Stork Werksp
imo 9434826 MS **SMIT JAGUAR** Smit Harbour Towage R'dam Waalhaven OZ 85 3087 BM Rotterdam 010-4549911 2009 bn 513002 Damen Shipyards Song Cam Haiphong 32,14 x 13,27 x 4,00 2x2579 kW/3505 pk Caterpillar	imo 9397925 MS **SMIT MADAGASKAR** Smit Harbour Towage R'dam Waalhaven OZ 85 3087 BM Rotterdam 010-4549911 2009 bn 809 ASL Shipyard Batam (Ind) 28,00 x 9,80 x 4,00 2 x 1290 kW/1754 pk	027.17416 MS **SMIT POLEN** Smit Transport Europe BV Waalhaven OZ 85 3087 BM Rotterdam 010-4549911 1986 bn 251 Tille Kootstertille 28,60 x 9,32 x 3,30 2 x 900 kW/1224 pk Stork	imo 9402433 MS **SMIT SCHELDE** Smit VesselManagementServ. Waalhaven OZ 85 3087 BM Rotterdam 010-4549911 2008 bn 511536 Damen Galati Galati 28,00 x 10,00 x 4,25 2x1813 kW/2465 pk Caterpillar
027.17424 MS **SMIT JAPAN** Smit Harbour Towage R'dam Waalhaven OZ 85 3087 BM Rotterdam 010-4549911 1986 bn 235 Barkmeijer Stroobos 28,60 x 9,32 x 3,30 2x900kw1224pk Stork Werksp	imo 94.02445MS **SMIT MARTINIQUE** Smit VesselManagementServ. Waalhaven OZ 85 3087 BM Rotterdam 010-4549911 2008 bn 511537 Damen Galati Galati 28,67 x 1,43 x 4,77 2x1813 kW/2466 pk Caterpillar	imo 9190509 MS **SMIT RHONE** Smit Harbour Towage R'dam Waalhaven OZ 85 3087 BM Rotterdam 010-4549911 2000 bn 7949 Northern/Damen Shipyard Gdansk/Gorinchem 31,00 x 10,00 x 3,90 2 x 1840 kW/2500 pk Wartsila	imo 9476394 MS **SMIT SEINE** Smit Harbour Towage R'dam Waalhaven OZ 85 3087 BM Rotterdam 010-4549911 2009 bn 511545 Damen Galati Galati 28,00 x 10,00 x 4,25 2x1813 kW/2465 pk Caterpillar
00568 MV **SMIT JOS** Smit Harbour Towage R'dam Waalhaven OZ 85 3087 BM Rotterdam 010-4549911 2000 bn 574 Santierul Navel/Damen Shipy. Giurgiu/Gorinchem 12,00 x 3,84 x 2,00 2 x 248 kW/337 pk Caterpillar	imo 9516272 MS **SMIT MONTSERRAT** Smit VesselManagementServ. Waalhaven OZ 85 3087 BM Rotterdam 010-4549911 2009 bn 511550 Song Cam Damen Vietnam	imo 9179012 MS **SMIT RIMA** Smit Havenslpdiensten Nigeria Waalhaven OZ 85 3087 BM Rotterdam 010-4549911 1999 bn 7927 Stocznia/Damen Shipyard Gdansk/Gorinchem 30,82 x 10,24 x 3,90 2x1545 kW/2100 pk Caterpillar	imo 8844531 DS **SMIT TAHITI** KUROBE MARU Smit Harbour Towage R'dam Waalhaven OZ 85 3087 BM Rotterdam 010-4549911 1990 Keihin Dock Compagne, Yokohama 30,80 x 8,80 x 3,30 2 x 1104 kW/1500 pk Niiagata

imo 9454888 MS
SMIT TIGER

Smit Harbour Towage R'dam
Waalhaven OZ 85
3087 BM Rotterdam
010-4549911
2009 bn 513004
Damen Shipyards Song Cam
Haiphong
32,14 x 13,27 x 4,00
2x2579 kW/3505 pk Caterpillar

---

imo 9174593 MS
SMIT TRAFALGAR
TRAFALGAR

Smit Harbour Towage R'dam
Waalhaven OZ 85
3087 BM Rotterdam
010-4549911
1998 bn 119
Mc Tay Marine Ltd
Bromborough

2 x Ruston

021.03445 MS
SMIT WAALHAVEN 2
VEERDIENST 4 /
SALVOR

Smit Holding BV
Waalhaven OZ 151
3097 BM Rotterdam
010-4291233
1926
Stam
Nieuw Lekkerland
10,20 x 3,25 x 0,89
103 kW 140 pk DAF

---

imo 8610289 MS
SMIT WATERLOO
WATERLOO

Smit Harbour Towage R'dam
Waalhaven OZ 85
3087 BM Rotterdam
010-4549911
1987 bn 77
Mc Tay Marine Ltd
Bromborough
28,91 x 9,76 x 3,20
2 x 1`265 kW/1720 pk Ruston

---

imo 9173941 MV
SMIT YENOGOA

Smit Harbour Towage R'dam
Waalhaven OZ 85
3087 BM Rotterdam
010-4549911
2000 bn 5744
Santierul Navel/Damen Shipy.
Giurgiu/Gorinchem
12,00 x 3,84 x 2,00
2 x 248 kW/337 pk Catrpillar

023.26841 MS
SMIT ZWEDEN

Smit VesselManagementServ.
Waalhaven OZ 85
3087 BM Rotterdam
010-4549911
1979 bn 620
De Merwede
Hardinxveld-Giessendam
28,42 x 8,52 x 3,45
2x662 kW 900 pk StorkWerksp

00055 OP
SMOKEY

Klocht J.v.d.

Zwartsluis

1930

5,00 x 1,90 x 1,10
13,9 kW 19 pk Gardner

00058 OP
SNIKKEL

Bruin J.F. de
Zuideinde 128
2421 AN Nieuwkoop
0172-571138
1920

Hoogezand
4,92 x 1,76 x 0,65
7,3 kW 10 pk Kromhout

027.16984 MV
SNIPE
SNIPE / ASA / MV 128

Oord Van
Rivium Quadrant 2
2909 LC Capelle a/d IJssel
010-4478444
1981 bn 1742
Damen Shipyards BV
Gorinchem
14,80 x 4,24 x 1,89
264 kW 360 pk GM

020.07811 MV
SOBRINO
Droogdok 2 / Duyenhouwer I /
Droogdok 2 / Herik 58 /
Evert / Audax
Cunado BV

H.I.Ambacht

1951
A.D.M.
Amsterdam
16,80 x 4,12 x 1,33
279 kW 380 pk Deutz

00305 DB
SOLO

Lachnit Duwbotenverhuur
Korte Gelgewater 56
2313 BR Leiden

2006
ACT De Helling
Enschede
6,75 x 2,60 x 1,00
95 kW 130 pk John Deere

00041 OP
SOLO

Sluis J.v/d

Berlijn

1992
v.d.Sluis
Drachten
5,60 x 1,80 x 0,80
7,3 kW 10 pk Lister

046.0770 DB
SONDERNHEIM
SONDERNHEIM

Gerrits Recyling BV

Helmond

1929
De Vooruitgang
Alphen a/d Rijn
23,10 x 7,85 x 2,00
388 kW 500 pk MAK

038.00011 MS
SOPHIA
BREEWIJK

Haas De

Zaandam

1963 bn 280
Damen Shipyards BV
Hardinxveld-Giessendam
9,85 x 2,85 x 0,90
59 kW 80 pk Mitsubishi

023.16285 MV
SOPHIE
PETRA / RVE 17 / DIANA

Bonkelaar BV De
Groesbeekseweg 210
6523 PP Nijmegen

1967
J.Schlieker & Zn
Sliedrecht
14,30 x 4,00 x 0,84
180 kW 244 pk Scania Vabis

---

imo 9577484 MS
SOUTHWIND

Avra Towage BV
Scheepmakershaven 32 B
3011 VB Rotterdam
010-2810886
2010 bn VT 8
Vitawani Shipbuilding
Miri Sarawak
31,09 x 9,48 x 3,70
2x1177 kW/1600 pk Cummins

reg.nr. / type :	022.11978 MS	020.01965 MS	023.06460 MS
naam :	**SPARTAAN**	**SPES**	**SPES I**
ex naam :	SPARTAN /		Wilhelmina /
ex naam :	DRIE GEBROEDERS /		Amstelbrouwerij 17 / Hencor /
ex naam :	C EST LA VIE		Spes / Wilhelmina
eigenaar :	Hegeman M.A.	Linde K.F. v/d.	Pels J.
adres :		Markstraat 26	
woonplaats :	Zwolle	1431 BE Aalsmeer	Zaandam
telefoon :		0297-327034	
bouwjaar / -nr. :	1905	1926	1914
bouwwerf :		Blom & Voss	Marckmann & Faassen
plaats :	Rotterdam	Hamburg	Capelle a/d IJssel
l x b x d :	12,31 x 2,45 x 1,10	13,69 x 3,52 x 1,67	13,18 x 3,37 x 1,86
vermogen :	132 kW 180 pk Henschel	202 kW 275 pk Bussing	121 kW 165 pk
boegschroef :			

023.07505 MS	030.20993 MS	022.02516 MS	023.05134 DS
SOUVENIR	**SPARTAN**	**SPES**	**SPES II**
ST.GERARDUS / JENNY /	HOUTVAART 4		CORNELIS HENDRIK /
SOUVENIR			MABI 9 / NELLIE /
			INO
Hoekstra W.T.	Leeuw R.de	Merwede B.V. Ballast Mij	Snoo & Pijpers Beheer BV De
	Nieuwe Haven 72	Waage Naak 15	
Langweer	1135 VM Edam	6019 AA Wessem	Raamsdonksveer
		0475-562344	
1940	1949 bn 174	1949 bn 509	1930
Bodewes & Dutmer	Vooruit	Bodewes	De Korte
Groningen	Zaandam	Millingen	Moerdijk
10,45 x 3,15 x 1,30	13,20 x 3,43 x 1,30	11,63 x 3,53 x 1,56	21,73 x 5,12 x 2,26
64 kW 87 pk Doosan	59 kW 80 pk Industie	132 kW 180 pkMercedes Benz	404 kW 550 pk Caterpillar

030.20992 MS	020.03074 MS	030.31188 MS	00214 MV
SPAARNE	**SPECHT**	**SPES**	**SPICA**
JACOBA / JACOBA V /		ANDA / JAMA / BOUNTY	
SPAARNE /			
JACOBA V *			
Bent J.W.v.d.	Henket M.	Schoustra L.	Oosterom H.J.van
			Pansenweg 8
Katwijk	Amsterdam	Wijk bij Duurstede	9974 SL Zoutkamp
			0595-401409 / 06-23162670
1929 bn 876	1926 bn 639	1941	1968 bn 353
Gebr.Boot	t Hondsbosch	Boot	Damen Shipyards BV
Alphen a/d Rijn	Alkmaar	Leiden	Hardinxveld-Giessendam
12,50 x 3,75 x 1,29	14,40 x 3,40 x 1,20	16,04 x 4,26 x 1,72	12,65 x 3,45 x 1,10
66 kW 90 pk Modag	22 kW 30 pk Kromhout	58 kW 80 pk Industrie	88 kW 120 pk DAF

00176 MV	023.20563 MV	023.06799 DS	022.05038 MS
SPARTA	**SPES**	**SPES**	**SPICA 1**
DRENTE	LOME	MARIA / ADEA / JEANNE	
Oosterom H.J.van	Amstel & IJ	Waardt Duw & Sleepvaart de	Hunfeld Machinefabriek BV
Pansenweg 8	Dijkgracht 9	Schuwacht 1	Eemskanaal ZZ 26
9974 SL Zoutkamp	1019 BT Amsterdam	2941 EE Lekkerkerk	9936 AN Farmsum
0595-401409 / 06-27312020	020-4188013 / 06-55195020	06-53887963	0596-613446 / 06-53138060
1955 bn V 37	1966	1946	1973
De Lek	Jac.den Breejen	Suurmeijer	Thoma
Krimpen a/d Lek	Hardinxveld-Giessendam	Foxhol	Nieuweschans
11,00 x 3,13 x 1,00	15,66 x 4,26 x 1,80	17,33 x 4,72 x 1,86	12,25 x 4,10 x 1,00
44 kW 60 pk Kromhout	184 kW 250 pk GM	358 kW 487 pk Caterpillar	121 kW 165 pk DAF
	19 kW 26 pk Deutz		

020.10057 DS **SPIERING** FREDERIK Waal C.d. Spieringsluis 7 4251 MR Werkendam 1968 bn 464 Akerboom Leiden 12,97 x 3,87 x 1,75 172 kW 235 pk GM	023.20236 MV **SPRINGER** Krul & Zn BV Aannemersbedr. Postbus 91 4153 ZH Beesd 1960 A.d.Jong Vlaardingen 18,17 x 4,49 x 2,11 177 kW 241 pk GM	00460 MS **STAD GENT** BARCO III Meijers M. Dordrecht 1931 Nic.Witsen Alkmaar 15,75 x 3,50 x 1,08 65 kW 88 pk Kromhout	023.08750 MS **STAD UTRECHT 4** BINI Looze R.de H.Graaflandstraat 55 3525 VN Utrecht 1939 Overtoom Zaandam 17,50 x 4,26 x 1,85 143 kW 195 pk Volvo Penta
020.04785 MS **SPITSBERGEN** Huis F. & D.v. Kuijk Rhijnlandsoord 17 1433 NB Kudelstaart 0297-327218 / 06-53147673 1929 Concordia S.Seymonsbergen Amsterdam 12,94 x 3,42 x 1,20 80 kW 110 pk Industrie	023.08673 MS **ST 7** FIX 3 / VALERIE CFNR Laan der Verenigde Naties 101 316 AT Dordrecht 1922 Haarlem 18,97 x 3,99 x 1,72 96 kW 130 pk Scania	00067 OP **STAD UTRECHT** RIANT Dijk E.v. Utrecht 030-2897618 6,00 x 2,10 x 1,10 8,8 kW 12 pk Lister	00201 DB **STADHOUDER** Blue Boat Company Stadhouderskade 30 1071 ZD Amsterdam 2002 6,75 x 2,40 x -
023.10239 DS **SPITSBERGEN** Mammoet Maritime BV Karel Doormanweg 47 3115 JD Schiedam 010-2042483 1958 bn 551 Weerter Schpsbouw/Bodewes Weert/Millingen 22,94 x 5,70 x 2,48 480 kW 653 pk Mitsubishi	023.04861 MS **ST JOHN** ST.JOHN / R 66 / D 116 / POLLUX Smokers T.A. Amersfoort 1930 A.d.Jong Vlaardingen 20,08 x 4,83 x 1,85 353 kW 480 pk Henschel	033.50364 MS **STAD UTRECHT 1** Koopmans I. Oostzaan 1928 Th.v.d.Beldt West Graftdijk 12,62 x 3,24 x 1,50 44 kW 60 pk Caterpillar	023.09493 MS **STADSWATERKANTOOR** Waternet Sector Waterbeheer Papaverweg 54 1032 KJ Amsterdam 1962 bn 281 Vooruit Zaandam 12,00 x 3,56 x 1,20 92 kW 125 pk DAF
021.04374 MS **SPRINGER** SPRINGER / BREEVAER Haaften v.Oord BV Biesboschhaven NZ 8 4251 NC Werkendam 1970 Jac.den Breejen Hardinxveld-Giessendam 12,79 x 3,69 x 1,50 169 kW 230 pk Scania Vabis	020.14942 MS **ST RITA II** THE VALUE OF FRIENDSHIP Geijtenbeek G.B. Zoelen 1922 15,99 x 3,65 x 1,60 121 kW 165 pk GM	033.50366 MS **STAD UTRECHT 3** Jansen J. Nieuwegein 1930 Th.v.d.Beldt West Graftdijk 14,11 x 3,80 x 1,50 85 kW 115 pk Caterpillar	020.15758 MS **STAPPER** MARIJKE / CELINA / RENICA / D'NOPTIE Bruins-Slot G. Den Helder 12,40 x 3,45 x 1,20 85 kW 85 pk DAF

reg.nr. / type :	023.07862 MS	00391 MV	020.09531 MS
naam :	**STEF**	**STELLE**	**STERN**
ex naam :	SUJA / WIKA / STEF-TH 27		Monopool /
ex naam :			Leverkussen I
ex naam :			
eigenaar :	Boden A.C.J.	Schaberg P.J.	Eigenhuis G.J.
adres :		Jupiterweg 1	Elzenlaan 4
woonplaats :	Wouw	4105 JJ Culemborg	1423 NC Uithoorn
telefoon :		0345-520730	0297-562673
bouwjaar / -nr. :	1949	1963 bn 436	1941
bouwwerf :	Bodewes	Akerboom	Koningswinter
plaats :	Groningen	Oegstgeest	Koningswinter
l x b x d :	11,25 x 3,53 x 1,50	13,50 x 3,50 x 1,20	17,50 x 4,08 x 1,30
vermogen :	66 kW 90 pk Mercedes Benz	88 kW 120 pk Detroit	169 kW 230 pk Deutz
boegschroef :			

032.80124 MV	022.07031 DS	021.04684 MS	023.13368 MV
STATUM	**STEFAN**	**STENTOR**	**STERN**
EDMOND / D 14	GERDA / HEINO P	TINA	SEAM /
			EWT 6
Bouius S.C.	Roos D.	Hengst A.van	Gijsbers J.R.
Zomerweg 52		Boeroestraat 41	Zonnebloemstraat 8
9251 MH Bergum	Koog a/d Zaan	3312 HA Dordrecht	3333 SW Zwijndrecht
0511-461314			
1953	1898	1964	1961 bn 269
Zaanlandse Scheepsbouw Mij	Harburg werft	Damen Shipyards BV	Damen Shipyards BV
Zaandam	Berlijn	Hardinxveld-Giessendam	Hardinxveld-Giessendam
10,18 x 3,15 x 1,23	16,00 x 3,55 x 1,65	12,10 x 3,12 x 1,81	12,87 x 3,55 x 1,48
103 kW 140 pk DAF	147 kW 200 pk SKL	110 kW 150 pk Caterpillar	169 kW 230 pk Scania Vabis

imo 9510670 MS	021.01083 MS	022.05990 MV	026.06017 DB
STATUM	**STEFANIE**	**STENTOR**	**STERN**
	THOMA / BETSIE /		
	ADVENDO / ELIZA / LENY /		
	FENNY / KRAAK		
Engelsman Towage & Salvage	Ooms A.C.	Velde Marine BV W.v.d.	Hakkers BV
Houtmolen 14 A		Binnenhaven 1	Oudsas 11
8754 GJ Makkum	Maarssen	7547 BG Enschede	4251 AW Werkendam
0515-232596		053-4307251	0183-501122
2008 bn 571598	1910	1987	1973
Damen Shipyards BV	J.& K.Smit	P.v.d.Werf /v.d.Velde	Ral
Gorinchem	Kinderdijk	Lemmer/Enschede	Irnsum
30,08 x 9,10 x 2,60	11,99 x 3,13 x 1,35	14,30 x 4,50 x 1,50	24,82 x 9,50 x 1,93
2 x 1230 kW/1672 pk Caterpillar	38 kW 52 pk Industrie	294 kW 400 pk Volvo Penta	310 pk DAF
184 kW 250 pk Kalkman			

060.02231 DB	022.11557 MS	00324 MS	027.15414 MS
STATUM	**STELLA**	**STERN**	**STERN**
T'SERCLAES / SIDIS /	Anna/Jacoba/Caramba/Coba/		ROERDOMP
DAV / GODELIEVE	Cornelis / Maroen / Noordster/		
	Gompy/Stella / Nomare / Stella		
Redzwa Holding BV	Kamp T.M.v.d.	Dijken J.v.	Hollandse Aannemers Mij
Postbus 64	Westend 7	Veerweg 1	Rivium Quadrant 2
9000 AB Grou	8521 NN St.Nicolaasga	4031 KP Ingen	2909 LC Capelle a/d IJssel
0566-621020 / 06-53857070	06-51837779	0344-602960	010-4478444
1964	1929		1974 bn 521
Chantier Naval	Goor & Spiekman	Niederheinisch Ruhrort	Damen Shipyards BV
Hemiksem	Zwartsluis	Duisburg	Hardinxveld-Giessendam
15,73 x 9,20 x 1,80	14,00 x 3,30 x 1,30	12,52 x 2,52 x 0,70	12,65 x 3,65 x 1,08
2 x 379 kW/516 pk Caterpillar	110 kW 150 bk Deutz	88 kW 120 pk DAF	88 kW 120 pk GM

023.07517 DS
STERN
EUGENE / DONGE

Klein Wieringen BV
Kleitelweg 12
1777 NM Hippolytushoef
0227-512042
1949
Leenman
Zwolle
14,14 x 3,66 x 1,75
169 kW 230 pk Scania Vabis

023.28760 MS
STERN
LANGENESS

Swart H.

Wormerveer

1960

Duitsland
19,95 x 4,73 x 1,30
214 kW 291 pk Mercedes

030.50950 MS
STERNA
TJOBA / WILHELM /
MARLENE II

Wouda A.A.
Paterswoldeseweg 284
9727 BT Groningen
050-5262493
1939 bn 396
Bijlsma / de Ridder
Wartena/Rotterdam
16,75 x 4,32 x 1,36
110 kW 150 pk Deutz/MWM

020.01997 MS
STOFFEL
4 / MARJO / CONNY /
SACRAMENTO / VIOS /
OLGA

Hanenburg A.

Hindelopen

1895 bn 318
t Kromhout Wed.J.L.Ceuvel
Amsterdam
18,10 x 3,95 x 2,03
169 kW 230 pk Cummins

027.18918 MV
STERN

Koek D.P.
Kerkeinde 30
4254 LD Sleeuwijk
0183-301321
1974 bn 521
Damen Shipyards BV
Hardinxveld-Giessendam
12,65 x 3,43 x 1,08
176 kW 240 pk Caterpillar

023.06131 MS
STERNA
HUBERDINA / THE-JA

Gutte J.

Oss

1939
Bodewes & Dutmer
Groningen
10,43 x 3,15 x 1,50
77 kW 105 pk DAF

030.50670 MS
STERRE DER ZEE
WAAL I

Woltheus L.
Zalkerdijk 2 A
8276 AC Zalk
038-3636292 / 06-53898379
1914 bn 151
Botje Ensing & Co
Groningen
17,07 x 3,54 x 1,55
80 kW 110 pk MWM Benz

023.10501 MS
STOOMER
JOKE

Bul A.

Amsterdam

1926

9,75 x 2,65 x 1,00
36 kW 50 pk Kromhout

022.05449 MS
STERN
ZEEHOND

NIOZ Stichting
Postbus 59
1790 AB Den Burg
06-51284153
1975
Rinkel kunststoffen Industrie
Oss
15,70 x 4,13 x 0,70
2x198 kW/270 pk Volvo Penta

022.02292 MS
STERNA
ZULLCHOW /
MERWEDE 5 /
DANKBAARHEID

Kok A.P.C.P. de
Strandboulevard Oost 3 A
3841 AB Harderwijk

1942
Fikkers
Martenshoek
17,16 x 4,39 x 1,78
220 kW 300 pk Rolls Royce

023.15985 MS
STEVENSWEERT

Paes B.V. H.W.
Eiland 34 B
6107 CC Stevensweert

1980
G.J.v.Wezel
Dreumel
12,04 x 3,85 x 1,55
177 kW 240 pkMercedes Benz

00218 MS
STORM
SHB 2 / BOB

Bres H.J.F.de

Hazerswoude Rijndijk

1982
Gobel
Amsterdam
9,20 x 3,40 x 1,30
73 kW 100 pk Ford

022.08897 MV
STERN
HARDER

Stienstra J.

IJlst

1977 bn 143
De Hoop
Schiedam
13,00 x 3,60 x 1,00
73 kW 100 pk DAF

030.30949 DS
STERNA
ALI

Pascal F.
Torenmeesterstraat 42
8043 CE Zwolle
06-53902423 / 06-20595293
1931
Boot
Leiden
15,64 x 4,12 x 1,54
257 kW 350 pk Cummins

022.10577 MS
STINTFANG

Veen K.H.v.d.
Hoofdweg 106
9615 AH Kolham
0598-393504
1937
Norderwerft Meyer
Hamburg
17,00 x 4,25 x 1,95
130 kW 177 pk Jastram

030.50628 MS
STORMER
VIOS III / VERO /
GERJAN

Unen W.J.v.

Culemborg

1912

12,04 x 3,25 x 1,30
88 kW 120 pk Donfeng

reg.nr. / type :	023.11586 MV	033.20236 DS	030.51426 MS
naam :	**STORMVOGEL**	**SUMUS UMBRA**	**SUZANNA**
ex naam :	DESTA 11	JOAN II / ALLOD /	Major / Dina / Geertruida /
ex naam :		RHEINLAND / ELISABETH /	Albert II / Wodan /
ex naam :		WILLY / ELISABETH	Flevo Marina
eigenaar :	Riemersma G.	Hoefnagel J.	Decker G. & M Vooges
adres :	Nijkerksterweg 4	Kon Julianalaan 1	
woonplaats :	9143 DN Nes Dongeradeel	8321 HW Urk	Wolsum
telefoon :	0519-589563	0527-687802 / 06-53533783	
bouwjaar / -nr. :	1963 bn 25	1925 bn 142	1906
bouwwerf :	Eltink	Boele	Molema, landeweer&stremmer
plaats :	Mook	Bolnes	Leeuwarden
l x b x d :	12,10 x 3,53 x 1,86	23,01 x 5,03 x 1,90	14,41 x 3,51 x 1,30
vermogen :	51 kW 70 pk Gardner	716 kW 973 pk Caterpillar	121 kW 165 pk Leyland
boegschroef :			
023.00130 MS	00066 OP	023.29469 MS	032.80082 MS
STORMVOGEL	**STROBBE**	**SUNDANCE**	**SUZANNE**
STORMVOGEL / VAYAK II /			WILMAR / WELVAART /
GERDA III /			PORKY
ADELGONDA			
Blaauw & J.J.Mulder E.J.	Jong H.de	Kok K.	Nijhuis W.
Haulerwijk	Delfstrahuizen	Amsterdam	Zaandam
1925	1929	2007 bn 10	1947
Gebr.v.d.Wetering		No Limit Ships BV	Schut
Rotterdam		Groningen	Hoogezand
18,32 x 4,82 x 1,70	6,00 x 2,00 x 0,70	8,80 x 2,80 x 0,65	9,52 x 2,66 x 0,95
129 kW 175 pk ABC	5,8 kW 8 pk Samofa	29 kW 40 pk Lombardini	59 kW 72 pk MWM
023.23646 MS	033.20232 WV	imo 9334026 BS	023.13187 WV
STORMVOGEL	**STYN**	**SUPPLY EXPRESS**	**SUZANNE D**
Gielen Beheer B.V. W.B.	Ballegooij L.W. van	Vroon Ofshore Service BV	Ad Stolk Schepen BV
v Leeuwenhoekweg 21	Molenberg 88	Het Nieuwe Werk 88	Veersedijk 223
3316 AV Dordrecht	4708 NL Roosendaal	1781 AK Den Helder	3341 LL H.I.Ambacht
078-6130635	0165-557425	0233-673800	078-6128000
1939	1965	2006 bn V2J 689-3	1953
Boulogne sur mer	v.Dijk	Jiangsu Zhenjiang	Schimag
Frankrijk	Bergen	Jiangsu	Mannheim
20,71 x 5,60 x 2,49	18,64 x 6,08 x 1,00	72,46 x 17,50 x 6,40	20,45 x 7,50 x 1,00
195 kW 265 pk Crepelle	99 kW 135 pk Deutz	2 x 2610 kW/3600 pk Wartsila	
027.18920 MV	023.09582 MS	023.21622 DB	027.19187 WV
STORMVOGEL	**SUDERSEE**	**SURVIVOR**	**SUZANNE D**
	MEVO / HENJA / REGATTA	SCH 2347 / SLOOFIE	
Koek D.P.	Mud J.	Dool C. v.d.	Stemat Marine Service BV
Kerkeinde 30	Backermarke 29		Quarantaineweg 10
4254 LD Sleeuwijk	8016 LG Zwolle	Ammerstol	3089 KP Rotterdam
0183-301321	038-4602400		010-2996555
1980	1910	1966 bn 3100	1998
J.Schlieker & Zn	J.& K.Smit	VEB Rosslauer Schiffswerft	Kotlas/Neptune Marine
Sliedrecht	Slikkerveer	Rosslau	Limeda/Aalst
12,38 x 3,57 x 1,45	14,50 x 3,50 x 1,60	14,06 x 8,16 x 1,20	25,90 x 9,55 x 2,85
172 kW 235 pk Caterpillar	77 kW 105 pk Deutz	2 x 110 kW/150 pk Mercedes	2 x 588 kW/800 pk Cummins
			265 kW 360 pk

00446 MS
SVITZER BISON
AYTAK

Svitzer Inland Towage BV
Sluisplein 34
1975 AG IJmuiden
0255-562666
2003
Gemsam Gemi
Tuzla
18,29 x 7,70 x 2,90
2x736 kW / 1000 pk Caterpillar

00444 MS
SVITZER BUFFEL
SANMAR XV

Svitzer Inland Towage BV
Sluisplein 34
1975 AG IJmuiden
0255-562666
2004
Gemsam Gemi
Tuzla
18,29 x 7,70 x 2,90
2x736 kW / 1000 pk Caterpillar

imo 9292890 MS
SVITZER MARKEN

Svitzer Amsterdam BV
Capriweg 28
1044 AL Amsterdam
020-5060400
2005 bn 706
Baltija Shipyard Ltd
Kleipeda
27,30 x 11,30 x 5,75
2x2100 kW/2856 pk Caterpillar

imo 9292852 MS
SVITZER MARS

Svitzer Amsterdam BV
Capriweg 28
1044 AL Amsterdam
020-5060400
2005
Baltija Shipyard Ltd
Kleipeda

2 x 1800 kW/2448 pk MAK

imo 9292905 MS
SVITZER MEDEMBLIK
SVITZER MULL

Svitzer Amsterdam BV
Capriweg 28
1044 AL Amsterdam
020-5060400
2005 bn 709
Baltija Shipyard Ltd
Kleipeda
30,03 x 11,00 x 4,00
2x2100 kW/2805 pk Caterpillar

025.10416 MS
SVITZER MUIDEN

Svitzer Amsterdam BV
Capriweg 28
1044 AL Amsterdam
020-5060400
2005 bn 707
Baltija Shipyard Ltd
Kleipeda
27,30 x 11,30 x 5,75
2 x 1800 kW/2448 pk MAK

00068 MS
SWETTE
MARIA / ROBBIE / FURIE

Vries J.G.de

Weidum

1920

Maassluis
13,90 x 3,62 x 1,70
80 kW 110 pk Deutz

023.04105 DS
SWIFT

Verduin H.B.
Danzigerkade 9
1013 AP Amsterdam
020-6165815
1928
A.d.Jong
Vlaardingen
18,92 x 4,51 x 2,15
257 kW 350 pk Caterpillar

023.14304 DB
SWIND
ANTVERPIA / BROMO

Sep W.J.
Burg.De Bruïnelaan 5
3331 AB Zwijndrecht

1970
Chantier Naval Rupelmonde
Rupelmonde
15,00 x 9,50 x 1,66
2 x 294 kW/400 pk Mitsubishi

00235 MS
T IS NIE ANDERS

Vos M.

Werkendam
0172-571138
1919

8,50 x 2,80 x 0,90
85 kW 116 pk Bernhard

022.08978 MS
TAALKE B
24

Larsen C.O. & M. Schyberg

Enkhuizen

1958 bn 5060/2
Chantier Navel SA
Liege Monsin
14,85 x 4,85 x 1,25
176 kW 240 pk Caterpillar

023.29804 DB
TABARLY
TR 50?

Melvin Scheepvaart BV
Keizerputstraat 27
4575 NL Overslag

1977
Ceske Lodenice
Melnik
12,35 x 8,60 x 1,57
2 x 264 kW/360 pk Daewoo

023.29468 MS
TAILOR MATE

Kleermaker P.W.

Amstelveen

2007 bn 11
No Limit Ships BV
Groningen
8,80 x 2,80 x 0,65
29 kW 40 pk Lombardini

imo 9563213 MS
TARKA 3

Herman Sr BV
Anjerstraat 73
3333 GC Zwijndrecht
078-6192507
2010 bn 571620
Zarazad Portu/Damen Shipy.
Szczecin/Gorinchem
27,02 x 9,38 x 2,70
2 x 1119 kW/1521 pk Caterpillar

020.01281 MS
TARPAN
Kees /
Nooit gedacht en toch
gekregen / Higiea
Goyer G.B. de
Veerschipper 65
3401 PK IJsselstein
030-6884278
1929
t Hondsbosch
Alkmaar
14,40 x 3,32 x 1,32
66 kW 90 pk Henschel

00297 MV
TARRA
VEERE

Bekhoven J.J.M.v.

Lage Zwaluwe

1961
Damen Shipyards BV
Hardinxveld-Giessendam
11,00 x 3,30 x 0,95
53 kW 72 pk Kromhout

reg.nr. / type :	00389 MS	023.12540 MS	imo 9503794 MC
naam :	**TE JA**	**TENDER**	**TESSA W**
ex naam :	STERNA	WATERGEUS / MANTA	
ex naam :			
ex naam :			
eigenaar :	Samplonius H.	Fens P.C.	Neptune Marine Service BV
adres :		Maasboulevard 191	Veerdam 1
woonplaats :	Wijckel	3207 RM Spijkenisse	5308 JH Aalst
telefoon :		0181-641511	0418-673103
bouwjaar / -nr. :		1968	2008 bn 307
bouwwerf :		De Ruiter & de Jong	Neptune Marine
plaats :		Hardinxveld-Giessendam	Aalst
l x b x d :	10,60 x 3,05 x 1,10	15,00 x 4,20 x 1,96	24,50 x 9,90 x 2,00
vermogen :	35 kW 47 pk	250 kW 340 pk Mercedes	2 x 1000 kW/1360 pk
boegschroef :			

022.04232 OP	020.07791 MV	023.29497 DB	023.07917 MS
TARZAN	**TEAM**	**TERINA B**	**TETJE ANNA**
	HONTE / DIEZE /	TR 524	WILJA / ALUR /
	VRIENDENTROUW /		FREDERIKE / PIET /
	ARINA		ROLAND
Koehoorn & Zn J.K.	Kleef Van	Red Relinquenda	Mengelder P.
Kiesterzijl 18			
8801 HN Franeker	Amsterdam	Urk	Duiven
0517-396884 / 06-53413663		06-51429894	
1920	1933	1977	1944
K.Westerdijk	De Vries Lentsch	Ceske Lodenice	
Terhorne	Amsterdam	Melnik	Geertruidenberg
6,60 x 2,09 x 0,64	11,40 x 3,45 x 1,20	12,36 x 8,83 x 0,90	12,06 x 3,46 x 1,55
38 kW 52 pk Kromhout	88 kW 120 pk DAF	2 x 375 kW/510 pk DAF	55 kW 75 pk Modag

023.26799 DB	imo 8521127 DS	020.02718 MS	023.27598 DB
TAURUS	**TELSTAR**	**TERRAQ 6**	**TEUNIS**
CONFIANCE / RUBENS	GERMANIA / TUMAK*	WILSKRACHT /EENDRACHT/	VOTUS
		GERRIJ / GERRY /	
		MAAS 6 / HA 6	
Jong BV Rederij De	Iskes Towing & Salvage BV	Janssen Materieel BV	Booij Duw & Sleepvaart
Montrealweg 153	Min.v.Houtenlaan 108	Ubroekweg 41	Veersedijk 15
3197 KH Rotterdam	1981 EK Velsen Zuid	5928 NM Venlo	4316 AV Zonnemaire
010-2311555 / 06-53138457			0111-401808
1974 bn 628	1987 bn 54	1952 bn 366	2002
De Biesbosch	Cantieri Navali Ferrari	Th.v.d.Beldt	Nantong Gangzha/De Schroef
Dordrecht	La Spezia	West Graftdijk	Nantong/Sluiskil
16,00 x 8,00 x 2,50	26,81 x 9,12 x 3,90	15,30 x 4,25 x 1,36	18,95 x 11,20 x 2,25
2 x 527 kW/730 pk Caterpillar	2 x 1133 kW/1540 pk Deutz	147 pk 200 pk Mercedes Benz	2 x 753 kW/1024 pk Caterpillar

020.15130 MS	imo 7515377 MS	00123 MS	023.06308 MS
TE GOUDE	**TEMPEST**	**TERSCHELLING**	**TEUNIS**
KASPAR / NICO /	TEMPEST /		ST.JOSEPH II / ST.JOSEPH/
SPES / HOENDIEP *	SMITWIJS TEMPEST		MARIA / MARIANNE /
			MARCA
Ricken E.W.	I.T.C. BV	Interbeton B.V.	Verras A.A.C.
	Postbus 19	Gen Spoorlaan 489	Binnenhaven 6
Gouda	2100 AA Heemstede	2285 TA Rijswijk	4424 BN Wemeldinge
	023-5485200	070-3152393	0113-621196
1892	1976 bn 908	1976 bn 1472	1939
	Giessen de Noord	Damen Shipyards BV	Eltink
Kinderdijk	Krimpen a/d IJssel	Gorinchem	Beneden Leeuwen
16,24 x 3,91 x 1,65	47,81 x 13,87 x 7,01	15,70 x 4,90 x 2,00	10,55 x 3,32 x 1,49
122 kW 167 pk Scania	2x5144kw6990pkStorkWerksp	2 x kW pk Caterpillar	121 kW 165 pk DAF

023.09539 DS **TEUNTJE** RECTA III / ANJO II / SONTHE Doedens A.A. Postbus 18 3243 ZG Stad a/h Haringvliet 1913 H.J.Koopman Dordrecht 17,00 x 4,32 x 2,14 110 kW 150 pk Deutz	021.02295 MS **THALASSA** ANCOR / ADDI / ANJA / JOMA / OUWERKERK / CHRISTINA Vervoort B. Venlo 1930 Nic.Witsen Alkmaar 11,92 x 3,20 x 1,50 88 kW 120 pk DAF	023.21137 MV **THE NANNIE** MARIE / NOORDKAAP ZeeverkennersNannie vdWiele IJmuiden 1949 bn 180 Damen Shipyards BV Hardinxveld-Giessendam 10,07 x 3,05 x 1,80 60 kW 82 pk Caterpillar	023.04384 MS **THEODORA** E.N.B.O. Koudekerk a/d Amstel 1929 bn 188 Boele Bolnes 27,33 x 5,36 x 1,80 182 kW 248 pk Kromhout
00075 MS **TEUS** Heukelom H.J.v. Hardinxveld-Giessendam 1984 De Schroef Asperen 10,65 x 3,25 x 1,25 125 kW 170 pk DAF	023.08632 MS **THALETAS** JACOBA / JANNIGJE / MARIE 11 / EERLAND 11 Hart J. 't Valkenburg 1913 Marckmann & Faassen Capelle a/d IJssel 13,01 x 3,25 x 1,70 117 kW 160 pk Volvo Penta	00076 OP **THEMIS** Nispen B.van Amsterdam 1934 6,00 x 2,00 x 0,80 5,8 kW 8 pk Deutz	00079 MS **THEODORA** WESTER / JO / THEODORA / JOOP / LINGE Heerschop G.J. Kampen 1924 Amstel G.J. Baas Ouderkerk a/d Amstel 15,15 x 3,85 x 1,40 93 kW 127 pk Scania Vabis
imo 9060699 MS **TEXELBANK** Smit Harbour Towage R'am Waalhaven OZ 85 3087 BM Rotterdam 010-4549911 1992 bn 615 Con Navales Breheretle Rouxe Lotz 30,60 x 9,95 x 5,50 2 x 1229 kW/1670 pk Caterpillar	imo 9060704 MS **THAMESBANK** Smit Harbour Towage R'dam Waalhaven OZ 85 3087 BM Rotterdam 010-4549911 1992 bn 616 Con NavalesBreheretle Rouxe Lotz 30,60 x 9,95 x 5,50 2x1229 kW/1670 pk Caterpillar	023.10179 DS **THEO** VOORNE / EERLAND 17 Tuinman&Zn Slpvaartbedrijf A. Nieuwe Vissershaven 11 8861 NX Harlingen 0517-412854 / 06-50973109 1957 bn 101 H.d.Haas Maassluis 18,87 x 5,55 x 2,35 413 kW 565 pk Caterpillar	023.33291 DB **THERA** Chemgas Shipping BV v.Vollenhovenstraat 3 3016 BE Rotterdam 010-2412222 / 06-55893591 2010 bn 835 ShipyConstruction Hoogezand Hoogezand 28,57 x 11,20 x 1,40 2 x 634 kW/862 pk Mitsubishi 294kW400pk Doosan Kalkman
030.31586 MS **THALASSA** Risico / Risico IV / Ali / Elja / Thomas / Queen / Spes / Brakenstein / Thalassa Hermelink H. De Stuw 12 7921 VJ Zuidwolde (Dr) 0528-371433 / 06-12266289 1919 Dordrecht 17,62 x 4,44 x 1,80 147kW 200pk ListerBlackstone	023.21975 DB **THE AN XII** AKEN Hooijmans Vof Paterstraat 3 5331 EA Kerkdriel 0418-637475 1986 Rothensee Schiffswerft Magdeburg 11,20 x 5,10 x 1,20 103 kW 140 pk Schonebeck	020.06820 MS **THEODORA** HOUTHANDEL V / DOLFIJN Bos J. Zaandam 1947 bn 2086 De Vries Lentsch Alphen a/d Rijn 14,30 x 3,50 x 1,25 36 kW 50 pk Kromhout	00478 MS **THERESE** WIETZE / LESUM / AMEISE / HUGO STINNES Dienaar B. Schiedam 1907 Joh.Berg & Hulshof Farmsum 17,46 x 5,30 x 2,18 276 kW 375 pk Deutz

reg.nr. / type :	022.03478 MS	030.50588 MS	00077 OP	
naam :	**THIJS**	**THOR H**	**TIETJE**	
ex naam :	RISICO	JAMA / GEERTJE D /		
ex naam :		TARZAN / ROJA /		
ex naam :		ZUIDERZEE / RIA G		
eigenaar :	Reijmers T.W.M.	Kon Tiki groep(Zeeverkenners)	Tol Th	
adres :	Het Havenhoofd 1	Prinsen Bolwerk 60		
woonplaats :	3351 RZ Papendrecht	2011 MD Haarlem	Amsterdam	
telefoon :		020-5327501		
bouwjaar / -nr. :	1956	1935 bn 363	1940	
bouwwerf :	Huisman	Bijlsma		
plaats :	Rohel	Wartena		
l x b x d :	16,76 x 4,56 x 2,00	15,35 x 3,96 x 1,90	9,00 x 2,50 x 0,85	
vermogen :	331 kW 450 pk Caterpillar	176 kW 240 pk Fiat	14,7 kW 20 pk samofa	
boegschroef :				
023.20242 DB	023.24991 MS	023.13611 DB	00100 OP	
THERESIA	**THILANT**	**THYRA**	**TIGRIS**	
BIZON B 044 / BIZON	STUTTGART - M 43	NEPTUNUS 8 /		
		EERLAND 3 *		
Poltrans BV	Giessen Scheepvaartbedrijf R.	Walsma Rederij	Juffermans D.v.	
Abr.Kuyperlaan 118	Ringdijk 434	D.Schellincxstraat 28		
3038 PR Rotterdam	3331 LK Zwijndrecht	3201 KA Spijkenisse	Oegstgeest	
	078-6125785 / 06-53167487	0181-620336		
1971	1963	1972 bn 160	1936	
Plocka Stocznia	H.Garbers	H.d.Haas		
Plock	Hamburg	Maassluis		
20,84 x 8,06 x 1,30	17,47 x 4,06 x 1,27	13,22 x 6,55 x 1,67	5,05 x 1,70 x 0,70	
2 x 141 kW/190 pk Caterpillar	132 kW 179 pk GM	2 x 331 kW/450 pk Mitsubishi	5 kW 7 pk Triumph	
025.10183 MS	023.07206 MS	00238 MS	022.05411 MS	
THETIS	**THOR**	**TIA**	**TIJGERHAAI**	
	LEKSTROOM VI /		US NAVY / Y 8219	
	MASCOTTE / TALING /			
	KEES			
Thetis BV	Gottlieb A.C.	Josephy M.	Mammoet Maritime BV	
Min.v.Houtenlaan 108			Karel Doormanweg 47	
1981 EK Velsen Zuid	Amsterdam	Weesp	3115 JD Schiedam	
0255-510182 / 06-22490355			010-2042483	
2002 bn 989	1946	1926 bn 692	1956	
Delta Shipyard	P.Gouwens & Zn	Nic.Witsen	Coast Guard Wharf	
Sliedrecht	Krimpen a/d Lek	Alkmaar	Curtis Bay Maryland (USA)	
28,80 x 11,00 x 4,60	11,18 x 3,25 x 0,85	15,35 x 3,66 x 1,40	12,40 x 3,54 x 0,75	
2 x 1691 kW 2298 pk Wartsila	85 kW 116 pk Deutz	80 kW 80 pk Kromhout	2 x 1349 kW/190 pk GM	
150 kW 204 pk Dyna				
00567 MS	00583 OP	00240 MS	023.14240 DS	
THETIS JUNIOR	**THOR**	**TIEDE**	**TIJGERHAAI**	
	JOHANNA ALBERDINA	Binnenhaven / Campania VIII /	Frederica VI/Pontonniersdienst/	
		Germaine / Leal / Gulze /	TD IV / KPT4 /	
		Jenny / Animo / Geiz	RV 4 / Tijgerhaai	
IJmuiden Zee&Havenmuseum	Jonge M. de	Idzenga I.J	Tijgerhaai vof	
Havenkade 55			Maaskade 87 B	
1973 AK IJmuiden	Alphena/d Rijn	Bergum	3071 NE Rotterdam	
0255-538007			010-4128473	
2000	1927	1915 bn 259	1916	
Sjaak Speet	De Hoop Gebr.Thijssen	P.Smit Jr	Kreber	
IJmuiden	Leiden	Rotterdam	Vlaardingen	
5,00 x 1,40 x -	6,80 x 1,95 x 0,65	12,12 x 3,16 x 1,45	18,55 x 4,76 x 2,00	
5,8 kW 8 pk Yanmar	17,6 kW 24 pk Samofa	121 kW 165 pk GM	265 kW 360 pk Mercedes Benz	

020.01961 MS
TIJMA
Tijma / Johanna / Onderneming III / Catharina / Lady Co / Tijma / Thor
Visser S.

Leeuwarden

1934 bn 79
De Jong & Smit
IJsselmonde
17,03 x 4,35 x 1,80
80 kW 110 pk Brons

065.03773 DB
TIMMY
BIZON / B-0-35 / TIMMY 2 / SAMANTHA / PALESTEL 26

Lee Gebr. van der
Lekdijk 28
4124 KC Hagestein
0347-351824
1970
Plocka Stocznia
Plock
20,88 x 8,08 x -
2x206kw280pkDaewoo/Caterp

023.21972 MS
TINY
MAJO / JOTHE / DORINE / HENCOR / RIQ / MAJO / WES
Bos D.J.
Ranonkelkade 54 I
1031 XV Amsterdam

1940
Eltink
Beneden Leeuwen
9,05 x 3,09 x 1,40
100 kW 138 pk DAF

00090 OP
TITAN

Roling R.

Mijdrecht

1925

6,00 x 1,90 x 0,90
18 kW 25 pk Deutz

021.02952 MV
TIJR
ADRI / DONALD DUCK / MADONNA

Verhoef - De Wit

Aalsmeerderbrug

Duijvendijk
Papendrecht
8,90 x 2,31 x 0,71
88 kW 120 pk DAF

023.08321 DS
TINEKE
LINGE / LUXEMBURG / LEKSTROOM XIV

Poirot

Nieuw Lekkerland

1935 bn 496
P.Smit Jr
Rotterdam
20,98 x 5,00 x 2,30
264 kW 360 pk GM

031.30064 MS
TINY
WARMOLT / KAREL DOORMAN / LOUISE /
Caspers W.

Rotterdam

1924
A.Apol
Wirdum
12,36 x 3,00 x 1,50
180 pk Scania

023.06822 MS
TITAN
ALBERTJE / ANNEKE / GERJO / TRIJNTJE

Schalk G.
Eimerstraat 26
2158 MG Buitenkaag
0252-544467
1941
Hylkema
Martenshoek
10,12 x 2,94 x 1,93
88 kW 120 pk Mercedes Benz

023.10332 DS
TIMMERMAN 1

Brink BV K.A. van
Postbus 22
3100 AA Schiedam

1958
v.d.Brink
Rotterdam
16,50 x 3,77 x 1,77
162 kW 220 pk Caterpillar

023.16217 MS
TINEKE

Volker Beton Beheer BV
Baanhoek 196
3361 GN Sliedrecht
0184-411259
1969
Damen Shipyards BV
Hardinxveld-Giessendam
9,25 x 2,80 x 0,87
50 kW 68 pk Mercedes Benz

023.17309 MS
TISMIJN
PIET / PUFFIN BILLY / PIET / BREESAAPS / DIEU DONNE/ BOBBIE / LEMA / STRUZER *
Kok H.W.J.

Nieuwegein

1939 bn 43
Hylkema
Martenshoek
12,00 x 3,70 x 1,40
80 kW 110 pk GM

00410 MS
TITAN
SPERBER / OTTO II / SCHLEPPKO 19 / JOSINA
Smid E. & F.

Een
0592-656149 / 06-55728292
1898 bn 367
Janssen & Schmilinsky
Hamburg
17,80 x 4,87 x 2,00
191 kW 260 pk MAK

023.07129 MS
TIMMERMAN 3

Brink BV K.A. van
Postbus 22
3100 AA Schiedam

1944
v.d.Brink
Rotterdam
16,50 x 3,77 x 1,60
162 kW 220 pk Caterpillar

00061 OP
TINKER

Post U.

Wanneperveen

1933

6,00 x 1,80 x 0,75
14,7 kW 20 pk Bolinder

00084 OP
TITAN

Boon J.

Kwintsheul

1929
Kloos
Haarlem
5,50 x 2,50 x 0,90
13 kW 18 pk Arona

020.03587 MS
TITAN III
HENCA / KOLIBRI / ASTRID / BEPPIE

Klompmaker A.C.

Lelystad

1937
R.D.M.
Rotterdam
12,95 x 3,10 x 1,55
123 kW 167 pk Scania vabis

reg.nr. / type :
naam :
ex naam :
ex naam :
ex naam :
eigenaar :
adres :
woonplaats :
telefoon :
bouwjaar / -nr. :
bouwwerf :
plaats :
l x b x d :
vermogen :
boegschroef :

00290 MS
TJEDDE
GERLIND II
Marinus W.
De Vleugel 2
8064 GE Zwartsluis
038-3866652 / 06-20489028
1922
Bijlholt
Foxhol
5,10 x 1,75 x 0,85
19 kW 27 pk Lister

033.20223 MS
T'MAKKEN
Smals Bouwgrondstoffen BV
Havenlaan 31
5433 NK Cuijk
0475-316054
1964
J.Schlieker & Zn
Sliedrecht
12,35 x 3,40 x 1,06
132 kW 180 pk DAF

055.02450 DS
TOM
Browema International BV
H.J.IJpenberg 45
5424 SN Elsendorp
1984
Ravenstein
Deest
13,98 x 7,00 x 1,81
2 x 184 kW/250 pk Deutz

00411 MS
TITANIC
Barkema P.
Amsterdam
9,00 x 2,00 x 0,80
58 kW 80 pk Volvo Penta

023.12627 MS
TJERK
Ypema
Groenedijk 36
2904 LB Capelle a/d IJssel
1968 bn 59
Heermans
Hedel
6,52 x 2,56 x 0,72
29 kW 40 pk MWM

023.33754 DB
TOBA
Chemgas Shipping BV
v.Vollenhovenstraat 3
3016 BE Rotterdam
010-2412222
2010 bn 836
Shipy.Construction Hoogezand
Foxhol
29,50 x 11,26 x 1,70
2 x 634 kW/862 pk Mitsubishi
294kW400pkDoosan Kalkman

00020 MV
TOM
RVE 16 / ANNEMIEKE
Heeres G.
Abbegaasterketting 14
8617 LB Abbega
0515-569367
1968
J.Schlieker & Zn
Sliedrecht
7,00 x 2,33 x 1,10
88 kW 120 pk DAF

023.01567 MS
TITANIC
Hein / Hendrikus / Limburgie / Adwilz / Crescendo / Adwil / Armor / Salvina
Hendriksma G.
3e Rijksbinnenhaven 1
1951 JL Velsen Noord
0251-224279
1927
tHuys d.Merwede h.te Veldhuis
Papendrecht
15,96 x 3,77 x 1,04
121 kW 165 pk Leyland

022.07834 DS
TJERK HIDDE
M 1 / V 15 / VITENZY UNOR / PR I / RIEKELT
Foekema Transport
Meeuwenlaan 16
8321 XB Urk
0527-684429 / 06-30231259
1956 bn 871
VEB Schiffswerft
Rostock
20,35 x 6,16 x 2,30
463 kW 629 pk Caterpillar

020.04755 MS
TOBIAS
ZWALKER / IDA / AL DAKHIRA
Ravenstein J.
Dodewaard
1928
Bijlsma
Wartena
12,32 x 2,87 x 1,53
82 kW 116 pk Deutz

023.32865 MS
TOMMY
GEAD * / SAENSTROOM JR *
Ploegstra & V.D.den Boeft A.
Amsterdam
1949
Van de Berk
Beneden Leeuwen
9,00 x 3,10 x 1,30
65 kW 90 pk Kromhout

020.13928 MS
TITON
Patria II/Betty/Elizabeth/Geesje/Fina/Jeyija/Spes /Animo/Lady–Day / Hidde / Gejo / Noach
Rijk A.J. de
H.I.Ambacht
1930
C.Amels & Zn
Makkum
13,08 x 3,57 x 1,06
147 kW 200 pk MAN

023.19673 MS
TJOBA
AMPETCO / PIETER / WEWA / JOTHE / ALWI / SEELAND
Jong P.G.& H.M.de
Roelofarendsveen
1904 bn 160
Wilton Fijenoord
Schiedam
19,24 x 4,22 x 1,28
176 kW 240 pk MAN

021.04782 MV
TOM
HUIGINA / EWT 14
1973 bn 1327
Damen Shipyards BV
Hardinxveld-Giessendam
12,69 x 3,40 x 1,60
176 kW 240 pk Caterpillar

020.06333 MS
TOMMY VAN LOON
MT 1389/VD 8/KM 26 / A 866/ Y 8021/KATTIENA /TOMMY/ HERMA/ TOMMY VAN LOON
Oever F.R.v.d.
Dordrecht
1940
14,15 x 3,75 x 1,60
80 kW 80 pk Kromhout

021.02280 DS
TONNIE
LEKSTROOM II / GRUNO

Treffers & Zn G.J.
H.Figeeweg 35
2031 BJ Haarlem
023-5325211
1914
A.J.v.Dam
Overschie
20,49 x 4,65 x 2,07
2 x 85 kW/115 pk Deutz

023.11357 MS
TOR

Damen Marine Services BV
Rivierdijk 555
3371 EC H'veld-Giessendam
0184-616000
1962
Akerboom
Leiden
14,27 x 4,72 x 1,19
191 kW 260 pk Deutz

023.33732 MV
TORIAN

Baartmans J.W.C.

Mijdrecht

1935 bn 299
De Hoop
Hardinxveld
15,00 x 3,30 x 1,30
68 kW 92 pk GM

021.02543 MS
TRANSPONTON I
RP 2 / BIANCA / MARIE 4 /
SIJA

Rijke R.de
Waalbandijk 64
6658 KA Beneden Leeuwen

1947

Alkmaar
15,76 x 3,45 x 1,03
44 kW 60 pk Industrie

023.12254 DS
TREKVOGEL
M 013 / D 225 /
TREKVOGEL / MADI 3

Koek J.H.
Kerkeinde 30
4254 LD Sleeuwijk
0183-301321
1921 bn 204
Wiemann
Brandenburg
22,42 x 6,08 x 2,49
404 kW 550 pk Yanmar

020.03539 MS
TREKWIJK
TREKWIJK / HYGIEA V /
ALTIED DROK /
MON DESIR / GRETA
Loohuizen W.F.H.

Amsterdam
020-6250641
1926
N.A.Bernhard Jr
Nieuwendam
14,00 x 3,48 x 1,13
104 kW 142 pk Caterpillar

00467 OP
TRIJN

Flogel G.E.
Oud Oever 152
3632 VH Loenen a/d Vecht

ca25
Achterbos

5,65 x 1,84 x 0,70
14,7 kW 20 pk Bolinder

020.04816 MS
TRIJNKO
FECO

Oosten H.van

Zwolle

1939
Hylkema
Martenshoek
12,90 x 3,58 x 1,50
112 kW 153 pk Scania

022.05296 MV
TRIJNTJE
BOUNTY / SILVIA II /
SMIDSVUUR

Hakvoort K.A.
Pinksterbloemstraat 9
8321 XD Urk
0527-682216
1983
Abma
Sneek
12,50 x 4,00 x 1,00
154 kW 210 pkMercedes Benz

020.11601 MS
TRIO

Ghijsen T.
Kimonostraat 11
1448 DR Purmerend

1936
Nic.Witsen
Alkmaar
14,80 x 3,90 x 1,70
121 kW 165 pk GM

00313 DB
TRIO

Lachnit Duwbotenverhuur
Korte Gelgewater 56
2313 BR Leiden

021.02616 MS
TRIO

Maasstad B.V.

Rotterdam

1912
Huiskens & v.Dijk
Dordrecht
19,00 x 4,65 x 2,30
184 kW 250 pk Bolnes

023.09358 MS
TRIO

Niba Grind Mij BV
Nieuw Plein 5
6811 KN Arnhem
026-4423041
1955
J.Schlieker & Zn
Sliedrecht
12,01 x 3,43 x 1,80
175 kW 238 pk GM

021.03962 MS
TRIO 2

Kaliwaal Bijland BV
Den Heuvel 7
6881 VA Velp
026-3618323
1965
J.Schlieker & Zn
Sliedrecht
11,95 x 3,40 x 1,38
147 kW 200 pk GM

021.04114 MS
TRIO 3

Kaliwaal Bijland BV
Den Heuvel 7
6881 VA Velp
026-3618323
1967
J.Schlieker & Zn
Sliedrecht
11,95 x 3,40 x 1,38
147 kW 200 pk GM

022.11416 MS
TRIP
COR / TONI / HUBERDINA /
MON DESIR / TRIP /
DELTA 3
Krimpen A.W.v.
Sir W.Churchilllaan 212
2282 JJ Rijswijk
070-3903735
1939
Bijlholt
Foxhol
15,11 x 4,17 x 1,40
114 kW 155 pk Deutz

reg.nr. / type :	00106 MS	020.14241 MS	00095 OP
naam :	**TRITON**	**TRITON**	**TURBOOTJE**
ex naam :			
ex naam :			
ex naam :			
eigenaar :	Hoekstra S.	Teepe A.	Vries G.J.de
adres :		Van der Hoopstraat 113 III	
woonplaats :	IJlst	1051 VE Amsterdam	Monnickendam
telefoon :			
bouwjaar / -nr. :	1930	1938	1930
bouwwerf :	De Biesbosch	Hitzler	
plaats :	Dordrecht	Regensburg	
l x b x d :	9,20 x 3,00 x 1,25	19,37 x 3,95 x 1,62	5,50 x 1,70 x 0,80
vermogen :	121 kW 165 pk DAF	147 kW 200 pk Deutz	47 kW 65 pk Mercedes Benz
boegschroef :			

023.10729 MV	imo 9451537 MS	00094 OP	00093 OP
TRITON	**TRITON**	**TRIXY**	**TWAALF TERMIJNEN**
PI AR / ORKA /	PINARD	ALJA / ALJO	DOTOS
WILLEM LODEWIJK /			
DOLFIJN			
Buijtenhek J.A.	Iskes Towing & Salvage BV	Koek E.	Novarraz R.J.
Kievit 12 B 82	Zandhaver 74		
5111 HD Baarle Nassau	1974 VH IJmuiden	Sleeuwijk	Amsterdam
078-6131089 / 06-53254504	0255-522860 / 06-53901609		
1958	2008 bn 2043	19	1925
G.J.v.Berk	Dearsan		
Beneden Leeuwen	Istanbul		
12,90 x 3,74 x 1,55	32,00 x 12,40 x 5,20	7,00 x 3,05 x 1,00	5,00 x 1,80 x 0,80
165 kW 225 pk Mercedes Benz	2 x 1987 kW/2700 pk ABC	51 kW 70 pk Ford	18 kW 25 pk Hercules

00241 MS	032.40032 MS	020.09224 MV	023.05276 MS
TRITON	**TRITON**	**TROCHSETTER**	**TWEE GEBROEDERS**
KALIWAAL IV		RP / KROMHOUT /	TWEE GEBROEDERS /
		ATLANTIC EXPRESS /	VADERLAND /
		ATLANTIC	GREATE PIER
Eltink R.	M.N.O. Vervat BV	Loen H.C.	Visser R.
	Pontweg 1		
Gennep	2153 PK Nieuw Vennep	Sneek	Groningen
	0252-628628		
1925	1949 bn 11	1950	1912
Holland	K.Westerdijk	Boomsma	Gebr.v.d.Windt
Hardinxveld-Giessendam	Terhorne	Sneek	Vlaardingen
18,50 x 4,50 x 1,90	17,76 x 4,85 x 2,12	11,40 x 3,43 x 1,25	17,44 x 4,32 x 1,90
73 kW 100 pk Industrie	409 kW 566 pk Deutz	88 kW 120 pk DAF	441 kW 600 pk Deutz

020.04041 MS	031.50417 MS	023.12660 DS	020.02015 MS
TRITON	**TRITON**	**TUIMELAAR**	**TWEE GEBROEDERS/**
HOLLAND I / AJAX	SECUNDO /	KEVER / HENDRIK 4	**SIMON/ HOLLAND VII**
	BROEDERTROUW III /		TEMPORA M /
	LE FLIC		HOUTRIB
Groenen P.	Magermans F.J.H.	Straaten Beheer BV Van der	Jong C.& G.G.de
	Waleweinlaan 87	Werfdijk 6	
Leiden	5665 CG Geldrop	4417 AN Hansweert	Alphen a/d Rijn
	040-2860622	0113-382510	
1916	1908	1968 bn 465	1943 bn 732
Concordia S.Seymonsbergen	Gebr.Paans	Akerboom	t Hondsbosch
Amsterdam	Roodevaart	Leiden	Alkmaar
12,20 x 3,20 x 1,50	15,12 x 3,74 x 1,80	16,67 x 5,75 x 2,26	16,45 x 3,77 x 1,77
22 kW 30 pk Kromhout	88 kW 120 pk DAF	257 kW 350 pk Deutz	88 kW 120 pk Industrie

00412 MS
TYBER
GEMMA / SONJA /
JACKY / GIPSY
Emmerik M. van
Krommenie
1930
Boot
Leiden
9,83 x 2,93 x 1,40
56 kW 77 pk Deutz

00361 MS
TYPHOON
KIENITZ / JANNY
Heugten N.van
Vestesingel 76
6049 LC Herten
0475-316891 / 06-27310805
1958 bn 2502-01
VEB Yachtwerf
Berlijn
12,17 x 3,50 x 1,10
124 kW 168 pk DAF

022.11097 MV
UITERTON
VOLHARDING / DORUS
Ehlhardt A.J.
Schaarweg 1
6991 GC Rheden
1935
Goor & Spiekman
Zwartsluis
7,70 x 2,45 x 0,85
44 kW 60 pk Mercedes Benz

00010 OP
UT E BLOKSLEAT
Zwaag L.v.d.
Bisschopsweg 24
9213 RG De Wilgen
0512-510520

032.60140 DS
TYFOON
RINY
Ruiter K.G.de
Baanhoek 397
3361 GG Sliedrecht
06-53163943
1959 bn 386
Th.v.d.Beldt
West Graftdijk
27,54 x 6,20 x 2,49
715 kW 973 pk MWM

00132 OP
TYPHOON
Hooijmans L.J.M.
Oegstgeest
1926
6,00 x 1,80 x 1,00
14 kW 20 pk Skoda

032.30360 DS
URK
Klerk BV
Sasdijk 10
4251 AA Werkendam
0183-508666
1938
Bodewes & Dutmer
Groningen
11,95 x 3,22 x 0,97
123 kW 168 pk DAF

021.04216 DS
UTOPIA
Monopol / HILLECHIEN /
JOHNNY O /
SILVIA *
Cornelis & De Bruin Vof
Terneuzen
1948
Machinenbau
Minden
23,60 x 5,56 x 1,80
2 x 353 kW/480 pk GM

020.05639 DS
TYGO
HOHNECK / L'AVENIR /
SIRIUS / SCHORPIOEN /
ADMA / NATASCHA / ALICIA
Natascha Vof
Wilhelminalaan 31
6051 BH Maasbracht
0475-465409 / 06-53760658
1942
Joh.Oelkers
Hamburg
22,37 x 5,96 x 1,73
635 kW 863 pk GM

imo 7515365 MS
TYPHOON
SMITWIJS TYPHOON
I.T.C. BV
Postbus 19
2100 AA Heemstede
023-5485200
1976 bn 907
Giessen de Noord
Krimpen a/d IJssel
47,76 x 13,87 x 7,01
2x5144kw6990pkStorkWerksp

022.09375 MS
URSEL
OTTO
Nagelhout C.
Woudsend
1943
Oderberg
16,16 x 3,66 x 1,22
161 kW 220 pk DAF

020.14440 MV
V 87
AVESANT / RHD 87 /
NOLLE /
V 87
Aarts Marine BV
Tasveld 48
8271 RW IJsselmuiden
1976 bn 817
Schouten
Muiden
24,15 x 5,50 x 1,86
331kW 450pkStork Werkspoor

020.08381 DB
TYPHOON
HETO / INCA
Dinter & Zn Vof J.van
Vuurdoornlaan 26
2803 BB Gouda
0182-526690 / 06-53895643
1981 bn 8101
Sondy
Almere
19,46 x 8,06 x 1,74
2 x 494 kW/671 pk Caterpillar

00413 MS
TYPHOON
Roorda M.T.M.
Amsterdam
1928
8,25 x 2,20 x 1,00
14 kW 20 pk Samofa

038.00014 DS
URSUS
Zijsling Schepen & Kranen BV
Riperwei 3
8623 XR Jutrijp
0515-414603
1953
Schiedamse Scheepswerf
Groot Ammers
88 kW 120 pk DAF

033.20073 MS
V H 52
RAYMOND
Hasselt Baggermij B.V.
Markt 1
6019 AV Wessem
0465-467300
1949
7,18 x 2,38 x 1,07
55 kW 75 pk Deutz

reg.nr. / type : **naam** : **ex naam** : **ex naam** : **ex naam** : **eigenaar** : **adres** : **woonplaats** : **telefoon** : **bouwjaar / -nr.** : **bouwwerf** : **plaats** : **l x b x d** : **vermogen** : **boegschroef** :	00107 MS **VALK** Verwoert D. Velp 1906 t Kromhout Wed.J.L.Ceuvel Amsterdam 17,65 x 4,00 x 1,60 117 kW 160 pk DAF	023.16363 DB **VEERHAVEN IV – ALLIGATOR** Ewt 108 Cornelis De Houtman Thyssen Krupp Veerhaven BV Nic.Pieckstraat 12 3232 BP Brielle 0181-419911 / 06-22395131 1981 bn 730 Meidericher S.werft/Biesbosch Ruhrort/Dordrecht 40,00 x 15,00 x 1,65 3 x 1324 kW/1800 pk MAK	023.22865 DB **VEERHAVEN VIII – NIJLPAARD** Thyssen Krupp Veerhaven BV Nic.Pieckstraat 12 3232 BP Brielle 0181-419911 / 06-53184419 1997 bn 870 De Biesbosch Dordrecht 40,00 x 15,00 x 2,75 3 x 1324 kW/1800 pk MAK 2 x 375 kW/510 pk
020.14335 MS **V V II** KALIWAAL Vliet J.van Postbus 1041 1000 BA Amsterdam 020-4223688 1950 8,85 x 2,50 x 0,80 70 kW 95 pk Ford	00108 MS **VAN SPEIJCK** TRIO / FATIMA AZINA / SHELL 55 Augustijn M.P. Halsteren 1917 Koning De Groningen 13,47 x 2,84 x 1,25 88 kW 120 pk DAF	023.16506 DB **VEERHAVEN V - ZEELEEUW** Thyssen Krupp Veerhaven BV Nic.Pieckstraat 12 3232 BP Brielle 0181-419911 / 06-51408795 1981 bn 745 De Biesbosch Dordrecht 39,96 x 14,98 x 1,87 3 x 1324 kW/1800 pk Mak	023.23833 DB **VEERHAVEN IX - DOLFIJN** Thyssen Krupp Veerhaven BV Nic Pieckstraat 12 3232 BP Brielle 0181-419911 / 06-22909202 1999 bn 880 De Biesbosch Dordrecht 40,00 x 15,00 x 1,70 3 x 1324 kW/1800 pk MAK 2 x 384 kW/523 pk
023.28127 MS **VAGEBOND** BOLNES / ANGELINE / MARTINE Vermeer P. Scheveningen 1924 Bolnes 15,07 x 3,96 x 1,60 147 kW 200 pk Scania Vabis	023.14717 MV **VECHTSTROOM** VMT 82 Wijngaarden Marine Service Merwestraat 2 3361 HL Sliedrecht 0184-490244 1979 v.Mill Hardinxveld-Giessendam 14,80 x 4,20 x 1,50 180 kW 245 pk GM	023.17080 DS **VEERHAVEN VI - BISON** Thyssen Krupp Veerhaven BV Nic.Pieckstraat 12 3232 BP Brielle 0181-419911 / 06-51540414 1983 bn 784 De Hoop Hardinxveld-Giessendam 23,75 x 10,15 x 1,96 2 x 746 kW/1014 pk Caterpillar	023.29273 DB **VEERHAVEN X - ORKA** Thyssen Krupp Veerhaven BV Nic.Pieckstraat 12 3232 BP Brielle 0181-419911 2007 bn 172 Kooiman Zwijndrecht 40,00 x 15,00 x 1,70 3 x 1324 kW/1800 pk MAK 2 x 400 kW/544 pk Veth
020.00971 DB **VALK** WOUTRINA / GERARD / LERNA / ELAN / CLARA / LEJA II Valkenburg E. Aetsveldsestraat 6 1393 NT Nigtevecht 0294-254173 / 06-5333302 1928 Kooiman Zwijndrecht 23,32 x 5,13 x 2,43 1099kW 1494pk StorkWartsila	023.16303 DB **VEERHAVEN II - NARWAL** EWT 107 ABEL TASMAN Thyssen Krupp Veerhaven BV Nic Pieckstraat 12 3232 BP Brielle 0181-419911 / 06-22396222 1981 bn 729 MeidericherS.werft/Biesbosch Ruhrort/Dordrecht 40,00 x 15,00 x 1,65 3 x 1324 pk/1800 pk MAK	023.19631 DB **VEERHAVEN VII - WALRUS** Thyssen Krupp Veerhaven BV Nic.Pieckstraat 12 3232 BP Brielle 0181-419911 / 06-51408794 1990 bn 841 De Biesbosch Dordrecht 40,00 x 15,00 x 2,75 3 x 1324 kW/1800 pk MAK 2 x 384 kW/523 pk Jastram	023.33095 DB **VEERHAVEN XI - IJSBEER** Thyssen Krupp Veerhaven BV Nic.Pieckstraat 12 3232 BP Brielle 0181-419911 2009 bn 186 Kooiman Zwijndrecht 40,00 x 15,00 x 1,70 3 x 1361 kW/1850 pk MAK 2x421 kW/571 pk ScanVerhaar

023.18925 MV
VEERHAVEN 12
JAMA 3 / VOLKA /
HAEGER & SCHMIDT 12

Thyssen Krupp Veerhaven BV
Nic.Pieckstraat 12
3232 BP Brielle
0181-419911
1962
Matena
Papendrecht
12,80 x 3,75 x 1,00
129 kW 176 pk MWM

023.06105 DS
VERITAS
ESMA / JOHANNA /
CONDOR

Spijksnijder H.
Wilhelminahoeve 7
2924 BE Krimpen a/d IJssel
0180-516818
1939 bn 344
Bodewes & Dutmer
Groningen
15,98 x 4,19 x 1,85
327 kW 445 pk Detroit Diesel

020.04683 MS
VICKY
VIOS / GERLE

Lahou P.v.

Maastricht

1935

Rotterdam
17,17 x 3,38 x 1,17
114 kW 155 pk Kromhout

020.04786 MS
VIKING

Clercx R.

Boxtel

1916
Nic.Witsen
Alkmaar
14,58 x 3,85 x 1,20
29 kW 40 pk Brons

023.11832 MV
VEERHAVEN 13 - OTTER
DIANE II / NEPTUNUS 4 /
EWT 13

Thyssen Krupp Veerhaven BV
Nic Pieckstraat 12
3232 BP Brielle
0181-419911
1964 bn 295
Damen Shipyards BV
Hardinxveld-Giessendam
12,72 x 3,55 x 1,48
128 kW 175 pk MWM

023.08755 MS
VERONA
DREADNOUGHT 2 /
DE HOOP

Brevoord K.
Flevoweg 4
8081 PA Elburg
0525-684649
1953
Gebr.Boot
Alphen a/d Rijn
15,00 x 3,50 x 1,40
147 kW 200 pk Alfa Romeo

023.06518 MS
VICTOR
ADWIL / JACOBA II / ELAN /
GRETHA / LEKSTER /
STEPHANIA
Busker C.W.M.
Havendijk 25
5301 HG Zaltbommel

1941 bn 1158
Gebr.Boot
Alphen a/d Rijn
18,10 x 4,55 x 2,07
110 kW 150 pk Industrie

imo 9431903 MS
VIKING

Koerts Internat.Towing Service
Postbus 29
9900 AA Appingedam
0596-617884
2008 bn 177
Kooiman
Zwijndrecht
30,80 x 11,00 x 3,60
2x2238 kW/3040 pk Mitusbishi
240 kW 340 pk Verhaar

025.09166 MS
VENTO VIVERE
NORD / SEAHAWK /
SEASTAR *

Hunen W.J.

Dinteloord

1955 bn 852
Detlef Hegemann Rolandwerft
Bremen
29,00 x 7,65 x 2,30
773 kW 1051 pk Caterpillar

00127 MS
VERONA
HEIN

Hoogerman M.
Rijksstraatweg 1
8813 JA Schalsum

1906

13,00 x 3,00 x 1,55
110 kW 150 pk Mercedes

033.10342 MS
VICTOR
Tyr / Crayenstein / Gerfra /
Nelly / Assistent /
Hendrikus / Esperance
Meijer H.F.C..
Hatertseweg 34
6581 KG Malden

1916
De Ridder
Delfshaven
17,90 x 4,30 x 1,57
117 kW 160 pk MAK

023.09959 MV
VIOS

Hollander Geb.de
Pr Margrietstraat 1
2396 XD Koudekerk a/d Rijn

1957
Duijvendijk
Gouderak
12,00 x 3,60 x 1,24
169 kW 230 pk GM

020.12894 MS
VERITAS

Beek A.H.van

Hilversum

1960
VEB VolkswerftErnstThalmann
Brandenburg
17,80 x 4,75 x 1,90
78 kW 107 pk MAN

020.14641 OP
VERTROUWEN

Degenaar E.R.

Oud Zuilen

1924
C.Amels & Zn
Makkum
8,20 x 2,75 x 1,60
16 kW 22 pk Kromhout

imo 9533969 MS
VIGILANT

Engelsman Towage & Salvage
Houtmolen 14 A
8754 GJ Makkum
0515-232596
2009 bn 571617
Damen Shipyards BV
Hardinxveld-Giessendam

2x1214 kW/1650 pk Caterpillar
184 kW 250 pk Kalkman

030.51463 MS
VIOS
M.V.D. / M.O.D / R.D.5 /
A 955 / Y 8656

Kleinstra J.
Emmalaan 9 A
6051 BA Maasbracht
0475-461648
1939

16,55 x 4,28 x 2,07
132 kW 180 pk MWM

reg.nr. / type	:	023.23342 MV	023.24495 MS	00416 MS
naam	:	VITA	VLB 7	VLIELAND
ex naam	:	JHP 2		
ex naam	:			
ex naam	:			
eigenaar	:	VT rederij BV	Vlissingse Bootliedenwacht BV	Schut
adres	:	Nijmegenstraat 1	Dongestraat 50	
woonplaats	:	3087 CD Rotterdam	4388 VM Oost Souburg	Groningen
telefoon	:	010-4876200		
bouwjaar / -nr.	:	1965	1999	1956
bouwwerf	:	Damen Shipyards BV	J.Schlieker & Zn	J.Schlieker & Zn
plaats	:	Hardinxveld-Giessendam	Sliedrecht	Sliedrecht
l x b x d	:	12,22 x 3,12 x 0,79	12,52 x 3,96 x 1,55	11,00 x 3,20 x 1,60
vermogen	:	61 kW 84 pk DAF	279 kW 379 pk MAN	111 kW 152 pk Scania Vabis
boegschroef	:			

00415 MV	027.18639 MV	020.13369 MV	00418 MV
VIOS	VITESSE	VLIEGER	VLIELAND
Schalk D.J.	Herik Holding BV Van den	Boer M. de	Wijk A.van
	Industrieweg 24		
Buitenkaag	3361 HJ Sliedrecht	Wormer	Utrecht
	0184-412881		
	1977	1956 bn V42	
	H.A.v.Gelder	De Lek	
	Gorinchem	Krimpen a/d Lek	
9,90 x 2,85 x 1,10	18,45 x 4,06 x 1,40	12,67 x 3,65 x 1,10	8,20 x 2,80 x 1,06
44 kW 60 pk BMC	2 x 334 kW/455 pk Mercedes	52 kW 72 pk Kromhout	22 kW 30 pk Samofa

023.08748 MS	023.26238 MV	027.16898 MS	022.08792 MV
VIOS	VLB 2	VLIELAND	VLIESLOOT
Veenstra L.	Vlissingse Bootliedenwacht BV	H.E.C.	Meer E.G.v.d.
Oude Sluis 10	Dongestraat 50	Gen Spoorlaan 489	Kanaaldijk 2
6051 EA Maasbracht	4388 VM Oost Souburg	2285 TA Rijswijk	4341 RD Arnemuiden
		070-3152393	
1924	2003 bn 995	1976 bn 1458	1959 bn 155
Niestern	J.Schlieker & Zn	Damen Shipyards BV	Barkmeijer
Delfzijl	Sliedrecht	Gorinchem	Vierverlaten
10,18 x 2,53 x 1,45	12,77 x 4,08 x 2,00	15,70 x 4,90 x 1,40	9,50 x 2,85 x 1,40
85 kW 116 pk Deutz	279 kW 379 pk MAN	2 x 227 kW/376 pk Caterpillar	45 kW 62 pk Perkins

021.04808 MV	023.24549 DS	imo 8954714 MS	023.33207 MS
VIOS 3	VLB 6	VLIELAND	VLIESTROOM
		ARGUS 8 / SPOLUM	
Diepstraten A.A.H. van.	Vlissingen Bootliedenwacht BV	Ottesen P.	WijngaardenMaterieel Exploit.
Biesboschweg 6	Dongestraat 50	Lutinelaan 2 B	Merwestraat 2
4924 BB Drimmelen	4388 VM Oost Souburg	8899 BE Vlieland	3361 HL Sliedrecht
0162-682385		0562-451877 / 06-53155659	0184-490244
1971	1998	1970 bn 1068	1969
Made	Damen Shipyards BV	Gute Hoffnungs Hutte	De Ruiter & de Jong
Made	Hardinxveld-Giessendam	Walsum	Hardinxveld-Giessendam
10,75 x 3,85 x 0,63		22,50 x 6,70 x 2,30	14,80 x 4,20 x 2,20
63 kW 86 pk Volvo Penta	2 x 221 kW/300 pk MAN	1177 kW 1600 pk Deutz	264 kW 360 pk GM

020.13574 MS
VLIETER
ISA / SIR
Meeuwissen A.A.
Naarderstraat 236
1272 NR Huizen
1937 bn 700
t Hondsbosch
Alkmaar
14,50 x 3,42 x 1,50
29 kW 40 pk Kromhout

030.51172 MS
VOLHARDING
VOLHARDING / JAN /
VOLHARDING I /
JANTJE
Broersma P.
Woerden
1928
A.Apol
Wirdum
13,14 x 3,22 x 1,70
88 kW 120 pk Ford

00435 MS
VOLHARDING
FURY / PASCAK /
IDA MARIE
Lankhuizen C.P.
Willemstad
1910
15,05 x 3,20 x 1,50
147 kW 200 pk Scania Vabis

030.51173 DS
VOLHARDING 2
Hollander W.
Narcisstraat 2
8255 BS Swifterbant
0321-322193
1951
Leenman
Zwolle
17,40 x 4,70 x 2,31
206 kW 281 pk Stork

022.03318 MS
VLUG
Hunfeld Machinefabriek BV
Eemskanaal ZZ 26
9936 AN Farmsum
0596-613446 / 06-53138060
1934
Niestern
Delfzijl
13,91 x 3,78 x 1,50
132 kW 180 pk Scania Vabis

023.25478 DB
VOLHARDING
Hazel J.v/d.
Rijksstraatweg 70 B
4194 SL Meeteren
2001
Damen Shipyards BV
Hardinxveld-Giessendam
11,92 x 2,93 x 0,76
101 kW 138 pk DAF

00110 MS
VOLHARDING
BAMBI
Nooij P.C.
Opmeer
1930
8,00 x 2,20 x 0,80
19 kW 26 pk Samofa

023.09274 MS
VOLHARDING VII
VOLHARDING VII /
MARIANNE
Bos
Amsterdam
1955 bn 242
Holland
Hardinxveld-Giessendam
12,24 x 3,34 x 1,50
176 kW 240 pk GM

032.30059 MS
VOLHARDING
WILLY / JEANINE /
LUMAFRA / JOHANNA
Andringa A.
Grouw
1928
Heeser
Amsterdam
15,08 x 3,15 x 0,73
25 kW 35 pk Brons

020.14618 MS
VOLHARDING
Uns.Fritz / Ijsselmeer / Beran /
Benny/Jetty/Immanuel/Zephy-
rus/Orion / Brizo / Ferna / Tita
Hexpoor R.B.C.
Moleneind 9
5335 LC Alem
1909 bn 23
J.& A.v.Schuit
Papendrecht
19,43 x 4,80 x 2,30
172 kW 235 pk Stork

030.51295 MS
VOLHARDING
IJSSEL
Zijda T.
v. Dedemlaan 6
8061 CH Hasselt
038-4773333
1954
v.d.Velde
Zwolle
16,55 x 4,65 x 1,77
169 kW 230 pk Scania Vabis

022.05332 MS
VOLHARDING 11
ZEEHOND
Dijkstra M.
Emmakade 192
8933 AX Leeuwarden
1901
7,90 x 2,48 x 0,92
41 kW 56 pk Crossley

022.03301 DS
VOLHARDING
ANTJE / NOORDSTER /
LEKSTROOM X /
VOLHARDING II
Bouma Y.A.
Appelstraat 3
3442 HH Woerden
0348-413559
1937
Sissing
Winsum
10,72 x 3,08 x 1,20
85 kW 116 pk Deutz

020.05896 MS
VOLHARDING
WILHELMINA /
HENDRIK DIJK / PAX III /
DE BARK III
Komen J.v.
Braakdijk 2 Rood
1509 BJ Zaandam
075-6157893 / 06-51019319
1962
Eltink
Beneden Leeuwen
14,40 x 4,22 x 1,40
88 kW 120 pk DAF

021.01615 SS
VOLHARDING I
HARMONIE VI
St.Buitenmuseum Leuvehaven
Leuvehaven 67
3011 EA Rotterdam
010-4048072
1929
De Hoop
Hardinxveld-Giessendam
20,25 x 4,89 x 1,47
150 ipk Kreber

023.09991 MS
VOLHARDING 11
VOLHARDING 11 / EROS II
Verduin H.B.
Danzigerkade 9
1013 AP Amsterdam
020-6165815
1957 bn 280
Jonker & Stans
Hendrik Ido Ambacht
22,72 x 5,72 x 2,47
294 kW 400 pk Bolnes

reg.nr. / type :	020.13902 MS	imo 9444338 SUB	imo 7302225 BS
naam :	**VOORWAARTS**	**VOS PRECIOUS**	**VOS SOUTHWIND**
ex naam :	VERTROUWEN		ALEGRETA / SEABIRD /
ex naam :			SWIFT / HORNBECK SWIFT /
ex naam :			SWIFT
eigenaar :	Brillman B.Schpsonderh.bedrijf	PSV Express I BV	Vroon Ofshore Service BV
adres :	Westerdoksdijk 21 HS		Het Nieuwe Werk 88
woonplaats :	1013 AC Amsterdam	Breskens	1781 AK Den Helder
telefoon :	020-6269920		0233-673800
bouwjaar / -nr. :	1915	2010 bn BY 073	1973 bn 211
bouwwerf :	Wilton Fijenoord	Cochin Shipyard	Shimoda Dockyard Co Ltd
plaats :	Schiedam	Cochin	Shimoda
l x b x d :	21,00 x 4,89 x 1,60	73,60 x 16,00 x 5,83	50,35 x 11,59 x 3,62
vermogen :	167 kW 220 pk Caterpillar	2x2000kW/2720pkRolls Royce	2x1655 kW/2250 pk Caterpillar
boegschroef :			

023.14994 MV	023.07390 MS	imo 9444352 SUB	imo 8107177 BS
VOLSON 2	**VOORWAARTS**	**VOS PREMIER**	**VOS SYMPATHY**
	Concordia / Voorwaarts /		SEARANGER /
	Sempre Avanti / Noorderdok /		HIGHLAND FORTRESS /
	Pead / Maria / Lutin *		NORTHERN FORTRESS
Oord Acz OverigeMaterieel BV	Gabbert H.& J.	PSV Express II BV	Vroon Ofshore Service BV
Watermanweg 64			Het Nieuwe Werk 88
3067 GG Rotterdam	Hengelo	Breskens	1781 AK Den Helder
010-4478444			0233-673800
1977	1881	2010 bn BY 075	1982
Damen Shipyards BV	Huijgens v. Gelder	Cochin Shipyard	Ulstein Hatto AS
Gorinchem	Hoogezand	Cochin	Keel-Laid
10,73 x 3,06 x 1,55	14,62 x 3,76 x 1,85	73,60 x 16,00 x 5,83	77,90 x 17,51 x 5,04
92 kW 125 pk Caterpillar	276 kW 375 pk Scania	2x2000kW/2720pkRolls Royce	2 x 2501 kW/3060 pk Normo

00571 OP	020.03478 MS	imo 9444364 SUP	023.18448 DS
VOORUITGANG	**VOORZAAN**	**VOS PREVAIL 27.22930**	**VOTRANS**
	VOORZAAN / JAN B II		M 026 / D 285 / Christine /
			Bachhus / Mar Mar / Trio /
			Monopool / Jamaica / Mantra *
Bongaerts F.E.	Koenen T.	PSV Express IV BV	
	Herderskind 2		
Amsterdam	1544 BV Zaandijk	Breskens	
	075-6350109		
1925	1932	2010	1943
	Wed.K.Brouwer	Cochin Shipyard Ltd BY-076	Weserwerft
	Zaandam	Cochin	Minden
5,90 x 1,90 x 0,90	13,95 x 3,49 x 1,35	73,60 x 16,00 x 5,83	22,85 x 5,97 x 1,65
13,2 kW 18 pk Armstrong	44 kW 60 pk Kromhout	2x2000kW/2720pkRolls Royce	2x235 kW/320 pk Volvo Penta

00420 MS	020.04793 MS	imo 9352224 WV	00282 MS
VOORVLIET	**VOORZAAN III**	**VOS SATISFACTION**	**VREDE**
	AS 3 / IEN		ERNEST
Haan B. de	Brouwer verhuur BV	Vroon Ofshore Service BV	Wout L. van t'
	Zomerdijk 22	Het Nieuwe Werk 88	Krommesloot 5
Spakenburg	1505 HW Zaandam	1781 AK Den Helder	8754 GD Makkum
	075-6164672	0233-673800	0515-233143
1983	1953	2007 bn 241	1929
	Concordia S.Seymonsbergen	ABG Shipyard	Lemaire & Zn
	Amsterdam	Surat	Hoboken
8,00 x 2,50 x 0,70	14,57 x 4,30 x 2,00	54,00 x 15,80 x 4,80	15,20 x 3,68 x 1,40
14 kW 20 pk Kromhout	202 kW 275 pk Caterpillar	2 x 1760 kW / 2420 pk Wartsila	121 kW 165 pk GM

00205 MS
VRIJHEID

Helm T.v.d.

Delft

ca30

10,00 x 2,75 x 0,85
66 kW 90 pk Perkins

00364 MC
W D HERRING

Boskalis Westminster Koninkl.
Rosmolenweg 20
3356 LK Papendrecht
078-6969000
1976 bn 1047
Damen Shipyards BV
Hardinxveld-Giessendam
14,52 x 5,99 x 1,80
2 x 132 kW/179 pk GM

020.08603 MS
WAAL
WAAL I

Geluk BV Aannemersbedrijf
Hanzestraat 10
7006 RH Doetinchem
0314-325553
1981
De Waal
Zaltbommel
10,27 x 3,07 x 2,26
110 kW 150 pk GM

021.02223 MS
WAIBSTADT
LOMBOK/ RELEIF/JUSTICIA/
FRADI / LEONORA /
LORUJA
Peters G.

Maasbracht

1902

Papendrecht
15,70 x 3,94 x 2,08
220 kW 300 pk

imo 8116685 MS
VS ROTTERDAM
BRAKE / ADRETT

Kotug BV
Parklaan 2
3016 BB Rotterdam
010-2170217
1982 bn 116
Detlef Hegemann Rolandwerft
Bremen
28,17 x 8,85 x 4,50
2 x 800 kw/1088 pk Deutz

00181 MV
W D PETREL
TRUDY

Boskalis Westminster Koninkl.
Rosmolenweg 20
3356 LK Papendrecht
078-6969000
1972 bn 424
Damen Shipyards BV
Hardinxveld-Giessendam
12,65 x 3,36 x 1,62
177 kW 240 pk Caterpillar

00577 MV
WACHTER

Schellen G.W.van

Wemeldinge

1951
De Lek
Krimpen a/d Lek
10,30 x 3,10 x 1,00
66 kW 90 pk GM

023.17903 DB
WALCHEREN
MANTOIS / CLAUDIA

Maljaars P.
Corn Jaspersesstraat 26
4365 BB Meliskerke
0118-561445
1962
Chant.navel d.union normandie
Rouen
16,64 x 6,85 x 2,10
325/441kw442/600pkScan/cum

033.10256 MS
VUTURE
MIGNON / SPES /
CONFIDO / PEJA

Bender H.
Zandkreek 126
3079 AW Rotterdam

1909 bn 560
t Kromhout Wed.J.L.Ceuvel
Amsterdam
15,20 x 3,22 x 1,30
55kW 75pk Kromhout-Gardner
7,5 kW 10 pk (electrisch)

00193 MV
W D PLOVER

Boskalis Westminster Koninkl.
Rosmolenweg 20
3356 LK Papendrecht
078-6969000
1972 bn 411
Damen Shipyards BV
Hardinxveld-Giessendam
12,65 x 3,36 x 1,62
177 kW 240 pk Caterpillar

020.03751 DS
WADDENZEE

Lagerburg M..
Smidsweg 11
8723 BD Koudum
0514-521542 / 06-53376779
1940 bn 199
C.Amels & Zn
Makkum
18,75 x 4,75 x 2,40
404 kW 550 pk Yanmar

00236 MS
WALRUS

Heuvel M.v.d.

Werkendam

2003

12,00 x 11,36 x 1,70

00160 MC
W D HALIBUT

Boskalis Westminster Koninkl.
Rosmolenweg 20
3356 LK Papendrecht
078-6969000
1976 bn 1060
Damen Shipyards BV
Hardinxveld-Giessendam
14,52 x 5,99 x 1,80
2 x 88 kW/120 pk GM

00184 MV
W D SKUWA

Boskalis Westminster Koninkl.
Rosmolenweg 20
3356 LK Papendrecht
078-6969000
1972 bn 410
Damen Shipyards BV
Hardinxveld-Giessendam
12,65 x 3,35 x 1,62
177 kW 240 pk Caterpillar

033.30241 DS
WADDENZEE II

Attema A.
Hendstehof 27
8861 TS Harlingen
0517-413627
1955
C.Amels & Zn
Makkum
18,60 x 4,86 x 2,10
386 kW 525 pk Brons

022.11560 MV
WALRUS
KOBUS *

Heuvel M.v.d.

Werkendam

2002 bn 001
Jongsma
Heeg
12,00 x 4,20 x 1,30
132 kW 180 pk Ford

reg.nr. / type :	00114 OP	022.02295 MS	023.20161 DS
naam :	**WAMMES**	**WARMOND**	**WATERLELIE**
ex naam :		NELLY	NEPTUNUS 12 / LEK *
ex naam :			
ex naam :			
eigenaar :	Groot P.	Ouwinga. R.P.C.	Wagenborg Sleepdienst BV
adres :		Prinsesenhof 8	Marktstraat 10
woonplaats :	Woubrugge	4141 EG Leerdam	9934 CK Delfzijl
telefoon :		0345-613804 / 06-53401307	0596-636911
bouwjaar / -nr. :	1927	1940	1978 bn 170
bouwwerf :		Bodewes & Dutmer	H.d.Haas
plaats :		Groningen	Maassluis
l x b x d :	6,50 x 1,90 x 0,50	16,50 x 4,25 x 1,73	17,10 x 6,40 x 2,20
vermogen :	18 kW 25 pk Sole	165 kW 225 pk DAF	2 x 265 kW/360 pk GM
boegschroef :			

00587 OP	00423 MS	023.14758 DS	023.08916 MS
WALRUS	**WANDELAAR**	**WATER LADY**	**WATERMAN**
	ANTJE	OTTER / EGBERTUS	GROENLAND / ZWERVER /
			MAAS BULL
Mensonides M.	Folkertsma J.	Midena Shipping BV	Bohm B.A.M.
		Foksdiep 6	
Balk	Molkwerum	8321 MK Urk	IJmuiden
		0527-688000 / 06-53481102	
		1977	1912
		Akerboom	t Kromhout Wed.J.L.Ceuvel
	Hamburg?	Oegstgeest	Amsterdam
4,54 x 1,70 x 0,60	15,00 x 3,00 x 1,50	15,65 x 5,52 x 1,62	14,42 x 3,34 x 1,20
8,8 kW 12 pk Yanmar	Henschel	2x250kW/340 pk Detroit Diesel	88 kW 120 pk DAF

020.03579 MS	021.04430 MV	023.16578 DB	023.04573 MS
WALVIS	**WANTY**	**WATERGEUS**	**WATERMAN**
	WANTY / FLEVO II	TASMAN *	RI TA / COLIBRIE / ELIEN /
			ANCO
Hendriksma G.	Messie K.	Hoftijzer Waterwerk Leon BV	Derksen G.Th.
3e Rijksbinnenhaven 1		Parallelweg 148	
1951 JL Velsen Noord	Deventer	3371 GG H'veld-Giessendam	Oosterbeek
0251-224279		0184-611694	
1949 bn 1251	1952	1981	1930
Verschure	Eltink	Kalle & Bakker	Goor & Spiekman
Amsterdam	Beneden Leeuwen	Roermond	Zwartsluis
30,00 x 7,65 x 3,85	9,96 x 3,30 x 0,74	11,72 x 5,02 x 1,46	14,09 x 3,45 x 1,45
3 x 213 kW/290 pk Thomasen	63 kW 86 pk DAF	2 x 106 kW/145 pk Mitsubishi	66 kW 90 pk Industrie

00111 MS	023.08818 MV	imo 9110860 MS	023.14928 DS
WAMANDAI	**WARBER**	**WATERGEUS**	**WATERMAN**
REMORQUER	BIESBOSCH / EN AVANT 33/		MARION / THEO /
	SOLO / JO / META /		BERTUS JR
	BIESBOSCH *		
Rijksen P.	Hoekstra R.	Wagenborg Sleepdienst BV	Midena Shipping BV
		Marktstraat 10	Foksdiep 6
Gouda	Wartena	9934 CK Delfzijl	8321 MK Urk
		0596-636911	0527-688000
1937	1930	1995 bn 6518	1976
v.Rossem	Kuy & v/d Ree/Dam	Stocznia Tczew/Damen	De Ruiter & de Jong
Dreumel	Rotterdam Overschie	Tczew/Gorinchem	Hardinxveld-Giessendam
9,08 x 3,00 x 1,25	11,14 x 3,01 x -	22,50 x 7,25 x 3,76	15,12 x 4,12 x 1,40
36 kW 50 pk Deutz	147 kW 200 pk DAF	2x655kW/890pkWartsilaSACM	268 kW 365 pk Caterpillar

00237 DB
WATERMAN
MANNA

Smits

Garijp

1988

Polen
8,50 x 2,50 x 0,75
2 x 47 kW/65 pk Perkins

---

imo 8318166 MS
WATERMAN

Wagenborg Sleepdienst BV
Marktstraat 10
9934 CK Delfzijl
0596-636911 / 06-53270455
1987 bn 773 / bn 8642
Bodewes / Damen
Millingen/Gorinchem
28,50 x 9,15 x 3,25
2 x 897 kW/1220 pk MWM

022.05246 MS
WATERPEIL

Wagenborg Sleepdienst BV
Marktstraat 10
9934 CK Delfzijl
0596-636911
1982 bn 49
Bloemsma
Makkum
19,08 x 5,80 x 0,55
2x161 kW/220 pk Scania Vabis

022.03865 MS
WATERPOORT

Wagenborg Sleepdienst BV
Marktstraat 10
9934 CK Delfzijl
0596-636911
1962 bn 258
C.Amels & Zn
Makkum
20,40 x 6,30 x 2,80
925kW1258pkStorkWerkspoor

---

imo 8985969 MS
WATERSTAD
ALEMBAR M /
WATERSTRAAT

Wagenborg Sleepdienst BV
Marktstraat 10
9934 CK Delfzijl
0596-636911
2005 bn 025
Yilaz Gemi TersanesiTasMetal
Tursan
18,29 x 7,00 x 2,90
2 x 809 kW/1100 pk Caterpillar

---

imo 9428059 MS
WATERSTRAAT

Wagenborg Sleepdienst BV
Marktstraat 10
9934 CK Delfzijl
0596-636911
2008 bn 511553
Damen Shipyards BV
Gdynia
28,67 x 10,43 x -
2x1465 kW/1992 pk Caterpillar

---

imo 9428047 MS
WATERSTROOM

Wagenborg Sleepdienst BV
Marktstraat 10
9934 CK Delfzijl
0596-636911 / 06-20820395
2008 bn 511552
Damen Shipyards BV
Gdynia
28,70 x 10,40 x -
2x1813 kW/2465 pk Caterpillar

023.15572 DS
WATERWEG

Klerk BV
Sasdijk 10
4251 AA Werkendam
0183-508666
1979
Damen Shipyards BV
Hardinxveld-Giessendam
13,79 x 4,42 x 1,75
331 kW 450 pk Caterpillar

023.33559 OP
WEE DRAM
URSUS

Goutier L.R.

Zwartsluis

5,10 x 1,85 x 0,50
22 kW 30 pk

023.09267 MS
WELMOED
SUMATRAKADE /
OTTO / JARON /
HAVENDIENST 11
Helfrich P.T.
Fioringras 35
8935 BP Leeuwarden
058-2801154 / 06-51603660
1927
Th.v.d.Beldt
West Graftdijk
14,90 x 4,00 x 1,40
103 kW 140 pk Kromhout

023.09675 MS
WELTEVREDEN V
WELTEVREDEN V /
NEELTJE /
HYDRA
Schakelenbos J.

Leimuiden

1920

Krimpen a/d Lek
11,50 x 2,90 x 1,00
88 kW 120 pk DAF

021.03064 MS
WERKLUST
WERKLUST /
NIETS BESTENDIG / ADRI /
MARK / PIET
Elsman D.
Veerstraat 14
6624 BG Heerewaarden
0487-573023
1935
Roorda
Sliedrecht
12,41 x 3,43 x 1,48
147 kW 200 pk Detroit diesel

023.05272 MS
WERKLUST

Hoeksma A.

Vegelinsoord

13,15 x 3,55 x 1,80
110 kW 150 pk Stork

00115 MS
WERKSPOOR IV

Meyler J.

Amsterdam

1924
Rijkee
Rotterdam
15,22 x 3,26 x 1,25
73 kW 100 pk Bolnes

022.10538 MV
WERRA

Wiers BV
Wolvenjacht 1
8064 PB Zwartsluis

1954
Carl Siebelt
Berlijn
17,35 x 3,85 x 0,90
2 x 73 kW/100 pk Mercedes

---

imo 9434876 MS
WEST
DANGA WEST 9

Avra Towage BV
Scheepmakershaven 32 B
3011 VB Rotterdam
010-2810886
2008 bn 117
Kian Juan Dockyard
Miri Sarawak
27,73 x 8,60 x 3,20
2 x Cummins

reg.nr. / type	032.90144 MS	00126 MS	027.18098 DS
naam	**WESTKAPELLE**	**WIERINGEN**	**WILCO B**
ex naam			SCHELDEPOORT 1 /
ex naam			HENDRIK 5 /
ex naam			ANDRE B
eigenaar	Faase W.	Pander H.	Bouwman Marine Serv.Holding
adres	J.v/d Goeskade 41	Breedstraat 164	Hanenweg 3
woonplaats	4461 BH Goes	8556 XM Sloten	4317 NG Noordgouwe
telefoon	0113-220020	0514-531329	
bouwjaar / -nr.	1947	1938	1964 bn 629
bouwwerf	De Schelde	De Vries Lentsch	Bodewes
plaats	Vlissingen	Amsterdam	Millingen
l x b x d	15,95 x 3,63 x 1,55	15,45 x 3,60 x 1,35	23,60 x 6,30 x 2,72
vermogen	103 kW 140 pk Deutz	70 kW 96 pk DAF	441 kW 600 pk Bolnes
boegschroef			

reg.nr. / type	00195 MS	00121 MS	020.03220 MS	00130 MS
naam	**WESTERDOK**	**WEURTJE**	**WIETA**	**WILHELMINA**
ex naam	WESTERDOK / W.S.P.27 /	IDO	WIETA / EDAM / PETRA /	
ex naam	RIJKSHAVENDIENST 4 /		EDAM / SEA HORSE /	
ex naam	RHD IV / KRIM / DICKY		JACOBUS	
eigenaar	Kamminga & A.Veldhuis S.	Steen F.J.van	Pielema H.	Hoorn H.W.van
adres				
woonplaats	Aldboarn	Grave	Leeuwarden	Vlissingen
telefoon				
bouwjaar / -nr.	1941 bn 465	1910	1920	1931
bouwwerf	Concordia S.Seymonsbergen	C.Buitendijk	N.A.Bernhard Jr	
plaats	Amsterdam	Hendrik Ido Ambacht	Nieuwendam	
l x b x d	15,80 x 4,00 x 1,60	15,15 x 3,60 x 1,50	13,70 x 3,14 x 1,30	12,24 x 3,10 x 1,25
vermogen	88 kW 120 pk Kromhout	110 kW 150 pk Deutz	77 kW 105 pk Kromhout	85 kW 116 pk Deutz
boegschroef				

reg.nr. / type	021.00221 MS	00458 MS	030.20572 MS	023.07219 MS
naam	**WESTERVAART**	**WIEBKE**	**WIJDO**	**WILHELMINA**
ex naam	Sophie / 'S Gravendeel /	AURORA / ALOIS / WALCKA/	ELWIL	
ex naam	Prins Hendrik I / Lekstroom II /	ZWERVER / AURORA		
ex naam	Lekstroom *			
eigenaar	Huige R.J.	Berg A.v.d.	Hengeveld G.	Kooiman BV
adres				Lindsedijk 84
woonplaats	Joure	Urk	Jouwerd	3336 LE Zwijndrecht
telefoon				078-6100039
bouwjaar / -nr.	1887	1920	1947 bn 115	1913
bouwwerf	A.A.W.v.Reede & Zn		v.Vliet/den Heeten	De Ridder
plaats	Papendrecht	Antwerpen	Alphen a/d Rijn	Delfshaven
l x b x d	16,10 x 3,75 x 1,14	12,00 x 2,75 x 1,40	14,81 x 3,88 x 1,87	13,57 x 3,25 x 1,58
vermogen	99 kW 135 pk Skoda	58 kW80 pk BMC Commodore	123 kW 168 pk DAF	111 kW 152 pk Gardner
boegschroef				

reg.nr. / type	026.05628 MS	023.15877 MS	030.20996 DS	023.06019 MS
naam	**WESTGAT**	**WIEPKE 2**	**WILCO 2**	**WILHELMINA MARIA**
ex naam	DINTEL Y 8038 /	Jacoba / Dory /	HOUTVAART 3	ELDA / ELLY
ex naam	NOORDGAT	Vier Gebroeders / Fe Ja /		
ex naam		Maria / Zeeland / Willem III		
eigenaar	Brize Westzaan BV	Berg A.& L.v.d.	Sman C.	Gent P.L. van.
adres	Provincialeweg 16		Loggerstraat 84	Zandpad 86
woonplaats	1551 SB Westzaan	Urk	1503 KE Zaandam	3621 NG Breukelen
telefoon			075-6159203	0346-264167
bouwjaar / -nr.	1956 bn 508	1912	1929	1938
bouwwerf	Bodewes	Gebr.v.d.Windt	Velthuizen	Bodewes & Dutmer
plaats	Millingen	Vlaardingen	Zaandam	Groningen
l x b x d	25,90 x 6,30 x 2,20	14,66 x 3,69 x 1,90	12,64 x 3,12 x 1,10	15,94 x 4,19 x 1,83
vermogen	368 kW/500 pk Werkspoor	103 kW 140 pk Kromhout	195 kW 265 pk GM	129 kW 176 pk Stork Ricardo
boegschroef				

030.10860 DS
WILJO
AMSTERDAM / MARINUS /
HILJA /
WILJA
Weegh J.J.v.d
Oude Molenweg 72
8101 EM Raalte
0572-363869 / 06-53648390
1940 bn 486
Concordia S.Seymonsbergen
Amsterdam
17,18 x 4,56 x 1,35
220 kW 300 pk Fiat

022.02960 MS
WILLEM
SOPHIA JACOBA / JANNIE
Gerwi B.V. Sleepdienst
Postbus 31
6658 ZG Beneden Leeuwen
0487-591780
1929
J.Smit & Zn
Hoogezand
22,28 x 5,25 x 2,00
264 kW 360 pk Bolnes

023.08803 MS
WILLEM
Vries & v.d.Wiel BV
Harmenkaag 9
1741 LA Schagen
0224-211211 / 06-53991848
1945
Sliedrecht
51 kW 70 pk GM

00487 MS
WILLEM III
Jumelet BV Rederij
IJmuiden
2003
Jumelet
IJmuiden
9,00 x 3,00 x 0,80
63 kW 85 pk John Deere

031.70525 DS
WILLEKE
MATJO / JARON /
POSEIDON
Ridder & A.Korf K.de
Urk
1954
Ruijtenberg
Raamsdonksveer
16,27 x 4,24 x 2,01
478 kW 650 pk Volvo

030.10820 DS
WILLEM
HENRIETTE / AARTJE /
TERTIA
Kleinstra W.
Julianalaan 48 C
6051 AV Maasbracht
0475-462448
1940
Bosman
Alkmaar
17,12 x 4,00 x 1,85
250 kW 340 pk DAF

025.07807 MS
WILLEM B SR
SPIDA 12
Bouwman Marine Service BV
Hanenweg 3
4317 NJ Noordgouwe
1977 bn 23
A.J.Sepers & Zn
Heerewaarden
18,03 x 5,03 x 2,10
537 kW 730 pk Caterpillar

023.12444 DS
WILLEM JR
M 262 / H 470 / H 458 /
BONAIRE /
PURSANG
Fransbergen BV
Havenstraat 10
6051 CR Maasbracht
0475-465090
1944
A.S.M.
Arnhem
22,33 x 5,87 x 2,36
2 x 358 kW/487 pk Caterpillar

020.01299 DS
WILLEM
WILLEM / MARTINA / KIL /
SANDOR /
KIL
Boer I.de
Eenrum
023-5242266
1930
Velthuizen
Zaandam
18,00 x 4,68 x 1,63
235 kW 320 pk MWM

021.03100 DS
WILLEM
Koek J.H.
Kerkeinde 30
4254 LD Sleeuwijk
0183-301321
1955
H.J.Koopman/Schlieker
Dordrecht/Sliedrecht
12,00 x 3,64 x 1,53
250 kW 350 pk DAF

020.12187 DS
WILLEM BARENDS
L 500
Treffers & Zn BV G.J.
H.Figeeweg 35
2031 BJ Haarlem
023.5325211
1961
Stocznia Gdansk
Gdansk
35,00 x 8,30 x 1,40
368 kW 500 pk Deutz

023.22650 DB
WILLEM LOURENS
MANON / WILMAR /
FINESSE / PHOENIX
Red Bull BV
Boelewerf 52
2987 VE Ridderkerk
0180-487130 / 06-53483420
1987 bn 808
De Biesbosch
Dordrecht
18,50 x 11,20 x 1,70
2 x 794 kW/1080 pk Caterpillar

023.12919 DS
WILLEM
Vijg Gebroeders / Succes /
St Egidus/Pierre/Adri/Liliane II /
Patrik / John / Willem 3
Fransbergen BV
Havenstraat 10
6051 CR Maasbracht
0475-465090
1918
Bosman
Alkmaar
15,59 x 3,76 x 1,45
21 kW 288 pk La Meuse

021.03075 MS
WILLEM
EN AVANT 25 / ANNA 6
Treffers & Zn G.J.
H.Figeeweg 35
2031 BJ Haarlem
023-5325211
1955
J.Schlieker & Zn/Vliet
Sliedrecht/H.I.Ambacht
12,10 x 3,50 x 1,30
177 kW 241 pk Mercedes Benz

020.10090 MS
WILLEM III
SR 12
Bos Sleepdienst W.
Buiksloterdijk 431
1034 ZA Amsterdam
020-6329412
1962 bn 640
Concordia S.Seymonsbergen
Amsterdam
16,00 x 4,30 x 1,50
123 kW 168 pk DAF

022.00097 MS
WILLEM MARIE
HENDRIKA /
RO 65 HENDRIKA /
LOTUS
IJsseldijk W. van
Vorensaterstraat 12
3312 NX Dordrecht
078-6144207
1910
Bodewes
Martenshoek
19,52 x 4,98 x 1,99
276 kW 375 pk Deutz

reg.nr. / type :	030.11903 MS	023.19680 MV	023.23904 MS
naam :	**WILLY**	**WILLY B**	**WITTE RAAF**
ex naam :		LUTT BIBER	RP 8
ex naam :			
ex naam :			
eigenaar :	Boskalis Westminster Koninkl.	Bruinsma P.	Berg M.v.d.
adres :	Rosmolenweg 20	Holysingel 462	
woonplaats :	3356 LK Papendrecht	3136 LJ Vlaardingen	Nieuwerbrug
telefoon :	078-6969000	010-4601304	
bouwjaar / -nr. :	1967 bn 335	1980	1940 bn 1597
bouwwerf :	Damen Shipyards BV	Damen Shipyards BV	De Vries Lentsch
plaats :	Hardinxveld-Giessendam	Gorinchem	Amsterdam
l x b x d :	12,20 x 3,05 x 1,40	14,47 x 4,20 x 2,21	14,60 x 3,20 x 1,20
vermogen :	125 kW 170 pk GM	272 kW 370 pk Caterpillar	44 kw 60 pk Ruston
boegschroef :			

030.51481 MS	00390 MS	022.10623 MS	023.00517 MS
WILLEMIEN	**WILLY**	**WILSKRACHT**	**WIWI**
JAN / WILLEMIEN /	FRIEDI	SPEER / FROUKJE /	
MIGRO		COR / GER /	
		ARJAN	
Jonker S.C.	Durinck W.	Poog J.	Hermanides R.J.
	v.Duylstraat 47	De Schar 13	
Amsterdam	3026 SE Rotterdam	8754 BK Makkum	Irnsum
		0515-232987	
1950 bn 57	1940	1935	1924
v.d.Velde	Usinger & Co	Bodewes & Dutmer	H.A.v.Gelder
Zwolle	Harburg	Groningen	Gorinchem
10,15 x 3,12 x 1,50	12,00 x 3,40 x 1,20	12,00 x 3,40 x 1,10	15,30 x 4,02 x 1,20
99 kW 135 pk Leyland	88 kW 120 pk Mercedes	123 kW 167 pk DAF	110 kW 150 pk Deutz

020.08801 MV	023.01905 MS	023.30414 MS	00133 OP
WILLEMSTAD 2	**WILLY**	**WISENT**	**WODAN**
	AMAZONE	Havendienst V / Blusboot II /	HARRY / COR
		Havendienst 10 /	
		Argo	
Gulien A.H.	Groot J.M.A. de	Theunissen R.J.	Koopmans M.
Insulindeweg 639			
1095 CZ Amsterdam	Raamsdonksveer	Hoek van Holland	Oostzaan
020-6680701	0162-514630		
1965	1926	1927	1934
Akerboom	Meerman	De Schelde	v.Rossem
Oegstgeest	Yerseke	Vlissingen	Papendrecht
9,85 x 3,34 x 1,61	16,00 x 3,75 x 1,80	17,55 x 3,95 x 1,60	7,50 x 2,60 x 1,20
74 kW 101 pk GM	103 kW 141 pk Stork Ricardo	147 kW 200 pk Volvo	75 kW 102 pk Gardner

023.09256 MS	022.03424 DS	00358 MS	030.31182 MS
WILLIAM	**WILLY**	**WISSELSTROOM**	**WODAN**
	TINA / ORION		JEANNE / DINA / JOHANNA /
			LIZETTE / DIDI /
			ZWERVER
Cnossen W.H.	Koehoorn & Zn J.K.	Amstel & IJ	Mank M.N.J.
Burg van Panhuyslaan 54	Kiesterzijl 18	Dijkgracht 9	
9251 KW Bergum	8801 HN Franeker	1019 BT Amsterdam	Amsterdam
0511-462643	0517-396884 / 06-53413663	020-4188013 / 06-55195020	
1955	1941	1965	1915
Nic.Witsen	Fikkers	Mulder & Rijke	
Alkmaar	Foxhol	IJmuiden	Boom
15,70 x 3,50 x 1,20	18,25 x 5,05 x 2,13	7,80 x 2,80 x 1,00	16,19 x 4,23 x 1,70
50 kW 68 pk GM	291 kW 395 pk Industrie	121 kW 165 pk Deutz	73 kW 100 pk Industrie

022.04913 MS
WOELWATER
Feith R.J.
Koningsweg 12
8861 KN Harlingen
06-51077031
1938 bn 379
Bijlsma
Wartena
17,21 x 4,55 x 1,70
110 kW 150 pk Brons

023.08884 MS
WOUW
SPERWER / VLAARDINGEN
Fernhout R.
Graafseweg 370
6603 CJ Wychen
024-6411437
1948 bn 85
H.d.Haas
Maassluis
15,00 x 3,70 x 1,20
103 kW 140 pk Kromhout

030.50616 MS
XIEWEL
WAAL I / ISALA / LEJO / LOUIS II
Koopman
Amsterdam
1914 bn 142
Botje Ensing & Co
Groningen
17,09 x 3,65 x 1,70
81 kW 110 pk MWM

00500 MS
Y 8055 SCHELDE
Koninklijke Marine
Rijkszee Marinehaven 1
1781 ZZ Den Helder
0223-653000
1987 bn 664
Delta Shipyard
Sliedrecht
10,50 x 3,50 x 0,95
88 kW 120 pk DAF

023.02772 MS
WOLGA
WOLGA / ST GERARDUS / EFRADO / ANIMO
Mutsaers K.
Kap Goossenstraat 13
6101 CX Echt
0475-483967
1914 bn 146
Botje Ensing & Co
Groningen
12,63 x 3,30 x 1,31
77 kW 105 pk DAF

023.06479 MS
WUST
GERDINA / HENDO / JOMA / ASSISTENTE / ALLEMA R / WILJA B / ARON
Heemskerk B.V. J.J.M.
Gieterij 53
2211 WC Noordwijkerhout
1941
Zaanlandse Scheepsbouw Mij
Zaandam
12,00 x 3,45 x 1,70
200 kW 270 pk Volvo Penta

00045 MS
Y 8017 DOMBO
Nautische Monumenten St.
Den Helder
1955 bn 50
Rijkswerf Willemsoord
Den Helder
16,58 x 4,63 x 1,80
147 kW 200 pk Bolnes

00501 MS
Y 8056 WIERBALG
Koninklijke Marine
Rijkszee Marinehaven 1
1781 ZZ Den Helder
0223-653000
1987 bn 665
Delta Shipyard
Sliedrecht
10,50 x 3,50 x 0,95
88 kW 120 pk DAF

00426 MV
WORTMAN
V 62 / WORTMAN
Huisman J.
Oudega
1970
Akerboom
Oegstgeest
16,96 x 4,25 x 1,50
123 kW 168 pk DAF

00131 OP
WUTA
Kolk E.
Stavoren
1950
Volharding
Stavoren
5,00 x 1,85 x 0,60
36 kW 50 pk Mercedes Benz

00505 MS
Y 8018 BREEZAND
Koninklijke Marine
Rijkszee Marinehaven 1
1781 ZZ Den Helder
0223-653000
1989 bn 857
Delta Shipyard
Sliedrecht
16,00 x 5,00 x 1,80
2x 280 kW/380 pk Volvo Penta

00502 MS
Y 8057 MALZWIN
Koninklijke Marine
Rijkszee Marinehaven 1
1781 ZZ Den Helder
0223-653000
1987 bn 666
Delta Shipyard
Sliedrecht
10,50 x 3,50 x 0,95
88 kW 120 pk DAF

020.08199 DS
WOUTER
JOPIE
Wanings Zandzuigerij BV
Steigerboom 8
5331 KA Kerkdriel
0418-634026
1980
G.J.v.Wezel
Dreumel
10,54 x 3,57 x 1,52
147 kW 200 pk Mercedes Benz

021.04795 MV
WUTA
Venendaal G.E.
Eikenlaan 2
6711 MB Ede
0318-618153
1972
Loose
Made
12,67 x 3,80 x 1,10
130 kW 177 pk Caterpillar

00506 MS
Y 8019 BALGZAND
Koninklijke Marine
Rijkszee Marinehaven 1
1781 ZZ Den Helder
0223-653000
1989 bn 858
Delta Shipyard
Sliedrecht
16,52 x 5,32 x 1,80
2x 280 kW/380 pk Volvo Penta

00503 MS
Y 8058 ZUIDWAL
Koninklijke Marine
Rijkszee Marinehaven 1
1781 ZZ Den Helder
0223-653000
1987 bn 667
Delta Shipyard
Sliedrecht
10,50 x 3,50 x 0,95
88 kW 120 pk DAF

reg.nr. / type :	imo 9479785 MC	00339 OP	027.16820 MV
naam :	**YOGI**	**Z SCHIPPER**	**ZEEAREND**
ex naam :	DMS OSPREY		
ex naam :			
ex naam :			
eigenaar :	Herman Sr BV	Burger R.	Oord Van
adres :	Anjerstraat 73		Rivium Quadrant 2
woonplaats :	3333 GC Zwijndrecht	Langweer	2909 LC Capelle a/d IJssel
telefoon :	078-6192507		010-4478444
bouwjaar / -nr. :	2008 bn 1593	1930	1989
bouwwerf :	Damen Shipyards BV		Damen Shipyards BV
plaats :	Gorinchem		Gorinchem
l x b x d :	26,00 x 11,50 x 2,40	5,52 x 1,80 x 0,95	18,70 x 8,06 x 1,50
vermogen :	3 x 632 kW/859 pk Caterpillar	11 kW 15 pk Samofa	352 kW 478 pk Caterpillar
boegschroef :	225 kW 306 pk		
00504 MS	023.08320 DS	023.06840 DS	023.10585 DS
Y 8059 WESTWAL	**YSKA**	**ZAMBEZI**	**ZEEBUFFEL**
	WAALHAVEN /	CONSTANCIA / LEAN II /	DEMETER / DANIEL
	VEERMANSPLAAT /	JOMA / LUCIA I /	
	TARZAN	DENISE / LE DI *	
Koninklijke Marine	Amstel & IJ	Feber L.E.	Zee A.S.v.d.
Rijkszee Marinehaven 1	Dijkgracht 9		
1781 ZZ Den Helder	1019 BT Amsterdam	Abbenes	Westzaan
0223-653000	020-4188013 / 06-55195020		
1987 bn 668	1941	1946 bn 94	1959 bn 257
Delta Shipyard	De Vries Lentsch	Suurmeijer	Tans metaal
Sliedrecht	Alphen a/d Rijn	Foxhol	Krimpen a/d IJssel
10,50 x 3,50 x 0,95	16,45 x 3,85 x 1,56	16,94 x 4,75 x 1,50	17,38 x 4,82 x 1,89
88 kW 120 pk DAF	176 kW 240 pk Detroit Diesel	250 kW 340 pk DAF	147 kW 200 pk Deutz
	14,7 kW 20 pk Lombardine		
00427 SS	00118 OP	00047 MS	020.04328 MS
Y 8122	**YVONNE**	**ZAR III**	**ZEEBURG**
SLEEPDIENST II /	D'OUWE	NIXE / EXACT / PINNAU /	ALI I / ANDANTE
SLEEPDIENST 4 / RK 23 /		ZAR III / ELBCLEARING 9	
RS 04/A 837/ Y 8590 / Y 8122			
Nautische Monumenten St.	Ingen R.van	Eleveld C.	Burg R.v.d.
Den Helder	Lobith	Hoogezand	Tiel
0223-531800			
1936 bn 16	1930	1925 bn 625	1914
Rijkswerf Willemsoord		Janssen & Schmilinsky	
Den Helder		Hamburg	
17,42 x 4,77 x 2,35	6,20 x 2,20 x 1,00	18,25 x 5,25 x 2,10	12,40 x 2,94 x 0,86
125 ipk	7,3 kW 10 pk Kromhout	221 kW 300 pk Deutz	52 kW 71 pk Volvo Penta
020.02001 DS	00054 MS	023.21466 DB	020.14230 MS
YKADE	**YVONNE**	**ZEBULON**	**ZEEHAVEN IJMUIDEN**
YKADE / DOORNENBURG /	NIEGRIPP	MAIPO / MAI / LISAN /MIKIDA	WERF 'T GROENLAND /
FRARY I			RENE /
			DOUWERD / MAX
H.D.Scheepvaartbedr.	Smits S.W.R.	IJsselmeer Scheepvaartbedr.	Havenbedrij IJmuiden
Postbus 7303	Pastorijelannen 8	Kon.Julianastraat 1	Halkade 4
1007 JH Amsterdam	9262 NV Suameer	8321 HW Urk	1976 DC IJmuiden
06-22700414	0511-464691		0255-547025 / 06-53253241
1942 bn 791	1962	1968	1923
J.& K.Smit		Chantier Navel Rupelmonde	Concordia S.Seymonsbergen
Kinderdijk	Berlijn	Rupelmonde	Amsterdam
19,50 x 4,77 x 2,60	14,20 x 3,45 x 1,22	15,00 x 8,20 x 1,63	12,55 x 3,16 x 1,65
268 kW 364 pk Caterpillar	95 kW 130 pk Mercedes	2 x 426 kW 580 pk Caterpillar	175 kW 238 pk Volvo Penta

023.12237 MS
ZEEHOND
MARGARETHA / EWT 12 /
TONNY / NARWAL

Anker Maritiem Shipping
Rivierkade 5
4931 AA Geertruidenberg
0162-514890
1966
J.& K.Smit
Kinderdijk
12,57 x 3,74 x 1,17
169 kW 230 pk Scania

023.12777 MS
ZEEHOND
MEEUW / SPES MEA

Rijke R.de
Waalbandijk 64
6658 KA Beneden Leeuwen

1943
De Winter
Boom
20,37 x 5,26 x 1,72
320 kW 435 pk Deutz

020.02245 DS
ZEEHOND
TIJMA II / HENDRIK /
NASSAKADE /
ZEETIJGER *
Spithorst N.
Muidertrekvaart 17
1398 PP Muiden

1947 bn 433
Bodewes & Dutmer
Groningen
21,00 x 5,10 x 1,70
387 kW 527 pk Caterpillar

032.60052 MS
ZEELANDIA
ANTOINETTE

Hoeve P. van
Verleunstraat 5
1063 EH Amsterdam

1940
N.A.Bernhard Jr
Nieuwendam
13,96 x 3,37 x 1,53
74 kW 101 pk Volvo Penta

030.11924 MS
ZEEHOND

Dukker G.
Veerstalblok 2
2831 BS Gouderak
0182-529485
1952
Gebr.Paans
Roodevaart
16,36 x 4,82 x 1,65
121 kW 165 pk DAF

023.09514 MV
ZEEHOND
ZEEHOND / MARIO

Robouw Beheer BV

Amsterdam

1900

9,95 x 3,00 x 1,20
85 kW 116 pk Deutz

023.14239 DS
ZEEHOND
RV 10 / ZEEHOND

Spithorst N.
Muidertrekvaart 17
1398 PP Muiden
0294-413362
1940

10,90 x 3,20 x 1,75
191 kW 260 pk Detroit Diesel

023.33164 DB
ZEELANDIA

Lee Gebr. van der
Lekdijk 28
4124 KC Hagestein
0347-351824
1971

Hull
12,00 x 4,00 x 2,00
155 kW 211 pk DAF

027.09657 MS
ZEEHOND
BULGERSTEYN /
MARLENE

DVS Materieel BV

Raamsdonksveer

1956 bn 557
Bijlholt
Foxhol
22,02 x 5,12 x 1,78
421 kW 573 pk Caterpiller

020.01069 DS
ZEEHOND
JOHANNA

Rossum G.van
Uiterwaardenstraat 77 II
1079 BS Amsterdam
020-6442824
1925
Gebr.Boot
Alphen a/d Rijn
16,40 x 3,80 x 1,38
127 kW 172 pk Caterpillar

023.31913 MV
ZEELAND
BELLAERT / HACIENDA *

Martens & Van OordMaterieel
Rederijweg 6
4906 CX Oosterhout

1976 bn 543
Damen Shipyards BV
Gorinchem
12,65 x 3,35 x 1,20
92 kW 125 pk DAF

022.12805 MS
ZEELEEUW

Kamperman Sleepdienst S.
Grote Bickerstraat 253
1013 KP Amsterdam
020-6256319
1968 bn 463
Akerboom
Oegstgeest
10,57 x 3,14 x 1,05
88 kW 120 pk DAF

023.17058 MS
ZEEHOND
KPT I / DB I /
BARON VAN BREDA / RV I

Hergarden R.G.M.M.
H.Mandenweg 1
1947 HA Beverwijk
0251-228758
1939 bn 1389
Boot
Leiden
16,75 x 4,50 x 1,70
176 kW 240 pk GM

023.08867 DB
ZEEHOND
KINDERDIJK

Schalgemeijer S.C.A.

Haarlem

1952 bn 830
J.& K.Smit
Kinderdijk
23,25 x 6,25 x 2,90
276 kW 365 pk MAN

imo 8117483 MS
ZEELAND

Svitzer Harbour Towage BV
Sluisplein 34
1975 AG IJmuiden
0255-562777
1982 bn 228
Tille
Kootstertille
28,70 x 9,05 x 3,20
2 x 883 kW/1200 pk Bolnes

00069 MC
ZEELEEUW
CANDY

Kapitein & ZnDuwsleepvaart A
Wijk 1 nr 39
8321 EL Urk
0527-681864
1993
Raven
Dodewaard
18,75 x 9,38 x 1,40
2 x 440 kW/599 pk Mitsubishi

reg.nr. / type :	023.07604 MS	020.12212 DS	023.17311 DB
naam :	**ZEEMEEUW**	**ZEEMEEUW II**	**ZELDENRUST**
ex naam :	AEOLUS		HEINRICH / HARDY /
ex naam :			WOUTRINA I / RHEIN /
ex naam :			ALBARI/DACAPO II/MISADO
eigenaar :	Berchum B.van	Zandstra BV	Zeldenrust Vof
adres :		Trijegea 49	Kon Julianalaan 1
woonplaats :	Werkendam	8517 JA Scharsterbrug	8321 HW Urk
telefoon :		0513-413558 / 06-51122567	0527-687802 / 06-51400977
bouwjaar / -nr. :	1950	1971 bn 636	1922
bouwwerf :	Hylkema	v.Goor	Marckmann & Faassen
plaats :	Martenshoek	Monnickendam	Capelle a/d IJssel
l x b x d :	16,35 x 4,19 x 1,63	15,00 x 4,80 x 2,10	25,60 x 5,63 x 1,60
vermogen :	227 kW 309 pk Kromhout	331 kW 450 pk Caterpillar	500 kW 680 pk Caterpillar
boegschroef :			

023.28306 DS	021.02897 MS	00096 OP	00188 OP
ZEELEEUW	**ZEEMEEUW**	**ZEEROB II**	**ZELDZAAMHEID**
Bolnes II/Bolnes XV Marianne/	TREESKE /		HAVENDIENST /
RWS 55 / Dieze / Magdalena –	LENI		NIJKERK / MARTHA
Fenix / Ijsland / Leeuw			
Meer Scheepvaart E.G. v.d.	Ebeltjes R.		Douma E.
Kanaaldijk 2			
4341 RD Arnemuiden	Zwolle	Bleskensgraaf	Groningen
1946 bn 467	1928		1927
A.Baars & Zn	Mittendorf		C.Apello
Sliedrecht	Dedemsvaart		Zwartsluis
18,45 x 4,74 x 2,20	10,10 x 2,50 x 1,30	5,20 x 2,10 x -	7,00 x 2,33 x 1,14
294 kW 400 pk Isotta Fraschini	29 kW 40 pk Brons		18 kW 22 pk Kromhout

020.10277 MS	025.09468 MS	023.14247 MS	023.18519 MV
ZEELEEUW	**ZEEMEEUW**	**ZEETIJGER**	**ZEPHYR**
RV 14 / JOSINA / MARGA /		GB III / RV II / ZEETIJGER /	
GONDA		ATLAS	
Noorman Kranen BV	Holterman M.	Terwisga D.W.v.	Doppegieter H.P.A.
		Noorderhaven 29	Achterdijk 125
Loenersloot	Holten	8861 AJ Harlingen	4765 RD Zevenbergsenhoek
		0517-414187	0168-452999
1949 bn 128	2001	1932	1988
De Jong & Smit	Made	Bodewes?	De Wiel
IJsselmonde	Moerdijk		Asperen
20,50 x 5,05 x 1,95	36,40 x 7,90 x 3,40	11,30 x 3,43 x 1,40	9,10 x 3,40 x 1,67
415 kW 565 pk Caterpillar	993 kW 1350 pk Industrie	58 kW 80 pk Industrie	176 kW 240 pk DAF

023.22995 DB	020.01826 DS	023.17594 MS	023.22756 MV
ZEELEEUW	**ZEEMEEUW**	**ZEEZUIPER**	**ZEPHYR**
Blauwal / Cormoran / Rigi III /	RP 88	CARINE	ZEPHYR 3
Wesel / Lehnkering 9 / Orka /			
Renate / Zeeleeuw / Stier			
Woude J.v.d.	Zandstra BV	Denissen J.W.W.	Overmars N.A.J.
De Wieken 22	Trijegea 49	Rijksvluchthaven 13	Mr.Muhrenlaan 58
8801 RA Franeker	8519 JA Scharsterbrug	6598 BM Heijen	1132 CH Volendam
0518-402076 / 06-53147404	0513-413558 / 06-51099488		
1939	1941 bn 247	1905	1976
Ernst Menzer	De Wachter	Huiskens & v.Dijk	Pawe
Geesthacht	Boom	Dordrecht	Werkendam
19,50 x 5,00 x 1,65	20,35 x 5,26 x 2,20	17,45 x 4,27 x 1,60	11,92 x 3,73 x 0,97
276 kW 375 pk Deutz	596 kW 811 pk Caterpillar	100 kW 136 pk Caterpillar	132 kW 180 pk Caterpillar

022.04408 DS
ZEPHYRUS
HARMONIE / SPEER III / VB III

Berge J.M.W. v.d.
Molendijk 80
4696 BM Stavenisse
0166-692407
1930
Wolthuis
Sappemeer
18,87 x 5,10 x 1,00
353 kW 480 pk GM

021.01792 MS
ZIJLROEDE
CLARA / ALBERT / MARO / ANTARES

Leidekker W.J.

Nijmegen

1908
Duijvendijk
Papendrecht
18,11 x 4,50 x 1,60
88 kW 120 pk Deutz

imo 8103078 MS
ZP CHALONE

Kotug 2 BV
Parklaan 2
3016 BB Rotterdam
010-2170217
1982 bn 113
Valley Schipbuilding Inc
Brownsville
28,85 x 10,36 x 5,40
2 x 1104 kW/1500 pk GM

imo 8521127 MS
ZP TUMAK

Kotug

Rotterdam

1987

27,00 x 9,10 x 5,37
2 x 1185 kW/1612 pk Deutz

027.18227 MS
ZEPHYRUS
IJSSELSTROOM *

Mammoet Transport BV
Karel Doormanweg 47
3115 JD Schiedam
010-2042483 / 06-11388196
1992 bn 2565
Jac.den Breejen
Hardinxveld-Giessendam
19,50 x 6,00 x 2,00
2 x 331 kW/450 pk Caterpillar

00060 MV
ZIJPE
ZIJPE / TITAN

Styienstra & v.d.Wal

IJlst

1956 bn 1027
De Vries Lentsch
Nieuwendam
11,40 x 3,40 x 0,95
53 kW 72 pk Kromhout

imo 8103066 MS
ZP CONDON

Kotug 1 BV
Parklaan 2
3016 BB Rotterdam
010-2170217
1981 bn 112
Valley Schipbuilding Inc
Brownsville
28,40 x 10,40 x 5,00
2 x 1104 kW/1500 pk GM

023.29995 MV
ZUIDERKLIP

2007

14,95 x 5,00 x 0,90
175 kW 238 pk J.Deere

023.04295 DS
ZEUS
DIA / ALPHACCA / ANDRE / BEVER / KLAARTJE M / GEERTJE / HENNY
Leemburg A.H.
Stripe 19
8493 LB Terhorne
0566-689275
1913
Gebr.v.d.Windt
Vlaardingen
14,26 x 3,41 x 1,60
151 kW 205 pk Scania Vabis

023.08405 MS
ZILVERSTER
KEES VAN NUS

Vuur W.F.E. & M.

Utrecht

Hamburg

254 kW 210 pk DAF

imo 8207707 MS
ZP MONTALI
ZP MAYACAMAS

Kotug 6 BV
Parklaan 2
3016 BB Rotterdam
010-2170217
1983 bn 117
Valley Schipbuilding Inc
Brownsville
28,20 x 11,59 x 3,81
2 x 1228 kW/1670 pk B&W

023.06610 MS
ZUIDERZEE

Berg M.P.v.d.

Breukelen

1912

Ouderkerk a/d IJssel
13,05 x 3,24 x 1,60
88 kW 120 pk Daimler Benz

022.07957 MV
ZEUS

Vries & v.d.Wiel BV
Harmenkaag 9
1741 LA Schagen
0224-211211 / 06-53991848
1992
Stoel
Usguert
9,80 x 3,65 x 0,83
147 kW 200 pk Cummins

imo 8207680 MS
ZP CAYMUS

Kotug 3 BV
Parklaan 2
3016 BB Rotterdam
010-2170217
1983 bn 114
Valley Schipbuilding Inc
Brownsville
28,20 x 11,59 x 3,81
2 x 1104 kW/1500 pk B&W

imo 8207719 MS
ZP SVEZIA
SVEZIA

Kotug BV
Parklaan 2
3016 BB Rotterdam
010-2170217
1988 bn 56
Cantieri Navali Ferrari
La Spezia
26,85 x 9,56 x 4,38
2 x 1133 kW/1540 pk Deutz

021.00134 DB
ZUIDERZEE
ST ANTONIUS / MARGO / JOAHANNA4 / HILANCO / EDWIN / ALTENA / GERJO
Koopmans J.
Feandijk 6
8614 JG Oudega
0515-469534
1922 bn 23
Roorda
Sliedrecht
19,40 x 4,54 x 1,91
169 kW 230 pk Deutz

reg.nr. / type :	021.02912 MS	00098 MS	027.20250 MC
naam :	**ZWARTE GANS**	**ZWERVER**	**ZWERVER II**
ex naam :	MARIA ADRIANA / NADIR /	RP 59 / RP 7 / TRAMP *	
ex naam :	DEO VOLENTE		
ex naam :			
eigenaar :	Halfrond Maritiem Vof	Dijken J.van	HvS Dredging Support BV
adres :	Mauritsweg 43		Noorderhaven 96
woonplaats :	4931 CC Geertruidenberg	Ingen	8861 AR Harlingen
telefoon :	0162-524890		0517-413588
bouwjaar / -nr. :	1945	1928	2003 bn 1546
bouwwerf :	Boot	De Vries Lentsch	Magra/Damen
plaats :	Gouwsluis	Amsterdam	Gdynia/Hardinxveld
l x b x d :	18,90 x 4,80 x 2,25	14,85 x 3,45 x 1,28	26,00 x 11,50 x 2,20
vermogen :	441 kW 600 pk MTU	73 kW 100 pk Kromhout	3 x 485 kW/660 pk Cummins
boegschroef :	33 kW 45 pk Lister		202 kW 275 pk v.Tiem

023.25944 MS	022.08990 MS	020.05129 MS	00065 MS
ZUIDERZEE	**ZWARTE RAAF**	**ZWERVER**	**ZWERVER III**
JOJA / LIEVE /	ZANDPLAAT	ZWERVER/WERKSPOOR III /	
WELGELEGEN I /		NEPTUNUS / ANCO /	
PASSE AVANT / ALBATROS		PEERKE	
Man M.de	Stoelinga E.	Kop L.T.	HvS Dredging Support BV
Stationsstraat 18	Emmakade 200		Noorderhaven 96
3143 AM Maassluis	8933 AZ Leeuwarden	Utrecht	8861 AR Harlingen
06-53457556	06-21461707		0517-413588
1930	1941	1923	2011 bn 192
	t Hondsbosch	Rijkee	Kooiman
Duisburg	Alkmaar	Rotterdam	Zwijndrecht
15,16 x 3,43 x 1,10	16,05 x 3,74 x 1,10	15,21 x 3,25 x 1,03	35,00 x 12,00 x 2,70
121 kW 165 pk GM	77 kW 105 pk Kromhout	58 kW 80 pk Mercedes Benz	

020.13185 MS	020.10282 MS	022.07120 MS	023.18520 MV
ZUIDERZEE	**ZWARTE WATER**	**ZWERVER**	**ZWET**
JAN	ZWARTE WATER /		
	JOHANNA B		
Visser H. de	Breman L.D.	Veltman L.R.	Gerkens Cacao Industrie B.V.
Kakebeen 28	Langestraat 18	Fabriekspad 10	Veerdijk 82
2931 RE Krimpen a/d Lek	8281 Al Genemuiden	9164 KR Buren	1531 MA Wormer
0180-514148		0519-542455	075-6293293
1951 bn 470	1989	1960	1984
Bijlsma / Seymonsbergen	Kok/Coers	Damen Shipyards BV	v.Rossem
Wartena/Amsterdam	Vinkeveen/Loosdrecht	Hardinxveld-Giessendam	Dreumel
15,11 x 3,98 x 1,38	9,10 x 3,25 x 1,50	11,90 x 3,28 x 1,23	14,00 x 4,00 x 1,40
114 kW 155 pk Deutz	29 kW 40 pk Brons	86 kW 118 pk DAF	220 kW 300 pk Caterpillar

032.90034 MV	00334 MV	imo 9423425 MC	020.04088 DS
ZUIDVLIET	**ZWARTE ZEE II**	**ZWERVER I**	**ZWOEGER**
			S GRAVENHEKJE /
			CSM VIII
Zeeland Stichting	Frolich F.	HvS Dredging Support BV	Meeter S.
Oude Haven 14	Kanaalweg 36	Noorderhaven 96	Kingmastate 40
4301 CK Zierikzee	8861 KE Harlingen	8861 AR Harlingen	8926 NB Leeuwarden
	0517-419512	0517-413588	
1913		2007	1934
Gebr.Boot		Kooiman	Jonker & Stans
Alphen a/d Rijn		Zwijndrecht	Hendrik Ido Ambacht
20,13 x 5,25 x 1,80	9,03 x 2,86 x 0,91	28,00 x 12,50 x 2,30	13,04 x 3,05 x 1,64
268 kW 365 pk Mitsubishi	58 kW 80 pk	3 x 470 kW/640 pk Cummins	172 kW 235 pk Fiat
		257 kW 350 pk	

00136 OP
ZWOEGER
NICO

Zwiers J.

Nijverdal

1930
Nieuwenhuis
Hasselt
5,00 x 2,00 x 0,80
9,5kW 13 pk Lister Blackstone

ENI nummer:	
020.00164	EOS
020.00525	SIEN
020.00776	ASSISTENT III
020.00971	VALK
020.01069	ZEEHOND
020.01128	AVIOR
020.01257	ANNEMARIE
020.01281	TARPAN
020.01297	KAAP FASTNET
020.01299	WILLEM
020.01301	HERA
020.01331	DE VRIENDSCHAP
020.01364	MAVERICK
020.01378	NESTOR
020.01523	AKRUESDA
020.01561	HEKGOLF
020.01580	ATB
020.01659	BRUTUS 2
020.01662	SIRIUS
020.01755	RES NOVA
020.01756	JUTTER
020.01789	MARJO
020.01800	METJE
020.01826	ZEEMEEUW
020.01856	AVONTUUR
020.01857	ANJABE
020.01928	KP 2
020.01934	BUSCO
020.01960	FOX
020.01961	TIJMA
020.01963	SHIPDOCK VI
020.01964	JOLI COEUR
020.01965	SPES
020.01973	JOY TUG
020.01997	STOFFEL
020.01998	LIBERTAS
020.02001	YKADE
020.02004	LEANKE
020.02014	MARIA
020.02015	TWEE GEBROEDERS/ SIMON/ HOLLAND VII
020.02026	DE OUDE ANNA
020.02039	ACTIEF
020.02084	MARIANNA
020.02101	IJSBEER
020.02143	LAUWERSMEER
020.02145	DEUN
020.02149	ESTHER JACOBA
020.02223	HONDSBOSCH
020.02241	DAVID
020.02245	ZEEHOND
020.02258	IMMANUEL
020.02300	OUDE WAAL 1
020.02338	KRISTIN
020.02436	JAN
020.02452	ATTACK 5 (1)
020.02459	DE VERENIGING
020.02482	PARAAT
020.02490	LUCIA I
020.02606	FINLAND
020.02608	HOLLAND
020.02687	ERTSKADE
020.02718	TERRAQ 6
020.02981	AREND
020.02984	RAAF
020.03015	NELLY
020.03020	INNOVATIE
020.03074	SPECHT
020.03139	DE HOOP
020.03160	HOLLANDIA
020.03220	WIETA
020.03221	KWADIJK
020.03322	RESCATOR
020.03325	CECILIA
020.03348	ALTO
020.03412	KRACHTWIJK
020.03449	CALYPSO
020.03452	MARJOH
020.03478	VOORZAAN
020.03538	AS IX
020.03539	TREKWIJK
020.03579	WALVIS
020.03581	JAN VAN HASSELT SR
020.03587	TITAN III
020.03605	SAARTJE
020.03648	MARIANNE 3
020.03657	GRETA
020.03665	MARIA
020.03667	JACOBA
020.03670	PERGO
020.03693	OOSTERDOK
020.03694	MONIQUE
020.03695	OUDE DOK
020.03738	KRACHTWIJK
020.03751	WADDENZEE
020.03983	HARLEY D
020.03984	CORTEZ
020.04041	TRITON
020.04042	HOLLAND II
020.04043	HOLLAND
020.04044	SAENSTROOM III
020.04045	HOLLAND V
020.04088	ZWOEGER
020.04089	ANNA 4
020.04122	GRETHA
020.04241	BRISANT
020.04273	MISTRAL
020.04284	HELENA
020.04297	ALPHA
020.04298	EPSILON
020.04299	IJTJE
020.04321	BRITTANNIA
020.04328	ZEEBURG
020.04528	D'JOY
020.04549	MARGARETHA
020.04559	KLAZIENA
020.04560	BORNEO
020.04570	GREETJE
020.04683	VICKY
020.04700	DICKENS
020.04717	AMSTELMEER
020.04736	LAUWERSZEE II
020.04740	GERDA
020.04755	TOBIAS
020.04785	SPITSBERGEN
020.04786	VIKING
020.04787	BRITTANNIA
020.04793	VOORZAAN III
020.04797	AS II

020.04798	POSEIDON
020.04816	TRIJNKO
020.04835	BATTLE
020.04896	INSULINDE
020.04907	OLD TIMER
020.04921	BRUTUS
020.04970	CORRIE
020.04988	CARITAS
020.05067	DICKENS
020.05071	ORANJE
020.05103	LEKSTROOM V
020.05129	ZWERVER
020.05136	ADRIANA
020.05146	SIJTSKE
020.05223	LARA
020.05303	BESTEVAER
020.05322	ANNY
020.05335	MEEUW 10
020.05339	ORION
020.05376	JAN
020.05378	CORMORAN
020.05639	TYGO
020.05654	REDDER
020.05666	OUDE WAAL 8
020.05669	KEVER II
020.05741	BESTEVAER
020.05755	HAUKJE
020.05762	KOERIER
020.05785	MULTRATUG 12
020.05795	JOSEPHINE
020.05854	REDDER
020.05866	ESPERANCE
020.05889	MULTRATUG 15
020.05896	VOLHARDING
020.05898	JENNY
020.05914	KIEVIT
020.05941	JACOBA 2
020.05955	FLUMAR V
020.05977	MY FAIR LADY
020.06023	KOERIER
020.06057	INTERLUDE
020.06095	ENERGIE
020.06116	NELLIE
020.06176	NANNY
020.06177	MADI 2
020.06184	ALBATROS
020.06204	ORIENT
020.06270	ANDERS J GOEDKOOP
020.06283	SHIPDOCK II
020.06333	TOMMY VAN LOON
020.06377	MARSDIEP
020.06427	BREKKEN-EXPRESS
020.06489	HV 5
020.06575	HOUTMANKADE
020.06618	BETSY G
020.06647	CHRISTIAAN BRUNINGS
020.06669	CHRISTINA
020.06727	DE ZES
020.06762	DE ATLAS
020.06792	JAMAICA
020.06806	JANNO
020.06820	THEODORA
020.06828	FARU
020.06836	MEHARI
020.06875	LOUISE VAN DER WEES
020.06912	BERTUS
020.06913	DE ZEVEN
020.06955	DE VIER
020.06965	DAAN
020.07085	ATLANTIS
020.07160	OSCAR
020.07357	DESTA 3
020.07408	ANTJE I
020.07416	KALIWAAL 14
020.07417	IJSVOGEL
020.07427	GEROME
020.07432	CEUVEL
020.07440	PATRIOT
020.07490	SANDMAN
020.07678	LARA
020.07688	MEA VOTA
020.07726	JOHN D
020.07749	CORSY
020.07791	TEAM
020.07795	AVANTI D
020.07811	SOBRINO
020.07883	DE VLIET
020.07921	SHIPDOCK III
020.07952	DOCKYARD IV
020.08121	KOLLMAR
020.08140	BERTHA
020.08141	JAN B
020.08199	WOUTER
020.08309	ROELOF F
020.08363	FALCON
020.08381	TYPHOON
020.08393	RIJN
020.08430	SHADOW
020.08442	ALBERT V
020.08503	REINOD 9
020.08532	HYLKE
020.08533	MAAIKE
020.08571	NARVIK
020.08603	WAAL
020.08672	JAN
020.08680	SEBASTIAAN
020.08724	SAENSTROOM
020.08738	BE AR
020.08756	CERBERUS
020.08801	WILLEMSTAD 2
020.08899	CONDOR
020.09029	CORNELIA EMMA
020.09040	KRAAK
020.09224	TROCHSETTER
020.09267	JOCO IV
020.09279	ROLAND
020.09296	SCHEELEN-KUHLEN
020.09375	GVB 7
020.09481	PENTA
020.09531	STERN
020.09617	ALINA
020.09707	ALPHA
020.09731	FREDERIK
020.09859	HENDRIK 3
020.10057	SPIERING
020.10090	WILLEM III
020.10108	LAURA
020.10109	MEDUSA
020.10156	HUGO
020.10276	MEEUW
020.10277	ZEELEEUW

020.10282	ZWARTE WATER
020.10386	ERIC
020.10388	JASON
020.10483	NORWAY
020.10564	DAMPERTJE
020.10779	BOVENMAAS
020.10843	REITDIEP
020.11010	ARGO
020.11053	LADY M
020.11091	ATTACK 5 (2)
020.11121	PLANCTON
020.11151	PAULA
020.11152	ODE
020.11183	CORNELIA
020.11273	BUFFEL
020.11380	GOTLAND
020.11466	SEAN
020.11534	JOHANNES
020.11544	DE GOOGH
020.11586	DIRK PIETER
020.11587	ANNIE III
020.11601	TRIO
020.11605	LANGENORT
020.11651	KP 7
020.11689	RUNNER
020.11709	MARIA
020.11755	FOXTROT
020.11909	ANNEMARIE
020.12143	ODIN
020.12187	WILLEM BARENDS
020.12209	CATHARINA 3
020.12212	ZEEMEEUW II
020.12241	ELISE 2
020.12299	FLORIS
020.12514	ELBE
020.12519	ADELAAR
020.12530	DELTA
020.12643	AQUANAUT
020.12663	OMNIA XI
020.12834	MARCONI
020.12893	BAMBI
020.12894	VERITAS
020.12902	DORUS
020.12907	PWL
020.13185	ZUIDERZEE
020.13288	BULA
020.13369	VLIEGER
020.13466	KONING DAVID
020.13487	HARBURG
020.13549	CATHARINA
020.13550	BRUTUS
020.13571	CHARLES
020.13574	VLIETER
020.13630	RP XVI Albert
020.13635	MORGENSTER
020.13745	HERCULES
020.13809	ASSISTENT
020.13822	OORLAM
020.13902	VOORWAARTS
020.13928	TITON
020.14022	JAN
020.14038	RYN EN SCHELDE
020.14046	ELEVATOR
020.14088	MERTEWO
020.14106	CORAX
020.14128	ORCA
020.14230	ZEEHAVEN IJMUIDEN
020.14241	TRITON
020.14260	PIETER
020.14335	V V II
020.14338	OPDUWER
020.14339	HOUTRIB
020.14440	V 87
020.14449	ANCOR
020.14489	BIA
020.14554	ANNE FEM
020.14586	COR BAS
020.14618	VOLHARDING
020.14641	VERTROUWEN
020.14652	ELISABETH
020.14888	MATHILDE
020.14902	MEVO
020.14942	ST RITA II
020.14956	DIEZE
020.15073	NR 21
020.15103	ALBATROS II
020.15130	TE GOUDE
020.15230	ARGUS
020.15271	ADRIANA
020.15393	BEREZINA
020.15454	ROVER KP 3
020.15461	SALVOR
020.15463	PRONTO
020.15507	ELAO II
020.15634	ANTJE 8
020.15716	GERO B
020.15717	AUKE JR
020.15725	DESIREE
020.15735	SHIPDOCK I
020.15758	STAPPER
020.15865	SIKKE
020.15867	MAURITS
020.15938	BOOMERWAAL
020.16073	CHELSEA B
020.16092	CORNELIA
020.16130	JOHANNA
020.16206	OPSTEKER
021.00012	NOVA
021.00134	ZUIDERZEE
021.00221	WESTERVAART
021.00287	GRIETJE
021.00301	SENANG
021.00481	FIAT
021.01083	STEFANIE
021.01095	PERGO
021.01439	HARMONIE III
021.01479	PACIFIC
021.01558	HERA
021.01577	EN AVANT 13
021.01579	BELIER
021.01615	VOLHARDING I
021.01661	MARYSIA
021.01707	GERDA
021.01735	ROEK
021.01755	DENICK
021.01792	ZIJLROEDE
021.01839	NESCIO
021.01958	CECILIA
021.01971	ALPHA
021.01992	CURA NOSTRA
021.01994	BROEDER-TROUW II
021.02021	ROSA
021.02092	EDWIL
021.02097	HERCULES

021.02165	DOLLARD
021.02223	WAIBSTADT
021.02244	MARTHA
021.02268	ALPHA
021.02280	TONNIE
021.02281	IRENE
021.02285	JOSH
021.02295	THALASSA
021.02308	JAN LIEVEN II
021.02370	EN AVANT 28
021.02371	IDO
021.02385	LIBERTAS
021.02404	BO DENMAR
021.02455	JANUS
021.02510	RISICO
021.02525	BRUTUS
021.02543	TRANSPONTON I
021.02608	SMID 1
021.02616	TRIO
021.02791	LAUWERZEE
021.02867	QUO VADIS
021.02872	GERDA
021.02890	CORRIE
021.02897	ZEEMEEUW
021.02912	ZWARTE GANS
021.02913	BALATON
021.02930	FIFTY FIFTY
021.02952	TIJR
021.02955	ANTJE 8
021.02972	PRINSES
021.02977	JAN
021.03062	ANDRIES
021.03064	WERKLUST
021.03074	ALEXANDER
021.03075	WILLEM
021.03088	LEKSTROOM
021.03100	WILLEM
021.03127	ARIE JAN
021.03192	NAOMI
021.03236	ETNA
021.03245	JAN
021.03282	MERWEDE 5
021.03286	MEA VOTA
021.03297	LEK
021.03327	ADONIS
021.03365	INTERVAL III
021.03395	LEKSTROOM
021.03445	SMIT WAALHAVEN 2
021.03497	MERWEDE II
021.03498	MERWEDE V
021.03508	MERWEDE 16
021.03526	JANNETJE
021.03662	GERLIEN I
021.03737	SIMSON 2
021.03791	BOREAS
021.03885	DOLLARD
021.03930	PASAR 2
021.03956	MAARTEN
021.03962	TRIO 2
021.03981	OOSTER-SCHELDE
021.04004	NINA
021.04011	ARUBA
021.04053	EN AVANT 21
021.04086	GALGENPLAAT
021.04092	DUNDALK
021.04114	TRIO 3
021.04115	MARINUS
021.04116	SCORPIO
021.04138	HERMAN
021.04150	BENNIE
021.04162	HEIN JR
021.04178	EUREKA
021.04208	JAN
021.04216	UTOPIA
021.04223	GB 4
021.04230	HUNTER
021.04247	BREEVAER 3
021.04250	RONALD
021.04251	ELMA
021.04264	KLEINE BEER
021.04280	ROTTERDAM 2
021.04281	JONAT
021.04301	DURME
021.043290	LAGA
021.04343	NOORDERKLIP
021.04374	SPRINGER
021.04385	LIS
021.04430	WANTY
021.04457	LENA
021.04476	ELAN
021.04485	LAURE
021.04524	NORTH TRANS
021.04553	LAETITIA
021.04586	EENSGEZIND-HEID II
021.04619	EWT 7
021.04635	SCHELDE-POORT 3
021.04671	DEKAA I
021.04684	STENTOR
021.04708	DE SCHELDE
021.04720	ACHILLES
021.04737	DE KLEF
021.04772	BK 17
021.04782	TOM
021.04793	AQUARIUS
021.04795	WUTA
021.04808	VIOS 3
021.04880	NIGER
021.04898	NOUT
021.04910	BREEVAER 12
021.04913	AJAX
021.04930	COBY M
022.00059	MARIA
022.00097	WILLEM MARIE
022.00133	ARJAGE
022.00574	EVENAAR
022.01100	ANNA SOPHIA
022.01106	JEKER
022.01309	DE BREKEL
022.01347	ASSISTENT
022.01494	MAURICE
022.01515	METJE
022.02002	BONNY
022.02008	JANTJE
022.02026	MARGJE
022.02156	PAULA
022.02178	MOOS
022.02261	AURORA
022.02282	NOVA CURA
022.02283	PAES 4
022.02286	NOORDERLICHT
022.02292	STERNA
022.02295	WARMOND
022.02298	ATINA III
022.02316	LEAL

022.02330 AAGJE B
022.02516 SPES
022.02546 MARINUS
022.02579 CONCORDE
022.02712 CETUS
022.02860 OUDE CORNELIS
022.02960 WILLEM
022.03091 DORA
022.03171 MATTHEUS
022.03256 DIANNE
022.03301 VOLHARDING
022.03318 VLUG
022.03320 FONS
022.03339 ANTJE
022.03383 JEROEN
022.03384 GEA
022.03408 ESCAPE II
022.03424 WILLY
022.03478 THIJS
022.03689 JOHANNA C
022.03865 WATERPOORT
022.03959 CHALLENGER
022.03998 ORCA II
022.04027 DUO B
022.04079 BEP S
022.04098 PRINCESS H
022.04116 BOUNTY
022.04188 BONHEUR 2
022.04223 ENERGIE
022.04232 TARZAN
022.04254 DE VIJF
022.04408 ZEPHYRUS
022.04413 DRIEBOND IV
022.04428 J.W.R.
022.04585 ELLY
022.04730 DROOGDOK IX
022.04759 PIETER JAN
022.04771 SHAMROCK
022.04913 WOELWATER
022.04951 SANNY
022.04952 RIVAL
022.04962 PASSE AVANT
022.05009 HEKHULP
022.05038 SPICA 1
022.05065 ANTJE 2
022.05067 ACTIEF
022.05169 MARIAN
022.05241 CORNEEL
022.05246 WATERPEIL
022.05284 MON DESIR
022.05296 TRIJNTJE
022.05299 DENNIS F
022.05332 VOLHARDING 11
022.05369 J S VI
022.05411 TIJGERHAAI
022.05436 JETSTREAM
022.05449 STERN
022.05454 ATLEET
022.05509 MOONSHINE
022.05578 BUIZERD
022.05743 MARGERIE
022.05770 ORION
022.05819 JOHANNES J
022.05923 MORRA
022.05947 RENO
022.05980 JORK
022.05990 STENTOR
022.05991 FURIE
022.05992 BRUISER
022.06072 PUMA
022.06231 NOSTALGIE
022.06364 LIS
022.06410 DE HORDE
022.06584 ANTJE 7
022.06603 NANNY
022.06692 JOSON
022.06695 EEMS
022.06730 EMMANUEL II
022.06944 HENDRIK
022.07031 STEFAN
022.07042 RAVEL
022.07120 ZWERVER
022.07175 EQUINOX
022.07261 J.W.R.WONDER EN GEWELD
022.07284 NIENKE
022.07327 GRETINA
022.07495 DRIEBOND I
022.07554 BAUKJE
022.07834 TJERK HIDDE
022.07957 ZEUS
022.08052 FEINT
022.08053 LEANDER
022.08077 DOMMERHOLT
022.08091 ALBERDINA
022.08429 JAFANKA
022.08525 EZON
022.08575 DOLFIJN
022.08584 PORT OF BEYROUTH 2
022.08647 CAESAR
022.08695 AVONTUUR
022.08766 D'OUWE MANUS
022.08792 VLIESLOOT
022.08897 STERN
022.08967 DE ROEK
022.08968 ERTSKADE
022.08978 TAALKE B
022.08990 ZWARTE RAAF
022.09013 HEAVY
022.09029 AVONTUUR 2
022.09103 BARRACUDA
022.09205 KAATJE
022.09225 PETER
022.09227 MATHEA
022.09274 MARTEN
022.09375 URSEL
022.09466 GERMA
022.09728 IDEAAL
022.09754 HUSKY
022.09841 JAAP
022.09846 KBO 006
022.09911 JOKE
022.09984 SJOERD
022.09985 HENK
022.09986 JAN SR
022.10213 SAGITTA
022.10276 BRONCO
022.10309 JURGEN
022.10538 WERRA
022.10577 STINTFANG
022.10587 RISICO
022.10623 WILSKRACHT
022.10714 RINSKE
022.10789 MEDUSA
022.10825 LIBERTE
022.10829 KARIN
022.10991 ALBATROS

022.11058	JUTTER
022.11097	UITERTON
022.11215	ATTACK 32
022.11217	OTTAWA
022.11330	DESPERADO
022.11384	AUDAX
022.11416	TRIP
022.11509	MEEUW
022.11523	BRUTUS
022.11557	STELLA
022.11560	WALRUS
022.11789	SARA MAATJE I
022.11909	NELLIE
022.11978	SPARTAAN
022.12075	FRANKEN-WARTE
022.12189	DE GROTE WALVISCH
022.12203	DE STOUTE SCHOEN
022.12230	SITA
022.12303	COMPAEN
022.12380	MAX
022.12430	PIONIER
022.12523	PONY
022.12681	BERGHOUT 2
022.12782	ALPHECCA
022.12805	ZEELEEUW
022.12877	LARA
023.00069	ASSISTENT
023.00122	DE JANUS
023.00130	STORMVOGEL
023.00185	BRUTUS
023.00433	COLIN F
023.00493	ELISABETH
023.00516	ORKA
023.00517	WIWI
023.00573	POOLSTER
023.00623	JAN ABELS
023.00709	HELENE
023.00712	JACOBA
023.00841	MONKEY MIA
023.01428	ADELAAR
023.01429	EN AVANT
023.01486	LAURA
023.01567	TITANIC
023.01695	KEVIN
023.01873	ADRIANA
023.01905	WILLY
023.01979	BOREAS
023.02109	MAASHAVEN
023.02244	PIETER BOELE
023.02584	COR JOS
023.02772	WOLGA
023.02775	FOR EVER II
023.02798	RAM
023.02876	HE AN
023.02897	GRADA
023.02901	ROSALIE
023.02904	FE-RIE
023.02943	MARLENE I
023.03069	JAN WILLEM
023.03708	RODEUR
023.03883	ATLAS
023.03930	MADI I
023.03986	ANJORO
023.04105	SWIFT
023.04295	ZEUS
023.04298	SIRIUS
023.04327	ELISE 10
023.04382	DOORTJE
023.04384	THEODORA
023.04573	WATERMAN
023.04688	MEVO II
023.04703	EEMSHORN B
023.04778	HENDRIK
023.04833	JULIA
023.04861	ST JOHN
023.04946	KNILLIS
023.04958	FEJA
023.04990	MARGRIET
023.05029	PIETERNELLA II
023.05056	DE LIEFDE
023.05065	DYNAMIEK
023.05085	DAGERAAD
023.05088	EOS
023.05093	ELCO
023.05095	DILLES
023.05117	BASTOGNE
023.05134	SPES II
023.05272	WERKLUST
023.05276	TWEE GEBROEDERS
023.05333	CARMEN
023.05418	GRETHA
023.05425	BONA SPES II
023.05468	FURIE
023.05804	CORRIE
023.05832	PIET HEIN
023.05847	SCHIEDAM
023.05915	MAJO
023.05930	SANA
023.05957	EQUINOX
023.05990	ROOIE NEL
023.05991	LIBERTE
023.05999	ARA
023.06014	ANNA FRATER
023.06019	WILHELMINA MARIA
023.06033	LEENTJE
023.06068	BOLPLAAT
023.06091	ANOESKA
023.06102	DE SCHELDE
023.06105	VERITAS
023.06131	STERNA
023.06146	MERWEDE 26
023.06174	NOORMAN
023.06233	ROMKJE
023.06256	LOTUS
023.06304	BON VIVANT
023.06307	ALBERTUS M
023.06308	TEUNIS
023.06321	ESTHER
023.06345	HELENA
023.06371	ANTJE
023.06389	DUCO I
023.06396	MARIA
023.06440	ANJO
023.06444	KEVER III
023.06447	CAROLUS
023.06460	SPES I
023.06477	RAM
023.06479	WUST
023.06481	INGONA
023.06484	ARGUS
023.06496	ANGELIQUE
023.06504	HOOP
023.06510	ELISE
023.06518	VICTOR
023.06590	JOHAN
023.06610	ZUIDERZEE

023.06755	NOVA CURA
023.06783	AEGIR
023.06786	MARIA
023.06790	ANTJE
023.06799	SPES
023.06810	DELTA
023.06822	TITAN
023.06832	ADMA
023.06839	GERLIEN II
023.06840	ZAMBEZI
023.06931	CARBON
023.06934	JOHAN
023.06999	ADRIAANTJE
023.07014	ORCA
023.07016	HYDRA
023.07101	MATHILDA
023.07129	TIMMERMAN 3
023.07173	BURLY
023.07206	THOR
023.07217	EVELIEN
023.07219	WILHELMINA
023.07228	LIJNTJE JOHANNA
023.07244	BUIZERD
023.07288	ELIZABETH
023.07294	ESEM
023.07390	VOORWAARTS
023.07416	RISICO
023.07446	NELLY
023.07478	MATHILDA
023.07483	PIONIER
023.07492	IVO MARYN
023.07505	SOUVENIR
023.07517	STERN
023.07553	FRIWI
023.07584	JOMA
023.07601	EEMSHORN
023.07604	ZEEMEEUW
023.07611	HAMER
023.07654	SIMON
023.07671	DE RUYTER-KADE
023.07862	STEF
023.07866	LEKSTROOM IV
023.07885	NAUTICA
023.07886	FRISO
023.07890	ARCTURUS
023.07905	HOLLAND 10
023.07917	TETJE ANNA
023.07949	ANJO
023.07982	FENNE
023.08003	MARGA
023.08165	JOMA 4
023.08229	HENDRIK
023.08243	MERWEDE
023.08246	ANNIE
023.08294	BERTHA
023.08300	MAAS
023.08318	NOORD
023.08319	AQUAMARIJN
023.08320	YSKA
023.08321	TINEKE
023.08325	REGGE
023.08348	JAN DE STERKE
023.08378	NELLIE
023.08405	ZILVERSTER
023.08422	MAASHAVEN
023.08423	MAASSTROOM 7
023.08482	NORMAN II
023.08536	COAL VII
023.08537	COR
023.08544	DE GEUS
023.08566	RIO III
023.08576	RISICO
023.08614	MAASSTROOM 8
023.08632	THALETAS
023.08636	DE GEEST
023.08673	ST 7
023.08702	ECHO
023.08707	MINY
023.08735	MAAS IV
023.08748	VIOS
023.08750	STAD UTRECHT 4
023.08755	VERONA
023.08803	WILLEM
023.08818	WARBER
023.08836	BARK II
023.08836	DE BARK 2
023.08837	MARGARETHA
023.08867	ZEEHOND
023.08884	WOUW
023.08916	WATERMAN
023.08960	EERLAND 23
023.08974	SANDRA
023.08999	MASCOTTE
023.09000	ASSISTENT
023.09001	ANITA
023.09008	ANCO
023.09036	JENNIE
023.09048	BRAVO
023.09136	L`AVENIR
023.09191	ALPHA
023.09193	ARGO
023.09195	NELLY
023.09218	HUIBERTUS
023.09240	FLYING DUTCHMAN
023.09252	APOLLO
023.09253	MERWEDE 16
023.09256	WILLIAM
023.09267	WELMOED
023.09274	VOLHARDING VII
023.09278	HE AD
023.09290	ORION
023.09295	MERWEDE
023.09358	TRIO
023.09378	LUGANO
023.09435	HENJA
023.09440	CATHARINA
023.09454	ERNST
023.09469	JOHANNA VAN DER WEES
023.09470	IJSLAND
023.09486	ANNA 7
023.09487	PRIOK
023.09488	REMCON I
023.09492	JELTON
023.09493	STADSWATER-KANTOOR
023.09494	JOHN SALS
023.09509	MARJAN
023.09514	ZEEHOND
023.09518	SCHELDEPOORT 2
023.09528	DOUWE
023.09529	LEKSTROOM I
023.09538	JENNY

023.09539 TEUNTJE
023.09581 DRIEBOND III
023.09582 SUDERSEE
023.09611 KLAUS
023.09632 ELAN
023.09670 GEPKE
023.09671 BROEDER-TROUW XV
023.09675 WELTEVREDEN V
023.09686 MADERI
023.09715 AALTJE
023.09724 JAN
023.09737 JACOBA SABIENA
023.09738 BROEDER-TROUW XIV
023.09755 ARCA
023.09761 GEBROEDERS BEVER
023.09762 DOCKYARD V
023.09768 DOCKYARD IX
023.09783 FRISO
023.09787 NOORDPOOL
023.09795 HENDRIK KLAAS
023.09805 JOHANNA
023.09812 SILKY
023.09821 JOHANNA
023.09829 DELTA
023.09852 COMMERIJN
023.09867 MARJAN
023.09873 AQUILA
023.09894 MAASSTROOM 9
023.09918 ONRUST
023.09919 GEERTJE
023.09920 ELBO
023.09922 DREAD-NOUGHT 7
023.09926 CROOSBOOT
023.09932 MAGELHAEN
023.09935 GEERTRUIDA
023.09959 VIOS
023.09964 ADRIAAN
023.09991 VOLHARDING 11
023.10009 NEREUS
023.10017 SEBIENA
023.10062 MAAS I
023.10075 LIBERTE
023.10124 GROENLAND
023.10164 SEMPER
023.10179 THEO
023.10209 RINY
023.10211 FLORIS
023.10239 SPITSBERGEN
023.10257 RIMAR I
023.10261 EVA
023.10288 BOBBY
023.10306 BARCA I
023.10332 TIMMERMAN 1
023.10474 SEBASTIAAN
023.10492 DE REGGE
023.10498 GRUNO III
023.10501 STOOMER
023.10541 RUWI 4
023.10585 ZEEBUFFEL
023.10610 MAASVLAKTE
023.10612 DERKSEN 2
023.10629 JENNY
023.10729 TRITON
023.10854 IJMOND
023.10883 DB 64
023.10966 HENDRIK
023.10969 AMER
023.11007 ESTHER
023.11028 DEEN
023.11077 GRIEND
023.11140 JOMAR
023.11209 EDDY
023.11241 GHANA
023.11279 COBY
023.11302 EN AVANT 4
023.11357 TOR
023.11481 FRIENDSHIP
023.11586 STORMVOGEL
023.11588 ADRIAAN S
023.11682 EN AVANT III
023.11715 MANUS
023.11747 ANTONIA
023.11774 DASA
023.11786 PATRICIA
023.11832 VEERHAVEN 13 - OTTER
023.11885 PIETER L
023.11909 MAAS 2
023.11925 JELLE AUKE
023.11981 OOSTERDOK
023.12001 MANAKAZ
023.12006 MARIEKE
023.12017 ADCOR 2
023.12206 DINTELMOND
023.12237 ZEEHOND
023.12254 TREKVOGEL
023.12255 ALIDA B
023.12261 DOLFIJN
023.12331 HEKLA
023.12334 AURORA
023.12361 MASTER PIECE
023.12372 HENRI
023.12383 DE NEGEN
023.12443 MAAS-STROOM 11
023.12444 WILLEM JR
023.12445 DENZO
023.12510 BERKEL
023.12540 TENDER
023.12555 JILL F
023.12572 JE GE III
023.12594 JACKY
023.12605 JACOBA
023.12627 TJERK
023.12647 ALCYON
023.12660 TUIMELAAR
023.12672 GEERT
023.12697 PIET
023.12732 ADRIANUS
023.12737 BONAIRE
023.12777 ZEEHOND
023.12793 BELLE ILE
023.12919 WILLEM
023.12933 RONALD
023.12968 ADRIANUS
023.12977 HUBRECHT
023.13159 SIJTJE
023.13175 LINGE
023.13187 SUZANNE D
023.13266 DEBORA
023.13270 REINOD 14
023.13272 KORTENOORD 2
023.13273 GV 71
023.13312 MARIA

023.13322 FLUMAR III
023.13368 STERN
023.13546 HERON
023.13611 THYRA
023.13713 MAGNA 1
023.13823 ALASKA
023.13826 SIRIUS
023.13871 PANTER
023.13921 POSEIDON
023.13939 FURIE
023.14225 NOEL
023.14239 ZEEHOND
023.14240 TIJGERHAAI
023.14247 ZEETIJGER
023.14276 DE TWEE
023.14304 SWIND
023.14324 EN GO III
023.14460 OUWE PIET
023.14507 ALICE
023.14717 VECHTSTROOM
023.14747 COASTAL TIGER
023.14758 WATER LADY
023.14789 JAN LEENHEER
023.14902 JASON T
023.14926 FONDA
023.14928 WATERMAN
023.14955 ALBERT B
023.14994 VOLSON 2
023.15010 SIRIUS
023.15034 ROGGENPLAAT
023.15165 FLUPKE
023.15203 JOCO III
023.15205 BERTUS SR
023.15230 CONDOR
023.15403 PHOENIX
023.15410 AMIGO
023.15499 PERFECT 7
023.15572 WATERWEG
023.15587 LOEK
023.15599 GEERTRUIDA VAN DER WEES
023.15710 EN AVANT 12
023.15773 SANNY
023.15819 ECHO
023.15866 HB 9
023.15869 LORELEIJ
023.15877 WIEPKE 2
023.15912 HB 8
023.15917 LOEDER
023.15985 STEVENSWEERT
023.16099 HERMAN JR
023.16109 FOXTROT
023.16124 HANNE
023.16181 EUROPOORT
023.16217 TINEKE
023.16231 ANTONIE II
023.16285 SOPHIE
023.16297 CYCLOOP
023.16303 VEERHAVEN II - NARWAL
023.16323 BEREND N
023.16335 REBOCADOR 12
023.16363 VEERHAVEN IV - ALLIGATOR
023.16425 AREND
023.16488 SEA EAGLE
023.16506 VEERHAVEN V - ZEELEEUW
023.16516 CONQUEST
023.16529 BUIZERD
023.16551 GANNET
023.16578 WATERGEUS
023.16589 JOHANNA
023.16655 HOLLANDIA III
023.16660 MALTAR
023.16747 JANNIE B
023.16777 LIBERTE
023.16862 ALBATROS
023.16873 AQUARIUS
023.16905 BRUINVIS
023.16932 ROOSJE K
023.16943 MAARTJE ANNA
023.17058 ZEEHOND
023.17080 VEERHAVEN VI - BISON
023.17087 CONDOR
023.17126 JAN LAURENZ
023.17182 ASSISTENT IV
023.17242 HERMANNA
023.17286 DE RUYTERKADE
023.17287 BROEDER-TROUW II
023.17309 TISMIJN
023.17311 ZELDENRUST
023.17312 HUCKINGEN
023.17396 ESTHER
023.17397 FURIE 3
023.17422 BOBCAT
023.17526 CHERIE
023.17569 ARIE JUNIOR
023.17594 ZEEZUIPER
023.17608 ALJA
023.17615 GERIZIM
023.17643 DE HOOP 1
023.17732 PASHA
023.17843 BEUKER
023.17844 DINKEL
023.17863 KRAAK
023.17902 NJORD
023.17903 WALCHEREN
023.17905 ALBA
023.17936 HULDER
023.17949 HECHT
023.18013 MAASSTROOM
023.18025 FATIMA
023.18028 HAAI
023.18069 PELICAN
023.18097 GERARDA
023.18126 NAUTIC
023.18142 ELBE
023.18173 SCALDIS
023.18323 MERWEVOGEL
023.18346 RHEINE
023.18383 ARD
023.18385 JANE
023.18388 HESARI
023.18397 CHRISTINE
023.18398 FRISO
023.18407 LENY
023.18448 VOTRANS
023.18472 MERIJN
023.18477 MIRA
023.18516 JAN
023.18519 ZEPHYR
023.18520 ZWET
023.18569 BINGER
023.18570 SABRE
023.18589 RAM

023.18676	AMELAND
023.18718	LUCTOR
023.18771	ROEK
023.18789	HOLLANDS DIEP
023.18898	AALTJE
023.18905	ANNA MARIE
023.18920	ARIES
023.18925	VEERHAVEN 12
023.18948	LAURA
023.19087	KYLE
023.19089	RAPPORTEUR
023.19105	LUUS
023.19147	LEO JR
023.19255	GRIENDUIL 14
023.19277	DYNAMIS
023.19345	REIMERSWAAL 3
023.19514	GEMINI
023.19518	ELISA
023.19522	SCHIE
023.19631	VEERHAVEN VII - WALRUS
023.19634	KARL
023.19644	ALCYON
023.19645	DIKKY
023.19665	BAANBREKER
023.19673	TJOBA
023.19680	WILLY B
023.19759	ORION
023.19820	MOVER 1
023.20024	APOLLO
023.20025	ATLAS
023.20127	BREEVAER 18
023.20161	WATERLELIE
023.20162	RIJN
023.20197	HERCULES II
023.20213	AMOR
023.20236	SPRINGER
023.20242	THERESIA
023.20294	HUSKY
023.20333	LAURA B
023.20349	JASON
023.20353	SAVANNA II
023.20354	SAVANNA IV
023.20434	PROTECTOR
023.20456	BISON II
023.20457	BISON III
023.20527	DOLLY BIRD
023.20541	IJSSEL
023.20563	SPES
023.20610	EEMSTROOM
023.20638	MARIANNE
023.20660	COR
023.20801	MAAS WAAL
023.20821	MILLIE 4
023.20886	ELIZABETH
023.20948	DE RIKUS
023.20975	DE ACHT
023.20976	JAGUAR
023.20977	DE EEN
023.21018	HERCULES
023.21137	THE NANNIE
023.21208	CHARLIE
023.21466	ZEBULON
023.21476	FRISIA
023.21485	HOLCIM I
023.21491	PIET HEINKADE
023.21558	DIKKY
023.21622	SURVIVOR
023.21623	ELISE I
023.21629	ANDA II
023.21712	ADRIAAN
023.21713	IDEAAL
023.21749	ABELFORTE
023.21771	ILMEN
023.21773	ANTIQUITEIT
023.21795	RENATE
023.21831	NERO
023.21933	CORRIE S
023.21972	TINY
023.21975	THE AN XII
023.21998	FLUMAR
023.22085	FLEVO
023.22101	REINOD 4
023.22165	DISCOVERY
023.22166	FLEVO II
023.22209	INGRID B
023.22270	HEKTOR
023.22285	NOORDERZON
023.22332	HENDRIKA
023.22371	KARIN
023.22375	ARGUS
023.22383	GERRIGJE MARIA
023.22427	FLEVO III
023.22517	AMAZONE
023.22529	BERTUS JR
023.22536	LIBERTE JR
023.22554	LOTUS
023.22565	LYKO
023.22593	AD
023.22613	MAZZEL
023.22650	WILLEM LOURENS
023.22714	ANNA 2
023.22715	LUCIA
023.22756	ZEPHYR
023.22825	FILIA MARIS
023.22865	VEERHAVEN VIII - NIJLPAARD
023.22866	BRABANT
023.22887	CATHARINA 4
023.22995	ZEELEEUW
023.23012	MONIKA
023.23029	MARSYL III
023.23035	ANTJE 11
023.23062	ADRIANUS
023.23107	DROMMEL
023.23168	DROOGDOK 3
023.23195	COGRI
023.23237	CHEETA
023.23256	JOOP I
023.23295	GANZEBOOT
023.23311	ORION
023.23317	ANNIE IV
023.23331	HENDRIK 7
023.23342	VITA
023.23392	CENTURION
023.23401	ADRIE
023.23412	REVENU
023.23467	DRUM
023.23471	MAASSTROOM
023.23498	BIANCA
023.23509	PERFECT III
023.23510	PERFECT IV
023.23516	GRIENDUIL 7
023.23527	SANDRA F
023.23539	NJORD 2
023.23556	BEPPIE

023.23641	INGMAR
023.23646	STORMVOGEL
023.23671	KENGE
023.23672	MOVER 2
023.23673	MOVER 3
023.23677	DOCKYARD I
023.23701	REINOD 1
023.23702	REINOD 5
023.23703	REINOD 6
023.23704	DOLFIJN
023.23714	REINOD 11
023.23715	REINOD 10
023.23716	DE ACHT
023.23805	COLAS
023.23833	VEERHAVEN IX - DOLFIJN
023.23873	ANNET
023.23875	ELVO
023.23901	FURIE
023.23904	WITTE RAAF
023.23958	ALBERT
023.24002	GRIENDUIL 32
023.24025	OUDE WAAL 3
023.24121	BELT
023.24125	BUZZARD
023.24145	RUDOLF
023.24171	RIJNWERKEN
023.24172	MAASWERKEN
023.24174	ARGO II
023.24299	JACOLIEN
023.24320	MARK EN DINTEL
023.24422	NOORDSTER
023.24436	BORIS
023.24439	HUGO
023.24480	GRIENDUIL 23
023.24491	MATADOR
023.24495	VLB 7
023.24502	RUBEN
023.24505	REGENSBURG
023.24513	INCA
023.24540	PERFECT VI
023.24544	ROMIRA
023.24547	REMOVER
023.24549	VLB 6
023.24556	DE BARRI
023.24568	HALLE
023.24573	MIKKIE
023.24619	HANNIBAL
023.24643	ELKO
023.24764	FRISO
023.24849	NOTRE DAME
023.24873	JOSIEN
023.24904	CONSTANTIJN
023.24959	994
023.24991	THILANT
023.25020	HAIDOR 2
023.25085	04-01
023.25086	JOERY H
023.25087	04-03
023.25088	REBEL
023.25089	MIKE H
023.25092	REBEL 06
023.25093	04-09
023.25095	REBEL 08
023.25096	BUNNIK II
023.25097	REBEL 10
023.25098	04-15
023.25099	REBEL 11
023.25100	04-17
023.25101	REBEL 05
023.25134	JAN
023.25151	ORION
023.25265	BIGGELAAR 16
023.25318	KYLL
023.25327	HERMES
023.25369	MAANPLAAT
023.25397	FLIEREFLUITER
023.25398	PORT OF AMSTERDAM 8
023.25399	PORT OF AMSTERDAM 7 - POSEIDON
023.25455	KP 12
023.25472	HSN 2
023.25478	VOLHARDING
023.25521	ELSA
023.25535	RPA 12
023.25583	JEROM
023.25592	ORLIK
023.25600	CARPE DIEM
023.25603	RPA 13
023.25762	MATTHIJS
023.25822	HSN 3
023.25857	MONTIS 4
023.25883	DIENI
023.25910	BO
023.25944	ZUIDERZEE
023.25945	AMAZONE
023.25998	GEMMA
023.26008	MARIA
023.26012	FIGORE
023.26061	HAI
023.26079	SJAAK
023.26112	KRAAIJENBERG
023.26238	VLB 2
023.26298	IRBIS
023.26317	HAVENDIENST 2
023.26343	GERMA III
023.26363	EERLAND 28
023.26414	CAROLIEN
023.26443	DE 3e STORM
023.26463	HENNIE B
023.26469	ISIS
023.26549	BOREAS
023.26616	JUPITER
023.26635	NOTHERN BASE
023.26726	GEPKE III
023.26799	TAURUS
023.26824	CONSTANT
023.26839	NOLDINA
023.26840	SMIT RUSLAND
023.26841	SMIT ZWEDEN
023.26843	SMIT FINLAND
023.26911	HEBO CAT I
023.26917	AMICITIA
023.27003	RESI
023.27036	DELTA
023.27066	OVERWAARDE
023.27124	KWATTA
023.27232	DIANNE
023.27353	DMS ROOK
023.27387	BARKI
023.27404	DESTINY
023.27412	LEONARDUS
023.27436	HERO
023.27447	BO
023.27457	SCHEVENINGEN

023.27465	NAN
023.27541	MANTA
023.27589	SCHORPIOEN
023.27598	TEUNIS
023.27638	MOBI DIK
023.27668	RENE SIEGFRIED
023.28007	PARDOES
023.28127	VAGEBOND
023.28156	BRUTUS
023.28246	CATHARINA 5
023.28306	ZEELEEUW
023.28389	EN AVANT 27
023.28726	CONTENDER
023.28748	HARMONIE
023.28760	STERN
023.28863	LOBKE
023.28956	MOVER 4
023.29004	EMMA
023.29112	KOMER
023.29113	DOUWE
023.29115	GORS
023.29116	HENDRIKUS
023.29230	NIEUWE MERWEDE
023.29273	VEERHAVEN X - ORKA
023.29297	MARJAN
023.29345	BIG JOE
023.29363	ALIE
023.29420	JOCO VI
023.29468	TAILOR MATE
023.29469	SUNDANCE
023.29493	DEVOTION
023.29497	TERINA B
023.29566	KLIEVER
023.29637	HS 14
023.29736	MOKUM
023.29799	NATASJA
023.29804	TABARLY
023.29897	ATTACK 33
023.29920	NOOITGEDACHT
023.29995	ZUIDERKLIP
023.29999	MATRICARIA
023.30071	BEKOR
023.30192	AMER

023.30225	AMORE
023.30414	WISENT
023.30443	DE TIEN
023.30443	DE TIEN
023.30488	KEVIN C
023.31313	ATTACK 42
023.31318	APOLLO
023.31721	DOES
023.31730	MARSHAL
023.31850	SAMSON
023.31913	ZEELAND
023.31929	MARGRIET
023.32139	KEVER I
023.32200	ARNOLD POPPEN
023.32207	RPA 20
023.32208	RPA 22
023.32209	RPA 23
023.32223	KRAYENHOFF
023.32315	ROTTERDAM 30
023.32538	HENDRIK
023.32645	LIBRA
023.32708	JAN VAN HOUTEN
023.32865	TOMMY
023.32891	MEREFELT
023.33055	SIMON
023.33095	VEERHAVEN XI - IJSBEER
023.33164	ZEELANDIA
023.33206	MERWESTROOM
023.33207	VLIESTROOM
023.33239	MANDY
023.33241	RENS
023.33291	THERA
023.33372	DELTA
023.33395	KORNELIS JR
023.33522	MARTIJN EVA
023.33559	WEE DRAM
023.33682	PORT OF AMSTERDAM 4 - ATHENA
023.33732	TORIAN
023.33754	TOBA
023.33892	DE ELF
023.33915	GEERTJE II

023.33916	DIEUWERTJE
023.33920	ONBEKEND
023.34004	HENDRIKA JACOBA
023.34122	HOLLAND DIVING 3
023.34127	BRUGGE
023.34151	B.V.D.1
023.34157	GRACE
023.34209	FIX 20
023.34262	BRANTA
023.34320	BIZON
024.02010	AXEL
024.02014	GRAVELINES
024.02026	MAAS
025.07482	CONNY
025.07682	DORDTSEBANK
025.07807	WILLEM B SR
025.07991	HERCULES
025.08683	REKERE
025.08757	ILHA DO TEIXEIRA
025.08806	GRAND SLAM
025.08829	KROONWIJK
025.08946	GAR
025.09090	BERKEL
025.09123	NOBILING
025.09164	EEMS
025.09166	VENTO VIVERE
025.09202	NOORDZEE
025.09206	RPA 15
025.09327	SIMSON
025.09334	BERT JAN
025.09355	RPA 14
025.09468	ZEEMEEUW
025.09729	DIRK
025.09762	HANNES
025.09825	DE MAURICE
025.10022	AREND
025.10043	ARION
025.10183	THETIS
025.10243	JOLLY
025.10416	SVITZER MUIDEN
025.18246	POOLSTER
026.02675	HOLLAND

026.03437	M.N.O. EVA
026.04824	BRAKZAND
026.05075	SARA MAATJE III
026.05303	LIMBURG
026.05322	FRIESLAND
026.05355	MARIJKE
026.05448	HINRICH MUSING
026.05554	GRUNO II
026.05628	WESTGAT
026.05852	M.N.O. ANNA
026.05967	SARA MAATJE VIII
026.05989	COASTAL EXPLORER
026.06017	STERN
026.06021	HUNTER
026.06093	COASTAL ASSISTANT
026.06163	CAROLE
026.06181	BARRACUDA
026.07303	GRUNO IV
026.10514	MARY I
027.06162	HUDSON
027.09657	ZEEHOND
027.13394	RUNNER
027.14524	EDWIN D
027.14772	HASSAN
027.14857	GYAS
027.14956	JOHANNE
027.14957	MARIEKE
027.14981	ORION
027.15172	LEEUW
027.15414	STERN
027.15590	FURIE
027.15604	SJORS
027.15882	MARJAN
027.16321	COASTAL SERVICE
027.16415	HAM 1400
027.16424	COR
027.16479	KERMIT
027.16627	HEKTREK
027.16666	DINTEL
027.16820	ZEEAREND
027.16822	CORMORANT
027.16843	SCHORPIOEN
027.16891	PULAU BAAI
027.16898	VLIELAND
027.16913	SCHELDE-STROOM
027.16925	MARGO
027.16955	ADE
027.16983	ROERDOMP
027.16984	SNIPE
027.16985	CATHY
027.17035	EN AVANT I
027.17082	LINGESTROOM
027.17119	F 50
027.17164	ICARUS
027.17179	AVS 5
027.17283	ARGUS
027.17324	AILSA PAT
027.17350	MULTRATUG 4
027.17416	SMIT POLEN
027.17424	SMIT JAPAN
027.17433	MANTA
027.17503	ANTON P
027.17520	SHELF EXPRESS
027.17566	GEERTRUIDA M
027.17622	AARON
027.17629	DOMMEL
027.17792	FIELD EXPRESS
027.17932	MACO I
027.18094	HAM 814
027.18098	WILCO B
027.18182	HAM 460
027.18227	ZEPHYRUS
027.18408	SAVANNA III
027.18440	KEG
027.18496	JOKE
027.18515	FLEVOLAND
027.18535	CLAUDIA B
027.18550	SMIT BEVER
027.18596	COASTAL POWER
027.18619	RIJNSTROOM
027.18639	VITESSE
027.18708	NAOMI E
027.18728	KRIMPEN
027.18845	COASTAL SUPPORT
027.18866	COASTAL ONE
027.18882	HAM 1406
027.18918	STERN
027.18919	RUURTJE
027.18920	STORMVOGEL
027.18927	MULTRATUG 6
027.18935	HAM 459
027.19013	COASTAL FORCE
027.19064	GOUWESTROOM
027.19091	BRANDARIS
027.19115	BKM 292
027.19117	KLANG IV
027.19187	SUZANNE D
027.19263	HAM 1509
027.19596	DUTCH PIONEER
027.19635	MON DESIR
027.19856	DMS CONDOR
027.19880	MARISKA 2
027.19918	JOOP
027.20000	ROOMPOT
027.20007	EN AVANT 7
027.20137	REBECCA S
027.20176	DMS RAVEN
027.20222	MAX
027.20250	ZWERVER II
027.20306	MARIA CATHARINA
027.20321	NEPTUN 7
027.20326	AMSTEL STROOM
027.20383	DMS GLOBE
027.20478	DMS MERLIN
027.20501	SMIT CURACAO
027.20510	GOLLWITZ
027.20546	NOVA K
027.20644	SIDI C
027.20716	COASTAL ASSISTANT
027.21226	GENT
027.21388	JANNEKE
027.21421	SIRE
027.21476	DMS BLUEBIRD
027.21736	SEA ALFA
027.21871	JOCO V
027.22352	DMS CROW

027.22603 NP 351
027.22604 NP 352
027.22713 COASTAL BOXER
027.31976 POOLSTER
030.00018 CONDOR
030.10288 DRUM
030.10642 AVONTUUR
030.10799 HERMES
030.10803 EDITH
030.10809 HARM
030.10820 WILLEM
030.10860 WILJO
030.11091 MILENA
030.11289 JAN
030.11341 OBSESSIE
030.11443 BEVRIJDING
030.11614 IJSBEER
030.11747 BUFFEL
030.11780 MAC DONALD
030.11805 ANNIE
030.11876 MARJO
030.11903 WILLY
030.11924 ZEEHOND
030.11951 HONDSDIJK
030.11989 HENDRIKJE
030.20256 CORRY
030.20434 N S I 32
030.20437 GERLIEN
030.20572 WIJDO
030.20604 LUCY
030.20758 PI AD
030.20832 POLARIS
030.20990 JACOBA II
030.20992 SPAARNE
030.20993 SPARTAN
030.20994 HOUTVAART I
030.20995 OOSTER-POORT II
030.20996 WILCO 2
030.21115 ANNA 1
030.21124 JACOBA 1
030.21135 HOUTVAART 6
030.21138 ARGO
030.21206 CONDOR
030.21323 DE RUYTER
030.21481 DE TROUW
030.21498 HOUTVAART 7
030.30067 NELLEKE
030.30168 REIDERLAND
030.30804 HELENA
030.30817 DESPERADO
030.30918 RIXT
030.30949 STERNA
030.31047 ORION
030.31144 EBEN HAEZER
030.31171 POINT DEXTER
030.31182 WODAN
030.31188 SPES
030.31198 QUINTO
030.31245 GER ANT
030.31300 RODIE
030.31370 ANNA
030.31382 ERICA 7
030.31421 LOEKI
030.31474 ARGO
030.31546 KEES
030.31586 THALASSA
030.31797 DIEU DONNE
030.31867 SALUTÉ
030.41199 JACOB S
030.50340 LEGIONNAIRE
030.50560 CORNELIA
030.50588 THOR H
030.50592 BIANCA
030.50595 EN AVANT
030.50601 MEEUW
030.50604 JOHANNA
030.50612 NES
030.50616 XIEWEL
030.50628 STORMER
030.50653 OBELIX
030.50664 PRESTO
030.50666 LEBA III
030.50668 BRITTANNIA
030.50670 STERRE DER ZEE
030.50676 MASADA
030.50684 BOVENRIJN
030.50695 SIEKLAJAMA
030.50697 ANNA
030.50714 KATHY
030.50722 HECTOR
030.50741 MARGREET
030.50760 ADEA
030.50783 CORRIE
030.50788 ADA
030.50797 PIETER
030.50797 RESIDENTIE
030.50799 GEJO
030.50803 FURIE
030.50824 IN RESI DUO
030.50831 SALLAND
030.50832 IJSSEL
030.50897 HUMUS III
030.50919 POOLSTER
030.50931 NOSTALGIE
030.50944 INA
030.50950 STERNA
030.50956 MAARTEN TROMP
030.50959 ALFA
030.51085 EMMELOORD
030.51101 BEVER
030.51141 INEKE
030.51172 VOLHARDING
030.51173 VOLHARDING 2
030.51192 IJSSEL
030.51204 EVERDINA
030.51208 HARMKE
030.51242 GEERTJE
030.51266 DE JONGE GERBRAND
030.51294 IDA 3
030.51295 VOLHARDING
030.51308 ANIMO
030.51318 IDA 1
030.51360 DELTA
030.51380 AMSTEL STROOM
030.51396 JANNY
030.51426 SUZANNA
030.51463 VIOS
030.51481 WILLEMIEN
030.51484 ANTONIE
030.51505 KOBUS
030.51561 DE OTTER
030.51608 JANNIE

030.51698	SJUTTEL
030.51710	ANNA 6
030.51713	DUIKER
030.51720	EOS
030.51726	ALBERT R
031.10063	RONS II
031.10291	ISA MATHILDE
031.10404	GERDA
031.10421	ANTJE 4
031.10448	ALKMARIA VICTRIX
031.10464	GERMA II
031.10622	SIRIUS
031.20009	OFFSHORE 1
031.20010	HOLLAND
031.30064	TINY
031.40014	ROSALINA M
031.40051	GRIETJE ELISABETH
031.40053	JEAN
031.40055	ANJO
031.40076	ESPERANCE
031.40116	OTTER
031.40122	HERMAN GRE
031.40128	RIBUT
031.50151	HANNIE
031.50236	EN AVANT
031.50310	IJSSEL
031.50350	ORCA
031.50357	MATTHEUS
031.50381	RIJN
031.50417	TRITON
031.50426	AQUA VITA
031.50558	ANNA W
031.50652	LEKKO
031.60098	PURA VIDA
031.60111	GERMA
031.60121	ANNA
031.70028	HEWI
031.70133	FARLEY
031.70338	BRAVOURE
031.70502	DAFNIA
031.70525	WILLEKE
031.70543	IPSWICH
031.70722	DREUMES SR
031.71719	AMANCIS
032.10010	PETRA
032.20188	BEVER
032.30059	VOLHARDING
032.30165	ORCA
032.30166	PESANTE
032.30201	LINGE
032.30225	DRIEBOND II
032.30228	INDEPENDENT
032.30238	RIVAL
032.30260	NELLY
032.30273	BROEDERTROUW 4
032.30275	SCARLET
032.30277	ALBATROS
032.30281	BLAUWE ZEE
032.30288	ROTTERDAM 59
032.30344	HZ 8
032.30350	BERT
032.30360	URK
032.40032	TRITON
032.40078	NELLIE
032.40079	MATTHY
032.40087	ANNIE
032.50169	ALIE
032.50198	ANTJE 8
032.50208	GERRIT DINA
032.50214	JEANNE
032.50226	MARIA GRATIAS
032.50252	JAELMA
032.50259	EVELINE
032.50260	CORNELIA
032.60052	ZEELANDIA
032.60095	N S I 8
032.60105	HILDA
032.60108	PAES 3
032.60109	N S I 12
032.60140	TYFOON
032.70181	ALCYON
032.70456	SHANTYMAN
032.70495	MARTJE I
032.70496	LAURUS
032.70528	ORION
032.70554	HARM JAN
032.70605	ORION
032.80078	DONAU
032.80082	SUZANNE
032.80095	RIJSBERGEN 1
032.80118	LEO 3
032.80124	STATUM
032.80159	BEATRIX
032.80187	PICO
032.90034	ZUIDVLIET
032.90144	WESTKAPELLE
033.10256	VUTURE
033.10263	HAPPINESS
033.10342	VICTOR
033.10387	GRUTSK
033.10401	BOBO
033.10402	ORCA
033.10407	KEES
033.10417	RICHARD
033.10511	EN AVANT 32
033.10530	GYAS
033.10537	JOHANNA
033.20040	MERWEDE 6
033.20049	ALFRA
033.20073	V H 52
033.20080	DE BEER
033.20084	GEJA
033.20093	LODEWICUS
033.20096	SEVILLE
033.20112	PAES 5
033.20115	RUBENS
033.20120	DIRKJE I
033.20125	MAASSTROOM
033.20126	MICHIEL
033.20129	JOKOR
033.20192	MERWEDE 36
033.20223	T'MAKKEN
033.20232	STYN
033.20236	SUMUS UMBRA
033.20460	NIELS
033.20553	HUDSON
033.30113	DEBORAH
033.30134	ASSISTENT
033.30241	WADDENZEE II
033.40098	NEPTUNUS
033.40121	JIM
033.40122	JAN
033.40136	ATTACK 12
033.40407	KEES
033.50184	NJORD

033.50187	JACOBA
033.50197	CINCHONA
033.50364	STAD UTRECHT 1
033.50365	BARCA
033.50366	STAD UTRECHT 3
033.50367	SIMSON
033.50379	LENY II
033.50399	BAMSER
033.50411	GRETA
033.50430	EN AVANT
038.00003	NORA
038.00004	KEVIN
038.00005	ANTJE 5
038.00006	ANTJE 6
038.00008	RIAN
038.00009	KNAR
038.00011	SOPHIA
038.00012	ANTJE 10
038.00014	URSUS
038.00019	ANTJE 9
038.00047	LYTSFEINT
040.23150	FLEVO TRANS
040.25340	NASSAUKADE
046.01790	JUPITER
046.0770	SONDERNHEIM
050.03720	ORION
050.27030	ORION
050.29310	PARCHIM
050.45500	SENDEN
053.01610	HANS
054.00560	BORKUM
054.02370	RYSUM
054.02820	GRUNO
055.02450	TOM
056.02400	SCH 2328
056.02780	GERDA
056.04470	SCH 2331
056.09040	OURTHE
056.09480	ORION II
060.02231	STATUM
060.02235	BRENDAN
060.02395	KOLYMA
060.02897	MIKIDA
060.03459	MAASSLUIS
060.03724	HERCULES
060.04094	GANZESTAD
060.04113	CURACAO
060.04114	COMMANDO
065.03070	CHRISTIAN 2
065.03505	DIDI
065.03576	CHRISTIAN
065.03773	TIMMY
065.03801	KEVIN
065.03864	DANIQUE F
065.03878	LE CRI
065.03955	SABA
065.03959	BIRGIT
070.01720	LAMBERT
080.00090	EGALITÉ
080.00091	LIBERTÉ
080.23064	CREDO
080.23114	REALITÉ
080.60011	ERTEPELLER

imo nummer:

imo 5100427 ELBE
imo 5300261 ROSOMAK
imo 5422112 POLLUX
imo 6724672 SEALIFT 22
imo 6907171 GRUNO V
imo 7051034 MULTRATUG 25
imo 7052911 BARRACUDA
imo 7214753 OIL EXPRESS
imo 7232626 MULTRATUG 11
imo 7232638 MULTRATUG 10
imo 7302225 VOS SOUTHWIND
imo 7302237 NORTHWIND
imo 7328114 MULTRATUG 9
imo 7402439 ROTTERDAM
imo 7402453 LONDON
imo 7515365 TYPHOON
imo 7515377 TEMPEST
imo 7612620 HERCULES
imo 7621621 SANDETTIE-BANK
imo 7647443 SARA MAATJE X
imo 7700180 SIRIUS
imo 7708974 HUSKY
imo 7719052 SATURNUS
imo 7917991 SMIT COLLING-WOOD
imo 8103066 ZP CONDON
imo 8103078 ZP CHALONE
imo 8106991 RETRIEVER
imo 8107177 VOS SYMPATHY
imo 8108377 IVERO
imo 8111594 FAR VISCOUNT
imo 8116685 VS ROTTERDAM
imo 8117483 ZEELAND
imo 8207680 ZP CAYMUS
imo 8207707 ZP MONTALI
imo 8207719 ZP SVEZIA
imo 8213964 SINGAPORE
imo 8318166 WATERMAN
imo 8330102 SARA MAATJE V
imo 8412821 MARIAN V
imo 8414154 MULTRATUG 16
imo 8470093 JAN VAN GENT
imo 8516952 BLIZZARD
imo 8516976 BLUSTER
imo 8516988 BOULDER
imo 8517621 RIYAN
imo 8521127 TELSTAR
imo 8521127 ZP TUMAK
imo 8607476 SARA MAATJE VI
imo 8610289 SMIT WATERLOO
imo 8616245 FAIRPLAY 11
imo 8703995 A 877 ROTTE
imo 8844531 SMIT TAHITI
imo 8862652 CONRAD
imo 8873805 OCEAAN
imo 8954714 VLIELAND
imo 8959879 ARMANBORG
imo 8985969 WATERSTAD
imo 8988777 MARTINE H
imo 9059298 JAMUNA I
imo 9060699 TEXELBANK
imo 9060704 THAMES-BANK
imo 9065807 DANCING WATER
imo 9103752 MULTRA-SALVOR
imo 9107409 FAIRPLAY XII
imo 9110406 OCEAAN II
imo 9110860 WATERGEUS
imo 9148752 FAIRPLAY 21
imo 9152624 A 878 GOUWE
imo 9153616 FAIRPLAY 24
imo 9173941 SMIT YENOGOA
imo 9174567 SD JACOBA
imo 9174593 SMIT TRAFALGAR
imo 9178991 SMIT AHOADA
imo 9179012 SMIT RIMA
imo 9190054 RT INNOVATION
imo 9190054 RT PIONEER
imo 9190066 RT MAGIC
imo 9190121 KHAZAR-BORG
imo 9190391 SMIT CLYDE
imo 9190494 SMIT LOIRE
imo 9190509 SMIT RHONE
imo 9190829 RT SPIRIT
imo 9192313 EN AVANT 5
imo 9210995 FAIRPLAY 25
imo 9239563 RPA 10
imo 9267584 ELIZABETH
imo 9273870 RIG EXPRESS
imo 9273911 POWER EXPRESS
imo 9289996 GOKSU
imo 9292852 SVITZER MARS
imo 9292890 SVITZER MARKEN
imo 9292905 SVITZER MEDEMBLIK
imo 9295294 SEA DELTA
imo 9315563 FAIRMOUNT SHERPA
imo 9315575 FAIRMOUNT SUMMIT
imo 9322592 SMIT NICOBAR
imo 9333888 RT ZOE
imo 9334026 SUPPLY EXPRESS
imo 9342102 EN AVANT 1
imo 9344769 FAIRMOUNT GLACIER

imo 9344784	FAIRMOUNT ALPINE
imo 9345491	SMIT BRONCO
imo 9345506	SMIT BARRACUDA
imo 9345518	SMIT BISON
imo 9350161	MULTRATUG 5
imo 9352224	VOS SATIS-FACTION
imo 9355329	SMIT DONAU
imo 9358943	FAIRMOUNT EXPEDITION
imo 9365116	FAIRPLAY III
imo 9366706	SMIT ARUBA
imo 9370173	SMIT BARBADOS
imo 9372664	DMS EAGLE
imo 9376220	RT MARGO
imo 9378034	POOL EXPRESS
imo 9378046	BASE EXPRESS
imo 9380647	NORTH
imo 9382463	BALOE
imo 9389485	SMIT ELBE
imo 9394026	MEANDER
imo 9394038	ISA
imo 9396220	SMIT EUROPE
imo 9396232	SMIT AFRICA
imo 9397925	SMIT MADA-GASKAR
imo 94.02445	SMIT MARTINIQUE
imo 94.14204	DMS HAWK
imo 9402421	SMIT HUDSON
imo 9402433	SMIT SCHELDE
imo 9405382	SEA GOLF
imo 9410715	SD SHARK
imo 9411109	GIESSEN-STROOM
imo 9416563	FAIRPLAY 30
imo 9423425	ZWERVER I
imo 9428047	WATER-STROOM
imo 9428059	WATER-STRAAT
imo 9431903	VIKING
imo 9433767	ITC CYCLONE
imo 9434826	SMIT JAGUAR
imo 9434876	WEST
imo 9438951	FAIRPLAY 29
imo 9439242	IEVOLI BLACK
imo 9443247	SMIT BONAIRE
imo 9444338	VOS PRECIOUS
imo 9444352	VOS PREMIER
imo 9444364	VOS PREVAIL 27.22930
imo 9444663	SEA ECHO
imo 9447093	COASTAL GUARDIAN
imo 9448085	NEPTUN 9
imo 9448176	SD STINGRAY
imo 9448188	SD SEAL
imo 9448190	SD SEAHORSE
imo 9450258	DMS DUNOCK
imo 9451252	ANDRE B
imo 9451537	TRITON
imo 9453925	ITC MISTRAL
imo 9454876	SMIT CHEETAH
imo 9454888	SMIT TIGER
imo 9470181	KIM K
imo 9474917	RT PETER
imo 9476393	SMIT EBRO
imo 9476394	SMIT SEINE
imo 9479280	RWS 77
imo 9479785	YOGI
imo 9480875	MARIA G
imo 9481752	MULTRATUG 17
imo 9487029	SEA BRAVO
imo 9489948	RT EDUARD
imo 9492256	BEVER
imo 9492880	MULTRATUG 18
imo 9494993	COASTAL HUNTER
imo 9503794	TESSA W
imo 9507051	BRENT
imo 9507063	GINGER
imo 9510228	ITC CHINOOK
imo 9510670	STATUM
imo 9513244	EAST
imo 9516272	SMIT MONT-SERRAT
imo 9516284	SMIT CAYMAN
imo 9520144	MARIANNA G
imo 9520338	COASTAL WARRIOR
imo 9524504	BLACKBIRD
imo 9524516	HARRIER
imo 9524528	BUZZARD
imo 9524932	CONSTRUC-TOR
imo 9528299	SMIT BULLDOG
imo 9528304	SMIT BUFFALO
imo 9531624	ITC MELTEMI
imo 9532305	SMIT AL KOUT
imo 9533969	VIGILANT
imo 9534078	COMPASS
imo 9537408	MULTRATUG 3
imo 9541708	FAIRPLAY XIV
imo 9546849	MORAQ M
imo 9547879	DUTCH POWER
imo 9547881	DUTCH PEARL
imo 9548885	KINGFISHER

imo 9548897	DMS OSPREY
imo 9552084	KASYMBORG
imo 9556612	DINTEL STROOM
imo 9562984	CLAIRE H
imo 9563201	DMS SISKIN
imo 9563213	TARKA 3
imo 9563861	COASTAL DISCOVERY
imo 9564217	INGE J
imo 9568615	NEPTUN 10
imo 9569346	ATLAS
imo 9572824	ODIN
imo 9577472	NORTHWIND
imo 9577484	SOUTHWIND
imo 9579418	COASTAL FIGHTER
imo 9582752	LYDIA D
imo 9586409	M.P.R.1
imo 9591569	COASTAL VANGUARDa
imo 9593256	M.P.R.2
imo 9605347	DMS ALBATROSS
imo 9605449	BN 571651
imo 9605449	SEA FOXTROT
imo 9611539	M.P.R.3
imo 9612806	NORNE
imo 9616577	M.P.R.4

Vereniging De Motorsleepboot (VDMS)
De Vereniging De Motorsleepboot (VDMS) is een vereniging van eigenaren/liefhebbers van oude motorsleepboten en opduwers. De vereniging is op 6 februari 1993 opgericht. K.V.K. nr 40.517700 te Hilversum.
Het aantal leden/begunstigers bedraagt thans zo'n 600, waarvan er ruim 500 in het bezit zijn van een eigen motorsleepboot of opduwer.
Jaarlijks organiseert de vereniging de Nationale Motorsleepbootdagen, hetzij in Zwartsluis of Vianen. Ook Internationale evenementen worden door de leden veelvuldig bezocht.
Naast het sociale aspect, wat een ruime plaats inneemt, zijn er ook de Behoudszaken. De Vereniging is aangesloten bij het FONV. Veel motorsleepboten zijn mede op basis van hun leeftijd van 50 jaar of ouder, ingeschreven in het Nationale Register Varende Monumenten.
Uiteraard is de machinekamer de trots van iedere eigenaar. Legendarische merken zoals Brons, Kromhout, Industrie enz. zorgen als vanouds voor de benodigde pk's. Acht maal per jaar verschijnt het verenigingsblad De Beting. Allerlei wetenswaardigheden, activiteiten, ervaringen van de leden en dergelijke zijn in het blad te vinden.
Voor nadere informatie kunt u terecht bij:
VDMS,
Postbus 1015, 2400 BA Alphen a/d Rijn.
e-mail: secretaris@motorsleepboot.nl
internet: www.motorsleepboot.nl

LEKKO, vereniging van belangstellenden voor de sleepvaart
Lekko is in 1975 opgericht en verenigt een groot aantal mensen met belangstelling voor de (inter) nationale sleepvaart. De activiteiten bestaan onder andere uit bijeenkomsten welke veelal maandelijks ergens in Nederland worden gehouden. Door en voor de leden worden evenementen georganiseerd zoals vaartochten en de jaarlijkse rederijdagen waarbij de leden te gast zijn bij een sleepvaartrederij.
Regelmatig verschijnt het Nederlandstalig blad LEKKO, met vaste rubrieken. Tevens wordt iedere twee maanden het Engelstalig tijdschrift Lekko Internationaal uitgegeven. Deze periodiek geeft informatie over de sleepvaart vanuit de gehele wereld (een combinatie abonnement op beide bladen is mogelijk).
Op beurzen, bijeenkomsten en georganiseerde evenementen is de Maritieme Shop aanwezig waarbij men boeken, foto's en artikelen op het gebied van de sleepvaart kan aanschaffen. De leden komen daarbij in aanmerking voor gereduceerde prijzen.
Voor nadere informatie kunt u terecht bij:
LEKKO,
Nijewei 22a, 9212 PB Boombergumn.
e-mail: info@lekko.org
internet: www.lekko.org

Stichting BASM
De Stichting tot Behoud van Authentieke Stoomvaartuigen en Motorsleepboten houdt zich bezig met wetenschappelijk en historisch onderzoek van de sleep - en duwvaart. Voorts verzorgt zij publicaties op het gebied van bestaande én verdwenen sleep - en duwboten, alsmede aanverwante categorieën als werkschepen, overheids- en dienstvaartuigen.
Ook houdt zij zich bezig met behoudszaken voor doelgroepschepen, waaronder het beoordelen en schouwen van genoemde doelgroepvaartuigen ten behoeve van het Nationaal Register Varende Monumenten en zij neemt deel in fondsen welke bijdragen tot behoud daarvan.
Deze activiteiten worden gepubliceerd in het tweemaandelijks tijdschrift Sleep & Duwvaart.
Tenslotte tracht zij vlaggen van voormalige Nederlandse machinefabrieken (her-) uit te geven, zoals Industrie, Kromhout, Samofa en Lister.
Voor nadere informatie kunt u terecht bij:
Stichting BASM,
Postbus 190, 1520 AD Wormerveer.
e-mail: basmbehoud@xs4all.nl
internet: www.basm.nl

Tijdschrift Sleep & Duwvaart

Het tijdschrift Sleep & Duwvaart wordt speciaal vervaardigd door een onafhankelijke redactie voor de Sleep - & Duwvaartbranche in Nederlandse wateren. De redactie bestaat geheel uit vrijwilligers die voor een groot deel werkzaam zijn/waren in de binnenvaart en/of aanverwante branches. Het blad verschijnt rond de 15de van de even maanden en wordt uitgegeven door de Stichting B.A.S.M. Iedere uitgave omvat weer een schat aan gegevens over bestaande én verdwenen sleep - en duwboten, alsmede aanverwante categorieën als werkschepen, overheids- en dienstvaartuigen. De basis van de publicatie bestaat uit een databestand van ruim 25.000 files, dat vanaf begin jaren tachtig is opgebouwd uit gegevens uit openbare registers.

Voor nadere informatie kunt u terecht bij:

Tijdschrift Sleep & Duwvaart,
Postbus 190, 1520 AD Wormerveer.
e-mail: sleepduwvaart@xs4all.nl
internet: www.sleepduwvaart.nl

Verantwoording

Het jaarboek Sleep - & Duwboten 2012 kwam tot stand met de medewerking van zeer gewaardeerde sleep - en duwboot specialisten met specificaties in zee -, haven -, bagger - en binnenvaart. Hierbij gaat onze dank uit naar de medewerkers L. Bergsma - Harlingen, C. de Bijl – Dordrecht, J. Dedert – Brielle, K. Hegemans – Spijkenisse, D. Henken – Strijen, P. Inpijn – Nieuwegein, E. Jongerden - Breukelen, J. v.d.Klooster, R. Landtman – Zaandam, D. Ooms - Lekkerkerk, R.H. Mulder – Amsterdam, J.D.C. Plug – IJmuiden, A. Poots – Dordrecht, L. Schuitemaker - Klundert, G. Schuth – Koblenz, J.W.F. Smallegange – Nieuwe Tonge, F. de Vries – Amsterdam, Jan Weij – Aalsmeerderbrug, R.J.M. Weteling – H.I.Ambacht, T. de Wit - Castalla Alicante (Spanje) en T. v.d.Zee – Maassluis.

Alsmede de bedrijven Register Holland in Enkhuizen, Scheepswerf Jac den Breejen in Hardinxveld, Cummins Holland BV uit Dordrecht, Machinefabriek Dolderman BV in Dordrecht, Pon Power in Papendrecht, De Haas Dieselmotoren BV in Maassluis, De Groot Motoren in Dordrecht, MTU Detroit Diesel Benelux in Dordrecht, Pon in Papendrecht, Volvo Penta Europe in Beest en diverse Kamers van Koophandel.

We hopen dat de inzenders, die ons voorzagen van grote hoeveelheden foto's, tevreden zijn met de door ons naar "eer en geweten" geselecteerde en gepubliceerde foto's.

Geraadpleegde literatuur

Weekblad Schuttevaer, Vereniging De Binnenvaart, Lekko, Scheepsfotoruilbeurs, Scheepvaartkrant, Binnenvaartkrant, Sleep en Duwvaart, Schip en Werf, Motoren nieuws, HBS International, Nieuwsblad Transport, De Waterlijn, meerdere dagbladen en de website van binnenvaartorganisaties, scheepswerven, machinefabrieken, rederijen, particuliere eigenaren en sleepvaarthobbyisten.

Adverteerders:

Herman Sr. BV (3)
North Trans Scheepvaartbedrijf (3)
Reikon BV (43)

Huidige Scheepsnaam	Reg. nr.
Eigenaar	
Adres	Woonplaats

Gewijzigde gegevens

Scheepsnaam			Reg.nr.	
Ex namen				
Afmetingen				
Eigenaar			Telefoon	
Adres			Woonplaats	
Bouwjaar			Bouwwerf	
Vermogen	.... kW	.... pk	Motormerk	Type
Boegschroef	.... kW	.... pk	Motormerk	Type

Mutatiekaart

In envelop en voldoende
gefrankeerd zenden aan:

Redactie Binnenvaart
R. Kiplingerf 232
3315 AJ Dordrecht

U kunt ook een e-mail sturen aan:
binnenvaart@hetnet.nl

Of een fax naar:
Uitgeverij de Alk: 072 - 512 99 89

Afz: ....

....

....

....